U0131518

让 我 们 一 起 追 寻

（插图来自达志与维基）

中 国 革 命 与 美 国 的 抉 择

中　国 1945

Mao's Revolution and America's Fateful Choice

CHINA 1945

Richard Bernstein 〔美〕理查德·伯恩斯坦　著　季大方　译

社会科学文献出版社
SOCIAL SCIENCES ACADEMIC PRESS (CHINA)

本书获誉

如果你只愿意读一本有关这个关键时期的书，那么就读伯恩斯坦先生的这本著作吧。

——《华盛顿时报》

非常优秀……伯恩斯坦如学者一般在此书中涵盖了中国1945年的政治背景，但仍以新闻记者的视角去看待人间万象。

——《纽约时报书评》

行文洗练且令人信服……这本富有思想的书超越了枯燥的、陈旧的争执，明确无误地表明：中国在1945年的命运最终应该由中国人而绝不是美国人来决定。

——《外交事务》

构思巧妙……伯恩斯坦先生详实地叙述了在多大程度上共产党领导人拉拢并误导了美国人……这种对中国人之观点的重视使得伯恩斯坦先生的书完全不同于先前最著名的先导之作，芭芭拉·W.塔奇曼在1971年出版的《史迪威与美国在中国的经验，1911~1945》。

——《华尔街日报》

研究广泛……（伯恩斯坦）有关美国在中国的影响力有限的研究结果是与美国最近在伊拉克和阿富汗的干涉行为有着

内在联系的。

——《基督教科学箴言报》

对一个不确定的时期的引人入胜且有时是令人痛心的叙述……同样也尖锐地指向了今天的全球性难题。

——《里士满时讯报》

非常刺激……此书所做的及时到位的分析有助于我们更清晰地了解美国参与亚洲事务的现实。

——《出版人周刊》

可读性极强……所做的细致入微的事后评价，熟练地探讨了未被采纳的道路的历史衍生物。

——《科克斯书评》

一本以敏锐和优雅笔触撰写的内容丰富、引人入胜的著作。对于那些有兴趣去了解中国在 20 世纪中叶如何成为共产主义国家的人而言，此书非常值得一读。

——大卫·西布利（David Sibley），《军事史季刊》

理查德·伯恩斯坦的《中国 1945》是一本名实相符、不可多得的好书。作者远远不止陈述了这关键一年的史实，更是让人颇受教益且也令人信服地剖析了驱使中国和美国分裂并造就了今天的世界的人物和势力。

——傅好文（Howard French），《中国的第二块大陆》作者目前美国与中国在东亚主导角色上的竞争，根源可追溯到1945年时的那段复杂历史。理查德·伯恩斯坦对二战期间和之后美中两国关系所做的引人瞩目并令人激动的深入研究，为那个时代的悲剧事件和多彩个性增添了熠熠发光的新鲜见解。对于非专业的读者而言，这是一本历史著作的典范，它唯一的缺点是，一旦开始阅读就几乎令人无法释手。

——史蒂芬·I. 莱文（Steven I. Levine）

1945年的戏剧性事件在继续影响着美国与中国的关系。当我们重温危机不断的这一年中的历史事件时，毛泽东、周恩来、史迪威、马歇尔——这些伟人和其他一些叱咤风云的人物栩栩如生地出现在此书的页面上，他们不得不就这些事件做出重大抉择。本书深入浅出地分析了中国的威权主义的根源，中美两国之间互不信任的起因，以及历史的难解性。

——黎安友（Andrew J. Nathan）

1945年年初，美国是有机会来构建与毛泽东和中国共产党之间的良好关系的。理查德·伯恩斯坦就所发生的事讲述了一个引人入胜的重要故事，并为创造性的外交提供了重要的经验教训。在处理与中国以及与世界各地的关系上，这个教训依然是十分中肯的。

——沃尔特·艾萨克森（Walter Isaacson），
《史蒂夫·乔布斯传》作者

研究深入，文笔优美，论点鲜明有力，《中国1945》重新审视了一个决定性的时期。在此期间，罗斯福的决策失误伴随着斯大林的地缘政治野心和毛泽东的意识形态倾向，将冷战的命运封闭在亚洲达四分之一个世纪之久，也使得中美之间对抗的后果一直持续到今天。这项有启发性的、发人深省的研究非常值得所有美国的决策者和中国事务观察家阅读。

——沈大伟（David Shambaugh）

当美国和中国正在探索大国关系的"新模式"时，理查德·伯恩斯坦的这本激动人心、内容详实的著作为更好地理解导致了今天的挑战的那个时代，提供了必要的诠释。《中国1945》使我们比以往任何时候都更清晰地意识到美国卷入东亚事务的令人憎恶的复杂性，历史的重要性，以及那些制定重大决策的人物的有限的视野。

——杰罗姆·A. 科恩（Jerome A. Cohen）

在这本研究深入透彻、行文清晰明了的书中，理查德·伯恩斯坦描述了历史转折点上的一个分水岭：1945年。在这一年中，如万花筒般瞬息万变的中国政治和该国与美国以及整个世界之间反复无常的关系不可逆转地改变了。《中国1945》以富有感染力的笔触生动地描述了一系列多姿多彩的人物，他们为此后半个世纪的游戏制定了规则。

——奥威尔·谢尔（Orville Schell），
亚洲协会美中关系中心主任

谨以此纪念

克莱尔·伯恩斯坦

目　录

关于中国的人名和地名

中国人名和地名的转换翻译是项复杂的工作，一是因为多年来所使用的方式多种多样，二是由于某些名称自本书所涉及的历史时期以来多有变更。本书中所使用的多数地名是1945年的常用名称，如果与目前使用的名称不同，我会在首次提及之后加以注明。这类例子，此处择要举两个，如满洲地区（即中国东北）最大的城市奉天，如今被称为沈阳，而当年的芝罘，如今叫作烟台。而北京却是一个例外，其意为"北方京城"，1945年时曾被称为北平，意为"北部和平"。但我以现在普遍接受的方式，仍称之为北京。

在1945年的时候，将中国人的名字转换为拉丁字母的主要系统被称为威妥玛式拼音法，例如，中国共产党的领导人毛泽东被拼为 Mao Tse-tung。但自共产党上台执政以来，中国采取了另一种被称为拼音的系统来取而代之，毛泽东的名字被拼为 Mao Zedong。对于大多数人名，包括毛泽东在内，本书均采用当前正在使用的拼音系统。然而，就国民党官员的名字而言，我还是采用仍在台湾地区应用的威妥玛式拼音法。由此，当我提及参与1946年1月停火谈判的国民党官员张群时，将其拼为 Chang Chun，而按照拼音应拼为 Zhang Chun（应为 Qun）。国民党这一词按拼音应拼为 Guomindang，或缩写为 GMD，但我用的仍是旧式罗马拼音 Kuomintang，或 KMT。

最后，有少量名字的拼写方式虽然既不对应拼音也不符合威妥玛式拼音法，但因为太熟悉，如果放弃反而会造成混乱。

主要例子如国民党领袖蒋介石 Chiang Kai-shek。按拼音他的名字应拼为 Jiang Jieshi，但本书中仍拼为 Chiang Kai-shek。有些中国城市的名字也同此处理，如广州拼为 Canton，而不是 Guangzhou，重庆拼为 Chungking，而不是 Chongqing。

引　言

临近 2013 年年底，中国沿海的一片水域因一个新奇的庞然大物的出现而立刻成为万众瞩目之地。这是一艘航空母舰，从乌克兰购买，在青岛港翻新，被称为"辽宁"号。这是中国有史以来第一艘这样的巨舰，因此，尽管不能像在世界各大洋任意巡弋的美国航母那么迅捷，那么强悍，但也标志着中国不断增长的实力，更重要的是，标志着将其力量投射到远离中国海岸的水域的意图。

对此，美国自然兴趣盎然，当"辽宁"号在驱逐舰和巡洋舰的护航下驶向国际水域时，美国出动了一批舰艇贴近观察。其中一艘美国导弹巡洋舰，"考彭斯"号，几乎与一艘迎面接近、"咄咄逼人"地横阻其船头的中国舰艇相撞，双方都对对方的行为做出了愤怒的评论。[1]

美国国防部长称中国的行动"不负责任"，中国则通过新闻媒体宣称"考彭斯"号非法闯入中国在南海宣称的"禁航"区内。中国声称拥有几乎整个南海，尽管这种说法不为美国或其他亚洲国家所接受。中国报纸《环球时报》警告说，中国有权利捍卫自己的领土主权，而且"不能因为它过去不能够主张它的利益就意味着它已经放弃了这个权利"。[2]

早在二十一世纪初叶，中美之间就在公海上发生过另外一些对峙事件，这是因为中国表明其长远目标是取代美国成为在东亚和西太平洋的主导力量。

但对于历史学家而言，中美关系发展到目前的最新阶段，最引人注目的是与过去历史的紧密呼应，特别是由早期中国共产党军队所采取的行动，警告美国勿再插手，阻止美国在亚洲行使它认为是其最重要的力量。在这类行动中，最重要也最知名的是二十世纪五十年代爆发的朝鲜战争。当时，中美双方第一次，也是迄今为止唯一的一次，卷入了大规模的敌对行动。但与朝鲜战争相比，美国与共产党中国之间的第一次武装对峙要早五年发生，那个事件发生在中国港口城市天津和古老帝国首都北京之间的一条道路上。美国海军陆战队小分队当时正在那条尘土飞扬、绿树成列的道路上执行巡逻任务。

时间是1945年9月，抵制日本侵占中国大部领土达八年之久的惨烈抗日战争，刚刚在几周前结束。美国派遣了海军陆战队到中国的北部海岸去帮助维持当地秩序，并协助中国的中央政府（即国民政府）重新夺回其先前被占领土。但是，在战争期间曾热烈欢迎美国军队、外交官和记者的中国共产党人，现在却根本不想让美军在中国的土地上立足。愤怒中双方交火射击，各有死伤和俘虏，其中包括一些正在搜集共产党人不想让他们拥有的情报的人员，他们的使命与近七十年后"考彭斯"号所从事的使命相同。

在这个意义上来说，1945年标志着美国和中国共产党人之间对抗的起源，双方的关系就像反复发作的疾病一样，不断受到困扰，又不断得到恢复，即使曾经有那么几个阶段，双方关系打得火热，高调宣称共同利益，似乎在此期间，过去的猜疑和仇恨已经被永久摒弃。这是一种自行其是的奇特的对抗，因为几十年来，中国和美国似乎从友好合作中得到的好处比从冲突中得到的要多得多，譬如贸易和投资，共同应对环境恶化、恐怖主义和核扩散等。1945年的情况也是如此，在于从天津到北京的公路上发生冲突之前，美国和中国共产党人之间不但在抗日战争中互相合作，并且还热情洋溢地谈到了有关未来的宏图伟业，美国的资金和技术将被用于其中以帮助中国摆脱贫困。

当然，这种好事并没有发生。双方在1945年年初似乎还很轻松愉快的心情逐渐恶化，早先常有的宴会、祝酒词和友谊的声明被武装冲突、相互指责，以及特别是来自共产党人愤怒表达的永久且不可避免的敌意所取代。不过，并不是所有的中美之间最近的竞争都起源于那一年，但这种敌对的模式正是形成于第二次世界大战在亚洲结束前后几个月里，其后果便是先后发生的朝鲜战争和越南战争这两场恶战。

这种模式是否可以避免？事情是否可能会以不同的方式发生？这些问题的答案都可以在对1945年所发生事件的记载中找到。对于中美两国而言，1945年是个转折点，在未来的岁月里，中美两国之间的关系对我们这个星球的影响，比任何其他两国之间的关系都要多得多。

第一部　无辜的中国人

第一章　一场罕见的胜仗

1945年年初，一场胜仗给已经进行到第八个年头的中国抗日战争，带来了一个开门红。这是一场难得的胜仗，特别振奋人心，因为此时的中国，也许还并不习惯战胜，但已经十分熟悉，也饱尝了战败所带来的悲惨命运。

这场胜仗发生在云南西部与缅甸交界处，一个名叫畹町的地方，此地是一处亚热带关口，通常情况下，不为外人所知晓。和现在一样，当时这个小镇也是由架设在怒江支流上的一座仅容一辆车通过的小木桥与缅甸连接。小商品市场、海关关卡和边检站分布在一片壮观的地带上：层层梯田，湍急浑浊的溪流，团团雾霭飘浮在绵绵不断、无边无际的峡谷中。然而，这里并不是一个引人入胜的地方。1945年1月3日，就在这里，两支人数甚多的中国军队，一支从东边穿过云南，另一支从西边穿过缅甸，与大约2000名虽然疲惫不堪、忍饥挨饿，但久经战场且工事坚固的日军遭遇了。

正因为畹町位于缅甸瑞丽江流域的东北出口处，其重要性瞬间便凸显了出来。三年前，一支日军强行军穿越丛林，配合空袭，发动地面攻击，夺取了当时还是英国殖民地的整个缅甸，从而实现了日本试图占领整个亚洲过程中的两个重要目标。其中一个目标是把英国人从缅甸驱逐出去，从而在东亚和东南亚完全根除欧洲白人殖民主义。日本已经把英国人逐出了他们所占有的香港、马来亚和新加坡，还把美国人从他们在亚洲唯一的殖民地菲律宾赶了出去。（维希政权下的法国，则因与纳粹德国结盟，名义上仍然控制着印度支那三国：越南、老挝和柬埔寨，但很大程度上日本可以在那儿颐指气使。）

日本的另一个目标便是封锁中国，实际上是围困中国，防止它从外界获得补给，从而迫使其投降。当日本于1937年开始全面入侵中国时，其远征军便夺取了中国漫长的太平洋沿岸所有港口的控制权——东北的大连、旅顺、营口、葫芦岛和秦皇岛①；华中地区的天津、芝罘（现烟台）、青岛、宁波和上海；南方的厦门、汕头、广州和被英国占据的香港。日本还诱使法国维希政府关闭了中国西南地区从越南首都河内到昆明的一条旧铁路，从而阻断了原先的陆路通道。抗日战争最初几年里，苏联曾提供大量武器装备给中国，但从1941年起停止了供给，彼时苏联开始忙于同纳粹德国作战，自顾不暇，无力再运送任何作战物资给中国。

结果便是有着4.25亿人口，领土有如一个大洲规模的中国，陷入了迫在眉睫的危险之中，几乎完全被隔绝于世，从而也被切断了一切军用物资来源。作为回应，中国政府派遣了2万名劳工去修建一条双车道、全天候、从云南到缅甸的公路。这条公路作为通向中国的漫长供应线的最后一段，发挥了整整五年时间的作用。从旧金山起运的货物由货轮运到缅英共有的仰光港，然后经陆路用火车运到500英里外的缅甸东部掸邦的腊戍镇；从那里开始，又用卡车载着这些货物翻越缅甸边疆部落地带的陡坡，并通过畹町桥运入中国内地。这条路继续向东北延伸，穿过云南乡村连绵起伏的绿野，跨过架在怒江深邃、陡峭的河岸上的栈桥，蜿蜒曲折又一个500英里后，到达云南

---

① 原文如此，秦皇岛属东北和华北经济区的结合部。——译者注

省会昆明，结束全程。

随着日本攻陷缅甸，中国与世界其他地区的唯一通道就只剩下从印度东北部翻越喜马拉雅山脉的十分危险的高海拔空中航线了。飞行员们一提起这条"驼峰航线"，无不色变。就这样一条往往伴随着致命危险的供应线，给中国提供了所能得到的所有武器、弹药和燃料，使之能够拼死作战，抵御装备精良的日军。当然，仅靠这条供给线，物资供应是远远不够的。这就是为什么重新打开滇缅公路是一个持续不断、令人执着追求的目标，尤其是在只有一个指挥官的情况下。这将是给中国提供物资，从而帮助中国在亚洲这场战争中做出更大贡献的一种方式，这场战争的最主要和压倒一切的目标，就是打败日本。

对缅甸始终耿耿于怀的指挥官是陆军中将约瑟夫·W. 史迪威，当时是众人笔下争相报道的一个传奇人物，后来担任中国最高领导人蒋介石的参谋长，以及整个中－缅－印战区所有美军的指挥官。唯一发生在这后一项头衔上的问题是，除了顾问团、一些卓有成效的空军部队单位，以及一支被称为麦瑞尔突击队的著名游击大队等这些重要的例外，在这个战区内几乎没有任何美国作战部队。尽管史迪威几乎可以指挥蒋介石所勉强部署的全部中国军队，但由于蒋要对付众多军事和政治上的挑战，相对而言，缅甸在其中的重要性较小。1942 年，当日本第一次入侵缅甸时，史迪威已经离开了他所指挥的中国军队的主体，还九死一生地摆脱了日本人的追杀，步行逃到了印度。在那里，他对所见到的记者直言不讳地发出了感叹。"我们被打得一败涂地，"他说道，"我们不得不逃离缅甸，这是极大的屈辱。我想我们应该找出是什么原因造成的，然后打回去，重新占领缅甸。"[1]

此刻，在 1945 年年初，美国和中国正在重新夺回缅甸。尽管史迪威在蒋介石的坚持下，已经于四个月前就被解除了指挥职务，也不再出现在现场，但这两支会合在畹町的部队，基本上是由他所创立并训练的，而且也正在执行他的战术计划。钳形攻势中的一支臂膀，是由 12 个中国师组成的 Y 部队（滇西远征军简称 Y），根据被誉为"常胜将军"的国民党将军卫立煌的命令，已经从昆明穿过云南省向缅甸长途进军 500 英里。但每推进一英里，都是在分配到每个较大国军单位的美国联络官敦促之下，浴血奋战赢得的成果。在蒋介石"不成功，则成仁"[2] 的责令下，卫立煌于 1944 年 4 月开始在云南境内杀出一条血路。怒江从北到南横断滇中地区，江水滔滔，湍急险要；借助月光，他用渡船将麾下 7.2 万人，以及驮畜和武器成功运送到对岸。[3] 云贵高原上骤雨季风，浓雾弥漫，时而转变成雨夹雪，皆挡不住部队的滚滚铁流。部队架桥铺路，越过了无数山涧溪流。凭飞机空投，接收了所需物资供应。一路上，日军始终处于守势。卫将军从美国第 14 航空队得到的帮助至关重要，由克莱尔·陈纳德将军率领的这支享有盛名的飞虎队，在整个怒江战役期间对日军实施了无情的扫射和猛烈的轰炸。不过，面对随时准备战斗、宁死不屈的敌人，卫将军的部队还是遭受了惨重伤亡。约翰·H. 斯托特上校，一名与 Y 部队联系的联络员，回忆起中国军人在战场上的行为时说，他们试图"在机枪火力交织扫射中爬上去"，这种"全然不顾一切的勇气"，似乎"浪费得令人心痛"。[4]

史迪威钳型攻势的另一只臂膀是 X 部队（中国驻印军），由中国军队 5 个师组成，这支部队的指挥官是美国人丹尼尔·I. 苏尔坦中将，他花了大半年的时间，从印度经缅甸，翻越无数峡谷峻岭，一路打向中国。1944 年 11 月，卫立煌部队占领了滇西小镇芒市，从而拥有了一个可供空运的机场，再不用依赖空投来获取物资了。12 月 1 日，遮放被收复了。在边境的另一侧，X 部队攻克了伊洛瓦底江畔的八莫镇，离畹町的直线距离仅为 50 英里。

卫立煌部于 1945 年 1 月 3 日向畹町发起了进攻。第二支中国军队的突击队伍纷纷攀上了名为回龙山的山顶制高点，由此控制了通向畹町的所有道路。《时代》杂志驻中国的战时记者白修德（Theodore H. White），像斯托特上校一样，从一个观察哨清楚地观看了战场行动的全过程，他把战斗的展开描述为"如同给转折点打上标记的插曲之一"。

白修德在他的回忆录中写道，

> 这是一个漫长而炎热的登山日子，这天一开始，美国飞机就在顶峰上空盘旋：大炮发射出的三颗烟幕弹形成的图案，标示出了山顶日军的位置，接着美军轰炸机不断追踪轰炸，凝固汽油弹、杀伤弹、重磅炸弹一个接一个落下来。[5]

每小时持续 8 分钟的火炮齐射，炸毁了日军的阵地，"每一阵炮火齐射之后，中国步兵便穿过被弹壳切碎的树林朝下一个高度冲去；然后又一阵齐鸣，可以看到身着蓝灰色军装的中国军人跳入战壕或环绕在日本碉堡周围，并从顶部往下扔手榴弹"。随后，一群群秃鹰飞过山坡，在中国和日本军人的死尸上采食。

白修德宣称已经实现了一个转折点，这看来似乎有点儿夸张，然而，怒江战役的圆满结束确实让深陷在一场异常惨烈的战争中的人们看到了前景和希望。日军的坦克、飞机、炮舰和快速步兵相互配合，协同攻击，以其强大的机动性和火力，在中国已经赢得了一个接一个的胜利。中国的领土十分辽阔，日本的补给线被拉得太长，并且中国的抵抗也足够顽强，使得日本谋求获得全面胜利的希望无法实现。尽管他们没有征服中国全境，但他们已经屠杀了数十万中国军队，中国军队的战斗能力在美国军界或世界其他地方极少能够为他们自己赢得些许尊重或敬仰。

在中国的这幅军事画卷中最可悲可怜的成分是中国士兵本身，对他们来说，在战场上受伤或者被杀结局是同样的，所不同的只是死得快或死得慢而已。外国采访者报道了他们对所见所闻的震惊：成群的伤兵躺在路边，眼神因绝望而呆滞，伤口无人照料，仿佛街头乞丐般被路人忽视。一群群被强拉来的壮丁，面黄肌瘦，有时还被用绳索串着，驱离家园，去取代死亡和受伤的士兵。

中国在战争开始前十年就在努力建立一支现代化的军队，并大量聘用德国顾问来实现这个目标，但其军队仍然装备不足，缺乏食物，士兵则通常体虚羸弱，用一份美国陆军报告中的文字来表述的话，他们的皮肤只是"一层劣质覆盖物包裹着瘦弱的身子，除了把粮食转变为粪便之外别无他用"。[6] 军方领导层中充斥着腐败和无能的官员。大多数高级指挥官实际上都是些半军阀，对中央政府的效忠也是三心二意，还沿袭陋习，克扣军饷，中饱私囊，这就是他们虚报名额吃空饷的动机。当时的中国贫穷落后，效率低下，士气低落，各自为政，风气不正。而日本则在各方面都表现为是一个现代的二十世纪强国，这就是为什么中国的损失是如此惨重。

尽管战绩不佳，中国仍然继续战斗着，并且，就如我们后来所见，外国观察家们往往有一种倾向，只强调中国军队的缺陷而全然忽视它的优点。最起码的事实是中国经八年抗战而依然未败，且困住了百万日军，这本身就是一个重要的贡献。虽然如此，中国赢得的胜利还是太少了，而决定性的胜利则更少，这就更加给怒江战役增添了特殊的光芒。根据美国官方军事史，这场战役标志着"中日关系史上中国军队第一次将日军从他们想占据的地区驱逐出去"。[7]当他们结束了日军对他们国家的三年封锁之后，中国人也收复了云南省内被日本人侵占的 2.4 万平方英里领土。《纽约时报》报道了这场在"世界上最艰难的战场上，云南省内的峡谷、云雾笼罩着的关卡和高耸入云的山峰"间发生的"野蛮的、毫不留情的战斗"，并把这个胜利称作"中国在战争期间第一个真正的攻势中的杰出高潮"。[8]

畹町收复后第九天，一队飘扬着美国和中国国旗的美国卡车车队飞驶过瑞丽江流域，途经河两岸山区民族村庄那如画般梯田，朝着中国方向爬上了陡峭的山坡。伴随着 X 部队的美国记者们停下吉普车与中国士兵交谈，在无线电天线上悬挂起两国的国旗，然后加速向畹町驶去，在那里他们用电讯文稿通告了整个世界，滇缅公路上最后一个日军阵地已经被"消灭或驱除了"。为了庆祝胜利，一群名副其实的国民党达官贵人和他们的美国顾问抵达畹町。行政院院长宋子文，即蒋介石那受过美国教育的内兄，亲率一个强大和有影响力的代表团从战时首都重庆飞来此地。接替史迪威作为中国战区统帅的阿尔伯特·C.魏德迈将军，也从重庆赶到这里。苏尔坦将军和第 14 航空队指挥官陈纳德将军也莅临现场。陈纳德将军在美国正式参战前就对日本占领军实施了空袭，当时他的空军中队被称为美国志愿队。陈纳德的一些飞机现在也正嗡嗡盘旋在畹町上空，以防日军的突然进攻。

前一天，在对美国的广播演说中，蒋介石宣称，打破对中国的封锁将"极大地鼓励我军和我国人民的精神"，是日本军国主义分子"失败的预兆"。[9] 蒋介石接着说道，三年来，日本曾断言封锁中国将迫使中国陷入崩溃，使它别无选择，只能投降，但是，"现在这支大军的到来向敌人证明，无论是中国还是盟邦，他们赢得战争的意志力都绝不会动摇"。总司令将这条从印度到中国的新公路正式命名为"史迪威公路"，并以一个明显的手势，向成功背后的这位将军的杰出工作、独到眼光和运筹帷幄表示感激和敬佩。蒋介石宣布，以此路来纪念史迪威将军的"独特贡献，以及盟军和中国军队在他的指导下在缅甸战役和滇缅公路建设中所起到的显著作用"。

从近七十年后的有利角度来看，盟军在缅甸的成就、鲜血、牺牲、残酷艰巨的任务，以及现在看来战争的徒劳无功，都是那么可歌可泣。考虑到那一年的结束是多么糟糕，对于蒋介石政府和美国在华的雄心来说，那些给 1945 年年初的胜利留下标记的夸张的华丽辞藻，现在看来都是那么虚假、徒具形式。尽管为夺取领土和修建公路做出了巨大牺牲，从印度东北部利多到中国西南部昆明的公路实际上在抗日战争中并没有发挥重要作用。温斯顿·丘吉尔曾长期反对把缅甸作为盟国主要战争努力的一个重点，并形象地比喻成为了吃豪猪而一根刺接一根刺地去拔。[10] 他认为，重建滇缅公路将是"一个巨大的、艰苦的任务，不可能在派上用场之前完工"。他是对的。到了公路重新开放时，美国航空运输司令部已经配备了道格拉斯以及团结飞机公司生产的大型四引擎飞机，借助飞越喜马拉雅山的航线运输了 4.4 万吨物资，几乎十倍于几年前的空运量，也是 1942 年年初，当滇缅公路还没落入日军之手前，用卡车所运输的物资最多数量的两倍。现在，飞机每天每夜每隔两分半钟就飞越 600 英里航线上的驼峰，就如《纽约时报》的迪尔曼·德丁（Tillman Durdin，也被称为窦奠安）所说的那样："就空运中国的军事物资而言，这使得利多 - 缅甸公路几乎被废弃了。"[11]最终，尽管丘吉尔这位地位最高的殖民主义者对缅甸战役持反对意见，中国军队所完成的主要功绩恰好是为英国收复了失去的殖民地。对中国自身来说，他们却并没有做出太多骄人业绩。

当然，随着迎接车队到来的鞭炮声在畹町响起，没有人会不明智地去说那么多。没有人会去提到这么一个令人尴尬的事实，即蒋介石和史迪威互相憎恨，或是在他离开之前几个月，中国政府和被派往全国各地帮助抗战的美国人之间的关系一度紧张，彼此猜忌。用美国将军的名字来命名滇缅公路，肯定在这位中国领袖的嘴里留下了酸楚的味道。但是，在赢得这条公路的战斗中，中国人已经证实了史迪威所长期持有的信念。在美国领导人中，史迪威有时候几乎是唯一一个仍然坚信中国军队能够打出其威风来的人，只要他们能够得到适当的补给、扎实的训练和良好的领导。现在，一项代号为"阿尔法"的雄心勃勃的计划正付诸实施。在云南，配备美国教官的训练营正在设立并运行中，中国军队中最好的 39 个师在接受训练，准备迎接今后的抗战。

魏德迈把一切都计划好了。下一步，在结束"阿尔法"训练计划后，将针对中国境内的日军据点发动攻势，向沿海进军，确保一个接近广州或香港的主要港口，并为美国军队的登陆做好准备。"可以相信，"魏德迈在给蒋介石的信中写道，"如果我们的行动能在7月展开，我们的部队就能打日本人一个措手不及，也许可以阻止日军计划中的重新部署。"[12]换句话说，日本人将没有时间重新部署防御工事，以防美军的进攻。在夺取了一个港口后，魏德迈认为，"不断增加的物资供应加上战斗胜利的经验，可以激发信心，创造条件，使中国军队有能力直接将日军消灭在亚洲大陆上，美军则不必大规模登陆参战了"。

简言之，比起多年来的战事，中国的形势一片大好。美国的政策已开始产生红利。日本肯定会被打败，唯一的问题是打败它还将花费多少时间、如何具体实施，以及付出什么样的代价。美国在中国的长期目标——把中国从日本的铁蹄下解救出来，一旦实现后，要促使中国成为一个团结、民主、友好的大国——似乎伸手可及。

另一大主题——在畹町的庆祝典礼上是不会有人认为提及它是明智之举的——就是中国严峻的政治局势。如果不是被日本人占领，整个国家会被分为两个地理区域，各自由互相敌对的武装政党所治理。其中之一，也是迄今为止较大的地域，涵盖了日本战线西部的大部分中国，包括四川、云南、贵州、广西等资源丰富、人口密集的省份，由蒋介石领导的国民党所控制，世界各国公认蒋为中国的合法领袖。国民党将重庆定为战时陪都，在重庆可见到全部的、庞大的战时国家机器：外国驻华使馆，其中包括美国、英国和苏联；几所中国大学，从远处东边的家园迁移至此；中国政府的官僚机构；报道抗日战争的国际记者中心；以及成千上万生活在城市的边缘，流离失所、苦苦挣扎的难民。

重庆以北，千里之外，存在着中国另一支主要军队，中国共产党及其足智多谋、富有魅力的领袖毛泽东。共产党人利用战时的混乱招募大量的新战士，加入在他们控制之下的地区里保有的部队中，这些地区大多在北方，人口更为稀疏，特别是在陕西省，他们的总部坐落在名为延安的一个有着古老城墙的小城内。在日本必然的战败实现之后，尽管不是板上钉钉，但极有可能的是，在中国这两大党派和两个领导人之间，即将爆发新的冲突，他们相互为敌已达二十年之久。此外，一旦冲突发生，很有可能重新爆发的中国内战将是一场生死决斗，胜者将赢得全部奖赏，那就是中国本身。

美国太专注于与日本的战争以及结束在欧洲的战争，因这个正在进行中的任务十分巨大，以至于对中国政治的未来难以进行深入思考。站在 1945 年 1 月的角度来看，中国的内战似乎只是可能的前景之一。美国人已设法在政治上安排有关事宜，以适应他们自己对赢得对日战争的专注。

从全球政治的角度来看，最重要的是，美国与苏联这个在世界上仅次于美国自身的最强大国家以及第二次世界大战中另一个主要的未来胜利者之间的关系，是热忱的、互相信任的。美国总统富兰克林·德拉诺·罗斯福视苏联领导人约瑟夫·斯大林为朋友、正在进行的战争中的盟友，以及罗斯福打算在战后创立和平与稳定的新秩序的合作伙伴，这种新秩序将通过创建一个强大的新组织即联合国而得到保证。毕竟，难道美国没有通过大规模的租借法案实质上给了俄国人抗击纳粹德国所需要的装备吗？难道双方已经在战争中建立起来的信任在战争结束后不能够持续下去吗？当苏联外交部长莫洛托夫于 1942 年访问华盛顿时，他曾被邀请在白宫就寝。[13]"我认为，"罗斯福在 1942 年谈到斯大林时对丘吉尔说，"如果我尽我所能给他一切而不问他要任何回报，出于神圣的道义，他不会试图吞并任何东西，他将同我一起为一个民主与和平的世界而努力工作。"[14]直到他于 1945 年 4 月逝世，这位美国总统一直坚持这种幻想。

区别于同斯大林所打的交道，尽管蒋介石强烈反对，美国和毛泽东及其在延安的军队也保持了友好关系。当蒋介石的军队在缅甸和云南逼近日本军队时，美国的代表也在烛光下同毛泽东和他的助手们畅谈可能出现在双方对日作战中的各种合作形式。双方热烈探讨了情报共享，给共产党部队提供美国武器和训练，共产党在北方帮助美国伞兵和在中国沿海帮助美军实施诺曼底式登陆等问题，这将需要与在敌后建立了根据地的共产党游击队密切配合。最重要的是，双方立下了神圣誓言，避免未来的内战，共同努力促进一个统一和民主的中国，而这正是美国对这个国家长期以来的梦想。

"我们将在一位美国将军的领导下全心全意地提供服务，"1944 年秋天毛泽东对一个美国特使热情洋溢地说道，他曾多次表述有关共产党对美国的牢固的友好情谊，这只是其中一次，"这就是我们对你们的感觉。"[15]

然而，就在这一年中，一切努力都付诸东流。到 1945 年年底时，几乎所有现实的希望——避免打内战，打造一个团结并亲西方的中国，与融入正常运作的政府中的共产党保持良好关系等——实际上已经彻底破灭。尽管美国形式上仍在追求其理想，但很明显，这是一个徒劳的追求，一种痴心妄想；当然，这是现在的回想，可是在当时也不乏明智人士。日本被光荣地打败了，但是在太平洋赢得的这个胜利终究只是走向巨大且前所未有的失败途中的一个中转站，即一个对美国完全封闭的中国兴起了，在价值观上与其完全相左，在利益上与其极度敌对，却与苏联这个最险恶的对手紧密结盟。在短短的几个月内，有关中国的美国梦在相互指控和谴责中烟消云散，随风而去。

这种事态，对于美国在亚洲的利益来说，其重要性远远超过了在畹町的战斗，是真正的转折点。从敌人手中拯救中国的战争胜利了，但随后中国又很快地丢掉了。随着美国在亚洲的主要目标被一一揭开，中国却渐渐落入了与一个新的敌人结盟的人手中，这个敌人的理想、价值观和行动方式与美国的截然相反。这种状况将持续四分之一个世纪。它将导致美国在其防止历史重演的努力中，打上两场代价高昂的战争，一场是在朝鲜，另一场是在越南，后者是二十世纪美国历史上最具灾难性的冲突。这两场战争都是紧随畹町大捷之后发生在十二个多月中的那些事件的长期效应。

第二章　委员长与美国人

在中日战争期间，美国总统曾与他在中国的高级军事代表约瑟夫·W. 史迪威，议论过有关暗杀蒋介石的可能性。罗斯福并没有使用"刺杀"这个词，他似乎不太可能确切地表述过史迪威所理解的他的意思，尽管这种混淆可以说反映了美国决策者们在中国国内政治黑暗阴沉的氛围中试图操纵战争全过程和战后进程时，蕴含在决策中的深刻的歧义和不确定性。史迪威对这件事情的看法来自于他的参谋长和最信赖的下属弗兰克·多恩将军，从开罗会议返回后，史迪威与多恩在重庆会了面。开罗会议是在 1943 年召开的，罗斯福、蒋介石和史迪威本人都出席了会议。

史迪威告诉多恩，他和罗斯福在开罗期间曾经私下交谈过二十分钟。在那次交谈中，照史迪威所述，总统以"他那种威严的口吻"，活像一个黑手党教父般地对他说道："老弟，如果你无法与蒋相处又不能取代他，干脆就彻底摆脱他，一了百了。你明白我的意思。找一个你能掌控的人来取而代之。"

根据多恩的叙述，史迪威指示他"策划一个可行方案，然后等待命令"，[1] 多恩照此做了，为一次形同好莱坞惊悚片的暗杀行动制订了一个应变计划。这位被美国人或恭敬或嘲弄地用 Gimo 或 Gissismo①，或 CKS②，或 Cash My Check③，或委员

---

① 这两个词均为 Generalissimo 的缩写。——译者注
② 蒋介石的英文名字首字母。——译者注
③ 意为"兑现我的支票"，蒋介石英文名字的谐音，蒋曾被杜鲁门总统奚落为"只知要钱"。——译者注

长，或总司令等各种名头来称呼的蒋介石，将被送上一架飞往
印度蓝姆迦的飞机，去视察正在那里接受训练的中国军队，这
是为改造中国落后的军队所做的努力。飞行员会假装发现引擎
出了故障，然后下令机组人员和乘客跳伞自救。蒋介石将会被
引到机舱门边，系上被做了手脚的降落伞，让他跳下去。

"我相信这是可行的。"[2] 史迪威如此告诉多恩。

当然，蒋介石未曾遭遇过暗杀，多恩也没有从史迪威处就
这项计划接受过进一步的指令。还有就是，没有其他证据表
明，罗斯福曾有过任何将蒋介石置之死地的念头，看来他似乎
也不太可能这么做，尽管他对史迪威发出过"你明白我的意
思"这种不祥之音。罗斯福对蒋介石有时难免也会怒气冲冲，
但同为国家元首，他对蒋，另一个身处被称为政治体制的笨拙
国家机器的顶端而高处不胜寒的人，也怀有一种惺惺相惜之
情。罗斯福母亲德拉诺的祖先在十八世纪和十九世纪的对华贸
易中获取了财富，罗斯福因此也赞同美国人对中国特有的愿
望，希望中国最好采用美国方式，从最近的凄惨状况中涅槃重
生。例如，与他战时最亲密的盟友温斯顿·丘吉尔不同，丘吉
尔认为美国对中国的愿望是愚蠢的、一厢情愿的，而罗斯福则
衷心希望蒋介石成为战后世界的四大巨头之一，与丘吉尔、斯
大林和他自己齐名，他认为蒋介石是唯一具有声望和地位的
人，能带领他那苦难的国家走向体面的新时代。他在开罗同史
迪威的一番话是有特定情境的，当时他眼中的蒋集推诿、欺骗
和专横于一身，令他感到特别困惑。在开罗会议上，罗斯福同
儿子艾略特说道，他很想知道为什么蒋介石如此不愿意让史迪
威训练中国军队，为什么蒋介石一直把"成千上万他最好的

部队置于红色中国的边界上"，最重要的是，"为什么蒋介石的军队没有战斗力可言"。[3]

在这一时期的历史和传记中，史迪威一直被捧为名人，事实上，他确实是一个强有力的人物，一个杰出的指挥官，备受他的部队爱戴，即使他的指挥令他们几乎无法忍受。他爽直健谈，不能容忍造假、欺骗或无能，但他同时也蛮横好斗、指手画脚、固执己见、缺乏清醒的判断、不愿意承认自己的错误，换句话说，不是适合中国的恰当人选，中国需要的是一位偏见比他更少、外交手腕比他更多的人。他瞧不起蒋介石，把蒋称为"花生米"。不仅在他的日记里，而且在他同参谋人员和上司交谈的话语中，他常常会若有所思，大发感叹，说如果能拔掉蒋介石这根眼中钉那事情就会好办得多。甚至在开罗会议或同多恩的谈话之前，史迪威把卡尔·F. 艾弗勒，美国驻华高级情报官，召唤到他在新德里的办公室。据艾弗勒所说，史迪威告诉他，要想打赢这场战争，"就必须摆脱掉蒋介石"。在听取了史迪威的指令后，艾弗勒询问如何实现这一目标，然后他确定了采用尸检检测不到的肉毒杆菌毒素，这将是一个有效的武器。但是，1944 年 5 月，在缅甸总部召开的一次会议上，史迪威告诉艾弗勒他改变了主意，不准备干掉蒋介石了，此事就此不了了之。[4]

这些都是荒唐古怪的想法——将一个盟国领袖从飞机里抛出去，或者以罗马帝国最常见的阴谋方式来给他下毒。但事实真相在历史上有案可稽，不仅在声誉良好的目击证人的回忆录中提到过，在有关蒋介石的严肃认真的传记中也有过探讨。如此便成为衡量美国决策者们在中国所面临困境的某种方式，这个国家不管是在二战期间还是在战后都是又贫穷又分裂，他们对这么一个不完美领袖的期望实在是勉为其难，如何对付他确实是个难题。

在这一点上值得注意的是，二十多年之后，美国卷入了谋杀所谓的亚洲盟国的领袖——1955～1963 年的南越总统吴庭艳——的阴谋，其与刺杀蒋介石的阴谋有着并非偶然的相似性。吴庭艳被本国对手打死，但事先曾获得肯尼迪政府的批准，因为他的统治令人捉摸不定，也越来越不得人心，高级官员们将其视为问题的来源。

蒋介石在某种程度上是吴庭艳的一个前辈，因为他也是一个腐败的右派独裁集团的领袖，尽管他本人在经济问题上十分廉洁。蒋介石的妻子，受过美国教育的宋美龄，给外国人留下的印象是迷人的和傲慢的——"dragon lady"① 是形容她的常见的、带种族色彩的贬义词；从这层意义上说，代表吴庭艳的是他的弟媳妇，美艳、迷人、颐指气使且受过法国教育的陈丽春夫人，而且，就像在她之前的蒋夫人那样，被认为是在幕后行使很大影响力的人。吴庭艳是一个天主教徒，蒋介石则是一个卫理公会派教徒。面对共产党人的起义，如果没有美国的援助和善心，两人都只能束手无策。

然而，蒋介石从来就不像吴庭艳那样是个傀儡元首。他是一个顶天立地的大丈夫，凭他自己的智慧和领袖气质上台执政，而不是被外国情报机构塞入封闭的总统府内的。自二战以来数十年里，把蒋介石看作二十世纪历史中最大的无能之辈之一，已经是世所共知了。然而，在当时，甚至是后来，人们都有理由以更加同情的眼光去看待他，他是一个卓有成效的领

---

① 冷酷无情、爱寻衅滋事的有权势的女人。——译者注

袖，深陷巨大的弊端之中而仍致力于为国家争取光明的未来。最近的传记，尤其是前美国外交官陶涵（Jay Taylor），强调了蒋介石的优秀品质，而不是他的不足之处，并把他描绘成在几乎不可能的情况下仍苦苦奋斗的勇士，特别是在毁灭性的日本入侵之后。蒋介石于1887年出生于浙江——上海以南的一个沿海省份，并在一所日本军事院校接受过部分教育，后来成为中国第一个共和派领袖孙中山的重要门生。孙中山领导了1911年推翻清王朝的革命并建立了国民党，在经历了一段独裁监护时期之后，承诺建立西式民主。蒋介石身材瘦削、个头不高、呆板生硬、自豪又爱国，深深感受到在外国人铁蹄下中国人的屈辱感，并立志要有所作为。1911年大革命之后，中国远远没有成为一个强大的民主国家，反而陷入分裂和混乱，国土因军阀混战而四分五裂，这种情况自然容易招致虎视眈眈的日本的侵略。

在蒋介石的丰功伟绩中，1926～1928年的北伐战争是浓墨重彩的一笔，当时他所率领的军队在全国范围内实现了一种脆弱的统一。在北伐中，他接受了共产国际从莫斯科派来的人员作为他的顾问，他的军队由德国军官担任训练教官，这些德国军官曾经训练过发动第一次世界大战的德国皇帝的大军。在中国历史上这是一个伟大的时刻，即使其本身表现为一个短暂的插曲，消失在随后发生的无数喧嚣的事件之中。之所以伟大，是因为蒋介石在消灭许多军阀并建立一个现代政府的过程中，凝聚了广大同胞的国家和民族的愿望。他的军队是迄今为止中国最好的军队，而且使得之前军阀们那吓唬人的私人军队相形见绌，陈腐不堪。在世人眼里，蒋介石是一个年轻有为、能干且有远见的领导人，中国在经历过这么多错误的开端后，蒋介石的领导终将把他的国家带入现代世界。

然而，蒋介石从未能够克服存在于中国的深刻分歧，或拜占庭式的分裂，有时是反对政党几乎是杀气腾腾的政治。1927年，他组织了一次恶性政变来反对在统一国家事业中的盟友——共产党人，他坚信，也许他是正确的，共产党在莫斯科的"纵容"下，一俟其目的实现后，正阴谋消灭他。共产党人，或者那些未包含在成千上万被逮捕或被暗杀者之内的人士，都被赶出了城市，在新近脱颖而出的领袖毛泽东的带领下，建立了农村根据地。与此同时，蒋介石将南京确立为中华民国的首都。南京是一座古代京城，位于长江之滨，周边地域皆由新政府控制。而北京则不然，尽管过去六百年中大多数王朝定都于此，现在却还掌握在尚未被击溃的军阀手里。在接下来的十年里，蒋介石统治着一个有前途的复兴中的国家，经济增长迅速，在贫穷、迷信、落后的基础上取得了长足进步。二十世纪三十年代初，蒋介石驱逐了苏联人，但仍聘请德国军官为顾问，帮助他组织了几次战役以消灭共产党在农村的根据地，他原本很可能获得成功，如果不是他必须在同一时间内去解决来自日本的威胁的话。

蒋介石早先没有对日本的侵华战争做出抵抗，尤其是1931年东北地区的沦陷。蒋介石觉得中国还太弱，无法和日本交战。相反，他集中精力于国家建设和消灭共产党。这并不是一个愚蠢的决定。蒋介石明白，只要中国被交战派别所分割，就不可能强大。但随着日本持续逞强试图攫取更多中国领土，这激起了中国民众对蒋施压，要求他放弃消除国内对手的努力，组成统一战线，共同抗击日本。他在1936年年底照此做了，虽然很不情愿，而且是作为一场旨在迫使他就范的事变的结果，其过程犹如戏剧一般。

同年12月，蒋介石飞抵西安，位于中国西北的古代帝国的京城，在那里他将会见一名被称为"少帅"的男子。此人就是张学良，他在年轻的生命中已经见识过血腥阴谋。张学良的父亲张作霖是当时颇具江湖气概的人物，那时中国的权力分别掌握在一群军阀手中，每个军阀都有自己的军队、领地和独霸全国的野心。被称为"张大帅"的张作霖，出身土匪，是一个彻头彻尾的反动、反共和分子，一副十足的中国军阀派头，喜欢以一身普鲁士风格的军装出现在众人面前，留着辫子，系着绶带，佩戴大号肩章和勋章，大檐帽上摇曳着流苏。他指挥的军队有几十万人，还娶了五个妻子，并短暂控制过北京。但在1928年，随着蒋介石的军队在统一全国的事业中向北推进，张作霖被迫撤回到东北。日本在东北享有半殖民地特权，包括部署一支相当大规模的军队的权利，这支部队号称"关东军"。在返回的路上，张作霖被关东军士兵将炸弹置于所乘坐的火车下面而被害。通常认为这次暗杀的原因是日本人对张作霖未能阻止蒋介石的部队推进到北方而感到愤怒，但似乎也可能的是张作霖被视为过于独立，而当时日本计划把中国东北地区变为一个傀儡国家。

张少帅其人是个颓废、吸食鸦片、沉溺于女色之中的登徒子，日本人扶持他为东北地区的新军阀，显然以为他会比他的父亲更加顺从日本人的旨意。但他们错了。张学良戒了鸦片，变得成熟认真，成为中国的一个政治人物，并支持国民党。1929年，他邀请两位亲日中国官员出席宴会，并当着其他客人的面将他们处决了。蒋介石任命他为指挥官，再度努力从中国政体中除去共产党。但是，随着1936年时间的推移和日本对中国主权进一步侵犯的情势似乎迫在眉睫，张学良拒绝了中国人打中国人的想法，开始与共产党接触，共同策划了他后来所称为的政变。

11月底，张学良告诉蒋介石，他在陕西省的军队眼看要去与自己同胞打内战，几乎已接近哗变，他提议请蒋介石坐几个小时的飞机从南京到西安去慰抚他们。蒋介石同意前往。张学良将进行中的计划告诉了毛泽东。毛称之为"杰作"。[5]

蒋介石带着平时的随从到了西安，包括他的外交部长和军事顾问，下榻在一家距西安10英里远的温泉度假酒店。他花了一些时间召见组织起来向延安共产党人进军的部队的军官，告诉他们，在这场长时间的战役获胜之前，只剩下"最后五分钟"了。[6]12月12日凌晨，张学良的卫队，戴着东北士兵的毛皮帽，冲进蒋介石正在睡觉的小屋。他们打算捉住他，但仅穿着睡衣的蒋从窗口逃出，并翻过院子后墙，但在从墙上摔下来时后背受了伤。蒋介石在附近山顶的一个山洞里与几个忠实的副官度过了一个寒冷的夜晚，第二天早晨，他就被张学良的部队羁押了。

不出几个小时，在中国共产党总部所在地延安更舒适些的窑洞里，毛泽东获悉有关此次事变的信息。一听到这个喜出望外的消息，毛泽东希望审判并处决蒋介石和他的高级将领们。他给莫斯科拍发了一封电报，向全世界无产阶级革命的领袖约瑟夫·斯大林征求处理此事的意见，毫无疑问地期待斯大林会对处决蒋介石而感到欣喜。斯大林是中国共产党人获取武器和资金的主要提供者，共产党刚刚击退了国民政府试图消灭他们的最近一次攻势，正在重聚力量。

蒋介石被扣押令斯大林感到十分震惊，更令他震惊的是要处决他的情势。这是谨慎的斯大林和更为浮躁的毛泽东之间关系中一个特定模式的证据。1936 年年底，苏联领导人的首要关注是来自纳粹德国和日本帝国的同时威胁。11 月，日本伙同意大利和德国共同签订了《反共产国际协定》，明确针对苏联，这就使得苏联将受到西边德国和东边日本的两面夹击的情势凸显。出于这个原因，斯大林几个月来一直鼓励共产党与蒋介石和解，使他们能够在抗日战争中团结一致。因此，斯大林视针对蒋介石个人生命的这一威胁为鲁莽和危险之举。他觉得，如果蒋介石被消灭，国民党内部的亲日派谋取权力的道路将因此开辟，会使日本更有能力侵入苏联西伯利亚。斯大林向毛泽东发出严厉的指令，不能让蒋介石受到任何伤害；在收到这些指示后，周恩来——共产党内温文尔雅且灵活老到的首席谈判代表——飞到西安传递信息给张少帅。

随后周恩来牵头进行了一次谈判，谈判中蒋介石答应取消反对共产党的作战活动，并与他们一起组成一个新的抗日统一战线，同时确立蒋为公认的、无可争议的国家领袖。圣诞节后的第一天，当周恩来去见委员长时，他做的第一件事就是向后者敬礼——这是"红军向统一战线的指挥官表示服从的第一个标志（姿态）"。[7] 蒋介石的传记作者陶涵这样写道。作为交换，共产党人得到了一种事实上的合法化，或至少蒋会放弃自己消灭共产党的努力。他们将保留自己的军队；事实上，他们现在有机会大幅度地扩军了。他们将能够派代表到国民政府首都南京，以便协调共同抵抗日本人的事宜。

蒋介石被扣押的新闻和统一战线形成的消息迅速传遍了全中国，其结果是，当他离开西安回到南京时，蒋介石不再仅仅是一个受欢迎的领袖；按陶涵所说，他成了"民族英雄"[8]，被推上了名望和权力的新的巅峰。中国仍然是一个贫穷、落后和分裂的国家，但它比起自四分之一个世纪前清朝被推翻时至今的任何时候都更强大、更有序、更团结，经济上也更具活力，蒋介石也因此得到更多赞誉。团结抗战的新决心使他在国际和国内都被公认为是那可左右中国命运的人物，是值此危难时刻能够领导这个国家的唯一领袖。这道光彩几乎延续了整个抗战时期，其中前四年是中国独自抗日，后四年是珍珠港事件爆发之后，有了美国这个主要的也是唯一的真正盟友。

自始至终，蒋介石享有着几乎是一种普遍的信念，他在勇敢地抵抗着邪恶入侵者的赤裸裸的侵略。这个形象在美国得到了有力的支持，最重要的支持来自于亨利·卢斯，他是一位传教士生于中国的儿子，是《时代》杂志和《生活》杂志的创始人，这两份都是美国最有影响力的杂志。多年来，蒋介石有十次成为《时代》杂志的封面人物，超过了罗斯福、斯大林、丘吉尔，或其他任何人。

卢斯远不是中国战场上唯一能够看到蒋介石的人格和领导能力上的伟大的激情观察者。曾经在魏玛共和国时期有效地指挥过德国军队且在北伐期间担任蒋介石首席顾问的汉斯·冯·塞克特，称他具有"杰出的、高尚的人格"。[9]后来被错误地指控为共产党间谍的汉学家欧文·拉铁摩尔，也称他为一个"真正的爱国者"，一个有着"高度民族主义"的人物，"肯定能在关键时刻负责将中国团结一致"。[10]飞虎队指挥官克莱尔·陈纳德在 1943 年告诉罗斯福（史迪威当时也在场），蒋是"当今世界上两三个最伟大的军事和政治领导人之一"。

小说家韩素音（Han Suyin），后来成为毛泽东的不折不扣的追随者，在战争初期对蒋介石的崇拜也同样是不折不扣的。她写道，中国的统一是"由于一个人的天才，一个精干、不事张扬的年轻的中国军官"，在"十六年黑暗中的斗争"之后，他实现了中国革命的目标。[11] 在许多绚丽多彩的散文中，她继续描述道，蒋介石拥有"长城般的坚强意志，就像中国江河中的滔滔洪水，势不可当"。他是"一个手中掌握着我们四万万人的命运的人"。面对日本人的猛烈攻势，她继续说道：

> 他就在那里，蒋介石，带着坚忍不拔、矢志不渝的决心指挥着战争，克服软弱和怯懦，绝不屈服于武力。我们变坚强了，我们放心了。……这个决心唤醒了全国民众，鼓舞着中国摆脱麻木不仁，让它意识到过去的辉煌及未来的尊严和伟大。一个人，但并不是孤独的一个人。对我们所有人而言，这是一种精神力量，一种象征，一种激励。[12]

中国的救星、左右命运的人，这个形象反映在无处不在的蒋介石的画像上——学校教室、政府机关、公共广场，甚至在战争结束后短暂的几年中，挂在北京故宫入口处厚重的大门上方。如今，其早已被他的伟大的敌人——毛泽东的画像所取代。当时被中国将领们所青睐的一幅标准照是他身着戎装，佩戴着超大的肩章和金色的穗带，扎着肩带和腰带，胸前还挂着一堆杯碟大小的勋章。他的左手按在一把剑的剑柄上，他的光头和修剪齐整的胡子在这套行头相衬下总觉得有点儿显小。出版于 1933 年的一期《时代》杂志封面上有他的照片，上面是他骑着白马、戴着太阳镜敬礼的形象。在其他的一些照片中，他身着丝绸长衫，颇有几分优雅的学者风度。另外还有一些照片，有的透露出一种留着胡子的慈父般的微笑，有的更像是中华民族的善解人意、慈祥、宽容的师长。

所有这些形象都旨在传达一种中国领袖人物所应具有的尊严、智慧和统领一切的品质，就像韩素音所表述的那样，一种精神力量。此外，如果这些形象要使人相信，也应该是宁静和充满自信的。亨利·卢斯持续将这个形象传达给美国公众，直到蒋介石一败涂地失去江山之后。其他一些对蒋介石持更加适度、不那么狂热的看法的美国人钦佩他，尽管他有着这样那样的缺陷。而且当寄托于蒋介石的幻想那破灭的浓厚乌云笼罩在许多，也许是大多数美国官方圈子上空时，这些倔强的支持者认为他的缺点都被夸大了，而他的美德却被淡化了。

在 1944 年年底来到中国担任中国战区美军司令的阿尔伯特·C. 魏德迈眼里，令人惊讶的事情不是蒋介石在战争中表现得如何糟糕，而是多么出色。相比于英国和苏联，他写道，中国得到的仅仅是"涓涓细流似的援助"，但"尽管被西方冷淡和忽视，它却顽强地作为一个国家实体设法生存了下来"。[13] 魏德迈毫不掩饰自己在对待蒋介石的问题上与他的前任史迪威的分歧。"远不是史迪威和他的一些美国记者朋友所描述的那样勉强应战"，魏德迈后来写道，中国"在抗战中表现出惊人的韧性和忍耐力"。

按照魏德迈的观点，美国人未能认识到中国所做出的牺牲以及战斗达到了何种程度。1937 年争夺上海之战，他指出，是"自从凡尔登战役以来这个世界所见过的最血腥的战斗"。[14] 这的确是真的。这场上海争夺战可以证明后来流行的从抗战开始到结束中国基本上未能抵抗日本侵略的观点是错误的。作为历史事实，中国的抵抗是如此激烈，令日本感到完全出乎意料。战争一开始，迫切要征服中国的东京军国主义者曾预测战斗几个月后就能结束。他们未曾预料到，近八年后，中国仍然牵制着近百万日军。英国统治的香港、马来亚、新加坡和缅甸几乎未经一战就落入日本魔掌。就连荷兰治下的印度尼西亚的广阔群岛，加上当时还是美国殖民地的菲律宾群岛，都落得同样的命运。但是，中国却仍然在抵抗着，从未被征服。

同样，中国与欧洲也有得一比，这种比较也能给蒋介石增添不少光辉。魏德迈指出，中国本可以遵循"法国的榜样，让自己被占领，然后等待美国的最终拯救"。[15]但在1937年日本发动全面侵略以后，蒋介石号召中国人民坚持到"忍耐的极限"并"牺牲到底，抗战到底"。魏德迈认为，这样的声明比敦刻尔克战役后丘吉尔著名的题为"热血、汗水与眼泪"的演讲更勇敢、更坚决。[16]在国际上完全被孤立的情况下，中国确实奋起反抗长达四年之久，直到珍珠港事件爆发，而在此期间，理应中立的美国，却持续向日本提供石油和生铁之类的重要原料。

蒋介石得到他的美国盟友支持的一个方面，也正是被他的美国诋毁者所指责的那个方面，即他的军事战略以及他的独裁统治，也正因为这点使得罗斯福想摆脱他，史迪威也对此愤恨不已。蒋介石的军事理念在一些高素质的观察者眼里看来是合理的，他们相信蒋介石根本不需要去做像史迪威那样的美国人要求他做的，照样也能继续掌权。"中国要想获胜，只有依靠拖住日本的优势兵力，并期望它迟早会卷入与西方列强的战争，"魏德迈得出结论认为，"蒋委员长采纳了良好的策略，即努力分散日本的实力，迫使敌人过度拉长战线。"[17]罗斯福总统的表弟，也是陈纳德将军助手的约瑟夫·艾尔索普认为，美国决策者们不明白蒋介石面临的严峻形势，中国国内一股想要推翻他的势力正在日益壮大，然而他唯一的外国盟友却要求他不要做出任何反应。

$$* \quad * \quad *$$

从许多方面来看，蒋介石的被扣押，以及由此产生的统一战线协议对蒋介石本人和中国是真正的历史分水岭。在当时看来这虽是一种颂扬，然而实际上却是他的声望下跌之始，之后他再也无法在中国国内的纷争之中成为最终胜利者，以继续统领他的国家沿着受到西方自由民主思想强烈影响的政治改革和变化的道路前行。如果不是因为发生在西安的扣押事件，蒋介石几乎肯定已经完成了打败共产党的"最后五分钟"战役。尽管他的军队达不到国际水准，但比以前要更强大，装备更精良，并且在德国顾问协助下也更有效率，中共的红军则也许只剩下3万人马，而且仍然衣衫褴褛，装备极差。在日本着手展开全面努力征服中国之前，假如蒋介石于1936年年底和1937年对共产党发动新的攻势的话，毛泽东和他的追随者们本有可能就会到外蒙古或苏联寻求避难去了。在那里，斯大林将会让他们活着，但因为需要面对日本在华胜利所导致的威胁到苏联生存的巨大危险，他将别无选择，只能支持中国的中央政府，而且他也不能支持中共做出任何去推翻它的努力。共产党一旦在陕北根据地遭受惨败并被逐出边界，就不会再有能力扩充自己的军队和扩大根据地，就像二战期间他们所做到的那样，利用这些年的机会扩充实力，打造了一支拥有超过百万士兵的军队，并管辖着大约19块解放区。

可是，事情的发展并不如愿。在极端的胁迫下，蒋介石打破了一个国内冲突的基本规则，这就是绝不能让一支你不能控制的武装力量进入你的阵营之中，因为毫无疑问，当条件成熟时，这支力量是会反对你的。据说，当他从西安回到南京时，蒋介石的老朋友、国民党高官陈立夫就向他提出忠告，让他组织一支大部队把共产党从陕西的根据地清除殆尽，但是蒋介石则像陶涵所描述的那样，"垂下头，没有回答"。[18]

在信守诺言的决定下，蒋介石帮助确立了从长远来看竟然会毁了他自己的条件。

在整个战争期间，蒋介石在众人眼中一直是一个英雄，不论是中国人还是外国人，但对于其他许多人而言，幻灭逐渐形成了。到了战争后期，他的形象和声誉已经一落千丈，尤其在蒋介石不可缺少的盟邦美国眼中，比任何其他国家都更糟。到1945 年年初时，蒋介石这位曾经的中华风云人物，《时代》杂志封面上骑白马的豪侠，其声誉已沦落成某种混同于对立面的东西，几乎等同于心胸狭窄、蓄意阻挠、阴险狡诈的独裁者。这就是史迪威对蒋介石通常的表述，这种表述逐渐开始被美国的许多中国问题专家及许多新闻界人士所接受，并认为是准确无误的，即使广大公众对此还不甚了了。就在陈纳德赴白宫椭圆形办公室肯定蒋介石的伟大功绩的同一天，史迪威却当着罗斯福的面将蒋介石形容为"优柔寡断、玩弄花招、无法依靠的流氓无赖"。[19]对许多美国人而言，包括蒋介石的一些最密切的观察者，蒋已然成了一个右翼独裁者，更像那些日子里甚嚣尘上的法西斯领袖本尼托·墨索里尼或弗朗西斯科·佛朗哥，而不是乔治·华盛顿，尽管许多美国人渐渐意识到，中国总体上有其特定的文化盲点。"他们是虚假东西的伟大信徒。"[20]约翰·马格鲁德准将，中国军队的高级顾问，向美国陆军部如此汇报道。他们无视现实，偏好"讨人喜欢但虚妄的假象"，竟然还有人把他们在日本人手中遭受的失败，说成他们赢得的胜利。

造成这种情况的某些原因是法国人所说的"usure"（磨损），本义为因时间的推移使得物体缓慢地失去光泽。战争久拖不决，加上日本军队的"扫荡"，大批人员伤亡，不断涌现的难民流，严重的饥荒和营养不良，秘密警察可怕的光顾，一队队用绳索捆着的壮丁被押往前线去打仗却衣不蔽体、未经训练、缺少武器和食粮，无能的政府难以制止日军暴行——所有这些事情都削弱了曾经的伟大领袖的地位。国民党政府试图通过大量的游行和歌曲以及随处可见的标语来鼓舞士气。政府新闻办公室推出了无尽的系列报道，宣扬有关英勇抵抗和日军遭受巨大人员伤亡的好消息（其中大部分是虚构的），但在某些时候现实会变得不可避免，当这种时刻来临时，领导人就应该当仁不让地负起责任。蒋介石也会犯错误。他镇压持不同政见者；杰出人士或被关押或遭软禁。报刊新闻被严格审查。蒋介石的形象变得似乎越来越虚假，完全是一种人为的夸张。随着时间的推移，越来越多的中国知识分子，有时主动但往往是被动地改变了他们的效忠对象，转而支持共产党人。他们中的大部分人受过美国教育，包括全国的教授、学生和作家们。他们认为共产党更具活力，少有腐败，对国家遭受的苦难所负责任较少，而且，在许多人的心目中，还更民主。

在华美国人中这种幻灭感也很强烈。"哪里是英勇的抵抗？"[21]史迪威问道，"哪里有伟大的游击战？哪里有改革或者哪怕是对这个问题的基本理解？"他把蒋介石政府比喻为德国纳粹——"同样的世界观，同样的强盗。"史迪威曾向罗斯福总统的陆军参谋长乔治·C. 马歇尔概括他与蒋介石的一次谈话，称简直就是"一个半小时的狗屁废话"。在他的日记和写给在家乡的妻子的信里，这位美国指挥官更是尖酸刻薄。他写道，蒋介石是一个"固执、愚昧、抱偏见、唯我独尊的独裁者"，是一条"贪婪、偏执、忘恩负义的小响尾蛇"，他主持着"一个一党政府，靠盖世太保支撑着，领导人神经不正常，没受过什么教育"。[22]

1944 年全年及进入 1945 年后，发自驻重庆的美国大使馆的公文满载着针对蒋介石的愤怒，抱怨蒋介石自己按兵不动，却让美国部队去打仗，为他做出牺牲。美国大使克拉伦斯·E. 高斯对蒋的英雄描写嗤之以鼻，因为早在 1943 年黄河故道以北就没有任何国民党军队，甚至也不像共产党，国民党在那里连寸土游击区都未能建立。

"中国的战略在性质上完全是防御性的，"高斯写道，"中国军人承受着如此严重的缺陷，说得不客气些，他们完全没有价值……在他们觉得共产党问题依然存在时，重庆部队不愿用自己稀缺的军事资源来抵御日本，许多军人和文职官员都认为，日本是次要敌人，共产党才是主要敌人。"[23]

1944 年秋高斯离开中国时，将一肚子怨气发泄给新来的魏德迈："我们应该拔掉塞子，让整个中国政府付诸东流。"[24]

对蒋介石的行为的幡然醒悟源于这样一个事实：不论是就美国人还是就中国的领导人而言，亚洲和太平洋地区的第二次世界大战都是极其不同的两场战争。对美国而言，这场战争是为了打败日本，随之而来的感觉是美国在战争中做出的部分牺牲是为了中国的利益，尤其是为了中国那不完善的，并且如史迪威所说的，"忘恩负义"的政权。1944年秋天，在听腻了史迪威的牢骚报怨之后，马歇尔获得蒋介石的首肯，得以调遣中国军队赴缅甸北部参战，这是"战争开始以来蒋委员长第一次在提高他的军队的作战能力和改进兵员招募方面表现出积极关注"[25]——这一评论针对的是这么一个领袖：他的军队当时已经伤亡过百万，并且已经牵制了日本最精锐的百万部队长达七年之久，其中大部分部队是可以被直接用来对付美国人的，假如中国已经投降了的话。

　　曾经在战略情报局（Office of Strategic Services, OSS）工作过的奥利弗·J. 考德威尔在回忆录中讲述了战时他在中国的效劳经历。[26]他讲了这么一件事，曾经有一位陈先生来找他，此人自称是一个反蒋秘密社团联盟的使者，认为蒋介石的独裁和分裂统治将最终导致共产党在中国的胜利——就如后来所发生的那样，这个观点与一些最好的美国对华政策分析师的观点不谋而合，并且也被证明是正确的。陈先生告诉考德威尔，他所在的组织希望用李宗仁将军来取代蒋介石，李是一个半独立的军事领导人，广西是他的大本营，并拥有一支忠于他的军队。

　　这一计划从来都没有实施过，考德威尔也没有再提起。但仍不时有一些反蒋但非共团体会与美国人接触，以谋求支持来赶蒋介石下台。蒋介石当然知道这些密谋。他知道自己不受中国知识分子的欢迎，特别是那些曾留学美国并渴望在中国享有更多自由的人。他也知道自己的国内武装反对力量正在迅速成长壮大。到1945年年初，在蒋介石的早期"围剿"战役中幸存下来的共产党军队残部已发展成一支庞大的，并且按中国的标准来看的话，是强有力的武装力量。毛泽东把他在中国西北地区的避难所打造成了事实上的独立行政区，在其非正式的境内有约 9000 万人口。蒋介石最大的担心莫过于一旦战争结束，中国共产党人将同苏联共产党人联合起来，共同努力来推翻他。这正是他用他最精锐的 40 万部队在北部拉开战线封锁共产党的原因所在，此举也导致罗斯福和许多其他美国观察家感到困惑不解和愤怒。但蒋介石这般行事的简单原因，还是他没有足够的资源来有效地抗击日本，同时又控制共产党人。他将这几个师脱离与日本人的交战，不仅阻止了共产党人向南和向东的潜在扩张，而且封锁了向北借道外蒙古进入苏联的主要路径，从而有助于预先阻止蒋介石自己有充分理由相信的可能意味着他最终厄运的合作。

这是蒋介石和他假定的美国朋友之间的最大分歧。到 1944 年中期，特别是美国在太平洋地区对日取得胜利之时，中国的对立双方——国民党和共产党，不再把击败共同的外敌作为他们的主要兴趣所在。双方都知道，这个任务将由美国来完成。双方都在筹备战后的摊牌，最终大奖将是中国本身，身处劣势的蒋介石，很清楚这一点。

因此，在余下的战争期间，蒋介石行走在两个互不相容的要求的夹缝中。他在物资上处于弱势，他的国家又被日本有效地阻断了与世界其他地区的通道——除了来自印度的货机运输生命线之外。因此，蒋介石需尽其所能来讨好美国人，并使极其重要的租借物资顺利运抵昆明机场。但他又不能做到美国希望他做到的那么多，那样会毁掉他在即将来临的战后斗争中的机会。史迪威觉得蒋介石既傲慢又不领情，但蒋却认为自己被美国人的要求所羞辱，这种要求威胁到他的生存。他不得不保持一种尊重的姿态。他只能委曲求全，就像滇缅公路重新开放时当众命名这条路为史迪威公路一样，放弃了他的自尊。他给这个很可能是向他提要求的美国人中他最厌恶的人颁发荣誉，是因为他担心，他们可能最终会毁掉他自己。

蒋介石和史迪威之间的敌意可以回溯到 1942 年时的缅甸，当时日本将英国殖民统治者驱离边境退入印度，击败了中国和美国的军队，并关闭了通向中国的最后一条陆路补给线。那时史迪威被任命为蒋介石的参谋长，他理应由此而能有效地指挥在缅甸的中国军队，但就在这场战役中，史迪威第一次领教了蒋介石暗中有意指示他的指挥官无视史迪威的命令，特别是其下达的让他们采取攻势的命令，还有此后蒋不愿派遣部队到缅甸，这些都给他留下了一个个痛处。

史迪威于 1943 年告诉马歇尔："这颗花生米说他不想去打仗。"[27] 他特别提到蒋介石拒绝派遣部队加入史迪威想发动的重新夺回 1942 年失陷之后的缅甸的战役，但这句简短不留情面的话也反映了史迪威对蒋介石更广泛的蔑视。早在 1937 年，史迪威于在华的一次长距离视察途中，不得不感叹，人人皆知抗日战争迫在眉睫，蒋介石却缺乏准备，甚至还向美国人保证他将大力抵抗侵略者。"他根本就是毫无意愿去做成一件事情，"史迪威在一份军情报告中写道，"要不然他就是完全愚昧无知，不懂得与一流强敌拼斗前做好准备意味着什么。"[28]

对于这个说法，当年史迪威、高斯和其他对无处不在的蒋介石的玫瑰色写照（过誉奉承之词）感到愤怒的人很可能会意见比较一致，比起他们来，如今对此项争论持不同立场的双方都能找到更多的支持证据。事实确实是，从一开始，史迪威总是不得不先请求蒋介石出动军队，然后又因蒋介石的犹豫、拖延，承诺派兵，接着又食言而被激怒。"他老是打不定主意",[29]在缅甸的第一次战役中，史迪威抱怨道，这场战役以中国和英国军队的溃败而告终。史迪威承认蒋介石派出了他的一些战斗力最强、装备最精良的部队——第5军和第6军，但调动部队所花时间太长，史迪威认为，正是这类延误"不幸使我们失去了在缅甸这里可能有过的任何机会"。[30]

不过，蒋介石对缅甸的分析并非全是荒谬可笑的。自1937年投入抗战以来，他自认为对打日本人已并非门外汉。"抗日并不像镇压殖民地起义，不像殖民战争,"他告诉英国驻缅甸军队的指挥官阿奇博尔德·韦维尔爵士，"我们中国人是知道如何打日本人的。干这种事情，你们英国人是不行的。"[31]鉴于中国在战争中的损失以及历史上英国人的战斗声誉，这句话听起来似乎有点儿自命不凡，但在这个战例中他的观点得到了有关缅甸战役的英国官方历史的证实，英军指挥官确实总体上被指责为"自满、傲慢、轻敌"。无论是英国人还是美国人，在冲突早期阶段都低估了日本人，认为他们都不比蒋介石所提到的任何一场殖民地叛乱更具威胁性，而英国人，特别是在印度和阿富汗等地的英国人，都擅长于镇压叛乱。韦维尔"未能识别日军的优势程度导致了他的盲目乐观",[32]一位英国军事历史学家得出如此结论。

在蒋介石看来，史迪威和其他美国官员也犯了低估日本的毛病。在观察了1937年的上海之战后，驻沪专员埃文斯·F.卡尔森上尉宣称日军是"三等劣质"军队。后来在1938年，他又指出日军"打击能力低下，运输协调能力差，空军和地面部队之间的协调性欠缺，武器装备低劣，炮火方向性差，指挥官缺乏想象力和主动性"。[33] 与所谓死板的、缺乏创造性的日军相比，尽管缺乏作战经验，史迪威却因其在野外演习中业绩卓著而在军队中闻名遐迩，在演习中他强调速度、出其不意和精神。就在被派遣到中国之前，他在美国陆军 47 位少将评比中独占鳌头。[34] 缅甸是他在作战指挥上的第一次实战体验，他的作战计划的特点就是大胆无畏。日本于 1941 年 12 月在缅甸空降了 3 个师，与许多敌对方指挥官所认为的相反，他们精通丛林战和山地战。他们机动灵活，取得了对局限于公路的英军的机动优势，并且拥有良好的陆空协调。他们还得益于当地的反殖民主义情绪，冒充——一些缅甸民族主义者还信以为真——是从欧洲剥削者手中拯救当地人的"解放者"；他们很快就在一系列交战中打败了英国人。作为当地的殖民势力，英国应对缅甸的防守承担主要责任。有鉴于此，史迪威不分青红皂白地因 1942 年缅甸沦陷而指责蒋介石是不合理的。

1942 年 2 月底，英军的主力——第 17 印度师，退到了锡唐河边，这条河是缅甸首都仰光前面的最后一道自然屏障。河上仅有一座桥梁，500 米长的跨度，铺设了木板供车辆通行。第 17 师的后卫分队在河的东岸挖掘了防御工事了，以便为护桥而战，并掩护部队主力过河。但是，由于通信极其混乱，桥梁被炸毁，从而导致两个旅的兵力被困在河对岸不能过河。[35] 在随后的混战中，该师有一半以上的人被击溃，大部分重炮遭到摧毁，即使通向仰光的道路并未阻塞，英国人也再无能力构筑一条强大的防御工事了。

至少在名义上可以指挥中国军队的史迪威，认为用一场迅速的反击战就可阻止日军。他在东吁制订了这个计划，东吁位于连接南面的仰光和北面的曼德勒的主要铁路线上，是一个筑有围墙的小城。他把中国第 5 军的第 200 师派到那里，这支部队同日军在城里打了一场异常激烈的逐家逐户的争夺战。当史迪威想调遣第 22 师去东吁增援时，该师指挥官抗命不从，第 200 师不得不夺路而逃，而第 22 师则从未参与此战。

被第 22 师抗命不遵所激怒，史迪威飞到重庆，如他在日记里所记载的那样，他"言辞激烈地发了一通牢骚"并要求另请高明。史迪威在他的日记里抱怨道："我必须要板着脸告诉蒋介石，他的部属不执行他的命令，而当时十有八九他们正在按他的吩咐去做。"[36]但是，蒋介石确实已经将他的部队派到缅甸，并告诉史迪威，他把这些部队置于美国将军的指挥下，即使他发现史迪威夺回仰光的计划是有风险的。之所以有风险是因为他考虑到日本控制了整个孟加拉湾，日军的空中优势，日军的坦克和大炮的威力，以及已经得到证明的英国人的不可靠性。蒋介石赞成一个更为谨慎的计划。"就缅甸而言，继续准备进攻不应该被看作一个指导原则。"他如此说道，借此阐明了他与史迪威之间的重要理念差异。史迪威坚称进攻是拯救缅甸的唯一途径。相反，蒋介石赞成自己所称为的"纵深防御"，即把队伍按一定间隔分布在敌人的前进路线上，使其不断付出代价，或者，换句话说，以空间换时间。蒋介石在抗日战争初期最残酷的几个月后就采取了这样的策略。

1942 年在缅甸，蒋介石希望退回到仰光以北的曼德勒，并守住一条东西走向横穿全国的战线，以便能建成一条从英国占领的印度阿萨姆邦进入中国的供应线。英国人于 1944 年第二次缅甸战役开始时很赞同这个计划。但即使是在 1942 年，尽管疑虑重重，蒋介石还是对史迪威做出了让步，史迪威应该知道这个姿态的重要程度。蒋介石说："让（中国人）把几个军的部队在这么重要的地区转交给一个他们既不认识也没太大信心的该死的外国人手中，这期望值该有多高。"[37]

但无论是因为蒋介石的谨慎或是史迪威的盲目乐观，1942年的缅甸防卫战成了一场灾难。史迪威决定试着引诱日军掉进设在一个叫彬马那（Pyinmana）[①]的地方的陷阱，在那里部署了英国和中国的军队，中国第5军也按时进入了那里的阵地。但英军担心被合围，撤了回去，中国的第200师也抵制了史迪威要求冲进缺口的命令。与此同时，日军从东边展开大规模进攻，击溃了中国第6军的一个整编师。4月29日，日军夺取了腊戍，此地是来自仰光的铁路线的终点站，同时又是进入中国的货车运输路线的起点，这条运输线是蒋介石四年前派遣20万中国劳工进入缅甸建成的。

此时，蒋介石希望中国军队聚集在更加靠北的密支那。史迪威表示同意，并决心加入其中，但从未实现过，他选择走陆路，而不是乘坐由陈纳德派来接他去那儿的一架飞机。根据这一决定，史迪威离开了他理应指挥的部队，被迫率领他的参谋人员、一群缅甸修女以及一些平民步行离开缅甸去往印度阿萨姆邦。

史迪威的撤离迅速成为传奇故事。这位强悍的指挥官催促着约百名士兵和平民一行撤退到安全地区，部分伤员用骡子驮和担架抬，竟然未损失一兵一卒顺利到达，然后还像麦克阿瑟一样发誓，有朝一日要回到缅甸。全程陪同的两个美国人——记者杰克·贝尔登和史迪威的忠实参谋长多恩将军，很快就此事写了两本书；这两本书帮助建立了史迪威的传奇，并间接佐

---

①　即今日缅甸首都内比都，当时还是个小镇。——译者注

证了这样一种看法，即正是由于蒋介石一贯的幕后干预才导致了缅甸的失利。这个冒险故事提到，在史迪威与他的中国军队分手前，一位中国将军为了逃命偷偷霸占了一列火车，然后因与另一列火车相撞，导致铁路线停运两天，以致史迪威为之感叹，这位将军怎么没有给撞死。

在史迪威看来，中国军队从来没有遵照他的命令进行部署，在史迪威就职中 - 缅 - 印战区的整个时期内，"花生米"也一直是他特别蔑视的对象。无论怎样尝试，史迪威似乎都无法说服蒋介石相信，中国军队最需要的是训练、改编，以及清除所有那些笨拙腐败的官员，他们之所以被委任是因为政治庇护，而不是所表现出的能力。

1942 年 4 月中旬，东吁和彬马那两次失败之后，缅甸战役的结果仍然悬而未决之时，史迪威无意中发现了蒋介石发自离战场 2000 英里外的重庆的一封信，命令给每四个中国士兵分发一个西瓜。"当他的耳朵里充斥着缅甸的炮火声时——他相信，这在很大程度上也得归咎于委员长的其他干扰——这道关于西瓜的命令激起了他对蒋介石的蔑视，"芭芭拉·塔奇曼在她的史迪威传记中写道，"由于史迪威的反应最终为人所知，这反过来又激怒了蒋委员长。"[38]

但是，从蒋介石的角度来看，史迪威的计划故意无视日本的压倒性实力，以有勇无谋开始并以虚荣自负告终。当史迪威于 1942 年 4 月徒步离开缅甸退往印度时，他给中国军队下令，要他们尽可能撤离缅甸，蒋介石很"震惊"，感到史迪威"已经把我的 10 万士兵遗弃在外国丛林中，自己却一头逃到印度。只是到了此时他才给我发了这封电报"。[39]虽然多年来史迪威一直抱怨说他很难见到蒋介石，这位中国领袖总是身处深宫禁地之中，蒋介石却因一连数天甚至数周都不能从他这位所谓的参谋长那里得到只言片语而非常生气——直到在这次颇有名气的徒步走出缅甸的事件中，他通知蒋说，他已经谢绝了陈纳德提供的飞机，离开了他所指挥的部队，独自寻找一条出路。

在很大程度上被史迪威的支持者，如贝尔登和多恩所忽视但被蒋介石强烈关注的，是 1942 年缅甸溃败时日军给中国师团造成的可怕的伤亡数字，这些数字被美军司令部大大低估了。从缅甸的撤退涉及许许多多幸存和逃生的故事，但除了史迪威的经历之外，那些故事几乎都被湮没了，或者至少是美国人从来没有听说过。总之，中国损失了他们最好的军队中的2.5 万名官兵。有些师损失的官兵多达三分之一，连同他们本就补充不足的卡车和火炮。随后双方纠缠于互相问责之中，显然，这样的问题就会被提出来，即如果蒋介石"纵深防御"的建议得到落实，而不是史迪威妄图一战就把日军全部逐出缅甸的更雄心勃勃但极其冒险的努力，那么 1942 年的劫难是否可以避免呢？诚然，如果遵循蒋介石的战略，陶涵写道："彬马那之战本来是可以避免的，他们也将有一个公平的成功机会。"此外，即使该计划失败了，"那场撤退也会更加有序，而且中国本身……也会在随后来临的将近四年的战争中要强大得多"。[40]

即使两年之后，史迪威胜利返回了缅甸，蒋介石对此虽然给予公开庆祝，但并没有消除他对这位参谋长的判断能力的疑虑。蒋介石对盟国优先考虑欧洲战场而非亚洲战场总体上表示愤怒，他也非常气愤史迪威痴迷于反攻缅甸而优先考虑战争的次要战场。恰在此时，日军于 1944 年发动了旨在夺取中国本土全部省份的攻势——反过来，这又激怒了美国，批评他拒绝抵抗。"我们是夺取了密支那，但我们也几乎失去了整个华东。"[41] 蒋介石于 1944 年 10 月冷冷地对罗斯福总统的特别代表帕特里克·J. 赫尔利做出如此评述，同时解释了为什么他别无选择，只能要求召回史迪威。缅甸战役巩固了史迪威在美国国内的声誉，但对于蒋介石，这只是强化了他的信念，如他私下在日记里所述，史迪威"缺乏一个指挥官应具备的美德和远见"。

正因为情况如此复杂棘手，1944 年年底罗斯福派赫尔利前来查明事实真相。赫尔利是一个坚定的共和党人，生性乐观，富有魅力，行事往往借助西部牛仔文化传统。在他初次来到中国时，时任驻华大使克拉伦斯·E. 高斯表达了自己的猜疑，罗斯福是否想让赫尔利来接管大使之位。作为回应，赫尔利讲述了一个西部理发店的故事。有个顾客坐在椅子上正理着发，突然间子弹嗖嗖地在他的头上穿过。他自然大惊失色，挣扎着站起身来，可是理发师说道："沉住气，兄弟——没有人向你开枪。"[42]

赫尔利在他一生的事业中，顺风顺水，事事如意，无论是作为一个白手起家的石油富豪，还是作为一个北美印第安人乔克托族的律师，还是作为赫伯特·胡佛总统的战争部长。第一次世界大战期间当兵时，他在法国阿尔贡战场赢得了一枚奖章。当第二次世界大战在太平洋地区爆发时，他负责给困在菲律宾巴丹半岛的美军运输物资，至少有一次他实施了技术上属于海盗的行为，即在船上悬挂日本国旗以蒙混过关。他具有十足的美国信念，认为所有的分歧都可以被克服，只要有一点良好的意识和强硬的讲话，但在这一点上，他是既天真又固执，完全不愿意采纳与己不同的意见和信息。

赫尔利第一次见到蒋介石是在 9 月 8 日，即他抵达重庆后的第二天，两人一见如故，十分投缘。至少蒋感觉赫尔利与"过去的美国官员不同"[43]，说这话时他肯定指的是像史迪威和高斯这样的不怎么被他接受的人物。不管怎样，蒋介石同意了美方的主要要求，那就是赋予史迪威指挥全部中国军队的指挥权，包括共产党部队，万一他们愿意接受蒋介石作为中国无可争议的领袖的话。但是，事情很快变糟了。赫尔利刚一登场，日本人就发动了代号为"一号"（Ichigo）作战的 1944 年大攻势与缅甸战役。9 月 15 日召开了一次会议，史迪威和赫尔利都在场，会上蒋介石担心日本人会在萨尔温江一线发起反攻，他要求在缅甸密支那的 X 部队立即向东移动，以减轻压力。因为在缅甸迫使士兵超越常人忍耐极限而"臭名昭著"的史迪威，拒绝了这个要求，理由是他的士兵需要休整。[44]换句话说，这如同一个美国下属告诉中国的领导人，他不能使用中国军队来保卫自己的国家。

会后，史迪威写信给马歇尔称蒋介石是"疯狂的小混蛋"[45]，并报告说他在破坏整个缅甸战役。史迪威还照会宋子文，抱怨称他在中国"多年来一直被拖延、忽视、欺骗，以及受到粗暴轻率的对待"，并提出要求授予他对所有中国军队的"不折不扣的全部指挥权"。[46]正是这种要求导致几个星期后蒋介石坚决要求撤换史迪威。

最后，在重庆郊外黄山山顶的蒋介石官邸内爆发了一场著名的交锋，这导致他们两人之间的关系无法挽回地破裂了。正在和马歇尔一起出席魁北克盟军会议的罗斯福，起草了一份致蒋介石的照会，命令史迪威亲自交付。这是一份极具侮辱性的照会。它要求蒋介石"立即"加强在云南的 Y 部队，并置史迪威于"无限制指挥你的所有部队"的地位，并且威胁说，如果他不予遵守，"你就必须自己准备承担后果，并承担个人的责任"。

接到照会后，史迪威坐吉普车前往黄山。蒋介石和他的几个高级官员及军事指挥官正在与赫尔利开会讨论史迪威接手指挥中国军队的具体条件。蒋介石得知史迪威到来后，邀请他喝茶，但史迪威要求先私下见一见赫尔利。在蒋介石官邸的阳台上，他将罗斯福的照会递给赫尔利，赫尔利看到其中包含的冒犯言语后，要求史迪威不要将之递交给蒋。

"乔，"赫尔利说道，"你已经赢了这场球赛，如果你想在中国指挥军队，那么你所要做的就是接受委员长已经批准的一切。"[47]史迪威执意要亲自将总统的照会交给蒋介石，他本应知道对蒋介石来说这将是一件多么丢脸的事。蒋介石静静地看了中文译文。几分钟后，他倒扣茶杯，暗示结束会议，然后说道："现在我明白了。"[48]

根据此事件的美国目击者约瑟夫·艾尔索普的描述，一俟史迪威和赫尔利离开房间，蒋介石突然爆发出一阵"压抑的猛烈的啜泣"[49]。后来，蒋介石在日记中记下了他遭遇到"一生中经历过的最严重的屈辱"[50]。然而，史迪威获胜了。他一直敦促罗斯福更加强硬地对待蒋介石，特别是利用威胁取消援助来迫使中国人做出让步。"与我分享快乐吧，"他写信给妻子，"我们已经占了上风……他碰了一鼻子灰。"[51]

当天晚上，蒋介石召赫尔利返回官邸，并告诉他，史迪威必须离开中国。两人第二天再次见面，蒋介石告诉赫尔利：罗斯福照会中的文字标志着中美关系的一个最低点。其中一处含沙射影特别伤了他的心，这肯定是受到史迪威等人的怂恿，罗斯福居然说他没有对日本发动过一次战斗。他告诉赫尔利，自1936 年以来 30% 的中国军队一直在战斗，其中一部分自二十世纪二十年代北伐战争以来就没离开过战场，而这些士兵是不会接受"态度傲慢"[52]的史迪威的。

同时，在黄山会议后的日子里，史迪威正制订着接管中国军队的计划。他下令运送 200 吨物资给新任桂林保卫战的指挥官，桂林是日军"一号"作战攻势的直接目标。而这些物资是他长期扣押下来的——也就是说，甚至在他抱怨蒋介石的军队不打仗的时候，他还在扣押作战物资。他还起草了由美国武装共产党军队 5 个师的建议。最后，他答应赫尔利说自己会改变对蒋介石的态度。

但为时已晚。9 月 24 日，在史迪威递交罗斯福照会后的第五天，蒋介石向赫尔利重申了有关史迪威必须离职的要求。他给了史迪威一个相当中肯的评价，史迪威"是一个职业军人，工作努力，行事果断，擅长于自己的军事准则，那就是进攻"，但是"他缺乏战略思维……（抑或）基本的政治技巧……（并且）他非常傲慢"。[53]第二天，他给了赫尔利一封正式信函，要求召回史迪威。他在日记中则吐露了他的痛苦，在他看来，曾经可能是世界上他最崇拜的罗斯福此时却背弃了他。"我的心都碎了，"他写道，"继续干下去太难了。"但他也表示了决心。他说，中国能够"再次单枪匹马地独自抗战……哪怕……只剩下四个省"。[54]

赫尔利后来说，蒋介石要求召回史迪威的公函到达的那天晚上，他久久无法入眠，凌晨时他召见自己的助手，口述了一封电文发给罗斯福，建议总统接受蒋介石的要求。"史迪威的每个举动都在逼迫蒋介石彻底屈服，"他写道，"在史迪威与蒋介石之间您需做出选择，但您必须选择蒋介石。"他告诉总统："在我所知的中国人中没有其他任何人能拥有同蒋介石一样多的领导素质……（他）已经同意了您提出的每一个要求，每一个建议，除了史迪威的任命之外。"[55]

因史迪威被免职而埋下的分歧将是深刻和持久的。史迪威本人遭受了第一次打击，公众舆论习惯于视他为诚实、直言不讳和严肃的人。在他被解职之后、离开重庆之前，史迪威邀请了《时代》周刊记者白修德和《纽约时报》记者布鲁克斯·阿特金森到他的办公室，不仅给了他们所发生事情的他自己的版本，还让他们获取了涉及蒋介石风流韵事的秘密电报通信，这是明显违反军纪的。[56]白修德的报道基本上被《时代》周刊所拒载，杂志总编卢斯不会允许刊登攻击蒋介石腐败无能的文字，而这恰恰是白修德文章的主题。

但阿特金森则没有这样的限制，他陪伴史迪威乘坐飞机返回华盛顿，他那有关蒋史之争的报道使得新闻报道中的蒋介石和他的政权之形象向负面转变。"史迪威功亏一篑源于蒋介石拒绝全面投入战争"成了《纽约时报》头版通栏标题，此文囊括了史迪威就此问题的观点。"与赤色分子的和平被禁止：委员长认为他们的军队与日本交战威胁到他的统治。"阿特金森写道，史迪威被蒋介石解职"代表一个垂死的反民主的制度之政治胜利，这个制度更关心的是维持自己的政治地位而不是把日本人赶出中国"。"解除史迪威将军职务并任命一个继任者能影响我们去默许一个愚昧冷酷的专制政权。"[57]

赫尔利没有立刻公开表态。但在大约一年内，他做出了只能被形容为疯狂的评论，他指责史迪威、对蒋介石持与史迪威相同观点的美国国务院官员，以及美国新闻界共同卷入一个旨在推翻蒋介石的阴谋，并谋求让共产党政府来取代蒋。他以这样的方式来总结自己的立场："史迪威将军在中国的记录，将无可挽回地在历史上与推翻中国国民政府的阴谋相提并论，他妄图成立一个共产主义政权来取代蒋介石——而所有这一切都是当时存在于华盛顿政府中的共产党细胞或器官的一部分，并且是不可分割的一部分。"[58]

　　史迪威的继任者魏德迈，于11月2日，也就是史迪威离开后仅仅五天就首次去拜访了蒋介石。他两天前飞到重庆，然后驱车驶出了经受着战争折磨并瓦砾遍地的城区，跨过长江到达黄山。通常穿一身简单不带标记的长衫的蒋介石，这天穿了一套普鲁士风格的棕绿色戎装，佩戴着五星上将的徽章。魏德迈发现蒋"身材瘦小、举止优雅、骨骼精致，双眼黑亮而炯炯有神，笑容迷人"。[59]

　　蒋介石急于给这位即将成为其参谋长的美国人留下一个好印象，后者同时还将控制至关重要的根据租借法案每月转道印度供应中国的大量航空燃油、武器和弹药。蒋介石在一个宽敞的会客室接待魏德迈，屋内墙壁上装饰着美丽的中国画和版画，光亮的地板上铺着地毯，柚木桌子和椅子镶嵌着大理石，花瓶中插着鲜花。身穿长长的蓝色长衫的仆人悄无声息地奉上茶点。房间周围悬挂着许多窗帘并摆放着多个屏风，以至于见多识广的魏德迈也感到惊奇，"究竟会有多少人在监听并关注我们所说的内容"。[60]

　　"请，请。"蒋介石说着他唯一会讲的英文单词，示意魏德迈坐到长沙发上，然后就可以挨着坐在他旁边。这是一种平等的姿态。他绝不会和史迪威坐在同一张沙发上。"他似乎有点腼腆，但眼神敏锐，十分警觉"，[61]魏德迈注意到，他因紧张而不停地扇着扇子。几个星期前被任命为美国驻华大使的赫尔利，以及宋子文也在场。

这次会晤是互相客套一番并且修复史迪威事件留下的伤口的好机会，但不宜进行详细讨论。魏德迈告诉委员长，他确信"我们将毫无困难地实现美中两国军队认真协调、高效合作，共同抗击日本人"。[62]

尽管对蒋介石充满敬意，魏德迈对中国军队的状况不抱任何幻想。日本人正在不断进攻，威胁着桂林和柳州这两个重要城市，二者均有美国空军基地，然而魏德迈奇怪地发现，中国人非常"冷漠和愚蠢"。稍后，12月4日，在给马歇尔的电报中，他稍稍改变了主意。"我现在得出了结论，"他写道，"蒋委员长和他的追随者意识到情况的严重性，但他们都无能为力，惊慌失措。他们缺乏组织、装备和现代战争训练。"[63]其中有些问题如"杂乱无章、愚昧可笑的计划"，简直"令人无法理解"。中国士兵不仅缺乏适当的装备，他们还得不到起码的给养，魏德迈很快意识到导致营养不良和疾病的供应不足的问题，是"绝大多数中国军事问题的根本原因"。[64]

这种评价似乎与史迪威最严厉的判断相一致，但实际上，魏德迈不仅比他的前任更圆滑——这种特点使他能够与蒋介石建立一种亲密关系，而且更富有同情心，更倾向于在没有反证之前给予他肯定的判断。虽然美国的公众舆论嫌弃蒋介石——或者至少对《纽约时报》的报道所描述的幻灭也已经知情——而且尽管驻华美国外交官和军事官员正在形成反蒋共识，魏德迈却逐渐相信赫尔利的评估，认为委员长是一个伟大的人，也是能够领导中国的唯一一个人。另外有些人也有同感，因此美国政府最终对蒋介石采取了毫不掩饰的听之任之的态度，并不热忱地去接受以下的事实，就像罗斯福对尼加拉瓜独裁者安纳斯塔西奥·索摩查①曾经说的那样：他可能是一个混蛋，但他是我们的混蛋。

1944年年底，来自蒙大拿州的年轻国会议员迈克·曼斯菲尔德被罗斯福总统派往中国从事为期三个月的实地考察。曼斯菲尔德曾经作为一名海军士兵在中国驻扎过，并且在蒙大拿州立大学教过远东历史。1945年1月，他在写给罗斯福的信中说道："情况真的很糟糕。"曼斯菲尔德认为，最主要的问题在于国民党和共产党之间的裂痕，这就削弱了中国在面对共同敌人日本时的实力。此外，他还写道，国民党腐败无能，他们的军队供给不足，食物恶劣，并且指挥不力。然而，他总结说："蒋介石是可以让中国统一和独立成为现实的一个人。他，也仅有他，能够理清目前的凌乱状况，因为，尽管他做了那么一些事，但他就是中国。"65

某种试图化不可为为可为的，与曼斯菲尔德等人所持观点相似的看法正在出现，这就是认为蒋介石是一个有着严重缺陷的领导者，人民在遭受苦难，甚至承受着自己政府的胡作非为，他却奇怪地置身事外，无动于衷。然而与此同时，这些冷静的、不留情面的分析都伴随着同一个判断：他的命运和中国的命运是浑然一体、完全相同的。在之后支持右翼独裁者反对共产主义革命者的多次经历中，这是美国第一次这么依赖一个亚洲领袖，尽管他的表现不尽如人意，但仍然是美国对未来的选择。

---

① 此处应指索摩查家族的开创者安纳斯塔西奥·索摩查·加西亚（1896～1956年），尼加拉瓜军人出身的政治家，1937～1947年、1950～1956年两次任总统。1956年死于刺杀，两个儿子先后继任总统。索摩查家族的统治至1979年才被推翻。——译者注

第三章　满目疮痍的国家

中日之间的战争是毁灭性的，也是没有必要的（unnecessary）。八年来，它在整个中国横行肆虐，所造成的死亡、破坏和损失达到不可估量的程度——不但有传统意义上的死亡和物质毁害的损失，而且还有共性上的损失，中国人自己之间的人文关系中的损失，为了求生而苦苦挣扎压垮了国家对于同情、互助和同胞情谊的承载能力。

这场战争中形成高潮的主要战斗发生在 1937～1945 年，但也可以说是始于 1895 年，那时正在复兴的日本，难以满足地、毫无束缚地追求着国际威望——这意味着模仿欧洲列强参与争夺殖民地之战——几个世纪以来原本属于中国的台湾全岛已被日本霸占。但是，日本的主要目标是横跨日本海，占领朝鲜和满洲地区（即中国东北）这片广袤的陆地，并以此为垫脚石然后夺取更大的战利品，那就是整个中国。中国通常是东北亚地区的主导国家，此时已变得羸弱不堪，政治上混乱无序，再无能力捍卫其历史上继承下来的在朝鲜和较偏远的东北省份——如满洲地区——的利益，满洲地区还成了日本和另一强国——俄罗斯帝国——之间的竞争舞台。

1905 年，日本宣布自己已经成为争夺殖民地竞赛的主要参与者，当时它酣畅淋漓地在一场有着浓厚殖民战争色彩的博弈中大胜俄国：两个斗士在完全属于第三国——中国——的国土上搏斗，而中国自己却不是斗士。日俄战争标志着一个亚洲强国第一次在一场重大冲突中打败了一个欧洲强国。日本军队挫败并智胜了俄国，不仅在陆地上，也许更重要的是在海上。在决定性的、争夺最大的东北城市奉天（现在被称为沈阳）的陆战中，俄国损失了 9 万人的兵力。在于朝鲜和日本之间的对马海峡发生的决定性海军对峙中，海军上将东乡平八郎指挥日本舰队打得俄国舰队全军覆没，而大部分俄国舰只都是从 1.8 万英里外的波罗的海母港赶来的。只有 3 艘俄国舰船逃脱了厄运。俄国失去了其舰队中所有 8 艘战列舰及 5000 名官兵，相较之下日本则只损失了 3 艘鱼雷快艇和 116 名官兵。虽然俄国同意朝鲜成为日本势力范围的一部分，可日本却在 1910 年占领了整个朝鲜。日本赢得了此前属于俄国的萨哈林岛的南半部，并接管了俄国在南满地区曾拥有的特殊殖民权益，包括旅顺港的租约和南满铁路的控制权。从那时候起，俄国收复这些损失的雄心从未变过，而这一点，正如我们将看到的那样，对中国和美国造成了极其严重的后果。

作为胜利的果实，日本在亚洲成了无可争议的大国和世界上发展最快的力量，并准备着实现其大胆且具有种族色彩的目标，即在全亚洲取代欧洲白人殖民主义者，创建一个由日本主导的庞大的新区域。第一次世界大战后日本朝着这个目标稳步迈进，当时，作为与胜利一方结盟而得到的回报，它被赋予权利接收在中国山东省境内的原先德国的财产，包括因德国所建的同名啤酒厂而在西方闻名的海滨城市青岛。二十世纪二十年代，日本将这些资产返还中国，是因这个世界共同开始为其侵犯中国的主权而感到有些懊悔，当时的日本，比它后来的变化更温和也更包容，觉得有必要做出和解的姿态。

但随后日本的温和派失去了对局势的控制，极端民族主义者和激进分子一心想实现日本的泛亚洲命运，对此，他们认为，需要与西方文明进行末日天启般的最后摊牌。要称霸亚洲，他们首先要主宰中国，他们鄙视中国的软弱、腐败和低劣。同时，要主宰中国，他们需要保持对满洲地区的控制权，并将其建成为扩张的基础。

1931～1932年，在裕仁天皇的支持下，军国主义分子完全控制了日本。名为"樱花会"和"血盟团"之类的民族主义团体在日本国内实施了一系列暗杀。受害者之一是最后一任试图遏制军队在亚洲大陆的野心的首相，由此彻底打掉了温和派的残存势力。1931年，在后来被称为"九一八事变"的事件中，作为日本民族主义武装中坚的关东军，派出部分人员炸毁了奉天附近南满铁路的几段铁轨，并将破坏罪名嫁祸于中国人，然后利用这一事件来攫取构成满洲地区的所有中国东北省份的控制权。几个月后，他们说服了已经被推翻的清王朝末代皇帝溥仪出任新成立的所谓独立国家"满洲国"的傀儡领袖。早在1932年，一群愤怒的中国人在上海痛殴了五个日本僧人，或者如某些报道所称，日本军官收买了一些中国暴徒去殴打这些教士。[1] 作为回应，日本派兵进入华埠（大多数日本公民居住的公共租界在上海一直是军事禁区）。几支中国部队在德国教官的建议下，有效地组织了抵抗，日本便派出大批陆海军部队入侵上海，并且出动了炮舰和双翼飞机轰炸人口稠密的中国居民区，这是历史上有案可稽的第一次对城市中心实施的无差别轰炸，由此很快引发了更多对亚洲和欧洲城市的轰炸。日本人征服全中国的长期、残忍、暴行累累的努力由此拉开了帷幕。

这些侵略引起了国际联盟徒劳的抗议。尽管"满洲国"的建立被认为是非法的，但没有采取任何实际举措来惩罚日本的侵略。虽然蒋介石政府做出了派遣军队抵御日军1932年入侵上海的不成功的努力，但更重要的是，它默许了日本对东北地区的侵占。当时恰值国民革命期间，一个现代化的、强大的、独立自主的、摆脱外国对其主权侵犯的"新中国"正处在努力打造的过程之中，蒋作为这场革命的领导者，深知中国在军事上仍然软弱，无力挫败日本的野心。当时的口号是"攘外必先安内"，其直到蒋介石在西安被扣押后才被迫放弃。

但是，日本不断制造着"事件"，并且每制造一个事件，其都被作为进一步侵占的一个借口。1937年7月7日，一个中国巡逻士兵枪杀了一个在古老的大理石桥附近进行夜间演习的日本兵。这座桥名为马可·波罗桥（即卢沟桥），如此命名是因为据说意大利旅行家马可·波罗在十四世纪时曾经到过这座桥。以此为由，日本正式着手征服全中国。针对这一新的"事件"，它派出了以满洲为基地、全副武装的四个师的军队穿过长城，旨在夺取黄河以北中国的四个省，包括古老的帝国首都北京。随着这支军队的调动，这两个国家之间的全面战争爆发了。在接下来的八年里，战争时断时续地进行着，激烈的交战不断打破短暂的平息。

在第二次世界大战战火蔓延到西欧，德国侵占了比利时、荷兰和法国时，日本对中国的攻击已达四年之久。在那四年里，中国完全是孤身奋战，既无盟友也无支持，仅仅从苏联和美国得到一些资金和物资援助。其中较为重要的是陈纳德的美国志愿航空队，它使用中国内陆的一些机场让日本为其入侵中国北部与沿海省份付出了一些代价。

就像两年前被墨索里尼入侵后的埃塞俄比亚那样，中国在

1937年向全世界呼吁以寻求帮助，但没有任何回应，既没有来自国际联盟——该组织成立的宗旨就是使国际侵略成为非法而日本就是其中一个成员国——的声援，也没有来自美国的援助。美国人在感情上非常重视中国。自十八世纪后期以来，美国商人一直在从事两国间的贸易，一百年来其传教士也一直在把他们热忱地认为是基督教文明的福祉带给中国人。富兰克林·德拉诺·罗斯福很喜欢向访客讲述自己的德拉诺祖先与中国的渊源。在他家族的祖籍所在地海德公园附近故居的音乐室里，摆满了总统的祖先在十八、十九世纪收集的中国瓷器和漆器古玩。但距第一次世界大战结束不到二十年，美国已经没有兴致再去干预国外冲突了，无论是在欧洲还是在亚洲。在中日战争前四年的大部分时间内，美国继续给日本提供重要的原料，其中最重要的就是石油，因此从某种程度上来说，美国人是欺侮和掠夺中国的合作者。1931年，在九一八事变后，《赫斯特报》上登出的标题简明扼要地表达了美国的态度，对中国的眷顾之情已经因中国的战略重要性的降低而被放弃。"我们同情。但与我们无关。"[2] 在1937年日本发动全面侵略以后，即使是对中国的同情增强了，对日军暴行的了解更直接了，报刊上也可能继续刊载同样的标题。

只是在1941年12月7日，日本发动了对珍珠港的偷袭之后，美国才被直接卷入战争。截至当时，中国在军事和民事两方面遭受的损失是惊人的，然而它所表现出的抵抗决心应该让大部分欧洲国家感到羞耻。譬如，对比中国，法国在1940年面对德国入侵仅六个星期就投降了；然后，还成立了一个低三下四、通敌卖国的政府，直到1944年盟军在诺曼底登陆，法国一直处于逆来顺受的亡国状态。第二次世界大战在荷兰、比利时、丹麦、挪威、波兰、匈牙利、捷克斯洛伐克、塞尔维亚、罗马尼亚、克罗地亚、希腊和欧洲其他被占领国家很快就结束了。所有这些国家都领教了德军占领的严酷手腕，包括对犹太人的大屠杀。这些西方国家也都经历过以游击队形式来反抗占领，以及德国部队一旦遭到袭击就实施的野蛮报复。当然，英国从未投降也从来没有被侵占过。但在欧洲大陆国家中，只有苏联经历了在自己的领土上超过几个月的全面战争。苏联总计有近五年处于战争状态，美国为近四年。而中国的战争，不包括日本在1931年开始对东北地区的侵占，总共持续了八年。

史迪威的离去和魏德迈的到来是在1944年秋天。此时此刻，中国已经精疲力竭，其军队元气大伤，其人民意志消沉、迷失方向、失去希望，其经济遭到严重破坏，其政府还是由蒋介石领导，但因无力防止侵略者掠夺而丧失了信用。数百万军民死于战祸，千百万百姓流离失所，沦为赤贫，在绝望中挣扎。无数的城市化成了燃着余烬的废墟，绝大部分乡村经济被破坏殆尽。研究战争的学者估计这场战争造成的财产损失约为100亿美元，这意味着中国整个国家的工业能力只有战争开始时的四分之一。[3]

中国如此巨大，因此某些地区并没有受到战争的不利影响，或者在很大程度上未被战火燃及，最为明显的是东北地区和台湾，而这两者都是在日本的控制之下，实际上还在经济上得益于日本对物资的贪得无厌的需求。其他地区，特别是被称为大后方的广袤的内陆省份，包括四川、山西、贵州、甘肃和云南，基本上未被日军占领，或者没有直接接触战争。即使那些更靠近中部也被日军实际侵犯的地区，如湖南、河南等省，在1937年日本最初的侵略和1944年春日军发起残忍的"一号"作战行动之间，也很少发生实际交战。在中国许多未被占领的地区，中国人一如既往地充满智慧、精力充沛地努力去生活，因为哪怕是身处绝境，人们也总得奋力而为。甚至是在集中营和沦陷区，人类的创造力也绝不会停顿下来。"如果没有外界压力所带来的恐怖和四处逃亡，一个省级城市似乎能够在和平的自治中艰难前行，就像在长达几个世纪的以往的帝国统治期间一样。"⁴ 美国旅行者格雷厄姆·佩克（Graham Peck）如此写道。在美国参战之前的1940~1941年，他已走访了中国的大部分地区。

难民创造了新的社区。一个新富企业家阶层涌现了。被称为"游击商人"的他们，行囊里塞满了丝袜或自来水笔，乘坐小船或马车从日本人控制的城市前往未被占领的城镇。在广东和广西两省的旅途中，佩克发现许多"新兴的小镇，挤满了新的餐馆和酒店，赌博、酗酒发出的嘈杂声通宵达旦"，⁵ 这些地方原先只是宁静的渔村，小船在村边绕过。按理说走私是非法的，然而经当地军事指挥官和海关官员征税后仍可放行。几个月后，1941年在河南省，佩克遇到了一位前任官员，失去了工作，转而成为一名游击商人。他报道说，河南最繁忙的走私港口界首镇①，有着比重庆还好的中餐或西餐馆。重庆东北方向600英里外的黄河岸边省会城市洛阳，"庇护着十多万人口，热热闹闹地守着中国城市生活的套路，一片繁荣景象"，⁶ 仿佛根本没有发生战争，与苦不堪言、人满为患、瓦砾

---

① 现属安徽省。——译者注

遍地的重庆形成鲜明的对照。实际上，50英里开外就有日本军队驻扎。

这种表面繁荣状况的存在，绝非因为中国政府的作为，它随时可能会戛然而止。就在佩克到达后两个星期，日军对洛阳的常规轰炸就开始了——侦察机在早晨飞来侦察，轰炸机则在夜间投弹轰炸——突然间恐慌伴随着日军入侵的谣传席卷全城。日军飞机往往贴近黄河飞来，顺着黄河朝北飞向洛阳，刹那间，一分钟前还在和平地从事日常交易的成千上万的老百姓，在街道上相互碰撞，仓皇逃避，争先恐后地跳下陡峭的台阶躲进防空洞里。佩克后来写道：“每次长时间空袭后，清理队伍就会扛着很多用草席裹着的尸体从大街上经过。”商业凋零，四处停电，学校关闭，房地产价格直落，蔬菜价格飞涨。“这座城市很快就呈现出一派破旧、凌乱的景象，如同我在之前秋天的重庆所见到的那样，街道上电线缠绕，瓦砾成堆，海报和窗户纸撕裂成碎条挂在空中。”“大街上……从黎明到黄昏都冷冷清清，空空荡荡。”[7]

1941年5月16日，日方出动110架飞机轰炸洛阳，扔下了700多枚炸弹。这天下午，

> 往西去的道路挤满了人，或徒步，或坐着架子车、黄包车、独轮车和汽车，缓缓地逃离洛阳。道路两侧树木上方，人流经过时扬起的灰尘如条条长蛇连绵不断，从烟火笼罩的城镇一路延续到远方群山的边缘。路边田野上，人们的喊叫声、哭号声和咒骂声融汇成一道低沉的、颤抖的、连续的声响，就像一头遭到致命攻击的野兽，在鲜血直喷时发出哀号。[8]

轰炸结束后，正常的生活似乎又回到了洛阳，许多难民也是如此，中国人的适应能力得到部分恢复。但城市附近和河对岸群山中的战斗所留下的愤怒和不信任将长期留存，难以忘怀。人们仇恨日本人，他们对国民党保护他们的能力也丧失了信心。政府的批评者被逮捕并被投入监狱。报纸均需送审，因此国民政府在抵抗上的软弱无能不为大众所知，然而尽管无人亲眼看见，但还是被人怀疑。国民政府指责共产党人，说他们的军队未能攻击日军的后方，按照统一战线中的条款这是他们必须做到的。共产党人拒绝了这项指控，但联合阵线这个从来就不牢固的联盟，现在变得越来越不团结了。正如佩克所描述的那样，在洛阳城外艰苦跋涉的难民中，国民党军队的军官征用了大多数轿车和一半的马车，车上"挤满了省城庞大的文武官僚群体的家眷、家具和文件"。[9]这样就更加促成了"笼罩在公路上方的仓促、野蛮、只求自保的氛围，这种乌烟瘴气如同灰尘一般令人窒息"。食品和交通的价格涨了四倍；那些花得起钱的人连盆栽棕榈树都装上马车运走，而穷人们则只能肩扛手提自己的必需品，这只能激起怨气和反感。有些人干脆在路上大打出手。

所有这一切都发生在美国参战之前，当时外部世界中几乎没有人会关注此事。尽管他们毫不知情，可中国人却面临着又一场将延续四年的战争。

中国人的生活被扭曲变形了，无论是大是小，集体或个人。国民党军队遭受的惨重伤亡严重削弱和耗损了国民政府，而这个政府还得去面对在日本占领期间规模和实力都大幅增长的共产党对手。

除了死亡和经济损失之外，许多城市遭到破坏，民众大批迁移，国家的精英，如专业人士、行政管理人员、公民领袖、商人和金融家，大量衰减。由于国家的贫困和落后，在中国辽阔地域上分布稀少的许多拔尖人才，也失去了他们的金钱，还有他们的信心。行政机关成了一个烂摊子，知识阶层虽然没有被摧毁，但大都不在其位，其领军人物，如当时的政府一般，处于内部流放状态。为了生存，争斗十分激烈，从而产生了一种人人只为自己的相互仇视、不信任和愤世嫉俗的氛围。传统的中国，虽然贫穷，但培养了某种儒家和佛教的社会良知，尤其是通过一些被称为"同乡会"的慈善组织，即来自相同省市现居住在其他省份或城市的人会伸出援助之手，给来自同一地区的新人提供帮助。中国人有一种说法，叫作"人情味"，意思是人类感情上的情愫，凭借一种美德的滋润可以减缓生活中的摩擦。但战争带来的痛苦和绝望抹杀了大部分人类情感，留下的则是人与人之间的尖锐矛盾。

孔子认为，完美的道德包含五个特点：庄重、宽厚、诚实、勤敏和慈惠。① 所有这些宝贵的美德都因国家陷于长期战争而萎缩，因此，政府的苛捐杂税、对弱者的无情盘剥、食物盗窃、土匪、海盗、强奸和高利贷紧随日本铁蹄的蹂躏，接踵而至。比起中国人自己，或至少那些在作品中描述战争的中国人，这个现象更为在华外国人所关注。佩克这样写道："生存的困难，以及潜在的恐慌，在所有交易中激起了贪婪和狗咬狗的个人主义，只剩下家庭这个最后幸存的单位，还保存着相互间的仁义和责任。"[10]即使在最好的时代，拥挤不堪、贫穷落后

---

　　① 出自《论语·阳货第十七》"子张问仁于孔子"条。——译者注

的中国，也比大多数国家遭受更多苦难。在战争期间，苦难更是呈几何级数加剧。"公益精神、宽宏大量，甚至是忠诚老实都成了大多数人难以承受得起的东西了，"研究中国的历史学家费正清写道，"强者不仅践踏弱者，他们彼此之间还尔虞我诈。"[11]

尽管国民党做出了各式各样的宣传，如鼓励大家唱爱国歌曲，在未被占领的城市里贴海报，致力于塑造英勇抵抗的形象，不断宣称一切都是按照蒋介石的计划进行等，但政府首先要为未能把日本人赶出中国负责，并要为随之而来的混乱无序、迷失方向、残酷虐待、流离失所、惨无人道负责。"你能见到之前连做梦都想象不到的痛苦，眼神迷茫、情绪消沉、愤懑不平、仇恨绝望，而这一切都集中在一些世界上最美丽的人体内。"这是一名美国情报官员在1945年时对即将去重庆赴任的美国外交官约翰·梅尔比的告诫。虽然该官员说的是印度，但他补充说："对中国来说这也是一个完美的介绍。"[12]

在入侵华北的同时，日本军队长驱直入，直指长江流域，并在战争开始后的第一年内，就攻占了北起天津，南到广州和香港的中国所有沿海大城市，以及作为重要港口的上海，然后是国民政府所在地南京，还有长江边的工业中心汉口。不仅中国的领土受到了日本闪电战的冲击，而且它那受过德国人训练的最好的几个师也遭受了极大伤亡，国民党军队的元气从此再没有得到完全恢复。

这是一场毫不留情的战争，正如历史学家约翰·道尔（John Dower）所称的那样。在1937年于上海延续了三个月的那场战斗期间，国民党军队奋起抗击，使日军遇到了完全意想不到的抵抗，尽管遭到来自港口日本军舰炮火的轰击，国军仍然逐门逐户地拼死战斗。由一张刊载在世界各地报纸上的照片所引起的愤怒反响，是整个亚洲战争之前或之后任何其他信息都无法比拟的。照片显示日军袭击后一个婴儿直直地坐在几根铁轨上，他的皮肤不是被烧焦就是被灰烬覆盖着。一座横跨轨道的步行桥就在他身后。裂口参差不齐的金属碎片遍布地面，像是有人将整副巨大、半撕开的扑克牌抛撒一地。孩子的嘴是张开的，脑袋看起来比身体大。他的身子奇怪地直立着，两臂垂在身体两侧，像一尊小小的、破损的佛像，这画面非常极致地表现出弱小生命无助地处于世界末日的残骸之中，这是无辜受难者的化身，控诉着侵略者的暴行，展现着中国人的牺牲。

但是，大屠杀仍在继续着，而世界却在袖手旁观。直到1941年年底日本袭击珍珠港后，美国及其盟友才被卷入冲突之中，并站到了中国一边。

中国有些地方不只是被破坏，而是被全部摧毁，彻底消失了，人口急剧减少，几乎像古迦太基废墟那样处于湮没的状态。湖南省省会长沙市就是这样一个地方。1938年时，长沙市人口为50万，巨大的城门和围绕全城的城墙证明着它的年龄和重要性。该城坐落在长江的一条主要支流湘江之畔，湘水流经湖南中部的平原和连绵起伏的丘陵，形成一片丰饶的农业地域，长沙起到了商业中心的作用。城中一条条狭窄的小巷蜿蜒穿行在灰瓦斜顶的两层砖房之间。宽阔些的商业要道两边排列着由圆柱支撑着的店铺拱廊，马路上人力车、毛驴、牛拉大车熙熙攘攘，小贩们吆喝着他们的麻辣小吃的美味。"世间的一切都在街头进行着，"一个外国传教士医生的妻子写道，"给油纸伞上油的、弹棉花的、浇蜡烛的、雕刻棺材的……婴儿在街上喂养，孩子在街上抽陀螺玩，老头靠着墙根晒太阳打瞌睡。"[13]

长沙因其有着两千多年历史的汉代古墓，许多学校和佛教寺庙，以及中国近代历史上的暴力遭遇而享有盛名。十九世纪中叶太平天国起义时，长沙被围困数月之久，当时一个妄称自己是耶稣弟弟的且颇有魅力和远见的人几乎推翻了清朝的统治。在更近些的 1930 年，长沙也是共产党人和国民党人之间暴力冲突的现场。同中国很多中心地带的城市一样，长沙既有其迷人的一面也有其可怕的一面，你能见到留着稀疏胡须的老者在清晨托着鸟笼遛鸟，也能在冬天看见冻死在街头的乞丐。在 1937 年日本发动上海战役以及 1938 年攻占南京之后，有 3 所中国的主要大学已经迁到长沙，所以市内人口激增至 50 万。

长沙还有几百名外籍人士，包括一个来自纳粹德国的犹太难民利伯索尔先生，他研究并测量了长沙市的古迹，还翻译了不少古书。有二十几个充满理想主义的美国人主持着耶鲁大学的中国项目，旗下的中学、医院和医学院占地面积 20 英亩，位置就在城市的北门外。这是一个安静、特殊的校园，其中的小教堂、宿舍和行政大楼四周环绕着菊园、竹棚，以及香樟树林，喜鹊在其中筑窝搭巢。[14]更多的是外国客商，传教士与他们并不合群。外商占了湘江中的一个狭长小岛，在岛上他们享受着那个时代外国商人与世隔绝的精彩生活，他们的俱乐部（仅供白人使用）和他们的生活"充斥着西方怪癖、灯红酒绿、纸醉金迷、纵情声色、为所欲为"。[15]

对外国人而言，长沙是外国租界和治外法权的那几十年里中国所提供的萨默塞特·毛姆笔下田园生活的范例。宴请客人至少有十道佳肴，均出自中国最负盛名的特色菜系；游览可乘坐轿子去距离不太远的山中佛教寺庙，或者去著名的汉墓群；

在俱乐部里可饮鸡尾酒、玩斯诺克和聊绯闻八卦。二十世纪三十年代末，国民党人还在中国享受着政治上为所欲为的几年好日子，中国的贫穷、混乱和对美好生活的愿望给西方人提供了异国风光的贫民窟、文物鉴赏和感官娱乐，这是一种挥霍着从与中国的贸易中获取的巨额利润、自我放纵、享受仆人成群日日豪宴的奢侈生活方式。即便是传教士也能享有家庭中每两个成员就有一个中国仆人服务的生活，外国商人则享有一对一的服务。这一切都是那么便宜。"在中国，"一位传教士承认道，"我们每个月花 55 美元就能像贵族和国王般地生活。"[16]可是，这样的好日子即将到头了。

中日战争的爆发打破了平静。1937 年的感恩节那天，日军许许多多轰炸中的第一次发生了。当天下午三点左右，轰炸机飞来了，防空警报紧随其后鸣响了，而不是在这之前。几分钟之内，长沙市就布满了弹坑和废墟。两家挤满来自上海和南京的难民的小旅馆被炸弹直接命中，导致上百人死亡。烧焦了的碎尸残骸横七竖八地躺在街头。一名女子蜷伏在被炸死的丈夫的尸体旁边，一边恸哭，一边焚烧着纸钱，供他来世使用。靠近他脚边的泥土里插着三炷香。

随后，在 1938 年的秋季，南边的沿海城市广州和北边的工业重镇汉口，这两个由中国主要的南北铁路线与长沙相连接的城市，相继沦陷。大批难民和伤员涌入长沙，为接纳他们，长沙城竭尽全力。当时还是美国驻华武官的约瑟夫·史迪威，在杰克·贝尔登的陪同下来到长沙，这样他就可以面见住在医院里的伤兵，努力找出究竟有哪些国民党部队实际上在与日军作战。[17]接待他们的是美国医生菲尔·格林，他当时管理着湘雅医院（Yale-in-China hospital）。

　　10月下旬，当日军向长江上游进攻的消息传到城内时，一切变得很清晰，这回该轮到长沙了。不久，即10月26日上午，"医院后面的兵工厂爆炸了"，格林写道，"就这么一声巨响，整个地方都不见了"。爆炸导致30人丧生，70人受伤。"把他们挖掘出来所花的时间和善后处理所花时间一样多。"[18]令迫在眉睫的灾难情绪更加强烈的是，国民政府已下令，如果日军成功攻下长沙城的话，城里应寸草不留。在上海、广州、南京、汉口和其他被攻陷的城市里，日军掠夺粮库和货仓、偷盗牲畜和值钱物品、屠杀平民、强奸妇女和女孩，以及将老年男人和被俘的中国士兵用于刺刀训练。国民党政府已经明确表示，他们将寻求一种战略，适合羸弱却疆土广大的国家与远离家乡的强大敌军打一场敌强我弱的战争。他们将退回到内陆，并在沦陷区遵循焦土政策以不给敌人留下任何资源，然后当敌人战线拉得过长、兵力分散时实施反击。

　　11月9日，蒋介石亲临长沙主持一次军事会议，他非常钦佩地谈到与拿破仑交战时莫斯科如何被付之一炬，并表示，长沙应遵循这个神圣的自我牺牲的榜样。[19]但是，蒋介石的讲话和随后能见到的实际准备引起了恐慌。人们开始逃离，其中包括那些应该留下的人，即当地政府中的官员。格林写道："随着许多省级官员争先恐后仓皇出逃，恐慌也迅速蔓延。"长沙变成了"一个被遗弃的，显然在劫难逃的城市"，街道空空荡荡，只剩下站岗的士兵，携带着上了刺刀的步枪。[20]11月12日晚上，省政府主席张治中主持晚宴宴请湘雅医院的全体医务工作人员，在吃完辛辣美味的本地佳肴，当然也用精美的瓷杯干完了许多杯温热的米酒之后，他下令第二天之前他们必须全部离开长沙城。

但为时已晚。午夜刚过，格林写道，停泊在湘江中的英国炮舰"沙鸥"号（SS Sandpiper）上的医生发现靠近江边的地方燃起两处大火。半小时内，他又看到了三处大火。但似乎没有人试图把火扑灭。凌晨两点，他意识到，城市南端也燃起了许多大火。人们拼命想逃脱。江边火光冲天。"怡和公司（英国船运公司）就像是在开篝火晚会；德孚洋行（德国公司）很快成了一团火球；市中心更是烈焰熊熊。"[21]天亮之前，格林看见从宪兵司令部出来的士兵携带用油浸泡过的棉布条打破各家各户的房门纵火焚烧，还没等打开窗户然后就跑掉了。把这座在公元前二世纪汉朝初期时就已经是很古老的城市付之一炬，这些士兵有怎样的感受，未见诸任何报道。他们仅是执行命令，天亮后，火焰与初升的太阳一起把整片天空都烧得红一道黑一道的，接着，就如格林所叙述的那样："大火喷发，军火库隆隆的爆炸声中夹杂着一声声单响。"[22]

长沙大火整整烧了三天。从当时拍摄的照片上可看到那些二层小楼被大火吞噬，穿着丝绸短外套的男人们无可奈何地站在房子外面。共产党领导人周恩来当时正住在长沙，当火焰开始在他所住的公寓里舔舐时，他侥幸逃脱。城中的文化和商业中心被夷为平地，留下的仅是一堆瓦砾和灰烬。

这场大火是战争迷雾的后果。[23]当地官员，包括保安处长和警备司令，听到传言说日本人已到了城门外以及长沙城的防御工事即将崩溃时就惊慌失措，于是点燃了这场烧毁整个长沙城的大火。事实是，日军的攻势已经暂时停止，长沙并没有迫在眉睫的危险，但当这一切都搞清楚后，整个长沙城已付之一炬。不久之后，蒋介石飞到长沙试图补救。他会见了外国人，并对所造成的混乱和破坏表示抱歉。显然是试图为她的丈夫开脱责任，宋美龄致函长沙市民说城市被故意焚毁"是不符合蒋委员长的命令的"。[24]三个地方官员，包括警备司令和保安处长在内，被追究大火所造成的损害的责任，并付出最终的代价：处决。尽管大多数居民已经在起火之前离开了，派去清理的队伍报告说他们将2万具尸骸搬运至城墙外并埋在那里。其中包括受伤的士兵，他们几乎全部都死于医院的病床上，因为一直都没有人想到过要提前疏散他们。超过2.1万栋建筑物被完全摧毁，这个数字占长沙所有建筑物的三分之二。[25]其中包括1万多幢住宅、55所学校、13家医院。全市的佛教寺庙和道观、餐馆、酒店、政府机关、粮食仓库，以及仓库里面的粮食，都被烧毁殆尽。那些砖石结构的房屋内有着足够的助燃物：家具、楼梯、木梁、木门、窗框和纸糊窗。当木制房顶龙骨被烧毁后，所支撑的沉重瓦片坠落下来，就像许许多多的落石，把底下的一切都砸平了。

"我站在八角亭前，这里原先是繁荣昌盛的丝绸商店聚集地，长沙城内商业区的中心，"一个美国传教士后来写道，"现在我朝任何方向都能几乎毫无阻挡地看到一英里开外……大火过后好几星期，在一些大仓库原先矗立的地方，大米仍在焖烧。"长沙"已被夷为平地，满目疮痍，完全处于脆弱不堪的状态"。[26]一个站在古城南门的人可以看到北门那一边雅礼大学的小教堂和宿舍的轮廓。两道城门之间没有剩下任何东西能挡住视线。格林写信给他的妻子说："医院病房里人满为患……城市的大部分已荡然无存。"仍然停泊在附近湘江水面上的"沙鸥"号的一名军官说："长沙，以及城外的各种产业点，现在已经完全被夷为平地。"[27]

如果这场大火被证实是漫长战争中长沙所遭受的唯一一次

灾难，这本来就已经够悲惨了，但事实是日本陆军和空军的侵犯还给它造成了许多其他伤口。由于位居主要铁路线上，加上又是湖南省农业财富的主要集散地，长沙注定是这场战争全程的一个战场，也是中国抵抗意志的一个象征。日军发动了四次主要攻击，其中三次被薛岳指挥的中国军队所击退。薛岳是最优秀的国民党将领之一，曾就读于广州的黄埔军校，当时蒋介石在那里当校长。日军分别在1939年、1941年、1942年和1944年企图夺取长沙。在1942年的战斗中，薛岳故意示弱，引诱日军大批部队进入口袋，然后从四面八方展开攻击，同时还派出机动部队骚扰日军身后的补给线。随后日军的撤退又因一连串不得不进行的横渡江河行动而减缓，途中大量官兵被来自高地上的中国军队的火力所射杀。这是日本在抗日战争中遭受的少数明确无误的失败中的一次，也是付出沉重代价的一次。官方报道有5.2万名日本兵死于此役，尽管这很可能也是中国新闻部门所公布的许多夸大其词的报道之一，但日军的损失肯定是相当大的。

　　但是，当日本人在1944年又一次发动进攻时，作为面积有如英国领土一般大的一个省的省会城市的长沙，却几乎未做任何抵抗就沦陷了，并在1945年成为这八年战争所造成的破坏的代表。人口剧减，居民或遭屠戮或被迫流亡，其经济、机构和生活方式如同其房屋、商店和寺庙一样只剩下一片废墟。这是有关中国的一个关键事实，此时冲突的各方——国民党、共产党、日本、苏联和美国——都面临着，即使是不知不觉的，战争的最后阶段和战后的第一阶段。在中国的大片国土上，社会结构和政府结构几乎都不复存在。

几乎不可能在战争进入最后几个月的时候来计算中国所遭受的全部破坏。历史学家的估计是有 2000 万 ~ 3000 万中国人在战争中死亡，这是一个巨大的数字，尽管在超过 4 亿的人口中这个数量在比例上并没有超过发生在苏联、波兰等国的人口损失，或者，仅就人口损失这一点而言，也比不上日本遭受美国轰炸的结果。但是，加在中国所遭受的破坏之上的，不仅仅只有战争的时长，还有冲突伊始国家所处的贫穷和脆弱的状态。在局外人眼里，中国人的受苦受难似乎一直是预料之中的，几乎是正常的。一百年来，中国一直是一个战争、饥荒和压迫连年不断，而且深重的国家。这片土地所具有的神奇魅力，如历史学家芭芭拉·塔奇曼所表述的那样，"被污秽、残暴以及对苦难和草菅人命的冷漠所抵消"。[28]令人惊愕的死亡人数在中国历史上似乎很寻常，这是十分可悲的，这给自古以来中国人所承受的折磨添加了浓重的一笔，其他此类折磨包括饥荒、官员腐败、滥用职权、强迫卖淫、迷信、纳妾、杀害女婴、缠足、鸦片瘾、行乞、童工、军阀割据、匪祸、苛捐杂税、失地、人口过剩、文盲、家庭暴力、随地大小便，以及杀婴和天文级的婴儿死亡率等。"我感觉成为中国人纯粹就是厄运缠身，"1940 年在中国大部分地区徒步旅行后，美国记者玛莎·盖尔霍恩（Martha Gellhorn）如此写道，

> 降临在一个人身上的运气，再也没有比出生和生活在那里更差的了，除非靠某种黄金般的机会，你碰巧出生在拥有权力、金钱、特权的家庭（即便如此，也世事难料），而这种可能性仅是千万分之一。我同情他们，在他们身上我看不到可容忍的未来，我渴望尽快逃离，从我所

陷入的这一切：长年累月的苦难、污秽、绝望和我自己的
幽闭恐惧症，就在这个巨大的国家里。[29]

骨瘦如柴、满身是汗的人力车夫用力拉着他们轮子很大、
设计精巧的车子给富人提供交通服务。近乎赤裸的苦力背负纤
绳沿运河和江河拖拽着驳船逆流而上，肩上套着挽具，身子绷
得像拉紧的弓，几乎与地面持平，这些景象构成了生动又可怕
的画面，恰是中国日常生活中毫不松懈的紧张的一个象征。与
此相似的还有其他那么一些通常的形象，例如，皮肤粗糙的妇
女赤脚在泥地里播种和除草，浑身大汗的农民或在田野里的沟
渠边踩着脚踏水车，或用扁担颤悠悠地挑着砖块或稻草，或跟
在拉着原始犁铧的水牛背后一步一步地辛劳耕作。蝇迹斑斑的
医院，瘦得皮包骨的瘸腿乞丐，成千上万的土砖房屋构成的村
庄，一位访客如此描述道，这些房屋"烟熏火燎，灰墙黑瓦；
村民们都一成不变地穿着染成靛蓝色的土布衣服……在瘦弱的
鸡、猪、狗以及婴儿的混乱哭闹声中忙碌着自己的营生"。[30]

如同中国的禁欲主义那样令人印象深刻的，无疑就是数以
千万计的人每天只是为了生存所经受的斗争的残酷程度。白修
德在他的经典著作《中国的惊雷》中写道，这个国家半数的
人还没到 30 岁就死了。[31]白修德没有给出如此惊人的统计数据
的来源，这很可能是夸大其词，但也不会太过分。1949 年共
产党人夺取政权时，中国人的预期寿命为 40.1 年。[32]"无论在
战争时期还是和平时期，灾年还是丰年，尸体在空旷的公路或
者城市街道上随处可见，"白修德写道，"在上海，早晨到工
厂门口去收集毫无生气的童工尸体，已是例行之事了。"英国
社会学家 R. H. 托尼在二十世纪三十年代初对中国的乡村生活

做了一项调查，他的一个比喻很出名。他把典型的中国农民比
作一个站在齐脖子深的水中的男人，因此，"即使一圈涟漪也
足以淹死他"。而在二十世纪上半叶，水面涟漪频繁形成。托
尼当面问一个农民："是什么驱使你远离家乡定居在此？"农
民回答说："土匪、士兵和饥荒。"托尼写道：

> 在中国的大片土地上，乡村人口苦难深重，人身和财
> 产得不到保障。他们要向一个个称王称霸的地痞流氓纳税
> 进贡，好不容易把他们全都打发了，却还要向政府缴纳苛
> 捐杂税……他们被贪官污吏敲诈勒索。他们被刺刀顶着去
> 收割庄稼，然后被迫无偿转交给当地驻军，尽管没有这些
> 粮食他们会被饿死。他们被迫无视法律去种植鸦片，因为
> 除了吸食鸦片的鸦片馆之外，军阀们可以从鸦片上榨取比
> 大米或小麦更重的税收，并由此赚钱。他们还被附近的职
> 业土匪敲诈勒索；如果抗拒，那么一年后，当土匪们采取
> 一致行动时，就会把他们的村庄夷为平地。[33]

二十世纪三十年代初，学者费正清住在乡下，他还记得在
村庄里迎接他的是些"瘦骨嶙峋的狗的叫声和满身苍蝇的儿
童的盯人目光"。因营养不良而患头皮疾病和皮肤疾病是见怪
不怪的。农民们在"只有几棵树和少量水"的"一块块尘土
飞扬的农地"里种植庄稼。灌溉都是由手工完成的，"一桶一
桶地去浇水，非常辛苦"。[34]

如果中世纪般的贫穷在二十世纪上半叶的中国是一种常态
的话，就不难想象七年半的战争对中国成千上万的贫困乡村造
成了什么样的影响，不仅有军队掠夺造成的伤痛，还有敌对派
系搜寻食物和给养、强拉壮丁、因绝望而占山为匪、身强力壮

的男人消失殆尽。只要有轻微的扰动就足以陷中国农民于灭顶之灾，而战争是绝不轻微的。正如当时一位学者所记下的："乡村苦难的程度完全超出了想象。"[35]

最悲惨的灾难终于在1941年至1943年之间来临了，这或许颇为反常，因为那是战斗相对平静的时期，当时华北爆发了一场二十世纪最严重的饥荒。这场灾难是由1942年的旱灾和1943年的蝗灾造成的，并因战争的混乱、交通网络的破坏，以及日军征用商船而加剧。饥荒的结果是300万人死于饥饿，另有300万人沦为难民。在1943年春天途经河南的白修德，描述了极其恐怖、令人作呕的场面——孩子们在吮吸他们死去的母亲的乳房，妇女宁愿杀死自己的孩子也不愿去听他们的哭啼，人们剥下树皮熬出一种汤来果腹，为了生存甚至还人吃人。"路上有很多尸体，"他后来写道，"一个女孩不超过17岁，苗条、漂亮，躺在潮湿的地上，她的嘴唇因死亡而变蓝，她的眼睛睁开着，雨水落在上面。"[36]这场饥荒给省城郑州带来致命一击，这座城市的大部分早先已经被日军飞机炸成一片瓦砾。"我们站在主要大街的一头，顺着空无一人的街道望去——整条街空无一物，什么都看不到。偶尔有人穿着随风飘动的破衣烂衫从门道里踉跄走出来。那些注意到我们的人把我们围了起来，摊开双手向我们哀求，口中喊着'可怜可怜吧'，直到我们的耳朵灌满了这种声音。"[37]

河南发生的饥荒是如此巨大而可怕，以至于几乎无人去关注发生在土地肥沃的广东省的类似饥荒，尽管据说有150万人死于其中。广东是沿海省份，毗邻被英国人占领的香港，当时的广东只发生过一些断断续续的战斗，尤其是在日本夺取了广州并收紧了对中国的封锁之后。1940年，广州沦陷两年之后，格雷厄姆·佩克乘坐一条走私船从香港经西江河口迷宫般的河道溜进广东。他所见到的第一个真实的小镇是淡水口（Tam Shui Ko），这里虽然还没有被日军入侵，然而却已经是"一座城市墓地"，绝大部分的居民，不论贫富，都在广州沦陷后的恐慌中逃离家园。"野草和灌木在不大的且有着白色骑楼的街道上疯长……从那些没有用砖砌死的门窗里能看到黑黢黢的被烧过的房间或者是露天炫目的日光。"[38] 佩克记得在公共建筑物侧面涂的抗日壁画和口号，这些都是早些时候抵抗精神的迹象，但现在，"在大多数的街道上，除了野狗和野猫，以及一些奇怪的驯服了的大老鼠外，唯一的生物是一些衣衫褴褛的路边摊贩，用托盘装着一些脏兮兮的商品"，他们"穿着粗糙的避雨蓑衣，像一群躲在废墟之中的毛发杂乱的野兽"，在大声兜售着。

1938年，作为阻止日军推进华北而做出孤注一掷的努力，蒋介石下令将黄河决堤[39]，黄河之所以被称为"中国的悲哀"并不是平白无故的。决堤只是推迟了日军的进攻，然而却造成了淹没广阔华北平原的大洪水，好几个省份整县整县地被浸泡在两三英尺深的水中。洪水造成大面积的粮食作物颗粒无收，使得最糟糕的时候每天都有超过1万名忍饥挨饿的人聚集在各大城市寻求救济。最终，80万人直接死于水灾或活活饿死。1945年时，500万难民仍然滞留在他们逃难的地方。

学者戴安娜·拉里在她有关中国战时苦难的记载中，把这些行为归因于"上峰夸大其词的爱国主义和下属的无能"[40]的结合。随着任何战争的发展，特别是那些漫长的战争，约束都会松弛，肆意破坏都会增加。二战就是全面战争时代的标志，无论是在西方还是在东方，城市都遭到密集轰炸，平民被大规模屠杀。然而，中日战争中死亡和流离失所的人的绝对数字残酷地表明：当灾难必然降临之时，为了国家和民族的利益，战争双方至高无上的意愿就是去接受降临在无名的、可替代的广大民众身上的严峻不幸。在毛泽东执政之后，他常常赞扬两千年前中国第一个皇帝秦始皇，尽管其建造长城这项重大成就不仅耗费了无数人的生命，而且也未能阻止来自北方游牧民族的对中原王朝的入侵。中日战争的两方，都存在接受甚至鼓励大规模死亡的意愿，表露出一种对民族志气的狂热且盲目的依恋，这是一种普遍共享的感觉，认为死亡和穷困总是比战败更可取。一些研究战争的学者认为这种甘心牺牲自我的狂热应归因于在日本军事院校的经历。在这些军事院校中，许多未来的中国军官和他们的日本同行在上一个朝代的最后几天里曾同窗学习过，并且一起在那里被灌输过宁死不降或不当战俘的行为的荣耀。在任何情况下，令人吃惊的是没有战俘的存在。玛莎·盖尔霍恩将此归因于中国人对侵略者的凶残所怀的仇恨。"一名中国士兵，"她写道，"如果活捉任何一个日本战俘都能得到1000法币的奖赏。尽管这笔钱数额不小，但士兵们只要抓住日本兵就立即射杀，作为直接的个人报复，为那些住在和他们自己的家园一样的村庄里的人所受到的苦难而复仇。"[41]

战争爆发几周后，《纽约时报》在上海就这场至今已经涉及成千上万军队的战斗却完全没有俘获任何敌方士兵而采访了日本陆军和海军发言人。军方发言人也爽快地承认道，"'几乎没有抓住一个中国战俘'，而当被告知中方宣称捕获一名日本士兵时，他咧嘴大笑"。[42]

中国幅员辽阔，人口众多，导致除了蒋介石之外还有许多统治者为了国家目的而牺牲大量人命，或者把大量死亡的数字看作国家经历中一个不可避免的因素。太平天国起义导致了2000万人丧生，这是十九世纪迄今世界上代价最高的战争，尽管美国的南北战争在这一点上也有一比。后来，在共产党接管政权后，毛泽东曾说过对中国进行核攻击所造成的损失会比针对其他国家的类似攻击少很多。1959～1962年的饥荒造成了大量人口死亡，这是其经济政策的直接后果。在他不断发起的政治纯洁化运动中，成千上万的中国知识分子、科学家、文学家、艺术家和技术人员受到冲击。中国总是有足够多的人可以重新开始，另起炉灶。

蒋介石身上也有类似的东西存在，正如黄河决堤泛滥成灾所表明的那样。基于军队太弱难以实施有效抵抗之理由而对日本让步多年后，蒋介石把全民抗战作为一项伟大的民族宗旨，再多的牺牲、再多的苦难也在所不惜。在争夺上海的战斗中，日本飞机对城市的华埠狂轰滥炸，公共租界和法租界因为可以免遭攻击，其人口从150万上升至400万。"成百上千的无家可归者阻塞了街道，还有成千上万的人睡在办公室走廊、储藏室、寺庙、会馆、游乐场和仓库里，"历史学家魏斐德写道，"到这年年底，从街头或废墟中已清理了101000具尸体。"[43]闸北区，全市最大的中国人居住区，就像另一位历史学家所描述的那样，成了"满目疮痍的震中地区"。[44]一位抵达上海北面的小城吴淞的法国记者写道："整个城镇和周围村庄已被可怕的轰炸摧毁烧尽，夷为平地。"[45]西北70英里外的无锡，人口由30万跌至10万。一位名叫熊谷靖（Kumagai Yasushi）的负责所谓平定南满铁路的日本军官，察看了上海西部的嘉定县城。他后来写道：

这是一片多么凄凉可怕的情景呀，房屋倒塌了，屋顶瓦片散落在道路旁，噼啪作响的电线扯落在地，使得走路也难以迈开步子。这里那里到处都是从飞机上扔下的炸弹炸出的坑。奇怪的是，只有矗立在市中心的高耸的佛塔毫发无损地幸存了下来。几乎一个人影都看不到。偶尔，我们所能看到的是一个步履蹒跚的老人从一个坍塌的茅屋里爬出来，然后又爬回去。城墙内三分之一的房子已不幸被摧毁。我们感觉自己身处一座死亡之城，在这个神秘无声的世界中，唯一的声响是我们自己的脚步声。[46]

为了抵挡日军进攻上海，蒋介石下令全师挺身而战（即使这意味着他们将被全部消灭）而不是撤出部队，以便让他们能够保存下来再次投入战斗。由此造成的损失是毁灭性的，不可恢复的。对中国军队伤亡人数的估计最低是 18.7 万，最高是 30 万，受到重创的主要是蒋介石手下受过德式训练并配备德式武器的最好的几个师，这无疑是一场灾难，其后果将直接影响中国在此后的战争中的军事效率。[47]在西方人眼里，这种牺牲从军事观点来看是毫无意义的，即使，如白修德所说的那样，"在政治意义上，这是一次战争的伟大的示范"，以其行动证明了"中国人民面对毫无获胜希望的战争所能表现的吃苦耐劳和英雄主义"。[48]

在战争期间，激烈的战斗发生在两个主要阶段，第一个阶段是在 1937 年和 1938 年，紧随着卢沟桥事变而展开，日本对中国实施了双管齐下的全面攻击。其中一个矛头指向的是夺取黄河以北的省份，将它们与满洲地区合并形成由日本控制的华北，其地域面积将大于整个西欧。第二个矛头所向是富饶的长江流域。这两种攻击都包括对平民聚集区毫不留情的燃烧弹轰炸，从沿海城市上海到西南地区的桂林。一路上抢劫、大规模屠杀，以及强奸已成日军的惯例，因为日军奉行的政策就是旨在恐吓老百姓以使之屈服并迫使政府投降。随后就发生了著名的"南京大屠杀"，30万中国平民惨遭杀害，无数的妇女和女孩被强奸，这是第二次世界大战中最臭名昭著的暴行之一。南京大屠杀的后果是，该城约80%的人口消失了，或者是因为死亡或者是因为逃亡。[49]在还留在遭受过屠杀的城市里的中国人中，78%的人没有收入来源，在大多数情况下，也没有财产，甚至没有被褥。

对南京的蹂躏绝非发生在中国的唯一暴行，从长沙的例子中可以看出，中国的许多城市和村庄都只剩下一片废墟，再无人烟。徐州是上海北面江苏省的一个铁路枢纽，在其西南30英里开外一座小山坡上有个村子名叫闫窝。1938年5月20日，日本侵略军冲进村里，仅在一个小时内，就杀害了200人。"然后，他们把包括本地村民和难民在内共计670个男人赶到了村外一栋房子的院子里，"一个历史学家写道，"院子周围的房屋都被从外面点着火；试图逃离火焰的男人都被包围这栋房子的士兵射杀。670个人中除5人之外全都被杀。"[50]在北面铁路枢纽台儿庄那延续数周的战斗中，2万人口锐减到只剩7人，1个85岁的男人和6个女人，《北华捷报》如此报道。[51]

当然，大多数的地方没有遭受那种总体上的摧毁，但许多地方都经历了一种持续性的，几乎是例行的破坏。1941年1月的一个夜晚，盖尔霍恩坐飞机抵达昆明，这一天的白天，昆明遭到了27架日本轰炸机的狂轰滥炸。有一条街上几乎所有

房子都被炸毁了，整条街

> 挤满了中国人：穿着黑色或褪色的蓝色棉布衣服的男人，缠了小脚的几个女人步履蹒跚，黑衣黑裤的农妇头发编了辫子垂在背后，孩子们夹在人流之中……一些管道被击中了，污水遍地，从破裂水管中流出的水使得行人要在街上蹚水而过。那些破烂的房子突然间裂了开来，长时间储存的污垢和异味全都释放了出来。几乎没有可呼吸的空气，那些现在还侧向倚靠在不稳定的横梁或者靠一堵坚实的墙支撑着而未倒的房子，随时都可能像雪崩似的倾倒在拥挤的街道上……在所有沿街的一面，靠着烛光和煤油灯光，人们在不停挖掘着，努力恢复他们自己那被炸毁的家园，他们用钉子把断裂的木板拼接起来，有的像是房顶，有的像是墙壁，搭成了能住人的棚子。只有在晚上才能干点活。第二天日本人又会来轰炸。[52]

当白天空袭警报响起时，盖尔霍恩写道，人们只能逃离，因为城里没有防空洞，建筑物里也没有藏身处。"他们跑到山上去看日本轰炸机如何在他们的空城上空扔炸弹。"

＊　＊　＊

中国人并没有按照日本指挥官的预期很快就投降，这时，日本发现自己已经深陷泥潭，这种泥潭后来美国在朝鲜和越南也很熟悉，那就是困在一场既不能断然获胜但似乎又不可能抽身而退的战争之中。到1938年年底，在一年半的大规模战争之后，日本放弃了速战速决的想法，或者更确切地说，完全放弃了赢得一场纯军事胜利的希望。日本人不再寻求消灭国民党，而是试图扶植一个傀儡来摆脱中国政府。他们发现了一个前国民党左翼领袖，名叫汪精卫（从那时起，这个名字在中国就变得恶名昭著、人人唾弃），此人对日本人十分驯顺服从，因此被扶植为南京傀儡政府（又叫汪伪国民政府、汪伪政权）的领导人。

与此同时，蒋介石将国民政府向内地迁移，越过长江上的三峡天堑，搬到重庆，这里原先只是一个沉睡、落后且到处是悬崖峭壁的山城。随之而来的是很长一段时间的僵持，但这个僵持阶段是非常血腥残酷的。一位研究这一时期的历史学家已经确定，在1942年12月之前的一年半时间里，每月伤亡人数接近5万，这比上海战役和1937年武汉沦陷期间发生的伤亡人数仅少1万。[53]据国民党统计，在这期间共发生了9次大战和496次小规模战斗，还有2万多次小型冲突。

1940年是一个特别不好的年份。1939年冬天，国民党曾试图组织一次大反攻，以多达80个师的兵力在全国范围内进行了一系列的攻击。与此同时，共产党扩大了其控制地区，并且招募了新的部队，这两者都损耗了国民党的力量。但是，令蒋介石非常痛苦并失望的是，他的军队表现不佳，军队指挥官经常拒绝服从进攻的命令，反而沉溺于一种叛逆性的临时妥协，与敌人更多的是做交易而不是交战。[54]

从1940年冬季攻势的失败到1945年年初收复滇缅公路，国民党再未尝试发动另一次大规模攻势。相反，它恢复了蒋介石所青睐的"纵深防御"，希望敌人在过度扩张的过程中会消耗自己，直至最终反攻成为可能。同时，在1940年，沿中国沿海向越南推进的日军夺取了广西，牵制了更多的中国军队并造成无数死伤。当然，其间既有政治挫折，也有军事败绩。在此之前，当苏联与轴心国德国签署了臭名昭著的互不侵犯条约后，日本得以从满洲地区和内蒙古把军队解脱出来集中对付中国军队。1940年7月，屈从于日本的要求，英国停止通过香港或缅甸给中国供应物资。法国当时则处于卖国通敌的维希政权统治之下，允许了日本对河内的军事行动。河内至云南的铁路桥梁被炸毁。即使在日军实际占领缅甸之前，对中国的封锁也几乎完成了。

在美国参战之前整整一年，整个局势，换句话说，完全是灾难性的。到1940年时，日本在中国共有1000架一流飞机，相较之下，中国只有大约150架二流飞机，而且当日本占领了杭州和南昌之后，中国空军主要的飞行学校和飞机工厂也相继失去了。[55]中国所有防卫重庆的飞机在国民党迁都重庆之后几个月内被消灭殆尽，处于中亚大门的所有城市，包括成都、西安、长沙甚至兰州在内，均频繁遭到空袭。1940年5~9月，在所谓的僵持阶段，日本对中国的人口密集中心出动了5000架次飞机投掷了2.7万枚炸弹，这还是在陈纳德的飞虎队往往有效的骚扰之下进行的。[56]最终，日军夺取了长江港口城市宜昌，这是通往四川的门户，也是继续向西的铁路枢纽。由此日本人得到了一个基地，既可用于轰炸攻势，又可控制湖北省的水稻产区。

尽管日军的绝对数量在被占领的中国土地上看起来很高，但实际上分摊在如此广阔的领土上就很单薄了。日本的政策是控制战略要点，特别是中国的铁路线，并通过引诱中国本土人士与他们合作来成立地方行政当局。这样做使他们很容易受到敌对方的渗透、抵抗和游击骚扰，在华中和华南地区，对手主要是国民党控制下的武装力量，名气更大的对手在华北，属于共产党八路军的军事武装。战争结束多年之后，日本老兵作证说，从1942年起，为了应付这种困难局面，日本在中国执行了后来被称为"三光"——杀光、烧光、抢光——的政策，这意味着针对庇护游击队的村庄和针对任何涉嫌反对日本统治的个人的野蛮报复。日本学者估计，这一政策导致的结果是有270万中国人丧生。最为裕仁天皇认可的美国传记作者赫伯特·比克斯得出这样的结论："三光"政策所导致实施的残忍暴行"比陆军的化学战和生物战或者1938年的'南京大屠杀'所具破坏性要大得多，持续时间也长得多"。[57]

生活被战争以多种方式变形，扭曲成奇怪的、面目全非的形状，就像被占领后的欧洲的人们一样，中国人也以他们自己众多的、不同的方式去应对。有些人投敌成了汉奸，或者有能力利用局势来谋求自己的经济利益，还有些人成了烈士。成千上万来自城市地区的青年人被吸引到共产党在延安的总部，认为那里是真正的爱国活动的中心。数以百万计的人逃离了家园，并且多年来一直还是难民。中央政府撤离了类似上海那样的大城市，留下了权力真空，听任秘密社团、犯罪团伙和走私商人来填补。"他们肆无忌惮、为非作歹、无恶不作，"一位上海居民写信给市政府的看守人员称，"结果是善良的人消失得无影无踪，土匪则大量涌现，谋杀和强奸每天不断。"[58]

"在抗战过程中，"一个名叫陈存仁（Chen Cunren）的上海医生在回忆录中写道，"那些受苦的人遭受的苦难越来越多；那些富裕的人发财的方式千奇百怪、令人费解。"[59]通敌卖国者、爱国人士和只求能生存下去的绝大多数人之间相互作用，创造了无数无奈、盘剥和复仇的辛酸故事。在被日本于

1941 年从英国手中夺取了控制权的香港，有个姓谢的矮矮胖胖的中国警察，曾没收了一个被关在拘留营的英国人的房子，他后来结交了一个名叫中岛的日本宪兵，两人狼狈为奸。[60]他们伪造罪名，肆意逮捕香港的中国人，然后要求他们的家人支付赎金。自然，这个姓谢的在香港成了一个令人恐惧的人。在某次事件中，一位名叫多米尼克·阿尔维斯（Dominic Alves）的葡中混血男子，被抓进了在九龙一所由姓谢的看管的私人监狱中，这可能是因为多米尼克曾经在一桩房地产交易中击败过姓谢的。但是，这个故事有着一个相当圆满的结局。多米尼克那有着中葡血统的妻子米利亚姆，去找在九龙的日本当局投诉，控告谢和中岛两人。她得到了一个日本殖民官员的支持，这位官员对日本那冠冕堂皇的宣传持很认真的态度，相信日本入侵并占据大部分亚洲地区是为了从西方帝国主义手中解放这块大陆，给亚洲人民带来更好的生活。米利亚姆的努力既带来了奖励也受到了惩罚。她为私闯九龙宪兵队的鲁莽而被鞭笞八下，但她的丈夫被释放，那个姓谢的也销声匿迹了。

这些原本是在某些地区发生的早期恶性争斗的场景，自从日本于 1938 年扶植傀儡政权以来就已经屡见不鲜了，这是一种汉奸的颓废与极端贫困和绝望共存的现象。历史学家魏斐德描述了"电影小明星、歌剧女歌唱家、社会名流和交际花常常光顾"[61]位于上海法租界巨泼来斯路①的一栋豪宅，他们的汽车经常被人看到停在外面的车道上。拥有这块地产的是一个叫潘三省（Pan Sanxing）的人，他还垄断了长江上从上海到汉口（在上海西边约 200 英里）的客轮运输。他拥有中餐、日餐和

---

① 今安福路。——译者注

西餐馆，以及上海最出色的妓女，"随时可供日本军官狎玩，那些军官饮用了两三杯昂贵的洋酒之后，醉意醺醺，期待着在铺着榻榻米的客房里吸毒纵欲……他们可以免费在那里待到天亮"。这种"汉奸的奢侈生活"包括了一种利用商品短缺和失意绝望的创造性的创业精神。陈医生叙述了有关抗生素的黑市，一剂用量的花费之高可以买下一栋别墅，黑市由地下团伙所操纵，它们派走私船去印度支那搜集抗生素。在上海最知名的医生中有一位名叫丁惠康的肺结核病专科医生，他发明了一个巧妙且可营利的方法来克服诊断所需 X 光片的短缺。丁医生只用一台仪器，不需胶片。[62]患者在仪器前面站一分钟，技师直接检查人体透视影像。技师会在病人的掌心用红色的圆圈标示病人的肺部轮廓，指明他认为自己所看到的结核点。然后，丁医生用一根又长又粗的针把空气注入被感染的部位。他也给那些能够买得起抗生素的富有病人使用抗生素。丁医生把他在战争期间赚取的钱财用来购买罕见的中国古董以及吸引女性，特别是女演员。

然而，在日本占领下绝大多数人的生活是和舒适无缘的。到1945年时，由于多年的战争而造成了物资严重短缺，日本在城市和乡村同时实行严格的配给制度。例如，在上海，大多数家庭的用电量到了每天仅限于用十五瓦灯泡照亮几分钟的地步。[63]特别要说的是，所有的反日情绪都要遭到审查。珍珠港事件后的第二天，日本就接管了在上海已经建立达一个世纪之久的中国政府不能行使主权的外国租界，并立即下令销毁所有的报纸、杂志和涉及当代历史的书籍。大街小巷都燃起了熊熊的焚书火光。日本人还命令家家户户上交收音机，并要求18～30岁的所有男人加入当地街道治安维持会，参加八小时轮班的保甲监控。反抗者被关在警察总部里遭受严刑拷打，包括往鼻子里灌水、拔指甲，以及所谓的芝麻卷，即把受害者塞进一个绑得紧紧的麻袋里踢来踢去。[64]

因其在太平洋的损失以及要为预期的对本土列岛的入侵做好准备，日本变得越来越心烦意乱，日军被用船运出上海，取而代之的是来自满洲地区的伪满汉奸军队。这些军队被称为"皮帽士兵"，因为他们穿着适合自己寒冷的北方家乡的衣服。[65]尽管发生了这一切，日本人却仍然不断地宣告自己一直在打胜仗；有时候日本人用巨型宣传气球拖着彩带飘浮在上海的跑马场上空来公布这些胜利，其中一些无疑确实发生在军事前线。而伪满军队，如果与被他们换走日本军队有所区别的话，那就是比日军更糟。根据魏斐德的记载，他们"进入上海时，一路奸淫掠夺"。他们要求日本人为他们建立"慰安所"，这是战时为日本兵建立的卖淫场所的委婉说法，日本人回答说妓女短缺，伪满士兵就挨家挨户搜捕"幸存的老年妇女以满足他们的肉体之欢"。

对中国妇女的暴行惨无人道，数不胜数。就像日本人在朝鲜及东南亚地区所干的那样，他们在中国也到处开办"慰安所"——在全国各地正式经营的共有280家——从而每40名士兵可共用1名"慰安妇"。[66]在被日军占领的地区，强奸随时随地都会发生：乡村女孩常常被肆意抢走，供日本官员和较低级别士官发泄性欲，给受害者造成的后果是疾病和永久的耻辱。一个亲眼看见日军袭击浙江省永嘉地区枫林村的证人多年后回忆道："他们强奸了许多妇女，其中有一个生完孩子才满三天。"[67]另一名也在浙江的女性证人名叫傅杨（Fu Yang），当日本人来到她的村庄时，她还是个孩子。"日本人强奸'花姑娘'，无论她们是 6 岁还是 60 岁，"几十年后她告诉采访者，"我妈妈每天都会用黑色污垢涂满我的脸，让我穿男孩子的衣服，留男孩子的短发，生怕日本人会抢走我。我们的邻居，王太太，虽然已经满 60 岁了，但她也没能逃脱。日本人抢走了她，后来把她烧死了。"[68]

对于成百上千万不是日本侵略的直接受害者或没有受到战争暴力实际影响的中国人而言，战争仍然给他们带来了巨大的艰辛，并伴随着深层次的心理创伤。在整个战争期间，中国军队一直遭受缺乏兵源的困扰，这在很大程度上是因为伤亡太大，而这样又给未被日军占领地区的全部村庄造成了持续的痛苦，以至于许多农民认为生活在日本人控制之下的日子过得比在国民政府控制下更好。1944 年 11 月，在抵达中国后不久，魏德迈给马歇尔解释了为什么一个有着 4.25 亿人口的国家却招募不到足够数量的新兵。在被日本控制的土地上无法招募新兵，并且日本控制了中国东部地区的主要人口中心。除此之外，农业上还需要许多能干之人，否则这个国家将会挨饿，工业上也是如此，需要工人生产国家在战争中需要的物资。而且，魏德迈说："营养不良、不讲卫生、公共卫生条件差以及令人遗憾的医疗服务，都导致了体能上能够服兵役的男性数量的减少。"[69]

"征兵对于中国农民而言，危害性不亚于饥荒或水灾，而且更频繁——每年两次——并造成更多的受害者，"魏德迈在观察了美国的中国盟友几个月后这样写道，"拿饥荒、水灾和旱灾与征兵相比，就像拿水痘和瘟疫进行比较一样。"[70]隶属于美国大使馆的中国问题专家爱德华·赖斯在报告从山东到安徽等中国中部地带各省的情况时，这样说道，"除了最贫穷的人之外，其他人都能逃避兵役。被征士兵受到虐待，很少或根本得不到训练。军官们热衷于做买卖和走私毒品，而他们的士兵则依靠人民生活。散兵敲诈勒索过往客商和当地富裕人家"，其结果是激起了人们的"敌意和对立"。[71]

包括白修德在内的其他观察家也报告说，国民党军队的征兵无异于一种绑架，新兵实际上是被用绳索捆绑在一起，在枪口的逼迫下离开自己的家园，然而他们国家的领导人却生活在成群低声细语的仆从和价值连城的古画之中。

这些被征召的新兵大多数都被强行从妻子和孩子身边带走，结果是他们的妻儿老小丧失了经济上的支柱。中国不是美国，不会把上前线的部队将士的工资支付给他们家中的妻子。对无数中国妇女而言，一旦她们的丈夫远离家园或因阵亡而阴阳相隔，她们就会陷入贫困之中，这样的事例不胜枚举。[72]这场战争也造成大批人口流离失所。1921年出生于武汉的刘群英对美国学者说，她的家在1938年1月被日军炸毁后，她和弟弟、母亲都沦为难民。日本人的目标是到达中国西南部的四川省，而国民党政府几个月后也避难迁移到了那里。

"潮水般的人群带着他们的财物拥挤在道路上，使得前进非常缓慢和混乱，"她说道，"我们不得不和人群一起留在主要道路上，因为土匪往往会袭击走散的难民，特别是妇女和儿童……白天，我们随着人山人海慢慢移动，饿了就吃我们随身带的干馒头。到了晚上，我们只是把我们唯一的一床被子铺在地上，我和母亲轮流睡上几个小时。"[73]

刘群英和她母亲及弟弟是近代历史上规模最大的一次迁徙的一部分，数百万人被迫逃离被日军侵占、轰炸和掠夺的城市与乡村。他们向西跋涉，试图到未被占领的省份去寻找住所和工作。在战争期间，包括长沙、桂林和徐州在内的许多城市，基本上是全城人口都逃光了。大量来自上海、广州、南京、汉口等被占领和被践踏城市的人口加入了沿着道路和河堤向西逃难的混乱人群之中。

当时的目击者对这种颠沛流离所付出的辛劳而倍觉惊叹，战争初期的情景也是如此。沿着长江两岸的悬崖峭壁之上可以看到7000名苦力拉着7000辆人力车，全都满载着井盖、下水道格栅和散热器，这都是在日军于1937年10月攻占汉口之前尽力从汉口抢运出来的。[74]一个加拿大天主教传教士在目击了徐州以南的逃亡队伍之后写道："绵延不断的牛车队伍形成了一条长长的带子。整个北方的人口都出动了。妇女和儿童都挤在大车上，周围捆绑着篮子、麻袋、鸡、羊等。许多人都流着泪水，孩子们在啼哭。男人们抽打着牛。谁也无法停止，只能继续走。在这一切的中间是不计其数的士兵……个个脸色阴沉。呼吸到的只有尘土。"[75]

报道了四个月徐州之战的美国记者杰克·贝尔登写道，"牛、马、驴"全都在"沿路逃亡"。

> 一些年轻男人背着行李和他们的家产，另一些人背上驮着老人。有些人怀里抱着孩子，有些人扛着被子，还有的人扶着自己的老母亲或生病的妻子。苦难的悲情在相互之间蔓延——缠着小脚的老妇，躺在大车上满脸皱纹的家族长辈——都在逃离毁灭。[76]

在这大迁徙的途中，刘群英和她母亲遇上了逃离自己安徽家乡的一对兄弟，他俩帮助她们走完了到湖北恩施的整个路程，据说刘群英的中学已经搬迁到了那里。为报答兄弟俩中哥哥的帮助，刘群英只能顺从他的性要求，她的母亲无奈但也默认了。到达恩施后，她们发现其实学校根本就没有在那里重建。靠近四川的这个小城，挤满了难民，物价很高。"我感到伤心和绝望。在我们的生活中，我们只能随波逐流，每天都生活在巨大的恐惧之中……出于安全考虑，我们不得不和那两兄弟住在一起。对我来说，这意味着我不得不违背自己的意愿去满足那个哥哥的性需要，为了我的母亲和弟弟去忍受生存的痛苦。"[77]离开恩施，这群人又辗转去了重庆。重庆当时是、现在也是坐落在陡峭山坡上的山城，俯瞰着长江和嘉陵江的汇合处。重庆本身就是一个痛苦和抵抗的神奇故事的发生地。正如我们所知，为了远离日本侵略的锋芒，国民政府到1938年年底就完全迁到了重庆。许多大学也搬迁到了重庆郊外。在日本侵略军到达之前就被拆除的工厂，也被一部分一部分地搬到了四川和云南，并在那里得到重建。这意味着政府官员、教师、技术人员、工厂经理和其他人员大量涌入并聚集在这个落后的供给不足的城市，如同那些更加绝望的难民一样。尽管官员们有薪水可领，可是他们的生活条件也很艰难。

社会摄影师塞西尔·比顿（Cecil Beaton）在1944年得到英国新闻部的授意而访问了中国，他提到了这个"竹子、烂泥和苍蝇"的世界，这个到处充满厕所恶臭的中国。官员和教授都住在漏水的老鼠出没的房间里，重庆炎热、潮湿的夏季令人窒息，潮湿、阴冷的冬天又使人寒冷难耐。比顿拜访了一位来自复旦大学的教授，他从上海迁居到重庆。比顿说道：

> 他靠着劣质大米生存，在一间类似监狱囚室的房间里睡觉和工作，没有人照料他。除了用两本词典撑着一块木

板作为一张床，还用一个箱子隔了几层来存放从先前生活中抢救出来的书卷之外，他没有任何家具。按照"节油"运动的要求，油灯必须在夜间尽早熄灭。[78]

因为没有供水管道，所以生活用水必须向苦力购买，他们从河里取水后用扁担挑着贩卖。物价很高，特别是临近战争结束时。比顿写道：

> 生活得像农民那样的，都是些法国文学或欧洲哲学的伟大的专家和学者；那些一直担任科学杂志编辑，或一直是知识界和思想界核心的人士，都被困顿滞留在这里，连买香烟的钱也没有。有些人因烂脚而无法行走，还有些人因缺乏营养和缺少洗浴而引发疾病。然而，他们却仍然保持着令人惊叹的欢乐，充满着活力。[79]

他们的生活还时常伴随着空袭警报，并且在一段长达数月的时间里，每天都要跑去躲在重庆陡峭的山坡中开挖出来的防空洞里。1944年年底抵达重庆后的第二个晚上，魏德迈将军通宵未眠，一直听着对这个城市的空袭，他说，这提醒他"中国的确已经到了最后关头"。[80]到1941年年底，根据租借法案承诺提供给中国的价值1.45亿美元的物资中，只有2600万美元的物资已经运到，还有大量物资在缅甸等待经滇缅公路运往中国。[81]在几乎三年后，魏德迈还提到在重庆的那天晚上，炸弹不时地落在城里山坡上挖出的防空洞的入口附近，躲在洞里避难的平民差点被活埋。即便如此，在这战争开始后的第六年，蒋介石把重庆作为战时临时首都以来的第五年，重庆仍然没有高射炮或现代警报设备，"日本鬼子因此可以肆无忌惮地进行轰炸，特别是在夜幕降临前"。魏德迈的结论是"必须对此采取措施"，[82]但结果还是什么措施都没有。

比较而言，比顿所见到的那些背井离乡的官员和教师的生活几乎还可以说是奢侈的，而像刘群英那样的人或其他无数以茅棚为居却还被警察拆毁，因为没钱而得不到医治，以及沦落到沿街乞讨度日的流民的生活就更加凄惨了。他们中许多人在重庆两江交汇处狭窄的平地上迅速涌现的巨大棚户区里找到了家，如果这也算是家的话。"在贫民窟与人类共存的有家养的狗和野狗，猫和老鼠，以及其他虫子，"曾经住在河堤边的一个居民回忆道，"包括跳蚤和蟑螂。在夏季，潮湿的河岸是蚊虫滋生地……我们一年到头都苦不堪言。"[83]

在向西行进的旅途中，刘群英发现自己怀孕了。她和母亲以及弟弟，还有那途中相遇的兄弟俩，往往走一天路，然后她的母亲和旅伴就会去设法干几天活，以便获得食物再继续接下来的行程。她们花了一年时间才到达重庆。刘群英生下了一个孩子，一出生就身体虚弱。在日机一次轰炸时，刘群英跑往树丛躲避但摔了一跤，孩子便死了。

"我们在野外挖一个洞，把他埋葬了，然后继续我们的旅程，"许多年后她说道，"我的心都碎了。到今天我都不知道他被埋在哪里。"[84]

当他们这群人到达重庆后，刘群英嫁给了那个哥哥，不料他竟然是个酒鬼，还喜欢玩女人。他经常光顾妓院。他会把女人带回家，并要求妻子为他们做饭。最终，她的丈夫永远离开了，刘群英在重庆战时救助局下属的一所小学找到了一份教学工作。她母亲和她还接了些洗涤和清洁工作。学校的校长还亲自帮衬她一部分工资。之后她又有了一个孩子，是个女孩，患了肺炎，但没钱买药，最后"在我的怀里死去"。[85]

1944年4月，由于未能迫使中国投降，而且面临着美国将使用中国领土进攻日本本土的可能性，日本结束了僵持阶段，发动了"一号"作战攻势，试图夺取河南、湖南和广西等地。这是八年抗战期间的第二个旷日持久且战斗激烈的阶段，因为日本试图实现两个目标。其一是开辟一条陆上通道，直达日本在1940年就夺取了的印度支那，以便借助铁路线将部队和物资从越南海防港直接运往中国东北，然后用船运到日本本土。其二是要摧毁美国第14航空队用于轰炸中国被占领土上和太平洋上日本目标的众多机场。正是在这次战役中，长沙沦陷了。

"一号"作战计划在西方从来没有获得太多关注，在很大程度上这是因为它与战争中其他重要交战同时发生，包括盟军登陆诺曼底。尽管如此，由于这场战役跨越了1944年整个下半年，所以成为日本在战争中规模最大的一次进攻，总共投入了17个师团的50万官兵，其中有的是从东北调遣而来，有的则直接来自日本本土。在中国一方也有着同等数量的士兵，但一如既往，其中多数士兵营养不良且装备不足，作战时通常互相不配合，时不时有人逃跑，有的部队只顾保留实力，见死不救。

"一号"作战攻势所造成的破坏和混乱是极其可怕的，伤亡人员的总数是个天文数字。逃难人群阻塞了道路。受阻于过度扩张的供应线和美国轰炸机的骚扰，日本人被迫竭尽所能以求生存，他们四处掠夺，射杀或刺死那些敢于抵抗者。在1938年和1939年就遭到轰炸但随后或多或少平静了几年的城市再次遭到了轰炸。美国空军主要基地所在地的桂林被夷为平地，人口大幅减少，同时，正如我们所知，湖南省最大的城市长沙，成了一片无人居住的废墟。

中国小说家巴金在战时日记上写道：

> 我带着一颗憎恨的心目击了桂林的每一次受难。我看见炸弹怎样毁坏房屋，我看见烧夷弹怎样发火，我看见风怎样助长火势使两三股浓烟合在一起。在月牙山上我看见半个天空的黑烟，火光笼罩了整个桂林城。黑烟中闪动着红光，红的风，红的巨舌。十二月二十九日的大火从下午一直燃烧到深夜。连城门都落下来木柴似地在烧烧。城墙边不可计数的布匹烧透了，红亮亮地映在我的眼里像一束一束的草纸。那里也许是什么布厂的货栈吧。
>
> ……
>
> 从以上简单的报告里，你们也可以了解这个城市的受难的情形，从这个城市你们会想到其他许多中国的城市。它们全在受难。不过它们咬紧牙关在受难，它们是不会屈服的。在那些城市的面貌上我看不见一点阴影。在那些地方我过的并不是悲观绝望的日子。甚至在它们的受难中我还看见中国城市的欢笑。中国的城市是炸不怕的。……[86]

* * *

只要能忍受，把仇恨牢记在心，就已经是一种胜利，或至少是一种救赎。但能够进行反击就更好，被视为正在勇敢顽强地进行反击的团体将赢得中国人民的敬仰。蒋介石所实施的反击远远超过了许多美国观察家和之后的历史学家的认知。对于那些未被允许亲赴前线的观察家而言，通常更容易看到的是非军事性的抵抗。在未被占领的中国领土上，到处是海报、高唱爱国歌曲的游行学生、呼吁人们忍受的宣传电影等景象。蒋介石频繁的演讲不断出现在新闻报道中；他那富有魅力的妻子宋美龄，到世界各国，尤其是美国，广泛宣传中国的顽强抵抗，并游说议员以求获得帮助。报纸和政府新闻办公室的官方报告充满了中国获胜的报道和日本遭受的毁灭性损失。

正如我们所知，这些做法颇具讽刺意味。国民政府的说法是夸大其词的宣传，也越来越不被人相信。但实际上国民政府的抗日作用远远超过了共产党，共产党进行的抵抗很少，其损失只是国民党部队遭受损失的一小部分。然而，无论是在国内还是在国外，蒋介石越来越不被认为是个英雄般的斗士，而共产党军队则越来越被认为能征善战，是中国抗战的主力。在中国遭受的苦难削弱了蒋介石和他的政府的威信及合法性的同时，共产党却能够将它转化为自己的优势。

第四章　毛、周和美国人

　　1944 年 7 月 22 日，八名美国外交官、军人和特工在战时首都重庆登上美国空军 C－47 货机飞往共产党人总部所在地延安。这条航线几乎是朝正北方向，飞越 600 英里，该地所处地带在政治和地理上把中国一分为二。飞机飞越四川省的亚热带绿色山脉和梯田，在中国古都西安略作停留，然后继续飞行，跨越黄河。从空中看黄河就像是一条宽广的波状长带，不是黄色，更似泥土的褐色。黄河以南是国民政府的领土；以东是日本占领下的傀儡国（指汪伪国民政府），其正式名称一如国民政府控制的中国，也为"中华民国"。正北约 200 英里就是延安，当时有个美国游客将延安描述为"饱受侵蚀的一大块高原"，在将近十年前，经历九死一生的长征的共产党人就是在这里建立了自己的根据地。

　　随着飞机接近目的地，作为延安著名标志性建筑的一座明代白色九层宝塔，隐隐呈现在附近一个寸草不生的褐色山丘上。还可以看到有一大群人等候在下面的旷野上，其中有人打着手势告诉飞行员在哪里着陆。飞机降落在一些峭壁前面，"延安精英们住的一排排紧挨着的窑洞，就是在这些崖壁里挖出来的，可以躲避敌人的轰炸"。[1]

　　当 C－47 降落在草地跑道上之时，几乎发生一场灾难。[2]飞机的一个轮子陷进一座旧坟，导致飞机下降时向左侧倾斜。仍在转动的螺旋桨撞到地面，从轴上脱离了出来，飞切进飞机前部的机身，几乎伤及飞行员。乘客和旁观者在经历了一番迷茫之后，周恩来，这位中国共产党温文尔雅的对外代表，大步流星地走上前去，与代表团团长包瑞德上校紧紧握手。和善的包瑞德上校是前任武官，身材高大、粗壮，过去十年中大部分时间都待在中国，中文讲得很地道。

美国小组中约有六人是为战略情报局工作的，该局是中央情报局在二战时的前身，急于获得有关共产主义运动的情报，也希望从共产党那里获取有关日本占领军及其中国傀儡政府军队的情报。在这些特工中有前《华尔街日报》记者雷蒙德·克罗姆利，他曾被派驻日本，是一个日本军事问题专家。[3]还有查尔斯·斯特尔，他是一个擅长游击战的突击队老兵，参加过在缅甸的战斗行动，他将选择在华北的日本目标。另一个成员，布鲁克·多兰，曾参加费城自然科学院发起的收集鸟类的探险活动，广泛游历过中国大部分省份，包括西藏，被认为非常熟悉共产党控制的地区。[4]

级别最高的非军事人员是36岁的谢伟思（John Stewart Service），同他的朋友、史迪威的政治顾问约翰·帕顿·戴维斯（John Paton Davies）一样，都出生于中国，父母也是传教士。谢伟思思维敏捷、口齿伶俐、富有经验、相貌堂堂，是个地道的美国人，和吉米·斯图尔特①颇为相似，属于一个极其聪明勇敢又会讲中文的年轻外交官员群体，他们的命运与中国和美国诡谲的国内政治有着密切关系。

等候的人群翘首以待贵客多时，所以欢迎的热烈程度是可想而知的。共产党人多年来一直在努力与美国建立自己的关

---

① 即詹姆斯·史都华，美国著名电影、电视和舞台剧演员，空军准将，英俊潇洒，才气逼人。——译者注

系。周恩来于1943年就曾建议美国派代表团到延安，戴维斯也曾正式将此事提交美国国务院。"随着中国共产党人如此不祥地在地平线上显现，美国政府迫切需要有关他们的第一手情报并同他们接触。"戴维斯后来如此写道。[5]

而且，除了美国人和共产党在重庆的代表——周恩来和他的助手——有过亲切交流之外，美国政府对这么一个到1944年年初已经控制了有着近1亿人口的地区的共产主义运动几乎没有直接认知，这是千真万确的。共产党是真的在抗日吗，就像他们所声称的那样？难道他们就像国民党坚称的那样，是屈从莫斯科一心要统治世界的理论家吗？抑或像史迪威认为的那样，他们只是些民族主义者，其社会和政治纲领并未超出某种良性的土地改革？

解答这些问题的信息都是间接的，来源模糊的。驻重庆美国大使馆一名外交官撰写的一份文件表述了他对有关共产主义运动的印象，仿佛它是发生在另一个星球上，其所标明的来源为"一位身处共产党控制地区的法国国民"，一位"最近旅行经过那片地区的比利时欧亚混血人"，以及"一位飞机坠毁在中国游击队控制地区的美国飞行员"。[6]1944年2月，白宫正式要求蒋介石政府允许派遣美国军事观察员去共产党总部。蒋介石的回复是他将为这项计划"提供方便"，但实际上固执地拒绝了。

蒋介石的抵制是可以理解的，因为美国的要求实际上相当于对共产党人以及他们所建立的国中之国的非正式承认。然而，国民党阻止美国与共产党的接触，以及就此针对共产党的全部宣传，可能不会给自己带来任何好处，美国驻华大使克拉伦斯·高斯将其称为充满了"明显的谎言"，"几乎毫无可信之处"，还"有点荒唐滑稽"。[7] 国民党的宣传的确如此，尽管其中并非一无是处。在何应钦参谋总长4月时给史迪威的参谋长T. G. 赫恩少将的有关中共的官方描述中这样写道：中共的目的是"尽可能延长中国的抗战……希望在远东制造普遍的混乱状态（以便）夺取中国的政权，作为迈向世界革命的一块踏脚石"。[8] 至于共产党军队，何说，"他们只是一群无组织、无纪律和未受过训练的乌合之众"，他们在与日本人合作，而不是与他们作战。此外，据何应钦所言，共产党人在他们控制的地区非常不受欢迎，因为他们的政策是"恐吓人们就范"，但因为"在中国共产党人与中央政府的对抗中，总是存在着武装叛乱的可能性"，所以有必要"在该地区保持一定数量的军队"。美国人估计大约有40万的政府军保持着对共产党人所在地区的封锁，导致这些军队不能被用于抗日作战。

何应钦的公文与其说是彻头彻尾的谎言，倒不如说是一幅讽刺画。共产党人对蒋介石在中国的统治造成的长期威胁确实比日本人更大，而且由莫斯科策划的"世界革命"是他们的终极目标，尽管这一目标比何应钦的看法更为遥远、更偏理论。在这种情况下，开展公共关系活动来防止对共产党的任何有利的看法，不让其获得美国决策圈的关注，这对国民党的生存而言被视为是至关重要的，所以它推行的政策直接体现了这一目标。在重庆的西方记者不得不忍受严厉的审查制度，但无论是审查制度还是频繁召开的新闻发布会，都未能真正提升国民政府的公信力，美国大使高斯认为这类发布会的内容多半都是些"喋喋不休的说教"。[9] 对国民党来说不幸的是，外国记者和外交使团干脆就不相信由行政院新闻局提出的报告，其中对中国所打胜仗的描述令人印象深刻，而日本人的伤亡数字却大得令人吃惊，精确得令人生疑。任何细节都未曾忽略。有一段时间，国民政府当局甚至禁止使用西方新闻报道里的"通货膨胀"这个词——而此时重庆几乎所有的人都在承受着物价快速上涨的痛苦。

毋庸置疑，这种情况下，在重庆是得不到任何可证实的有关中国共产党人的写照的。的确，在重庆的西方记者甚至都被禁止在他们的发稿中提到共产党，除非，就像《纽约先驱论坛报》的哈里森·福尔曼后来指出的那样，"去引用委员长和其他高级政府官员说的话，指责共产党'霸占国家领土'，'攻击国民政府军队'，或'阻碍战争的进程'"。[10]外国记者提出想采访共产党地区的要求是完全不受欢迎的，随着对审查制度不满的增加，提出要求的人也变得越来越多。蒋介石本人的担心也溢于言表，唯恐任何美国观察团的"年轻幼稚"的成员会"相信中共的宣传"，并把他们的轻信转达给"华盛顿的高级官员"。[11]

一方面意识到操纵舆论的必要性，另一方面又要在外国人中维持一定程度的信誉，蒋介石真是左右为难。此外，到1944年春，国民政府在河南正遭受日军"一号"作战攻势的重创，同时在陕西又面临被攻击的威胁，使得它比以往更加依赖美国租借法案提供的物资。与担心相反，蒋介石也怀有一定的希望，如果西方记者和军事观察员参观了共产党的延安总部，他们可能会开始了解共产党的"独裁"和"欺骗性"的本质。[12]这年4月，蒋介石回复了以《时代》杂志的布鲁克斯·阿特金森为主席的外国记者协会提交的正式请求，说政府会允许他们访问延安——前提是共产党要"确保在共产党人占领地区行动和调查的充分自由"。[13]

几个月后，由少数美国和英国记者组成的新闻代表团奔赴延安，陪同的有国民党和共产党的官员——用如今的记者辞令来说就是"看护"。不久之后，蒋介石对组成正式军事观察团的要求做出了让步，很快，被称为"迪克西使团"的军事观察团就诞生了，之所以取这个代号是因为它将立足于反叛者的领域。[①]

观察团到达延安的当天，就与共产党军队的总司令朱德共进午餐，周恩来也在场，他立刻就显示出他个人的外交技能。"上尉，"他对受损的 C‑47 飞行员杰克·E. 钱皮翁（Jack E. Champion）说道，"我们认为你的飞机是个英雄。幸运的是，另一位英雄，你自己，没有受伤。毛主席要我转告你，你没有受伤令他感到宽慰。"[14]毛泽东本人也协助确立友善的基调，为《解放日报》写了一篇社论，称观察团的到来是"自抗战开始以来最激动人心的事件"。[15]

很快，谢伟思和包瑞德就同四年后即将成为中华人民共和国领导者的人们一起吃午饭和晚饭，一起喝茶，并喜欢上了他们。这些人在报告中把共产党领导人描述为直爽、谦逊，充满鹰级童子军[②]的活力，尤其热忱、平易近人、无戒心、坦率——后面这些品质不言而喻地和蒋介石形成对比，他专横地隐居在重庆郊外摆满古玩的山顶住宅，被史迪威称为"花生米的贝希特斯加登[③]"。多年以后，毛泽东和其他共产党高级

---

① 迪克西指美国南部各州及人民，与指美国北部人的扬基意义相对。——译者注

② 童子军中年龄最大的一级组织。——译者注

③ 贝希特斯加登是德国东南端边境城市，位于三面被奥地利领土环绕的深谷中，曾有希特勒和纳粹首领们的别墅，以希特勒的"鹰巢"而闻名。——译者注

官员住进了毗邻北京紫禁城的园林府邸，高高的围墙和护城河环绕四周。但在延安，他们给美国访客留下深刻印象的是他们的简朴生活，所住的窑洞装的是木头门和纸糊窗户，家具仅有粗糙的桌椅，以及一个搪瓷脸盆架。[16]这不是贝希特斯加登；这更像是福吉谷①。

延安的窑洞都是在黄土崖壁的同一高度上挖掘出来，再由几何状的陡峭曲折的小路相连接，这种景象本身就能给人留下深刻印象。每个窑洞都有一个拱形入口，门前窄窄的一块平地作为一个小小的菜园子，也许还是鸡窝或猪圈，或娃娃玩耍的地方。其给人的印象是规模宏大的某种沙漠营地，就像驻扎在西奈的以色列人，或是在中东的罗马军团。窑洞里没有室内管道。厕所的位置距离窑洞很远。窑洞里的照明靠的是昏暗的煤油灯，取暖靠的是炭火盆，这会散发出大量危险的一氧化碳；观察团中的一个成员，梅尔文·A. 卡斯伯格，是来自圣路易斯的医生，他告诫同事们烤火取暖时一定要让窑洞的门开着。共产党领导人都穿着棉服棉裤，没有任何军衔装饰，他们说自己渴望与美国建立友谊，他们非常坚持这一点，他们也钦佩美国的民主性质。对于几个月前随记者团到过延安的福尔曼来说，整个景象是"边区人民韧性和决心的一个宏伟象征"。[17]

到达延安仅仅六天，谢伟思就向美国国务院汇报了他的第一印象，这是"极其有利的印象"，与福尔曼的印象非常相似。他说，进入像延安这样的地区，每个人都要"有清醒的意识，绝不能头脑发热"，要充分认识到，那里的情况不可能

---

① 福吉谷是美国的革命圣地。1777 年冬，费城陷落，华盛顿率领败兵残将在这里修整，冻死、开小差的士兵不计其数，是整个独立战争期间最艰难的时光。——译者注

与之前的访问者所描述的一样好。然而，他继续说道："我们全体团员都有同样的感觉——我们已经进入了一个不同的国度，正在见面的也是不同的人民。"[18]

如他所说，在令谢伟思以及观察团其他成员印象深刻的画面中，有一些东西不在构成要素之内——"无论在言语还是行动上，都没有炫耀和走形式"，没有"卫队、宪兵和重庆官场的哗众取宠"，也没有"乞丐和绝望的贫困"，而在中国其他地方，这两类都是不可避免的。"人们说起毛泽东和其他领导人时普遍带着敬意（对毛泽东更是怀有一种崇拜之心），但这些人都很平易近人，对他们完全不必谄媚奉承。"谢伟思在报告中如此说道。就抗战而言，"士气非常高……没有失败主义，而是信心百倍。没有厌战情绪"。与此同时，"到处都在强调民主和与普通百姓的亲密关系"。他发现自己与另一个已经在那里的西方记者的观点完全相同："我们已经到了陕北的山区来寻找中国最现代化的地方。"最重要的，也许是谢伟思反复思考着的可能性，即国民党终将失败，而共产党终将成功。"人们情不自禁地会越来越感觉到（共产主义运动）是强大和成功的，而且在它身后有着强大的动力，并把自己与人民如此紧密地捆绑在一起，因此它是不会轻易地被消灭的。"在这一点上他是完全正确的，这个观点后来也被美国国务院的大多数中国问题专家所赞同。

到达延安一个月后，谢伟思获邀与毛泽东会面，时间整整延续了 8 个小时。在此期间，这位共产党的主席向这个低级别美国外交官，来自重庆使馆的区区二秘，请求建立长期合作关系。毛泽东说，他希望美国在延安建立一个领事馆，而且在战争结束后仍然保持下去，因为，战争的结束将意味着军事观察员们的撤离，而美国官方机构的存在将能阻止国民党的进攻。毛泽东要求美国人对蒋介石施压，促使他进行民主改革，以使共产党可以参加政府。他忧思忡忡地说道，如果国民党不搞自身改革，就会有内战，然后美国的武器将被用来对付共产党。为防止这种情况发生，毛泽东要求美国的援助分配给一切抗日力量，包括共产党。他告诉谢伟思，中国认为美国是"理想的民主"[19]，而且是对国民党的专制的一种约束。

9 月，戴维斯来到延安与毛泽东、周恩来和其他人会谈，在此他也与儿时的朋友谢伟思会合了。对他们两人来说，戴维斯的出现从某种角度来看肯定是一个动人的甚至是不祥的事件。同谢伟思一样，戴维斯出生于四川，他的父母都是基督教福音派的成员，力图把耶稣的光明带给中国，然而戴维斯和谢伟思长大之后都没有分享他们父母的传教使命。相反，他们加入了美国的外交部门，在美国参战之后，两人最终都成了史迪威的政治顾问。戴维斯的总部设在新德里，但经常前往中国、华盛顿特区，甚至莫斯科和开罗（1943 年列席罗斯福、斯大林、丘吉尔和蒋介石的峰会），在那次会议上他评估了诸如英国和苏联在战争中的目的，以及它们如何不同于中国和美国的目的等问题。为此，他赢得了思想独立、坦率、具有不寻常能力的声誉，他能深刻地揭示出在战时，尤其是在美国人中很常见的痴心妄想。

例如，有些人崇拜丘吉尔，觉得英国和美国在战争期间发展一种特殊关系是完全正常的，并且相比亚洲战场，美国同意给予欧洲战场更多优先考虑，从而使得中国需要的轰炸机反而被英国拿了去，也是理所应当的。但戴维斯警告说，在亚洲人眼中，英美之间的亲密关系使人感觉"我们已经与英国结盟组成'白人统治集团'，从而把西方帝国主义重新强加给亚洲"。[20]在另一份具有先知般准确性的报告中，他警告不要采取"措施把我们自己投入殖民帝国主义中去，以免我们发现自己与一种过时的体制结盟，徒劳地去反对很可能得到俄国支持的不断高涨的亚洲民族主义浪潮"。[21]换句话说，不要被卷进英国在亚洲重建其殖民帝国的目标中去（或法国的类似欲望），也不要容许斯大林去支持亚洲的某种新秩序，而美国却仍然紧紧抓住过时的腐朽残余不放。这是极好的建议，尽管一代人之后这项建议没有能够在越南得到遵循，那里另一种民族主义暨共产主义的革命正在形成。

戴维斯还理解美国人的倾向，他们从学校教育中接受了这样的乐观信条："所有的事情都是可能的，只要你有胆量、决心、魄力去做就行。"这往往会高估纯属善意的可能性，特别是在面对不可消除的和相互冲突的亚洲野心的时候。"我们的一个重大失误，"他在 1943 年评论美国要求蒋介石让史迪威直接指挥他的军队时写道，"就是给中国人下命令——这是徒劳无益的。"[22]有一个戴维斯与谢伟思俩人都能理解而他们的许多上司——在这个例子中包括史迪威——却不明白的问题，就是要想改造中国的国家军队，首先就必须改造中国的政治，然而这种改造会被蒋介石认为是对他的专制政权的一个严重威胁。

在重庆的美国大使馆内，他们两个人形成了一个小团体的核心，这群人对中国政府的本质和前景做出了现实的评价。尽管美国多数高级官员都相信蒋介石和他的追随者对中国的未来是不可或缺的，他们却看到了蒋政权的腐败和不得人心。他们深信，在国共两党之间打造一种合作关系的美国官方政策是注定要失败的，因为任何一方都不可能接受对方的条件并生存下去。在这种情况下，他们完全相信，美国需要找到与共产党建立联系的一种方式，同时保持其与国民政府的最重要的关系，而不是去等待中国统一那个欢乐日子的到来。就此而言，这第一个理由是完全符合美国的政策的，即在抗日战争中争取共产党的支持。美国在中国所做的一切，从训练和装备中国军队的新师团到鼓励国共两党捐弃分歧，确实都是朝向这个目标的。

但是，戴维斯和谢伟思还有第二个目标，这个目标能被接受的范围则大大缩小了——事实上，也从未被接受作为美国的官方政策——但这个目标对毛泽东所表达的呼吁表示了极大同情。如同大多数实实在在扎根于中国的中国通那样，戴维斯和谢伟思逐步得出了这样一个结论：抗战结束之后中国将会爆发内战，而共产党会赢得这场战争。诚然，国民党不仅被看作中国合法政府的执掌者，也是一个勇敢且不可缺少的政党，一个新兴大国的必然的未来领导者，这一点不光是报刊上的描绘，美国政府的高层决策者，尤其是罗斯福总统，也都是这样认为的，尽管带有几分疑虑。

对于这种传统观点，谢伟思、戴维斯和其他脚踏中国实地的中国通们越来越强烈、越来越迫切地表示不相信。他们感觉到国民党已经丧失了革命锐气，在普通中国人中已经变得越来越不受欢迎，在知识分子和文化精英中就更加不得人心了。国民党上下各级充满了玩世不恭的大小暴君，导致效率低下；最重要的是，国民党已无改造的可能性。这意味着没有失去自己的革命锐气并且利用战争来建立众多敌后根据地的共产党，将要上台掌权。

"未来冲突的界限是在当前冲突的进程中形成的，"戴维斯在1943年写道，"我们现在可以确信在我们这个时代进一步的战争与革命。"[23] 在访问延安后，戴维斯提出了一个关键问题：共产党是否即将接管全中国？他的回答毫不含糊：是的。战后蒋介石唯一的生存机会，戴维斯写道，是依赖美国"以相当于日本侵略中国的规模进行干预"，但戴维斯知道，美国不可能在把它的军队从欧洲和太平洋撤回家之后立马再派遣100 万兵力去参与中国的内战。这就是为什么戴维斯在延安拜访毛泽东之后几星期就写道："共产党人肯定将在中国存在下去，并且中国的命运不在蒋介石手上，而在他们手上。"[24]

戴维斯的希望和预期是，加强与中国未来的必然统治者的合作关系将促进美国的利益，因为只有这样才可能导致共产党人减少对苏联的依赖。美国能够在抗日战争中得到它发现很难从国民政府得到的那种帮助，同时它可以给共产党选择余地。通过与共产党商讨军事合作，戴维斯想鼓励他们去考虑战后他们可能会在美国有朋友。他后来写道："我希望我的兴趣的表露可能会有助于激活这样的考虑，也许美国能够取代他们与苏联之间因饱受战争蹂躏而急需的团结。"[25]

对美国来说，这种可能性究竟有多大，得取决于中国共产党人的赤色程度，以及他们如何在意识形态上致力于国际无产阶级的全球胜利。戴维斯和其他中国通估计，他们既没有赤化到极端程度，也没有在意识形态上陷得那么深。在随后的岁月中，很多中国分析家承认，战时他们在这个问题上所持的观点掺杂着不少的一厢情愿。"我显然低估了中国共产主义执政党当时在意识形态上的坚持以及毛泽东和他的同伴们的灵巧手腕。"戴维斯就如此写道。[26] "正如我现在所看到的那样，明显依据后见之明，"包瑞德于 1969 年坦言，这一年中国深陷于被称为"文化大革命"的运动之中并大骂美国，"我在 1944 年所犯的错误就是没有把中国共产党看作美国的敌人……共产主义作为一种政治信条在我眼里不论是当时还是现在都同样是一种诅咒，但那时我太天真了，以至于我会认为共产党的中国成员首先是中国人然后才是共产主义者。"[27]

戴维斯相信，不管美国的专家们怎样看待中国共产党，他们都将要上台掌权，这意味着把他们从苏联怀抱里争取过来的努力不会让美国损失什么，即使尝试失败了也不伤皮毛；但如果成功了，就会获益匪浅。正如他后来所说的，他确信"对某种教义的信仰是容易枯萎、腐烂和堕落的"，这意味着中国共产党人可能会是"退缩者"。[28]他们"只要在国内外压力的驱动下就会重新燃起革命激情"，这不是像亨利·卢斯的《时代》杂志公司那样作为公众舆论堡垒的观点，这家公司在整个战争期间都一直在美化蒋介石的名声，即便它曾警告过共产党人接管中国的可怕后果。

但是，从史迪威开始，在中国问题专家、记者和许多在华军事顾问中，有两种趋势随着时间的推移而在发展。其一是对蒋介石及国民党的失望和愤怒，这点我们已经在史迪威、美国国务院中给他担任顾问的职业中国通，以及一部分记者身上见识过了；其二是对毛泽东充满希望，这种希望存在于许多上述人群中，他们钦佩共产党，因为共产党人没有蒋介石那种饱受诟议的性格特点，对日本人的侵略逆来顺受，还为消极不抵抗找出一大堆借口。

* * *

"中国成了一个烂摊子，"二等秘书谢伟思在 1944 年 3 月给美国国务院的一份急件中写道，"眼前看不到任何规模较大的军事行动……内部动荡激烈且不断扩大……造成这样整个令人遗憾的局势，蒋介石，唯有蒋介石，是该负责任的。"[29]在迪克西使团动身前一个月，美国大使克拉伦斯·高斯在给国务卿科德尔·赫尔的电报中说，一种"普遍的忧郁和一种沮丧并带点失败主义的态度正在重庆的中国官员和其他各界人士中蔓延开来"。[30]国民党领导的政府，高斯说道，未能对日本在河南的进犯"做出任何明显的抵抗"，当时河南是日军"一号"作战攻势的主要目标。中国农民，深受他们自身"凄惨状况"的折磨，对中国军队极其不满。而在中国的城市中心，"官员、知识分子和其他人等都对蒋委员长提出了隐秘而可怕的批评；批评他把所有权力和权威都完全集中在自己手中……批评他目前对国内外问题所持的反复无常、多疑和暴躁的态度……批评他对苏俄的怀疑态度以及因为一直未能以此种怀疑来影响美国而耿耿于怀"。

现在回想起来，很容易看出，蒋介石对于苏联的忧虑和他希望说服美国接受他的观点是可以理解的，也是合乎情理的。但在当时，斯大林是勇敢的盟友，在莫斯科和斯大林格勒首当其冲承受着纳粹的进攻，过度地怀疑这样一个盟友不是美国人的风格。罗斯福总统概述了美国的观点，他在1942年向丘吉尔保证，他能"比你的外交部更好地对付斯大林"。[31]他的一些顾问警告说，斯大林在战争结束后将吞噬所有国家，罗斯福的感觉却是，"斯大林不是那样的人"。目前尚不清楚高斯眼中的斯大林是个什么样的人，但他对蒋介石所持的总体上厌恶的态度似乎已经促使他排斥蒋介石，即使蒋是正确的。

这就是战时许多美国人在越来越蔑视国民党的同时转而被共产党迷住的心理机制（反应敏锐且冷静坚定的高斯不在其

中）。美国新闻界在报道中国时也并非铁板一块，事实上，许多驻华记者和大多数美国人一样，一直认为中国国民党是反对日本占领者的英勇抵抗战士。但是，对蒋介石及其政府的悲观看法在 1944 年就时不时地出现，到 1945 年时则越来越扩散了，这种情况也传递给美国公众，蒋介石自己也意识到了此点。"在美国，人们对中国的公众舆论已变得越来越挑剔了……如果我们犯了错误，我们就必须立刻加以纠正。"这年 3 月他对自己最亲密的顾问如此说道，谢伟思就在那个时间里因中国的"令人遗憾的局面"而指责他。[32]

1943 年《纽约时报》的一篇分析文章很好地总结了对蒋介石日益增多的怀疑，这篇报告由德高望重的军事分析家汉森·鲍德温（Hanson Baldwin）执笔，早些时候他因报道瓜达尔卡纳尔岛战役而赢得了普利策奖。所有那些有关中国战胜日本的早期报道都是不正确的，他如此写道。"毫无疑问，中国与日本的大部分战斗都是失败的"，日本兵"只要愿意随时可以去中国的任何地方，因为中国的防御不堪一击"。[33]鲍德温写道，在中国政府官方公报有倾向的鼓动下，人们对日本在中国的行动存在着一种误解或曲解。不同于在俄国的德国军队，日本人在他们已经占领的大片中国土地上正力图实施治安管理，而不是去夺取新的领土，鲍德温写道。他们出动部队"扫荡"，从而"打乱中国军队的进攻准备"。在他们撤回到原先的据点之前，他们有时会与中国军队发生小规模冲突，因此会遭受伤亡，这些小冲突却被官方公报夸大成"激烈战斗，并且通常的日军退回原先的据点变成了重大的战略'撤退'"。

鲍德温在发表于《读者文摘》的上述文章的姊妹篇文章中详细阐述了他的观点，并加入了更多细节，其标题是《对华的如意算盘打得太多》。但是，尽管他对军事形势的洞察力特别突出，对于蒋介石和国民党，鲍德温自己的想法中却也保留着一些一厢情愿。虽然中国军队是"弱小的"，他在《纽约时报》的分析文章中写道，"以一个人——蒋委员长——为象征的自由中国的抵抗意志，还将是东方事务中的主要决定因素"。

戴维斯和史迪威都认为这种言论是哗众取宠，但也没有回避利用非官方渠道的努力来影响公众舆论。他们两个人 1943 年时都在华盛顿，戴维斯为史迪威安排了几次会议，其中包括在《华盛顿邮报》发行人尤金·迈耶的家中与二十多位记者的会见，在此期间，史迪威阐明了他对蒋介石的看法。

*　　*　　*

在这种氛围中，外交官、军官和记者们纷纷把共产党看成一个充满希望的替代者。这种情况的出现也许并不奇怪，它还是被一批具有开拓性思维的记者培育多年的观点，其中最出名的当属埃德加·斯诺，这位年轻、敏锐、爱冒险的左翼中国问题专家，他在 1938 年年初出版的《西行漫记》（*Red Star Over China*）[①] 一书，用热情洋溢的文学语言把中国共产主义运动介绍给美国公众。1936 年斯诺在毛泽东和他的同事身边度过了大约四个月，就在共产党避开国民党的"围剿"并在陕西建立了一个新的根据地之后不久。在许多漫长的夜晚里，斯诺获准对毛泽东进行了非常有价值的连续采访，由此诞生的这本

---

① 1937 年 10 月 *Red Star Over China* 首次以英文形式出版于伦敦；此处提到的版本应是由纽约兰登书屋在伦敦版上的修订版，1938 年 12 月在上海出版中译本时译作《西行漫记》。以下皆用此名。——译者注

书的第一版在出版之后第二天就卖出了 4800 本，并在之后的数月里一直名列畅销书榜单。

《西行漫记》一书的影响极其深远。借助于出色的写作和可信的第一人称叙述，"中华苏维埃"——共产党通常的称呼——突然间变得举世皆知，呈现于一度生活在传闻和谣言的阴霾中的西方公众面前，在书中共产党人被描述成光荣和惊险刺激的冒险故事中的英雄。这里有男人，也有一些女人，他们战胜了蒋介石顽固的要消灭他们的企图，他们经受了长征的艰苦卓绝、死里逃生的火线考验，现在正在与应受谴责的日本侵略者打一场聪明机智、斗志旺盛并有胆有识的游击战争。

"如果这本书被正确解读的话，"《纽约时报》的评论者赞赏道，"红色中国的重要意义就不在于它是红色的，而在于它是中国人的，并且它可能预示着长期预测的中国人民的'觉醒'，以及日本帝国主义的最终失败。"[34]这位名叫 R. L. 达弗斯（R. L. Duffus）的评论者，在抨击他所称之为中国的"中世纪异教徒的"恐怖，当然还有日本竭力使中国沦为"帝国农奴制度"的图谋时，也没忘记提及蒋介石国民政府的领导人是如何"背信弃义、唯利是图和腐败无能的"。达弗斯的评论引用了斯诺的话，内容是"毫无疑问，当红星在西北出现时，成千上万的人起身迎接这希望和自由的象征"。

《西行漫记》过去是，现在仍然是新闻界的一个经典，但它也是一个精心策划和完美实施的公共关系妙招，在其中出谋划策更多的是共产党人而不是斯诺本人，共产党选择他来向世界发布自己的故事。[35]蒋介石政权禁止在中国的报纸上哪怕是提及共产主义运动，而毛泽东和中国共产党就想要在西方媒体上为自己赢得关注。有力的证据表明，他们确认斯诺为合适的人选便邀请他去共产党的大本营。因为他尽管政治上左倾，但仍享有独立自主的名声——不像那些旅游记者同行，他们毫不隐瞒地披露他们对共产党的偏爱。共产党试图在世界舆论面前结束自己的孤立状况，而斯诺恰恰就具有这种努力所需要的可信度。

斯诺于 1928 年来到中国，当时他还是个雄心勃勃并渴望成名的年轻人。他一开始在上海，在那里他结识了艾格尼丝·史沫特莱，一位叛逆、女权主义、亲共、反国民党的作家，还有孙中山先生的遗孀宋庆龄。与她的妹妹、蒋介石的妻子宋美龄相反，宋庆龄已经成为蒋的反对者以及蒋的"白色恐怖"的极具影响力却几乎碰不得的批评家。直到 1935 年，斯诺与他的妻子开始到北京（当时叫北平）生活，为《周六晚邮报》撰写有关中国的报道，这份报纸的发行量在二十世纪三十年代的报刊中位居第二。[36]他还为《纽约太阳报》和《伦敦每日先驱报》写文章，这两家报纸任命他为特约记者。

在北京，斯诺和他那优雅、魅力四射且同样雄心勃勃的笔名为尼姆·威尔士的妻子海伦·福斯特·斯诺一起结识了北京的学生，并帮助他们在 1935 年年末组织大规模示威活动反对日本，也反对打共产党而不打日本人的国民党政策。示威活动后不久，有个年轻人与斯诺夫妇取得了联系，他的名字叫俞大卫——中文本名叫俞启威。他是共产国际在华北的代表，共产国际是一个以苏联为首的组织，给苏联之外的共产党提供帮助、建议、鼓励、资金，并往往控制它们。俞大卫二十四岁但颇有身份。[37]斯诺夫妇知道他是一个共产党员，是他们在北京所结交的唯一一个共产党员，当时的北京几乎不存在共产党的组织。在俞大卫为共产主义革命所做的贡献中，最引人瞩目的就是把他在上海的女朋友，女演员江青吸纳入党，这个江青很快就去了延安，并成为毛泽东的第四任妻子，而且多年后，在1966～1976年的"文化大革命"中起到了一个激进的煽动者的作用。

斯诺想访问共产党人的根据地，就是当时环绕着古老城墙的宝安，位于他们未来的家的所在地延安的北边。他在给编辑的信中写道，他即将动笔写的是"涉及某一个关键地点的世界性的独家报道，有关这个地点的文字已有数百万，但根据的都只是道听途说和有高度偏见的政府报告"。[38]他向俞大卫表示了他的希望，俞大卫似乎已经帮助安排了来自共产党领导人的邀请。斯诺从宋庆龄那儿也得到了帮助，他在上海时曾去拜访过她并要求利用她与共产党的影响力，以确保他们同意为他的旅行开绿灯。

由此可见，这次旅行是斯诺主动提出的，但在西安事变停止了蒋介石的反共战役的几个月之前，共产党人也有着相似的考虑。具体来说，和毛泽东一样，斯大林也一直在寻找各种方法来逼蒋介石结束他的反共攻势，转而打击日本侵略者。正如我们所知，斯大林深深忧虑着日本会轻易地在华北获得胜利，然后可以随意打过边境直取苏联的西伯利亚。而毛泽东则担心蒋介石会与日本求和，以便可以腾出手来，利用共产党军队在江西的战役以及在长征中大伤元气的机会，继续发动攻势来剿灭共产党。"为了改变这种状况，"一位历史学家在评述斯诺的开创性访问时写道，"并迫使蒋介石放弃他的血腥立场，就像斯大林所看到且毛泽东也逐渐同意的那样，必须开展一些引人瞩目的公关活动来赋予革命者正确性，从而在世人眼中将其视为合法的、受欢迎的中国政治运动。"[39]

斯诺与毛泽东相互配合完美：前者，如他的一位传记作者所言，是"一个寻找文学圣杯的浪漫冒险家"[40]；而后者则将自己视为《三国演义》中草莽英雄的一个化身，毛泽东在年轻时就看了这本有关中国漫长历史中一个动荡时期的恃强凌弱的经典作品。毛泽东给斯诺讲述的在江西的游击战故事、长征途中所经历的危险和艰辛，以及毛的爱国抗日激情等完全符合斯诺他自己对日本和西方帝国主义的仇恨、他对中国的斗争的认同、他对蒋介石和国民党的厌恶，或许最重要的是，他对创作一部史诗般作品的渴望。

斯诺对共产党的明显偏袒在他所受到的接待中得到了充分的回报。在八路军一路护送下，他到达了一个小镇，在入口处迎接他的有一条横幅，上面写着"欢迎美国国际友人视察苏区"。当他穿过古城墙的城门进入城内时，军号响起，来自三个红军师的士兵列队唱歌、喊口号，并在他经过时向他敬礼。"我感觉，"斯诺在他的日记中写道，"就像一个佩剑外巡的大元帅。"[41]他每天早晨去一个地方同西北地区苏维埃政府的三名成员一起打网球。他教在宝安的领袖们的妻子玩拉米牌戏。当他于10月12日离开宝安时，中国共产党的全体领袖，除了因睡得晚出名的毛泽东之外，都来为他送行，高喊"斯诺同志万岁！"[42]

斯诺同志！斯诺自己并不认可这个尊称。尽管如此，他并未持中立立场，也绝非多疑的观察者。他是一个有才华和进取心的年轻人，且极具文学才华，扮演着法语中承诺人（l'homme engagé）的历史角色，投身于他那个时代的伟大事业。斯诺本人并不是一个共产主义者。当周恩来在1941年告诉美国的中国问题专家欧文·拉铁摩尔，称斯诺根本不理解什么是马克思主义时，这并不是想给他掩盖什么。[43]他确实是个典型的美国人，一个年轻的唱诗班歌童，一个鹰级童子军，一个发现了二十世纪最伟大的故事之一的民主自由的信徒。然而，他对毛泽东的认同，也许是因他在中国革命历程中探索出的有利职位，导致他一直坚定不移地拥护毛泽东和中国革命。在这一过程中，斯诺变成了毛泽东的辩护人。他因此而遭受了折磨。在后来的生活中，他发现几乎无法在美国找到一个记者或作家的工作，因为他被看作在盲目推崇某个党派，是一项名声不佳的事业的鼓吹者，这就是他。

斯诺并不是唯一的一个，他属于在不同程度上对国民党不屑一顾而对共产党赞成喜好的一群人——从共产党事业的狂热支持者到更清醒的时局评估者，他们更强调民族主义和民主，而不是意识形态和强硬路线。在这个未经组织的群体中，有外交官、军官和记者，最终他们在美国社会生活中被割裂开来，构成了一个痛苦的、势不两立的部分，他们的意见被置之不理，他们的职业生涯被彻底断送，而中国和美国也在一夜之间成为敌人。

这个群体里的一些人，特别是对华外交专家，早在三十年代初期到中期就已经在北京相互结识了，他们当时都很年轻，被中国的浪漫所吸引，充满着对日本帝国主义的厌恶，也因看出了国民党的镇压本质而对其十分反感。其中有美国公使馆会说中文的官员，如谢伟思、约翰·戴维斯、雷蒙德·卢登，以及斯诺在北京的最好的朋友 O. 埃德蒙·克拉布，他们都作为对华外交专家而占据重要岗位。像斯诺一样，他们后来也都因受到指控而被蒙上阴影，这些指控轻则是过分天真幼稚，重则是在描述共产党的时候背信弃义。大力促成斯诺赴陕西之旅的正是克拉布，就像他的美国公使馆的同事一样，希望借此而打破国民党对于共产党的信息封锁，以便知道他们是些什么人，并能够就此准确地向国务院做出汇报。

这伙"老北京"中有几个于 1938 年在汉口再度相聚，在那里又有几个人加入其中，这几个人在后来有关中国的火力凶猛的辩论中发挥了重要作用。汉口是长江边的工业中心，南京失陷后，有好几个月成为国民政府的临时首都，之后它才继续沿长江向上游迁移，通过雄伟的长江三峡，更长久地定都重庆。戴维斯在那里是作为外交官员。史迪威是武官，陪同他的是他最亲密的助手，杰克·多恩上尉（后为将军），朋友们称他为"平基"（Pinky，意为较激进的）。一些在美国卷入战争之前几年里就在报道中日战争的记者也迁到了汉口，其中就有因新著《西行漫记》而刚出名的斯诺，同他一起的有他的妻子和其他一些左翼记者，包括艾格尼丝·史沫特莱，英国人胡德兰（Freda Utley），安娜·路易斯·斯特朗，以及合众社的杰克·贝尔登，他是史迪威频繁出游的伴侣，后来在 1942 年还曾陪伴后者参与了著名的缅甸大撤离。埃文斯·卡尔森是名海军陆战队军官，他也在汉口。在斯诺访问华北之前，他就已经在那里观察八路军了。当卡尔森被禁止公开表达自己对共产党的钦佩之后，他就离开了海军陆战队。

他们自称为斗争到底者，就是这十来个在汉口的英美人士。大家都知道，汉口这个城市是日本铁甲车沿长江流域横冲直撞无情进犯的必经之地。[44]战争正在迫近，情形有如戴维斯所说的那样："空袭、军队调动、前线撤下的伤兵，以及街头的苏联'志愿'飞行员和德国的军事顾问，在敌人到来之前逃离家园的成群结队且茫然失措的难民，在城里四处奔波往墙壁上粘贴爱国海报并呼吁大家抵制敌人的学生，最后还有在主要建筑物里埋下炸药以用焦土来迎接侵略者的共产党人。"[45]外交官们、记者们和其他一些人那时常常聚在一起吃饭和谈话，地点是戴维斯的公寓，位于宏伟的汇丰银行大厦内，或到罗西餐厅去，话题总是有关日本及其犯下的不可饶恕的暴行，有关中国、国民党和共产党。

这些斗争到底者相互之间颇为欣赏，根据《纽约时报》的迪尔曼·德丁所言，"在汉口的记者和美国官员之间有着密切的合作和友谊"。[46]德丁称他们的共同点为他们对中国及其在日本人蹂躏下所受苦难的"深深的同情"。其中，史沫特莱、斯特朗和斯诺都是不加掩饰的共产党的崇拜者，也是理所当然的国民党的反对者。像戴维斯这样更为冷静的分析家以诙谐的超脱态度去看待这些狂热的亲毛派，认为共产党代表着自由和希望的曙光这一观念并没有得到普遍的认同；甚至斯诺的一些朋友也指责他不该写一篇亲毛狂想曲，应代之以客观的、持怀疑态度的报告。尽管如此，该群体中的记者们所创作的作品主体还是有利于共产党并诋毁国民党的。早在1934年，艾格尼丝·史沫特莱出版了《中国红军在前进》，书中依据的是同共产党的指挥官们的访谈，它满怀激情地叙述了毛泽东所领导的在中国中南部的江西省创建苏维埃共和国的早期努力。史沫特莱后来还出版了两本书，都充满了对共产党人的热情洋溢的描述。其一是1939年的《中国在反击》，其二是1943年的《中国的战歌》。安娜·路易斯·斯特朗所著的《人类的五分之一：中国为自由而战》出版于1938年，属于相同的政治体裁。不甘心屈居于她丈夫的盛名之下，海伦·斯诺也造访共产党地区，并于1939年以尼姆·韦尔斯之名出版了《续西行漫记》，这本书像斯诺的《西行漫记》一样，是一本满腔热情的亲毛作品。此外，还有不少寻求冒险经历的年轻美国人在三十年代末期也去了中国，其中有些人写了一些书，虽然今天已被遗忘，但这些书强化了共产党游击队的英勇形象和日本占领者的丑恶嘴脸。[47]《人道的努力：中国战争的故事》是由一位名叫霍尔多·汉森（Haldore Hanson）的年轻男子所写，他曾随共产党军队在敌后行军，《纽约时报》在 1939 年预告此书为"对一个处于征服者世界里的另一个世界的惊心动魄的描述，他们在刺刀的阴影中过着自己的生活，但有时因日本人那迦太基式的报复而付出最终的代价"。[48]很难确切地说清楚这些对中国革命者的描绘究竟在什么程度上渗透到了公众的意识中去，或形成了外交官们后来的看法的背景。斯诺、史沫特莱和其他人写的书的影响力被卢斯那发行量巨大的《时代》和《生活》杂志所抵消，这些杂志对国民党的描绘与左翼人士对共产党的描绘几乎是同样充满溢美之词。然而，令人吃惊的是，另外有许多分析师，他们绝非左派或亲共的浪漫主义者，也以他们更清醒的方式选择了自己的立场。这主要反映在官方的政府通信中，而他们的立场竟然与斯诺和史沫特莱的立场没有多少区别。史迪威是个注册了的共和党人，政治上保守了一辈子，却认为共产党的目标是"合理条件下的土地所有权"。[49]迈瑞尔突击队的指挥官弗兰克·迈瑞尔在迈克·曼斯菲尔德于 1944 年年底视察中国时告诉他说，中国共产党人"没有与莫斯科结盟，他们根本上不过是对土地和税收改革感兴趣的一个中国的农民集团"。[50]

曼斯菲尔德自己对共产党人的结论是：他们是"一支不可忽视的军事力量"，[51]在一个非常民主的政府体系领导下控制

着 9000 万人。至于国民党，它

> 遭受痛恨的程度逐日增加，这是由于人民害怕军队和
> 税吏的态度；农民的反抗，省级领导对政党的批评，学生
> （原文如此）对征兵的反抗以及许多中国人不惜一切投奔美
> 国，而且一旦到了美国就再也不想离开，所有这一切都证
> 明了这一点。国民党是腐败的。它口头讲民主，但行动上
> 却独裁。世界上最糟糕的审查制度就在重庆，而且每十个
> 外国人就有一个侦探盯梢……自由派人士的会议会被国民
> 党恶棍侵扰，密探无处不在，以至于人们都不敢说话。[52]

国民党人自身以及他们的对手都有着这样的看法，认为共
产党尽了最大努力去促进一场其后成为创造性的、多方面的宣
传活动来影响美国公众舆论并赢得美国政府的支持，特别是在
美国于 1941 年年底加入太平洋战争之后。策划并实施这项努
力的就是周恩来，一个卓越的人物，一个有着魅力四射的个性
的名人，一个外交天才。

周恩来与美国外交官和记者的接触始于短暂的汉口时期，
当时，根据还处于早期善意阶段的统一战线的条款，他是驻国
民党首都的中共正式代表。他非常平易近人，驻汉口的美国和
英国的外交官及记者随时可以与他联系，这种做法在重庆的整
个战争期间他都一直在延续。1942 年 5 月，周恩来给了埃德
加·斯诺一封信，要求他转交给劳克林·柯里，罗斯福的白宫
首席助手之一，信中列举了共产党人对日本人的军事胜利，并
且第一次要求美国将对华援助的一部分直接给予中共。[53]周恩
来很快提出了最终成为迪克西使团的建议，并扩展了他的新闻
魅力攻势，从著名的左派如斯诺和艾格尼丝·史沫特莱到更为

中立的新闻界主流成员，他们的人数在珍珠港事件后已大为增加。周恩来也知道，这些记者会变得对蒋介石和国民党越来越失望。

仅在几年前，周恩来的头颅还被高额悬赏。现在，因为统一战线及中国共产党和国民党之间的所谓联盟，他大部分时间都住在重庆。在重庆时，他保持着活跃的社交日程，非常随和地在晚宴和招待会上结交美国外交官和记者，给他们讲解中国，不厌其烦地向他们保证共产主义运动的合理性，国民党右翼的背叛和共产党在抗日战争中能够做出的贡献，只要美国允许他们的话。周恩来是如此从容不迫，如此善于表达，他的分析如此经验老到，如此世故练达、富有教养，以及看上去真挚忠诚，以至于大家很少把他看作中国两个竞争的主要武装政党之一的成员，而更多是作为一个朋友、一个可靠的消息来源，就像某些记者所称他的那样。

"周恩来具有惊人的记忆力，不论是细节还是整体，他可以轻松地回忆起日期、引言、经历和事件。"1941～1945年在重庆的《时代》周刊记者白修德后来如此写道，他说在他早年旅居中国时就已经和周"成为朋友"。[54]白修德是二十世纪中叶那几十年里最好、最出名的记者之一，他非常真挚地崇拜周恩来，他写道，周"是并列于约瑟夫·史迪威和约翰·F. 肯尼迪的三个我所见到并认识的伟大人物之一，在他们面前我几乎完全停止了怀疑或者质疑的判断力"。后来他明白了周恩来是"一个杰出和无情的人，同本世纪共产主义运动造就的任何人一样"，但是他"有着一种独特的方式，能令人着迷、充满感染力、引人瞩目并似乎能分享信任。我不能否认，他彻底赢得了我的感情"。[55]

能表明周恩来一生特性的是他隐藏极深的严厉以及他对革命事业的全身心投入。周恩来是十分复杂的。他的风格、家庭背景和所受教育，使他更像是在二十世纪二十年代初创立了共产党的那些温文尔雅、人文主义的知识分子，而不是在之后激进阶段接管共产党的那些初出茅庐、才疏学浅、缺乏教养的狂热者。他出生于一个士大夫家庭，就是昔日通过科举考试入朝为官但随着清王朝的崩溃而家道中落的那种。周曾在天津的南开中学学习，这是一所非常优秀的中国高中，类似亚洲的伊顿公学或哈罗公学，是一所现代化、改良主义、有公德心的学校。他学习英语，是学生报纸的编辑，演过话剧，并作为班上尖子生完成学业。然后，就像很多中国的优秀年轻人一样，周在日本度过了几年，在第一次世界大战结束前回到中国。

在北部港口城市天津，周恩来加入了秘密的"觉悟社"，这是众多反对中国军阀政府并探讨民族振兴不同想法的研究团体之一。像许多这类学生一样，周学习了马克思主义，甚至遇到了几个知识分子学者，他们受俄国布尔什维克革命成功和前景的鼓舞，在1921年创立了中国共产党。1921~1924他是在欧洲度过的，先到伦敦再转柏林，但多半时间居住在巴黎。正是在那里，他加入了共产党的组织，并成为羽翼未丰的中国共产党的海外支部的领导人，然后，在共产国际的密切指导下，与国民党联合进行了第一次国共合作。

当周恩来回国后，他早已深入参与改造中国的运动并受到高度重视。虽然只有26岁，但他被任命为位于广州珠江江畔的黄埔军校的政治部主任，创建此校的目的是要组成一个现代化的、有技能的中国军官团。该学校由另一个影响中国未来的人领导，他就是瘦削精干的蒋介石。周恩来的工作是按照国民党的意识形态去指导学员，当时的国民党同中国共产党一样，是一个由共产国际代表指导的革命政党。

正如我们所知，第一次国共合作一直持续到1927年，这一年蒋介石发动了针对共产党的先发制人的政变，从那一刻开始，周恩来就处在蒋介石的对立面。与蒋对立就意味着与国民党特务进行秘密和残酷的殊死斗争，后者的任务就是追捕并杀死共产党人。

周恩来的这部分历史，一直未被后来他在重庆的美国朋友所发现。以假名在上海从事地下工作的周恩来，不断地更换安全藏身处，从来不出现在公众面前，他是共产党的情报和政治保卫机关"中央特科"的创始人，其中包括被称为红队的一组刺客。1931年，周恩来的一名特工，名叫顾顺章，被国民党警察捕获后禁不起拷打，出卖了情报，导致在上海的一些共产党特工被捕和被暗杀。不久之后，周恩来的另一个特工，因不遵守周恩来的命令与情人在旅馆度过了一宵而被捕。这个特工在被杀之前受到折磨，泄露了周恩来的身份，这迫使他离开上海去了毛泽东在江西的农村根据地。

这段历史表明了在中国这幅画作里面的基本元素。被称为第二次统一战线的合作伙伴关系，是为了抗击日本而建立的，其在理论上使得中国两个最大的政党成为朋友和同盟，但它们之间一直延续下来的斗争的深度和致命性给彼此留下不可磨灭的仇恨和不信任，特别是在一个缺乏政治上和平竞争经验和传统的文化里。因此，短短几年前还身陷谋杀和复仇博弈之中的周恩来，如今来到了这里，在国民党的临时首都开辟天地，从事政治社交和说服这门高雅艺术，定期与外国记者和外交官会面，并试图说服他们相信共产党是通情达理的和值得信赖的。

他与他的六个工作人员住在重庆一条深巷内一套摇摇欲坠的老宅里①，每当下雨泥浆就深及足踝。房子里有个客厅，摆着几把椅子和一张沙发，全都覆盖着"同样的蓝色粗布，中国农民和工人所穿的衣服用的就是这种布料"。[56]

除了毛泽东之外，中国共产主义运动的精英，包括共产党创始人之一的董必武——"没有人能显得更加温和，更加纤弱，更加亲切"，[57]白修德如此评论他——在内，美国来访者可随时见到。周恩来的办公场所的闲适朴素，尤其是与蒋介石官邸那令人生畏的排场相比，给人留下极大的好感，与延安福吉谷般的营地十分相似。

这里有个人具有一种浓妆淡抹总相宜的魅力。她是一位名叫龚澎的女士，是周恩来的一个助手——"他个人最喜欢的，也是我最喜欢的。"白修德这样说她。白修德还补充说，她"是我所遇到的最美丽的中国女人"。[58]那时龚澎常常把共产党的每日简报转交给外国报刊，并把一摞摞最新的延安无线广播稿副本带到市中心的记者招待所，然后分发给住在那里的各国记者。白修德说她是一个"军阀"的女儿，作为一个来自延安革命圣地的抗日游击队战士，她是"一个真正的拿手枪的女英雄"。这增强了她对白修德的吸引力，因为白修德自己从内心深处就是一个浪漫的人，容易发生一厢情愿的迷恋，所以他对龚澎的描述有些夸张，龚澎其实并不是军阀的女儿，也从来没有佩带过手枪。虽然如此，她仍然是在那些年里大量投奔共产主义事业的年轻人的典范，那些年轻人帮助形成了具有共

---

①　即曾家岩50号，为中共中央南方局重庆办事处，后称"周公馆"。——译者注

产主义魅力的风气与政治时尚。

龚澎的父亲与蒋介石在同一个日本士官学校求过学，他在推翻清王朝的革命中发挥了突出作用。他在那个事件中的故事激励了他的女儿，令她从小就爱读中国的罗宾汉小说。[59] 新的共和国诞生才三年，其总统袁世凯，也是原清帝国军事统帅，宣布自己为新皇帝，龚澎的父亲随即发表了一个宣言，谴责袁世凯复辟帝国，他因此被迫逃离中国以求生存。他带着家人去了横滨，1914 年龚澎在那里出生。她出生时名为龚庆生，这是佛教语汇，意思是"慈悲众生"。

几年后，袁世凯在全国抵制他的统治的浪潮中去世，龚澎全家搬到了上海。在那里，龚澎和她的姐姐一道进入了圣玛丽亚中学，这是一所在 1850 年由圣公会传教士创办的有选择性的女子学校，中国的中产阶级家庭可送他们的女儿去就读。1933 年毕业后，龚澎两姐妹考取了在北京的燕京大学，这也是一所由新教传教士创立的精英学校，当时学校中共产党组织非常活跃。她在 1935 年的学生抗日游行示威活动中发挥了领导作用。1936 年，她加入了共产党。

在北京期间，她与斯诺夫妇成为密友。1937 年斯诺从延安返回后，她和一群朋友在一个名叫伦道夫·赛勒（Randolph Sailor）的美国心理学家位于北京的家中聚会，他给她们看了《西行漫记》打字稿原作连同斯诺在陕西逗留期间拍的一部短片。就这样，通过一名外国记者的叙述，龚澎和其他左翼中国学生开始了解毛泽东那惊心动魄的革命运动。"在斯诺家微小的屏幕上，"龚澎的女儿多年后写道，"妈妈第一次看到延安和那里的士兵的蓬勃生机，还有毛泽东、朱德和其他革命领袖是如何充满活力、意气风发，她似乎也身处延安，呼吸着延安的空气。"[60]

在延安精神的激励下，1938 年日本人占领上海后，龚澎加入了青年人队伍，从中国最发达的城市奔赴穷乡僻壤的延安，她与一些朋友结伴而行——"他们年轻满怀抱负的心中充满了激情。"她的女儿后来写道。有一次，在沿着一条当地小溪散步时，她遇到了毛泽东本人。毛问了她的名字，她在燕京大学时已将庆生改为维航，意为"维持航行"。在延安，她再次改名为龚澎，是为了纪念名为彭湃的革命烈士。毛泽东告诉她，她做出了一个很好的选择，此后，她常常去听毛的演讲，坐在前排并记笔记。她在一生随后的时光中都是毛主席的忠实学生。

1940 年她在延安结了婚，当她的丈夫身负使命离开延安后，她被派到重庆，在重庆时她那流利的英语使她成为周恩来的得力助手。两年后，她得知丈夫已经遇害。又过了三年，她嫁给了周的另一个得意门生乔冠华，此人是一位才华横溢、年轻英俊的清华大学毕业生，共产党杂志《群众》的主编。（据认识他们两人的费正清所言，他们寒碜的衣柜曾惨遭窃贼光顾，小偷通过窗格插入一根带钩杆子，把费正清送给乔冠华的一套牛津定制西服给偷了。）[61]二十世纪七十年代，乔冠华成为中国的外交部长。

在重庆，龚澎在外国记者团中赢得了名气，当时的记者人数已有数百，其中不少年轻人都迷恋这位 28 岁左右、身材纤细、清秀标致的年轻女性，她的英语口语十分地道，对她自己所说的内容也笃信不疑。[62]在这点上，她与国民党那位油嘴滑舌的新闻发布官形成了幽默对照，国民党靠的是每天捏造的新闻、严厉的审查制度和压抑的氛围，恰如高斯大使所形容的，

"有点荒谬"。

那时，费正清任职于美国战略情报局，他的日常工作是为战争部收集中国和日本的书面资料，他对龚澎现象产生了浓厚兴趣。在给家乡的妻子威尔玛的信中，他特意提到此事，并把龚澎描写为"被正式任命与蛮夷打交道的人"，有着"一种使每一个我认识的人都被驯化的影响力"。[63]信中还提到一些特别崇拜和迷恋龚澎的人，有《纽约时报》的布鲁克斯·阿特金森、广播电台记者埃里克·塞瓦雷德、陈纳德的助手约瑟夫·艾尔索普，以及"英国使馆的一部分官员"。据塞瓦雷德所言，她是一个高不可攀的美女而不是一个性欲对象，能激发出为之献身的谦恭的爱。他后来又写道，她在周的办事处里是个"头面人物"，"一朵枝高叶茂的鲜花"。她"谦逊和蔼、温文尔雅，但也是朝气蓬勃、诚实坦率又端庄得体的年轻人……在她面前，男女情感会消失殆尽，取而代之的是超越性别的敬畏和钦佩……有不少外国记者和外交官都幻想自己爱上了她——但这未免太有点像爱上了圣女贞德"。[64]

尽管记者们与国民党新闻办公室的关系十分紧张、刻板——例如，塞瓦雷德将其形容为"一个弄虚作假和充满笑柄的地方，还一本正经地每天重复着"——但许多美国记者都倾向于同情龚澎，并相信她。她之所以能赢得外国人的好感，也要归因于共产党的整体形象，这个形象不是他们的延安总部形成的，而是由设在重庆的周恩来那谦逊的办事处形成的，其成员不断受到秘密警察监视并始终担心着被捕。费正清回忆道："中共在重庆仍然处于被孤立的劣势，毫无道理的威胁始终伴随着他们。"[65]在这种氛围中，他后来写道，龚澎是"在一个充满唯命是从、趋炎附势之徒的城市里大声表达不同政见的人。她是在野党派的代言人，他们改善社会的理想，揭露了执政党的罪恶"，[66]尽管费正清在回忆中也提到了她所扮演角色的片面性。"她所提出的是反对国民党的一张自由清单——国民党的暗杀，新闻压制，捣毁印刷厂，诬陷迫害开明的批评者，拒绝给予示威权，否定罢工权，等等，"[67]在给妻子的信中他写道，"这些权利也被共产党拒绝了。"尽管如此，龚澎的崇拜者们几乎都没有留意到这种片面性。通常情况下，塞瓦雷德都保持着一个新闻记者所能有的冷静和理解力，但在面对龚澎所过的他称之为"令人心碎的生活"时，却发出了感叹，她被困在国民党控制的重庆，一直被政府的秘密警察跟踪和监视，这样一种生活"只有一个有着灵魂和崇高理想的女人"才能忍受。有一次，在同塞瓦雷德谈话时，龚澎表达了她对呼吸自由空气的渴望，这个美国人据此认为，作为两所教会学校的校友，毫无疑问龚澎指的是美国式的自由。"假如我能够在一个自由的地方待一小会儿那该多好啊，"有一次她曾如此向他说道，"就只是为了看看那儿是什么样子的，哪怕是一小会儿。"[68]

　　记者团曾试图策划一些方案，可以让龚澎得到某种奖学金从而去美国。同时，他们一直照顾着她。塞瓦雷德谈到在外国记者和外交官中有过一个"沉默的共谋"[69]，如果她真的有一天消失在国民党秘密警察的陷阱里，他们会唤起全世界的关注，使之成为一个外交事件。有一次，她染上了痢疾。费正清告诉阿特金森说她病了，阿特金森就安排了一个美国海军医生为她治病，医生用磺胺类药物治好了她的痢疾。还有一次，龚澎联系谢伟思告诉他，她的丈夫乔冠华病了，需要输血。谢伟思自愿献出自己的血，虽然最终没有让他献血乔冠华也康复了，但他的姿态表现出他对龚澎远不止纯职业的兴趣。[70]再后来，战争结束后，另一名在重庆结识了龚澎的记者芭芭拉·史蒂文斯，帮她把她和乔冠华生的幼子带给龚澎在上海的家人。[71]

周恩来为何选择龚澎作为他在重庆的新闻秘书，从某种与性别有关的意图上去考虑是很诱人的。中国有本《三十六计》，是古代编纂的有关如何在战争和政治中获胜的格言集，其中包括了"美人计"。这个计策就是派遣一个女人到敌方阵营去诱使对方士兵忽视自己的职责，让他们消除警惕性，或许还为了讨得这个女人的欢心而相互之间大打出手。当然，美国记者团中的大部分人对龚澎的态度表露出记者们对许多在重庆遇到的共产主义革命者的感觉，他们在现实生活中是如此可爱和有吸引力，如此不同于外界渲染的共产党、红军、布尔什维克和马克思列宁主义者的普遍形象。"她不仅年轻漂亮，"抗战期间一名中国记者在重庆这样描述龚澎道，"而且非常有礼貌，穿着旗袍，坐在椅子上，显得很真诚，这让所有的记者都盯着她，因为她讲一口流利的英语，她变成了美丽和革命的原型。"[72]

在这方面，引人注目的是，几年之后，当共产党人取得了政权，龚澎也成为中国外交部的高级官员时，有几个关于她偶遇一些在重庆时对她着迷的记者的例子。她已经变成了共产党官员，冷漠、严肃、难以亲近。解放后的最初几个月里，在美国记者被驱逐出境之前，她冷落了那些遇到她的老朋友，或者穿过马路以避免与他们见面。[73]在1950年代，她成为中国外交部新闻司司长，负责接待极少数的外国记者，其中大部分人来自非洲或亚洲。

当加拿大记者威廉·史蒂文森（William Stevenson）1956

年在中国见到她时，她斥责前者只拍古代遗迹的照片，而不去展示该国的革命进展。[74]1954 年，她陪周恩来去日内瓦出席结束法国在印度支那的战争的会议。其间，一些报道这一事件的美国人因在重庆时就认识她而试图重叙旧谊，然而却被断然拒绝。在一次宴会上，当她点燃香烟时有个纪录片摄影师拍了一张她的照片，她表示了反对。此后她再没有公开露面，尽管她是周恩来的所谓的新闻官。用一名在场记者的话来说，余下的时间里，她一直"隐居在美岸大酒店内，一个陷于沉思中的脸色阴郁的女人，穿着薄薄的蓝色礼服"。[75]

共产党人的魅力并没有在每个人身上都起作用。战后《纽约时报》驻华记者迪尔曼·德丁对一位朋友说："凭借人格力量和聪明的说理，周恩来可以压倒你。但月复一月年复一年反复听他说后，你可能就不再相信他说的话了。"[76]不过，共产党把自己呈现在有利的光辉之下的努力，包括周恩来在重庆发挥的作用，是一个了不起的成就，即使这项成功的部分原因并非全是因为共产党看起来是多么好，而是由于国民党是如此糟。"在自由中国，到处都是漆黑一团毫无希望，"德丁说道，以此来解释对中国的国民党和共产党的普遍态度，"贪污渎职，苦难穷困，缺乏进一步斗争的意志。我甚至觉得这个国家已经坏到极点，只有在共产党领导下中国才可能会变好。"[77]

1944 年春天，蒋介石终于允许记者们前往延安采访，在此期间，对共产党有利的新闻报道达到顶点。对于共产党而言，这是一次非常成功的冒险，但对国民党来说却是一次公共关系的惨败。伊斯雷尔·爱泼斯坦为《纽约时报》和其他出版物报道了这次采访的行程，他是波兰裔犹太人，1920 年为逃离反犹主义，与他的家人一起来到亚洲。他发出的电讯充满了英勇、民主的共产党人和腐败、颓废、压制的国民党人之间的惊人对比。

在他第一篇发给《纽约时报》的报道中，他写了有关西安的情况，这是一座国民政府控制的城市，位于记者团去共产党总部的必经之途。"每走一步都能明显地看到西安这座城市的警察国家的特征"，他后来如此写道，并指出，共产党的八路军办事处所在地的那条街上可以发现"空无一人——这就是（国民党的）监控，任何人胆敢从那里走过都有可能被怀疑是与共产党进行秘密联络"。[78]

也是在西安，国民党陪同人员展示了一个八路军的逃兵，可惜的是这一主动行为却成了宣传上的败笔，因为事后查明此人逃离中共根据地是因为他拒绝去干清理土地、种植庄稼的活，这也是八路军的职责之一。[79]他曾因试图逃跑两次被抓，但他并没有被关进监狱或遭殴打，只是挨了"批评"——国民党人指责共产党人的"野蛮暴行"其实就是如此而已。

《纽约先驱论坛报》的哈里森·福尔曼将记者团延安采访之行的西安部分写进了一本书，并于 1945 年出版，其中写道："我们后来得知，那些坚持要我们使用他们提供的服务的特殊的人力车夫，其实都是被分派到招待所去的。我们拒绝乘坐后，他们还寸步不离地跟着我们，无论我们去到哪里。"[80]有一次，在福尔曼返回招待所的途中，有人递给他一个信封。里面是一个持不同政见者的宣言，谴责国民党的暴政，并告知福尔曼政府所采取的特别预防措施，用以"欺骗你们，封锁你们，并监视你们"。[81]该文件称，国民政府已经拨付一笔 500 万美元的资金，涉及数百个特务，伪装成"翻译、招待员、仆人和

客房服务生"。笔者自称是"一个房客、西安的市民",为
"自由事业"而奋斗。他还表示自己相信共产主义永远无法控
制中国,因为"任何政党想要拥有全部权力,从而剥夺他人
的权利和自由,都将承受彻底的失败"。

告别西安,记者团乘坐"一艘像驳船的巨大木船"横渡
黄河,爱泼斯坦回忆道,十六个船夫屁股坐在船上边划边唱
《黄河大合唱》,这是一首1939年在延安谱写的爱国歌曲。现
在,记者们来到了"另一个世界"。[82]这里"没有旗帜,没有横
幅,没有严格组织起来的人群欢呼雀跃,把我们这些游客当成
是罗斯福和丘吉尔的合体"。他们的第一个晚上是在一个全是
窑洞的村庄里度过的,一位朴实无华的共产党将军会见了他
们——"与穿着定制军服、戴着白色手套的国民党军官完全
不同"。第二天,他们骑马出发去访问他们见到的第一支共产
党军队——"满头大汗、被晒成古铜色的小伙子们带着令人
愉快的微笑",肩上挎着从日军手里缴获的武器,这就加强了
共产党正在进行着英勇的、全面的、成功的抗日游击战争的观
点。这块土地,爱泼斯坦报道说,在中共领导下已经完全变了
样,特别是护送他们的王震将军。"每一片曾经是贫瘠的山顶
和梯状斜坡似乎都被开垦了,种上了小米或豆子或亚麻或棉
花。"[83]爱泼斯坦以前从未去过那个地区,因此也没有亲眼看见
过共产党到来之前这里究竟是什么样子,他写道:"在被封锁
之前,这里根本不种棉花,很多年来人们都穿着破衣烂衫,但
现在再也不是了。"所有这些"新开垦的硕果累累的土地"都
将被移交给人民,爱泼斯坦写道,他们不必缴纳任何农作物作
为税赋去供养士兵。

固临是记者团到达的第一个县城,他们见到了当地的县

长，爱泼斯坦报道说，这个男人在共产党到来之前还是文盲，但现在能写简单的报告了。一名60岁的劳动模范被"挑了出来"，此人以前没有土地，他告诉记者如今他的生活得到了多大的改善。他指出，在上个种植季节县长还亲自挑粪到地头，"有谁听说过在旧时代县长还会干那种活"。[84]

某个美国记者称赞共产党没有"严格组织起来的人群欢呼雀跃"，在共产党掌权很长一段时间后他出版的书中，他也没有注意到崇拜毛泽东的大规模仪式已成为生活中的一个标准方面。中国变成了这样一个地方，工厂工人实际上都以跳"忠字舞"[85]来开始每一天，那是在"敬爱的主席"画像前跳的经过编排的舞蹈，青少年经常举行大规模群众集会，人人都以一种致敬的姿势高举"红宝书"《毛主席语录》，工厂生产数以百万计的印有毛泽东形象的徽章，在国内几乎每个人都要佩戴。但爱泼斯坦终身都是共产党的支持者，多年来始终在中华人民共和国从事编辑工作，任该国主要的宣传刊物《今日中国》的总编辑。

然而，如果说有些写了有关毛泽东和延安的文章的记者是他们的同路人的话，他们中的大多数人，包括斯诺夫妇埃德加和海伦、杰克·贝尔登和哈里森·福尔曼，还有1944年记者参观团中的其他大多数人则不是。其中有为美联社工作的莫里斯·沃陶，他同时又是国民政府情报部门的雇员，《基督教科学箴言报》的冈瑟·斯坦也是。"一切都是光明正大，摆在桌面上，"福尔曼在《纽约先驱论坛报》上写道，"在行动、讨论、采访、参观和拍照上绝对没有任何控制或限制。"[86]斯坦也写道："在一个从未在任何其他地方见过的全新的整合良好的社会里……延安的男女先驱在精神、思想和行动上是真正的新人类。"[87]这些话不能不使人想起后来的一个共同主题。

认为"中华苏维埃"并不是真的那么红，而且只寻求更高程度的民主之类的观念在其他精明的、有眼力的分析师中流行起来，他们并不是那种轻易会上政治童话当的人。1942年，迪克西使团开始前两年，珍珠港事件爆发才几个月，约翰·戴维斯在电函中指中国共产党为"农业民主党"；谢伟思则撰文指出，正在追求简单民主的中国共产党，"在形式上和精神上更像是美国人而不是俄国人"。[88]

在美国国务院的中国问题报告中已经形成了某种借代的说法，指共产党人的时候用"所谓的共产党人"[89]，或指延安的时候用"所谓的共产党地区"，连国务卿科德尔·赫尔本人在1944年6月给克拉伦斯·高斯大使的一份备忘录中也如此称呼。甚至帕特里克·赫尔利，他既不是蒋介石的反对者，当然也不是史沫特莱或爱泼斯坦类型的左派，也使用这种惯用语。到达中国后不久，赫尔利写给罗斯福一封信，信中充满信心地说他可以使国共双方在一个联合政府中共处，摒弃了蒋介石对"所谓的共产党人"的担忧，传达给美国总统一个保证。这个保证是苏联外长维亚切斯拉夫·莫洛托夫在莫斯科给他的，那就是尽管一些贫困的中国人自称为共产主义者，其实"他们与共产主义根本没有任何关系"。

莫洛托夫的描述呼应了斯大林本人的看法，斯大林告诉美国驻莫斯科大使威廉·埃夫里尔·哈里曼说，中国共产党人"不是真正的共产党"，而是"人造黄油"，[90]尽管他们是真正的爱国者，想打日本人，斯大林补充道。这听起来也许很怪，美国人怎么会从斯大林和莫洛托夫的喜好中捡起这个词来，但斯大林毕竟是一个盟友，大家有相信他的倾向。

*　　*　　*

毛泽东和他的伙伴们似乎也证实了斯大林对他们的描述。他们从来没有表现得像是理论家，或革命学说的虔诚信徒。他们同美国客人在一起时很友好、轻松、和善，与其一起吃饭、谈话到深夜，喝他们所说的虎骨酒（用浸泡高粱蒸馏制成的威士忌，没有虎骨就用牛骨代替），并表演戏剧，布鲁克斯·阿特金森给予那些表演高度评价，他在去中国之前曾是《纽约时报》的戏剧评论员。迪克西使团的一些成员经常同朱德一起去深山老林打猎，第一枪往往是朱德打的。[91]周六晚上，只要天气暖和，就会举办露天舞会——这是艾格尼丝·史沫特莱留下的活动，她曾给毛泽东辅导舞蹈——地点是在一片叫梨园的果树林里。[92]舞会期间，毛泽东和其他共产党领导人与当地留着辫子的女孩在地板上绕圈滑行，伴舞的是一个旧留声机发出的沙哑音乐。

在福尔曼的书中，他介绍了参观鲁迅艺术文学院的情况，这是延安主要的文化机构。鲁迅是二十世纪中国最著名的作家，一个提倡打破旧习的自由思想家，也是接近共产党、反对国民党的上海左翼作家联盟的领军人物。鲁迅于1936年去世。关于他还有一个可争论的问题，即1957年时，如果他活着，会不会是"右派"。

在鲁迅艺术文学院，福尔曼发现有将近300名艺术家和作家在毛泽东的善意引导下，愉快地在创作剧本、故事和歌曲。"共产党人很认真地对待他们的文化，"他写道，"艺术家、作家、音乐家、教育家、剧作家和新闻记者定期会晤，坦诚讨论他们的诗歌，相互批评，并评论他们的作品。"但情况并非总是这样，福尔曼告诉他的读者。大多数艺术家和作家都来自上海，"他们那高度西方化的文化与内地中国农民的民间传说相距甚远"，这使得"他们几乎不可能不轻视无知的农民、工人和士兵，而农民、工人和士兵则以拒绝他们来反驳"。

"毛泽东有远见地看出这一点，并认定这不是好事，"福尔曼说，"他召集所有的文化工作者开了一个会，严厉批评他们的清高架子，警告他们如果他们坚持下去只会退化并衰败。"[93]福尔曼断定"延安的文学界认真铭记了毛泽东的话，并产生了惊人的好成果"，去适应"农民、工人和士兵创造的……新环境、新社会"。在采访了毛泽东后，福尔曼得出结论，毛本人"不是不可亲近的圣人，也不是所有智慧和引导的唯一源泉，他的话是不容置疑的律法"。[94]他的话"被作为讨论的基础，最终由绝非橡皮图章的党的委员会批准通过"。

毛泽东请福尔曼相信中国共产党的民主愿望和对西方价值观的钦佩。"我们没有在社会和政治上追求苏联的共产主义，"他告诉后者，"相反，我们更愿意考虑我们正在做的某种类似林肯在南北战争中为之而战的事业：解放奴隶。"[95]毛泽东可能已经意识到斯诺在《西行漫记》中使用过"林肯似的"这个词来形容他。毛泽东进一步向福尔曼保证"我们相信并实践民主"，以此来对照毛泽东所称为的"国民党今天所实行的一党专政"。[96]

迪克西使团与中国高层军事官员之间有着比任何美国人之前或之后与中国共产党军官之间所拥有的更密切的关系。他们几乎同所有的将领定期举行会议，这些将领后来率领人民解放军在内战中打垮了国民党，还在朝鲜战争中与美国军队交战。

其中有共产党的总司令朱德，他那被戴维斯称为"农民的精明"和"强大的性格"[97]总是给来访者留下深刻印象。在其他与迪克西使团内的美国人来往密切的未来的高级军事领导人中还有林彪，直到他在 1971 年与毛泽东的一场致命的权力斗争中去世前，他都是毛泽东的亲密战友，就是他宣传了《毛主席语录》这本"红宝书"，并指挥军队支持"文化大革命"。在此之前，他在内战中是共产党军队的主要指挥官之一，并且同美国人在延安也逐渐相识的彭德怀一起，拟定了朝鲜战争中中国军队的意外进攻计划，这场战争造成了美国军队在任何战争中都没经历过的最惨的失败。包瑞德上校对林彪的印象非常深刻，他说，林彪"能够给任何见过他的人都留下深刻印象"。他很有礼貌，包瑞德回忆道，但属于表面不那么和蔼可亲的共产党领导人之列，笑容不多，但明显是个"一流的军人"，这样的人"我会非常乐意在其麾下效命……当然除了跟我自己的或是友好的国家去作战之外"。[98]

戴维斯用语言描绘了三个最高领导人的形象，他们坐在周恩来住的窑洞里的凳子上，连续谈话两三个小时。[99]在延安，毛泽东显然是领袖、权威，坐第一把交椅，"身材高大、丰硕，有着一张温和的几乎是女性般的圆脸"。戴维斯谈到"他炽热的个性"和"他的极其平稳、冷静和自信的态度"。这个描述与亨利·基辛格二十二年后的描述是如此惊人的相似，二十二年后他和毛泽东在中南海而不是窑洞里见了面。在基辛格的描述中，毛"是整个房间的主宰——靠的不是大多数国家赋予领袖人物一定程度威严的排场，而是凭借散发出的几乎是有形的且压倒一切的驱动力"。[100]

作为终身都是毛泽东的二号人物的周恩来，给戴维斯留下的深刻印象是他的"随机应变、他的愤怒、他的认真和他的趣味,全在他的脸上充分显示出来";而"老朱"——之所以这么叫是因为他名为朱德——是个"内敛、慢条斯理、精明的农民"。

迪克西使团的成员被带领步行或骑马从延安总部去前线,探险历程持续数周甚至数月。其中有个成员名叫雷蒙德·P.卢登,他也是一个会说中文的官员,几年前在北京曾与斯诺交往过,同戴维斯一样,现在被分配到史迪威的司令部。卢登花了四个月在陕西走访,考察了共产党对一些从理论上讲是日本人控制下的村庄的管理。他的结论是共产党有当地人口的支持,他们在动员农民这一方面已经做得很成功,并且共产党人的领导是"中国最实事求是、组织严密、意志坚强的团体"。[101]

美国人那么冲动地喜欢共产党的一个重要原因可以用30岁的美国飞行员乔治·瓦洛夫(George Varoff)的经历来解释。他和一架 B-29 超级堡垒轰炸机的 10 名机组人员于 1944年 12 月 7 日,即珍珠港事件三周年之际,从陕西省起飞去轰炸位于满洲地区的奉天的日本目标。在国内时瓦洛夫是一个田径明星,把撑竿跳高世界纪录保持了一段时间,在 1936 年新泽西州普林斯顿运动会上跳出了十四英尺四又八分之五英寸的成绩,所以他的情况在报纸上引起了人们的重视。1945 年 1月 3 日,《纽约时报》报道他在行动中失踪。两个星期后,报纸宣布瓦洛夫是安全的,并已回到了自己在中国的空军基地。这份报纸没有提供他究竟发生了什么事或他如何获救的详细信息,因为这些信息涉及了由中国共产党人和他们的美国朋友运作的一个网络，所以必须保密。

瓦洛夫的使命是去打击位于奉天的兵工厂和飞机制造厂。但是在2.2万英尺的高空中，他的B－29飞机，当时是美国武器库中最强大的轰炸机，因太寒冷导致层冰堆积在驾驶舱玻璃上，瓦洛夫很难跟随编队中的长机飞行。[102]由约翰·P.昆兰中士操纵的他那架飞机的尾炮也没能发挥作用。当他所驾驶的飞机接近目标时，日本战机从四面八方发起了攻击，疾速穿过美机编队，追击已投掷炸弹的美国飞机。瓦洛夫的飞机被击中，迫使他掉头飞回陕西。另有两架飞机从美机编队中脱离其他护航机飞来提供护卫。

瓦洛夫的飞机下降至2400英尺，努力保持自己的发动机尽可能慢速地运转，但当情况变得很清楚他无法再控制住之后，他下令全体机组人员跳伞，然后他自己也跳伞。降落时，寒冷、凛冽的强风扑面而来，他使劲拉住降落伞的吊索从而能操纵伞降落到一个山谷里去。这时，他看到他的飞机撞上了一座山峰，冒出一团火球。两架护航飞机在头顶盘旋，标出坠落的美国人的位置，然后转向西边朝基地飞去。瓦洛夫落在一处崎岖的山坡边，他在头撞上一块岩石后便失去了知觉。他苏醒时发现自己的鲜血染红了周围的白雪。

瓦洛夫和他的机组成员生存的可能性并不大。这11个美国人被大风吹散后，降落在河北省某个地区的多处崎岖山峰上，该地区由日军控制，他们看到飞机后肯定会立刻动身去搜捕，一旦他们抓获美国人，肯定会处死他们所有人。但在B－29坠毁后的几分钟内，中国农民就仔细搜索了好几平方英里的森林和峭壁，试图先期到达被击落的美国飞行员身边。搜索持续到晚上，一个个山坡都闪动着火炬的光芒。两天之内，中国人就找到了所有 11 个飞行员，并把他们带到属于美国人称为"八路"或"八路军"的中国共产党游击队的前哨营地。有 2 个美国人受伤严重，不得不让农民驮在背上送去藏身处。操纵飞机雷达的那个名叫威廉·伍德（William Wood）的机组成员降落时当场撞昏迷，当他苏醒后，他看到当地人已经把他背到一所住宅里了。

八路们给美国人喂食，照料他们的伤口，并且向他们保证会护送他们到达安全地带。一个多月来，他们把美国飞行员从一个地方转移到另一个地方，不让他们落入日本人的魔掌，并且，就像美国人后来报告的那样，把他们当作英雄看待。中国农民四处寻找鸡蛋、花生和水果给空战英雄们吃。收留他们的村民们操办酒席款待他们，而这一切都是在面临正搜捕他们的日本人的威胁之时做出的，一旦被发现包庇美军飞行员，村民就会遭到打击报复。八路们一级级向上报告他们已经收留了飞行员，美国军方官员被告知他们的下落。经过几个星期的不断勘查，共产党人在一段孤僻的山路上开辟出一条跑道，一架美国飞机才得以降落。新年元月的一个寒冷冬日，八路军的战士们望着乘坐救援飞机而来的美国人接应失事飞机上的这些美国人，然后飞回了他们自己的基地。

总计约有 60 个被击落的美国飞行员是以这种方式获救的。其中一些是被国民党人所救，但大多数都是被共产党人救的，共产党在敌后有着更广泛的网络组织，而据估计，在这些救援行动中为击退日军还遭受了约 600 人死亡的损失。为拯救美国飞行员，普通中国人要具备极大的勇气，就像那些在河北的山区搜寻瓦洛夫和他的机组成员的人一样，因为他们肯定知道，一旦被日本人抓住，后者将毫不犹豫地杀掉任何一个参与救援的人员。战时新闻检查制度一直压制对这些救援行动的报道，不让美国公众得知，但是迪克西使团的成员肯定知道这些情况，此类事迹正可以促成共产党和美国之间有关共同目标和美好感觉的氛围。

包瑞德在延安时，他亲眼看到一个名叫约翰·巴格里奥（John Baglio）的飞行员的回归。在离北京不远处被击落之后，一个当地农民引导巴格里奥找到了八路军，八路军千里跋涉护送他安全地从一个地方转移到另一个地方，每到一站都热情接待，直到他到达延安。包瑞德指出："巴格里奥是一个不可能对中国共产党人的政治信仰有多在意的美国人。他所知道的就是他们救了他。"[103]

下一次美国飞行员跳伞落到共产党军队的手中是在大约五年之后的朝鲜，而此次的接待是监禁。这就使得战时的合作水平更令人惊讶，而两者关系沦落到如此敌对的程度也更令人痛心，因为代价太大了。

这些救援行动并不是自发产生的。它们是迪克西使团中的成员之一，延安空地救援工作组的代表，在中国出生并成长的亨利·S. 惠特尔赛（Henry S. Whittlesley）中尉和他在八路军中的同行之间密切配合的产物。惠特尔赛收集了可供美国飞行员跳伞的最佳地点的情报——这意味着那里的共产党游击队活动能力最强——此类信息在飞行员接受命令时被交给他们。不过，他于1945年死于日本人的一次伏击（共产党人以他的名字命名了一个机场）。

美国人在他们的包里装着"护身符"，即上面写着中国字的布条，其可表明他们是朋友并要求帮助。他们还随身带着"对话本"，或者说是双语常用语手册，可以帮助任何一方通过指向他们自己的语言的短语进行交流。那些有点语言天赋的美国人还学到了一些中文短语，如"美国飞机"和"八路军"。瓦洛夫和他的机组成员在跳伞降落到河北那一天，就很好地利用了所有这些手段，瓦洛夫对他遇到的第一个中国人说的第一句话就是"美国飞机"和"八路军"。正是这种合作孕育出了善意的氛围，伴随着令人振奋的清新空气和出自革命大熔炉的新人感，这一切都与弥漫着虚伪、腐败和无能恶臭的，雾气蒙蒙、严重受损的重庆形成了巨大反差。多年以后，包瑞德用简单明了的一句话总结了这一切："现在，中国共产党是我们的死对头，但那时他们肯定是'好人'，尤其对于那些得到过他们帮助的飞行员来说是恩人。"[104]

第二部　仇恨的种子

第五章 错误的人选

多年来，美国与众多的独裁者维持着良好关系，像蒋介石那样的独裁者也包括在内。一旦冷战爆发，就绝不是一个国家的国内安排来决定其与美国的关系，而是是否与苏联结盟，并把自己置身于为苏联的目标而服务之内。自从迪克西使团执行它的使命的那几个月之后，在漫长岁月里，众多观察家和学者有力地辩称，不存在任何因素使中国必然对美国怀有敌意。如果华盛顿在战争的最后几个月内与毛泽东和他的支持者构建了一种独立的合作关系，而不是给予蒋介石一边倒的支持，那么，如谢伟思所言，我们就有可能不会与"我们曾经期望的亲密朋友和盟友"分手，至少我们会有某种比"充满仇恨的敌意"更好的东西。[1]最重要的是，谢伟思和许多其他学者及观察家在以后的岁月里辩称，我们就不会在一场无情的血腥内战中以支持失败的一方而告终，由此"朝鲜战争和越南战争也很可能不会发生"。[2]

然而，对于戴维斯、谢伟思和史迪威而言，重要的是中共有着民主的潜力；他们似乎更像美国人而不是俄国人；他们追求的不过是农村税赋的改革而绝不是更激进或更革命的东西；他们将走自己的充满活力的独立和民族主义的道路，而不是走斯大林和俄国人的路。说他们错，并不是要谴责他们或者去发现他们玩忽职守。他们都是些勇敢、聪明、诚实和令人钦佩的人，试图在迷茫的环境里苦心探索出真相。此外，比起他们在分歧很大的美国政府内部的对手，他们要更为现实，他们的政策指令也更加合理。处于他们那种复杂和困难的情况中，极少会有人比他们做得更好。但是，他们也犯了错误，他们所犯的主要错误就是过高估计了中国的共产主义同美国的价值观和期望的相容性。在以后的岁月里，许多人争辩说，毛泽东和他的追随者走上激进主义道路是因为他们首先被西方推入孤立和不安全的境地。但那时发生的整风运动表明，这是不正确的。在延安的美国人所未曾看穿或理解的，就是共产党在中国夺取全部权力之后变得非常明显的毛式统治的构成元素，其实在这一切还未发生之前几年它们就已经存在了，其中还包括对二十世纪集权主义的方法的采纳。

还有一种论点也常常被提及，这种论点与谢伟思和其他外交界中国问题专家所持观点恰恰相反；提出这个论点的有美国新任使节帕特里克·赫尔利，有亨利·卢斯，有魏德迈将军，有后来被称为"中国游说团"的成员，还有在华盛顿的众议员和参议员，他们后来对自己认为应对中国"落入"共产党之手负责的那些人实施了政治迫害。这个论点的内容就是，外交官员对毛泽东的乐观看法再加上他们对蒋介石的诋毁导致了对国民党支持的削弱，如果这种支持没有被削弱的话，共产党是不会上台的，如此一来在朝鲜和越南发生的战争也就永远不会发生了。

从 1944 年年末到 1946 年年初发生的事件表明，以下两种观点，即认为不与共产党合作是个错误的观点和应该给予蒋介石更多支持的观点，都是错误的。两者的立场都是基于这样一个理念，即要根据美国的标准由美国来塑造世界，并且一旦美国采取了正确的行动，它就有能力做好。正如我们所知，美国的政策是拙劣的、前后矛盾的，且往往是临时起意的；它不是一个深思熟虑的战略计划的产物。在这点上可以吸取有益的教训，其中包括制定合理的目标并理智地实现它们的重要性，而不是大声宣布不切实际的目标，然后在无法实现之后只得遭受信誉和自信上的损失。但是，决定中国未来结局的绝不是美国的政策。中国的未来只能由这片土地上的力量来决定，对此，虽然拥有巨大但并非无限的实力的美国，从来就没有实施过决定性的控制。

1944 年 11 月 7 日，一声响亮的狂吼在延安机场跑道的草坪和光秃秃的褐色丘陵上响起，毛主席和周将军——当时的外国人都知道毛泽东和周恩来分别拥有的这个称呼——显得有点不知所措。"我永远不会忘记他们脸上的表情。"[3]迪克西使团的指挥官包瑞德上校后来写道。

约翰·戴维斯把罗斯福总统的在华特别代表帕特里克·J.赫尔利发出的这声巨吼称为"一声长长的嚎叫"。[4]包瑞德说这是一种"印度安人的战斗呐喊"。尽管毛泽东和周恩来有着毋庸置疑的丰富经验，生活中也敢作敢为，但从来没有遇到过像赫尔利这样的人。此人一开始对他们充满魅力，之后却让他们失望不满，最终令他们困惑、为难、勃然大怒，同时合理化了他们那反对资本主义和帝国主义美国的意识形态倾向。

之前从未遇到像赫尔利这样的人的，并不仅仅是毛泽东和周恩来。美国大使馆的政治官员，以及魏德迈将军的部属，也都不知道如何对待他，最终，他们之间爆发了一次冲突，并导致了一个丑陋事件的发生，其间有人受到恶意的鲁莽指控，有人的事业被毁于一旦，美国也失去了就中国问题展开有理性的辩论的可能。

赫尔利乘坐一架定期往返为迪克西使团成员运送邮件和物

资的美国 C－47 军机，从阴冷潮湿、遍地瓦砾、游荡着死神的重庆来到了令人振奋的、空气新鲜清爽的延安。日期是 1944 年 11 月 7 日，赫尔利到达中国近两个月之后。在重庆那短暂的几个星期内，他已经与共产党代表举行过会议。他一到达就投入调解两个互相敌对的武装政党的使命中，以便使它们能够联合各自的力量共同抗击日本，但他还是拒绝了共产党提出的访问延安的邀请，甚至无视毛泽东本人的一封私人信件，因为他想确认蒋介石对他的外交努力的默许。不过，即使他觉得自己已经做好了到共产党人总部去面见共产党高级领导人的准备，他也没有事先让他们知道他的行程。

因为任何美国飞机抵达延安机场都是一个重大场合，所以包瑞德在赫尔利到达时在现场迎接，周恩来也在现场，但他不知道这位从 C－47 飞机里现身的高个、花白头发的人是谁，即使赫尔利尽其所能来给对方留下引人注目的第一印象。他穿着一身被包瑞德描述为"我一辈子所见过的最漂亮的量身定制的军装"，佩戴着三排军功绶带。（这导致包瑞德带点讥讽地说："将军，除了谢司起义①之外，你拥有了所有军功绶带。"）⁵周恩来问包瑞德，那个穿着蓝色加衬大衣、体现出新来者的华丽身份的人是谁。当他被告知这是罗斯福总统的特使时，他马上"消失在一阵尘埃中"⁶去接毛泽东。很快，主席就从他那辆破旧的救护车里出现了。一支仪仗队也很快集合起来，吹响了军号，赫尔利敬礼回应，就在此时此刻，他发出了

---

① 丹尼尔·谢司，美国起义者、军事家。马萨诸塞人，是美国独立战争时的军官，战功卓著。战后曾任一些政府职务，但马萨诸塞的经济危机开始后，他和其他一些农民被迫背负债务，又被政府错误的政策压迫。1786 年，他领导农民发动了谢司起义。——译者注

乔克托印第安人的呐喊，喊声令共产党人惊诧不已，这正是赫尔利与众不同之处。就像历史学家芭芭拉·塔奇曼所描述的那样，他力争把他那粗犷的牛仔背景淋漓尽致地发挥出来，显示他"放荡不羁的善意"。这就是他打破沉默的方式。借助硬塞进来的一个牛仔的比喻，历史学家赫伯特·费斯说："他试图将双方（国民党和共产党）都关进一道通用法则的藩篱之内，并把它们转变成一个追求法律和秩序的委员会。"[7]尽管在史迪威的前线跌跌撞撞，赫尔利仍持乐观态度，认为自己的善意、颇具说服力的魅力和简单的常识，就可以克服中国两大武装政党相互仇恨及利益冲突的障碍。

欢迎仪式后，赫尔利、毛泽东、周恩来和包瑞德登上救护车，向着由城墙围绕的延安一路颠簸而去，在场的所有参与者肯定被一种历史可能性的感觉所打动。

对于毛泽东和共产党而言，在他们之中出现了美国总统的特别代表是他们长期艰苦斗争旅程中的一个里程碑，就在短短的几年前，他们刚刚摆脱了在蒋介石手中遭受的灭顶之灾。1937年，长征结束并在他们的第一个避难所宝安短暂停留之后，共产党队伍的人数从一年前开始艰苦跋涉时的10万急剧减少到只剩下7000。现在，他们可以自豪地声称他们的军队有近100万人，再加上估计有250万人的民兵作为储备力量。共产党控制的大约有9000万人口的地域分布在华北被占领和未被占领的地区。

他们之所以能够取得这种显著的增长，凭借的是充满活力的、杰出的组织工作，并借助于在中国国内观众面前巧妙的自我表现。但是，他们成功至关重要的一个原因是日本人的入侵，为此蒋介石被迫推迟针对他们的军事行动，给了他们一个建立他们自己的武装力量的机会。

　　赫尔利很快试图与毛泽东建立一种有着共同基础的意识，与他共享出身农村的背景和对朴实语言的偏爱。他们经过一个正在放羊的人身边时，毛泽东对赫尔利说，他年轻时也曾是个牧羊人。赫尔利则说他一直是个牛仔。当这个中美小组横穿延河河床时，毛泽东告诉他的客人，河水在春天上涨，在夏天则干涸。赫尔利告诉毛泽东，在俄克拉荷马，河流在夏天时也都变得非常干涸，以至于你可以根据鱼扬起的尘埃来判断哪里有鱼。当救护车在一个正在艰难地对付一头倔强的骡子的中国农民旁边经过时，赫尔利大声喊道："鞭打他的另一边，查理。"包瑞德把这个有些费解的叫法（查理？）翻译给被搞糊涂的毛泽东和周恩来听，"将军言辞中的粗俗和与任何能被轻易识别出来的思维模式毫不相关的谈话方式"[8]使得这项翻译任务更为困难。

　　赫尔利具有一种超越国界的粗俗流浪汉的品性，但来到中国，他就只能是一个门外汉了。在接下来的数周里情况变得很清晰，他实际上并没有能力去完成他的主要任务，即实现国民党和共产党之间的团结与合作。在这个意义上，他并不是当时接管美国的中国政策的唯一一个外行。其他人中还有爱德华·斯特蒂纽斯，他是罗斯福的新任国务卿，也是在美国外交政策史中未能占据非常重要地位的一个人物。像赫尔利本人一样，他的任命几乎也是机缘巧合。恰好在需要的时刻他脱颖而出，在这个意义上他与中国国民党和共产党双方的对手形成了一个尴尬的对照，他们分别是老谋深算、出身名门的宋子文和精明过人、经验老到的周恩来。

斯特蒂纽斯出身于长岛上的一个名门望族，先后在通用汽车公司和美国钢铁公司任总经理，1941年他成为租借法案的行政官，1943年任副国务卿。他显然是一个能干的人，但他的经验，包括他作为战争资源局主席的角色，完全是国内的，尽管作为租借法案的行政官他也程度有限地处理过对外事务。历史学家们描述1944年罗斯福任命斯特蒂纽斯为国务卿是其意图绕过国务院直接实施自己的外交政策的征兆。特别对于中国来说，总统往往通过他的亲信顾问哈里·霍普金斯与蒋介石沟通，霍普金斯与蒋介石的姻亲兄弟孔祥熙和宋子文保持着密切联系，后两人常常待在华盛顿。

在战时的大多数时间内担任驻华大使的克拉伦斯·高斯，对蒋介石和国民党的感觉与史迪威很匹配，却一直被排斥在决策圈外。并且，与赫尔利不同，他不能直接面见美国总统。同样与高斯不同，赫尔利无意去聆听谢伟思、戴维斯和卢登等中国通的意见，他们都是魏德迈的专门政治顾问并继续给他提供报告。"如果我没有得到美国的政策，那么我将制定美国的政策。"[9]赫尔利到达重庆时就如此宣布。他也确实这样做了，遵循他的异想天开的思路，在他需要时可以得到总统的支持，而政府的替代观点则基本上被他的风头所盖掉。

那些职业中国通，其中大部分人已到中国十多年，并且在全国各地有过不同的任职，很快就对这位新任特使成功的机会持怀疑态度。在国民党人和共产党人之间有太多的仇恨，太多的以往流血事件，最重要的是，太多不可调和的终极目标，以至于毛泽东和蒋介石无法达成任何持久的妥协，中国通们都是这样认为的。巧合的是，就在赫尔利到达重庆的那一天，早已在那里的约翰·戴维斯拟了一份电报给美国国务院，电文中他非常现实地列举出中国两大政党相互之间的看法以及对美国的看法是如何互相冲突。

就共产党人而言，他写道："美国是他们最大的希望和最大的担心。"[10]一方面，他们"认识到如果他们接受美国的援助（这将是他们与蒋介石达成妥协的回报），他们就可以迅速控制中国的大部（如果不是全部的话），也许不需通过内战"。在戴维斯看来，这是因为一旦中共得到美国的认可，蒋介石军队的许多军官和官僚就会抛弃他，蒋当然明白这点。与之相对应的是，共产党人最大的担心在于美国的援助只会给予蒋介石，而且他得到的援助越多，戴维斯写道："促成他打内战的可能性就越大，共产党统一中国就会耗时更久、代价更高。"

换个说法，戴维斯的观点是，不论是毛泽东还是蒋介石，接受对方的条件都意味着自己的毁灭。双方都想在国内冲突中脱颖而出，他们都知道，一旦日本人被赶走，内战就会爆发。双方也都希望避免在中国和国际舆论面前表现得不肯妥协，成为拒绝和谈并代之以内战的一方，这种共同的愿望给了赫尔利一次开局机会。

因此，尽管成功的可能性很小，美国一直在努力解决这一问题。把和平带给中国的努力源于美国最深切的历史使命，这就是通过在世界各地培育自由企业和自由民主价值观来推进其商业和战略利益。按照威尔逊总统的说法，这是在全世界实现民主，或者，就像后人所表述的那样，看到人权的进步。二战结束前和结束后的那段时间里，美国在中国看到了从战时遭受破坏的灰烬中重建一个现代化的自由社会的可能性，并且，这一愿景产生了强大的影响力。事实上，即使赫尔利没有意识到，他的到来也标志着中国所拥有的最后一个机会，即这一世界上人口最多的国家将要成为一个现代化的民主国家，其公民享有的保护和权利是美国一直在全世界普及的目标。

美国的计划在德国和日本这两个战败国起了作用，但是在中国，由于国民政府的缺陷和共产党的强力反对，其被证明是一个很难推行该计划的地方，身居现场的观察者如果比较聪明的话就能理解这一点。"赫尔利到达延安时，想的是把蒋介石的国民党同共产党联合起来，这与说服共和党和民主党在国家危急时接受两党合作没有多少差异。"[11]戴维斯多年后这样说道。赫尔利从未能理解戴维斯的观点。到达延安后，他告诉包瑞德，他曾经解决了辛克莱石油公司和墨西哥政府之间一项痛苦且高度引人注目的争议，此外他还得到了一笔100万美元的酬金，他似乎认为，如果他能成功处理好那项谈判，他也可以把中国人的事给办好。[12]包瑞德很怀疑，如果在墨西哥和辛克莱之间的那场纠纷中，双方同中国问题的双方一样，也不急于为一笔好交易达成协议的话，最终将会是什么结局。

赫尔利1883年出生于当时的俄克拉荷马境内[13]，他有过艰苦的、丰富多彩的、坚韧不拔的、从穷乡僻壤步步高升的生活经历，完全不同于所有那些他将在他的海外职业生涯中遇到的出自常春藤盟校的东部人。从11岁开始，他就在乔克托印第安人保留地境内的煤矿干活来帮助养家。他的母亲去世时，他才13岁，根据非常欣赏他的正式传记的作者所言，他继续工作，送煤或驯马或干他能找到的各种零工，即使在这种困境中，他仍旧贪婪地阅读，梦想成为一名律师。他晚上去位于乔克托保留地菲利普斯镇一所新开的夜校上学，白天则在一个煤矿干活当骡夫（把驮着煤炭的骡子赶出矿井），然后给当地一个肉贩放牧。他是一个喜欢户外生活的孩子，一个乔克托年轻人的朋友（他对他们保持了一生的忠诚和同情），一个俄克拉荷马灌木丛林地上的骑马好手。他聪明好斗，敢作敢为。

1898 年，随着西班牙与美国之间的战争爆发，赫尔利试图成为西奥多·罗斯福的一个狂野骑士，但被拒绝了，因为当时他只有 15 岁。他用一年时间就完成了高中学业，然后进了印第安纳大学，在这所专为乔克托和奇克索印第安男孩开设的学校里，他是班上唯一的白人男孩。他爱好广泛。在学校的管弦乐队中他演奏法国圆号，在足球队和棒球队里都能找到他的身影，他还率领学校辩论队保持了不败纪录。1905 年他大学毕业获得学士学位，在俄克拉荷马的印第安服务局工作了一段时间，然后去了首府华盛顿，在那里他被录取到国立大学法学院（后来被乔治·华盛顿大学法学院合并了）。在法学院读书的时候，他未经通报进入白宫，并私自闯进总统办公室，以他曾经几乎成为一名狂野骑士为由，要求总统给他一份政府工作。故事的下文是，罗斯福当即加以拒绝，理由是如果赫尔利拥有一份政府工作，他将成为一个懒惰的醉汉。总统对他说，最好回到俄克拉荷马去干点儿自己的事。

一年之内，25 岁的赫尔利获得了他的法律学位。三年后，当他刚满 28 岁时，他就当上了塔尔萨市律师协会的主席。

他把大部分时间都用在为石油公司工作上。在一桩案子里他独自一人赚了 5 万美元。在另一桩案子里，别人支付给他一块草原土地作为报酬，这块地很快就因被不断扩大的塔尔萨城市包围而升值了。他是涉及印第安人领地相关法律的专家，这使他常常卷入涉及土地权益和采矿权的案子中去。一次，在一个涉及非法转让土地的案件中，他对手的律师向法官抱怨赫尔利未能坚持"基本法则"。

"对方律师在本案中要求基本法则,"赫尔利回答道,"这很简单,不会产生误解。这是摩西在西奈山上传下来的。那就是你不可偷窃。"

像赫尔利这样的人是必然会从政的,他在一个民主党占优势的地区以共和党身份去竞选州参议员,不过仅以相差无几的得票率输了。从孩提时代起,他就有一个名叫小维克多·洛克(Victor Locke Jr.)的最好的朋友,后者是个有着四分之一乔克托印第安人血统的共和党人,尽管其名字听起来像英国人。洛克能说乔克托语,并且被塔夫脱总统任命为乔克托部落的大酋长。洛克任命赫尔利为这个有着 2.8 万名成员的部落的国家律师。在这个职位上,他于任期内所经手判决的 118 例案子中赢了 115 例,其中一例挽救了俄克拉荷马乔克托部落,使之免于破产。他在法院和国会中慷慨陈词,阐述了印第安人在历史上遭受的虐待,以及从道德和法律两方面需要做出的纠正。1916 年,新当选的民主党总统伍德罗·威尔逊再次任命赫尔利为乔克托部落的国家律师,威尔逊写道:"帕特里克·赫尔利是极少数为印第安人服务而不利用它为自己谋私利的值得信任的人之一。"[14]

第一次世界大战时,赫尔利曾在赴法国的美国远征军中服役,获得上校军衔。战后他在胡佛政府内任战争部长。1939~1940 年,在恢复了作为一个石油公司律师的生涯后,他因墨西哥征用案而获得了全国关注,他在延安给包瑞德叙述了这个案子。墨西哥的行动引起了美国愤怒的民族主义回应,墨西哥一方也同样坚决拒绝屈从于美国的压力。有好几个月,赫尔利代表辛克莱参与谈判,报纸上的预言是不可能也不会达成什么交易。但赫尔利与双方的民族主义强硬派进行斗争，达成了墨西哥为辛克莱被征用的财产做出补偿的协议。在这出戏的所有美国演员中，几乎只有赫尔利一个人接受了接管辛克莱控股公司的墨西哥的主权权利。"他是一个现实主义者，"美国驻墨西哥大使当时如此说道，"他知道他的公司的利益取决于合作与让步的政策。"[15]

他也是罗斯福新政的一个坚定不移、直言不讳的对手，有一次他当面对罗斯福说："你知道，总统先生，我反对你政治上代表的一切。"[16]但是在发生战争的情况下，他则是个不能不用的大好人。

对他的第一项任命就发生在珍珠港事件之后，罗斯福在白宫召见赫尔利，并告诉他："我们正在寻找一个有点儿海盗血性的男人。"[17]日本人正在侵袭欧洲和美国在东南亚的殖民地，并封锁了菲律宾，道格拉斯·麦克阿瑟将军所率的7.6万名美国和菲律宾士兵被困在巴丹半岛。赫尔利被要求找到打破封锁的方法，他接受了这项使命。他去了澳大利亚，雇了船，给被围困的士兵送去弹药和其他物资。至少有一例，如前所述，他让偷越封锁线的船只挂上日本国旗来加以伪装，这显然是一个海盗的技术动作——罗斯福的要求得到了满足。假如赫尔利被敌人俘获的话，日本人很可能把他当作罪犯处死而不是把他当作战俘赋予他战俘的权利。"我们从一开始就在船只、计划、人员和武器上不如日本军队"[18]，他后来如此说道，对悄悄穿过日本包围圈的船只中失去了两条这个事实悲伤不已。最终，当麦克阿瑟逃到澳大利亚后，美国人投降了，并且被迫加入了前往战俘营的臭名昭著的巴丹死亡行军。

1943年，罗斯福派赫尔利第一次访问中国，以便为蒋介石出席即将召开的开罗会议做准备，美国总统将在开罗会见丘吉尔，然后前往德黑兰与斯大林举行会议。一年后，赫尔利回来了，一如既往地乐观和喜欢喧闹，随时准备接受作为罗斯福总统在中国的特别代表的新工作。

赫尔利来到中国时正值中国弥漫着除国共关系之外别的事件导致的情绪危机，最严重的一个是由日军持续的"一号"作战攻势而中国却未能阻止所引起的。"当我刚刚到达时，我认为日本的目标很明显是我们在昆明的基地，这也是蒋委员长的意见，"赫尔利在给斯特蒂纽斯的早期电报中说，"我们这里的情况是令人绝望的，如果我们不把日本人阻止在昆明之前的话，那么我们可能做出的所有抗议声明都将对历史的结论没有任何影响。美国将在中国失败。出于这个原因，我认为你应该动用你所有的力量来给予魏德迈获胜所需要的一切。"[19]

就在同一天，12 月 6 日，当赫尔利的"惊恐"电报发给斯特蒂纽斯时，乔治·艾奇逊，这位颇有天赋、经验丰富、知识渊博的重庆美国大使馆中的二号人物，写信给斯特蒂纽斯称："我们不希望变成杞人忧天者，但在我们看来情况似乎很清楚，是时候采取预防措施并尽我们所能准备对付可能出现的此类突发事件了。"[20]这指的是日本人会绕过昆明，代之以直接进攻国民政府临时首都重庆。艾奇逊建议非必要的美国人员疏散撤离，并建议另择一处作为备选的临时首都，也许在遥远的中国西部，他还建议重庆大使馆里的所有机密文件以及密码机上的核心部分和转子部分都要毁掉。艾奇逊把一切都考虑到了，甚至要求华盛顿提供"相当数量的美国货币储备供应……因为中国的货币很可能会变得毫无用处"。

针对在日本侵略面前中国部队一直缺乏决断力的后果，陈纳德将军也提出了警告。他在 9 月底直接向罗斯福做了汇报，称这种情况

是非常严重的，因为即将失去的华东将意味着失去能够攻击日本军用建筑关键要害点的所有机场。这也意味着中国军事实力的极大削弱，而延安政权的力量则相应得到增加。中国显然面临着内战的严重危险。此外，如果中国发生内战，延安政权就有着赢得胜利的绝佳机会，无论有或没有俄国的援助。但俄国人也肯定会给予援助。我知道这两者之间的关系是不被承认的；但我不能整个忘记一个暗示性的事实，即延安领导人在苏德条约签订时所采纳的严格的共产党路线。我不需要指出在中国建立一个与莫斯科紧密联系的政府会在多大程度上打乱太平洋地区的力量平衡，或者这对我们的未来意味着什么。[21]

罗斯福对这些警报的反应是增加对蒋介石的压力，让蒋去做他恰恰不能做的事。9 月 16 日，他在魁北克与丘吉尔会谈期间给蒋介石发出了一封长信，警告后者称，当"我们在全世界把敌人打得落花流水"，而且当"我们迅速推进跨越太平洋时"，这种情况"对于中国来说很可能一切都太晚了"。现在需要的是"你们方面立即要采取有力行动"，否则后果将是一场"军事灾难"。[22]具体而言，罗斯福要求蒋介石做两件事：一是马上在萨尔温江采取行动，以便重新打开通往中国的陆路，二是交给史迪威"无限制指挥你所有军队的指挥权"。只有办好这两件事情，罗斯福暗示道，美国才可能源源不断地援助蒋介石。"我已经非常坦率地表达了我的想法，"罗斯福总

结道，"因为看起来在我们这里的所有人都很明白，你们和我们拯救中国的全部努力将会因一而再再而三的拖延而付诸东流。"

这就是派遣了数百万同胞冒着生命危险加入战争的美国总统，现在正在做他必须要做的事情，即坚持让美国做出牺牲的受益者去承担它应分担的责任。罗斯福的顾问们一直在告诉他，如果中国失去了昆明，它将基本上被战争淘汰出局，那样的话"至少需要多出一年，很可能是数年的额外战争……才能打败日本，解放中国"。[23]但结果并非如此，事实上赫尔利、艾奇逊与陈纳德的警告竟然都是夸大其词。日本人没有攻击昆明或重庆的计划，不需要撤出使馆。蒋介石的"纵深防御"战略在这方面是有效的。同时，蒋介石认为，把100万日军牵制在中国，他已经分担了战争的责任，而且，他可以在任何一种情况下提出反问，美国总统说"我们拯救中国的努力"究竟是什么意思？中国已经坚持了八年，其中四年是在珍珠港事件之前，那时美国却在给日本供应战略原料。既然美国"正在全世界把敌人打得落花流水"，有什么理由认为中国不能再继续坚持几个月或者甚至数年？他认为拯救中国就意味着不再同日本打仗，反正它已经几乎被打败了，而是要确保一旦日本被英勇的美国人解决掉之后共产党不能上台执政，难道这是错误的吗？

在这方面，蒋介石和罗斯福优先考虑的重点完全不一致，一个是要竭尽全力保护自己，另一个则是为了挽救自己国家士兵的生命。对于美国来说，将国民政府和共产党置于同一个"围栏"，就像费斯后来所比喻的那样，成了一种灵丹妙药，是解决中国问题的办法。每个人，包括那些几乎在所有其他方面都互相不同意对方的人，都支持这个解决方案。甚至陈纳德，美国人中蒋介石的最好朋友，也告诉罗斯福，我们需要的是"重庆和延安之间的真正统一"[24]，从而使蒋介石所知道的即将到来的内战不会发生。也正是在这一点上，需要罗斯福的个人代表发挥他的历史作用。

于是，赫尔利致力于完成此项任务。在他与蒋介石和重庆的共产党人最初的会议中，一项协议的轮廓开始逐渐清晰起来，至少在赫尔利身上是这样。这将是一个五点计划，其中中国共产党将基本上被承认为一个合法的政党，交换条件是同意将其军队置于中央的统一指挥之下。蒋介石和国民党将乐意接受这一安排，为什么不呢？如果共产党的领导人愿意放弃对自身武装部队的独立控制，那么中国共产党的合法承认不过只是一个小小的代价。蒋介石肯定曾非常怀疑赫尔利能说服毛泽东同意这个方案。

赫尔利在延安出席的第一次正式会议是在 11 月 8 日。赫尔利主导了上午开始的开幕式，提交了一份书面的五点计划给毛泽东。这份文件呼吁国共两党"为统一指挥中国的所有军事力量而携手合作，以便尽快打败日本并重建中国"。其中有一段内容显然是由赫尔利撰写的，并且令人想起数十年来美国所做出的按照基督教和民主的形象改造中国的努力，文件进一步呼吁双方为建立"一个民有、民治、民享的政府"而奋斗。在下一个段落里，它提到了国民政府将把中国共产党视为一个合法政党。

毛泽东掌控了下午的会议。他开始说话时带点包瑞德所说的"有礼貌的嘲弄"，然后猛然间展开了对蒋介石的愤怒谴责，把中国的分裂怪罪于他。我们所需要的，毛泽东说道，不只是一个中央军事委员会，而是一个包括国民党、共产党和其他政党在内的完全改组过的政府。也就是说，毛泽东坚持要求的远不止是仅仅给共产党人一个合法地位。他要求的是一个联合政府，在这个政府里面国民党和共产党拥有平等的地位，尽管他似乎并没有提供任何具体的细节，如有关该政府将如何发挥作用等。一旦在联合政府上不能达成一致，毛泽东对他的机会也未必抱多大信心。赫尔利的设想似乎是，国民政府的力量无比强大，共产党将乐意接受其所提供的法律地位。他的五点建议规定，共产党的部队将得到与国民党军队"相同的工资和津贴"，这就意味着共产党军队的状况将得到改善。

毛泽东一针见血地指出在这一点上赫尔利犯的错误，他说（据包瑞德的记录）："国民政府的军队已经无力再战。"[25]国民政府的军队有近 200 万人，其中 77.9 万人被用来封锁共产党人，而其余的政府军队一见日本人来了就逃跑。这一时期最好的历史学家估计，有 40 万名政府军士兵在封锁共产党人，是毛泽东给出的数字的一半，但其仍然在蒋介石的军队里占很高比例。至于相等的工资和津贴，毛泽东指出了许多美国的中国通在他们写给华盛顿的信函中就已经注意到的，如包瑞德概括的那样："蒋介石手下的士兵大都忍饥挨饿，穿的是破衣烂衫，许多人病弱不堪以至于即便是短途行军都支撑不住。"[26]包瑞德同意这一点，他写道："我自己就亲眼看到过士兵行军不到 1 英里后就倒下死亡。"[27]而共产党军队却都吃得好、穿得暖，而且身体状况良好。

赫尔利对此的回应是指出，到目前为止非但没有逃跑，中国反而已经赢得了在缅甸和萨尔温江的胜利，而且毛泽东针对蒋介石的激烈的长篇大论中包含任何中国的敌人都可能会使用的话，那些人希望看到中国"继续内部分裂，自相纷争"。这是胡言乱语，毛泽东明白这一点。"将军，"他对赫尔利说，"我所说的有关蒋介石和国民党的话早就已经被罗斯福总统、丘吉尔先生、孙科博士（孙中山的儿子，国民党自由派中一个有影响力的成员），以及孙中山夫人说过了。你认为这些人是中国的敌人？"[28]

赫尔利改变了话题。他说，蒋先生真诚地想跟共产党达成协议，作为这方面的证据，他愿意在国家军事委员会里给中共一个席位。

毛泽东没把这个提议放在眼里。

赫尔利：可是，这意味着一只脚迈进了门槛。[29]

毛泽东：如果你的双手被绑在背后，一只脚迈进门槛是毫无意义的。

赫尔利：军事委员会的成员资格能让共产党充分了解所有的军事计划和行动，还可能包括针对共产党自己的任何举动。

毛泽东：军事委员会是一个没有权力的机构，其现在的成员都根本不知内情；它是如此无足轻重，以至于在很长一段时间里都没有召开过会议。

"主席，"赫尔利反问道，"如果你认为蒋委员长提出的条件不够公平，不足以让你加入一个联合政府，那么根据什么条件你才会愿意这样做呢？"

毛泽东花了一天时间与他的支持者交换意见，第二天他向赫尔利提出了一个反建议，从而导致了后者与共产党之间达成协议。当协议达成时，如包瑞德所说，共产党人"非常高兴"，这不奇怪。协议给了共产党人他们想要的一切，包括一个"接纳各抗日党派代表和无党派政治团体的联合国民政府"。这后一个类别涵盖了在国民党专制独裁的阴影里出现的小型、非武装的民主党派，最大的是中国民主同盟，它是左翼知识分子的主要政党，其中许多人曾在美国接受教育。以这样一种方式，这项建议基本上就废除了自1927年以来以蒋介石为首的一党专政，很明显蒋介石认为这种一党专政是他继续统治和中国的未来必不可少的——尽管，正如我们将看到的，在美国的压力下他在这一问题上态度的软化是非常缓慢的。

在延安达成的这项协议还包括了把赫尔利早先有关"民有"的措辞扩展到美国对中国最开明愿望的全面阐述。"联合国民政府将实施旨在促进进步和民主，建立公正、信仰自由、新闻自由、言论自由、集会结社自由的政策"，甚至还有"人身保护条令的权利"，这在中国三千年历史上从未以任何形式存在过。[30]这些措辞明显是由赫尔利插进去的，在11月10日上午举行最后一次会议之前，他花了一下午和一晚上的时间调整这个文本。赫尔利与罗斯福的政治分歧并没有阻止他在文本中插入几句罗斯福的最响亮的话语。中国的新政府"还将奉行旨在使免于恐惧的自由和不虞匮乏的自由这两项权利更为有效的政策"。

毛泽东和他的副手们很高兴去签署一份美国式的人权法案。他们只接受政治生活中的一个不变的原则，即除要求民主自由之外，在野党比执政党有更多要得到的东西。在1944年年底中国的情况特别是这样，当时对国民党的不满正在增长，而不是对偏远的、很大程度上不为人所知的共产党，而国民政府的反应则是极其压制的措施——监禁、新闻审查和禁止示威游行。美国在两大中国武装政党之间进行斡旋的努力并没有导致国民党的崩溃和共产党的掌权，但这也不可避免地在中国的舆论上帮助了共产党。

赫尔利在延安的最后一个下午时，双方都参加了包瑞德所称的"爱的盛宴，每个人都兴高采烈"。[31] 后来，在会议厅外，赫尔利对毛泽东说："主席，我认为由你和我通过签署这些条款来表明我们认为它们是公平公正的，这应该是合适的。"所以，他们就把文件搁在一块平坦的石头上，两人依次签上了自己的名字——毛泽东用的是美式风格的钢笔而不是中式的印章。只是在动身去机场前，赫尔利确实加了一句告诫语。"毛主席，"他说，"你当然能理解，虽然我认为这些条款是公正的，但我不能保证蒋委员长会接受它们。"[32]

然而，乐观的赫尔利似乎并没有预料到让蒋介石同意修改后的文件会出现问题。毕竟，赫尔利自己已经签署了，他很看重美国的影响力和威望，美国希望达成一个协议，而美国的支持是蒋介石所迫切需要的。在他出现在延安之前，他曾与蒋介石有过密切磋商，所以对蒋介石会走多远他肯定略知一二。正是因为这些原因，共产党人可能觉得赫尔利知道他自己在做什么。作为一个姿态，周恩来和一个秘书陪同赫尔利随机去了重庆，大概，周恩来会在那里处理任何进一步的必要的文本提炼。

当赫尔利于11月10日抵达重庆时，他立刻把自己和毛泽东签署的文件送给宋子文，想要让他转交给委员长。宋子文惊惶不安地赶到赫尔利的住处。"共产党卖给你一张商品清单（a bill of goods）①，"宋子文说，"国民政府绝不会承认共产党

---

① 美国口语，意为欺骗某人做某事。——译者注

的要求。"[33]

这是一张什么商品清单呢？在赫尔利和毛泽东的协议中所设想的联合政府的确切条款中虽然可能涉及一些权力和权威的分享，但是完全没有阐明有一定数量的政府部长职位会分配给共产党，而且蒋介石会留任共和国的领导人。但宋子文相信，在这一点上赫尔利上了毛泽东的当。对他和蒋介石来说，很明显共产党将能够利用他们在联合政府中的存在来加强他们在获取全部权力的最终竞争中的实力，从内部获胜。换句话说，共产党人对赫尔利所做的事感到高兴的主要原因恰恰就是蒋介石无法接受的原因。面对着美国人与共产党人的讨论报告，蒋介石再次一如既往地表示担忧，美国人会被共产党人那虚伪的真诚表述所"忽悠"，说他们对美国和民主是如何地爱，以及如何无私地决心尽一切所能来帮助战胜日本人。现在，他曾经指望得到理解的赫尔利，却重复了这一模式。尽管蒋介石做出了反向的警告，赫尔利继续相信莫洛托夫和斯大林把毛泽东和他的追随者描述为"人造黄油的共产主义者"，而不是激进的马克思列宁主义者，后者把目标定为夺取全部权力和中国社会的全面转型。这个信念是他的谈判策略的基础。在赫尔利经常重申的观点中，苏联人不会支持中国共产党，这就意味着如果对共产党保持强劲和一致的压力，他们最终将别无选择，只能接受在国民党占主导的政府中扮演一个弱小的角色。

但是，蒋介石是很有头脑的。他知道毛泽东是一个真正的革命家，同苏联人之间有着很深厚的意识形态上的关系。正如我们将看到的，蒋介石希望通过培育与莫斯科的良好关系从而能够阻止俄国人给予中国共产党全力支持，然而他却发现自己在发出像不为人所相信的预言家似的警告，说共产党的性质完全是红色的，同时共产党人却从自己的立场鼓励美国人相信他们有点儿像红皮白心的萝卜一样。

在返回重庆的飞机上，包瑞德坐在周恩来的身旁，他问周认为是美国还是苏联才是更大的政治民主国家。"我们认为苏联是世界上最伟大的民主国家，"周恩来回答道，但他又补充道，"我们知道，我们可能要用一百年时间才能达到这种民主状态。同时，如果我们能够享有你们今天在美国享有的同样的民主，我们也将极其高兴。"[34]千万不要介意在认为斯大林的俄国是历史上最伟大的民主国家这点上所表现出的不祥的天真，或任性的意识形态上的盲目性。美国人总是会从类似于周恩来的这种评论中提取出一个善意的、让人放心的信息，即共产主义是在遥远的未来去实现的一个理想，而在漫长的实现过程中，共产党人可以成为美国人的朋友。

鉴于蒋介石拥有庞大的军队，他在国外作为"中国救世主"的声誉，以及他从其他国家，包括苏联，所享有的作为中国唯一合法统治者的承认，为什么蒋介石要认为与共产党达成一项协议是一条灾难性的路径呢？

这个问题的答案与美国和中国之间的主要差别相关，尽管是同盟国却不能找到共同的基础点，这就是历史学家邹谠所称的"美国人的简单性相对于中国人的复杂性"。[35]对美国人来说，其单一的目标就是打败日本，既然那也是中国人的目标，美国人就不明白为什么蒋介石似乎在有助于实现这个目标的措施上犹豫不决，例如改革中国的武装部队，解雇不称职的指挥官，将七拼八凑、装备落后、指挥失误的师团合并成较少数量的有纪律和有效率的部队。对于像史迪威这样的美国人来说，这种军事改革是一种简单良好的意识。它将有助于击败日本，而且在前进的道路上，能使蒋介石拥有在未来与共产党的对抗中所需要的那种军队。

同样，赫尔利肯定也感到国民党将欢迎有机会在美国风格的政治竞赛中与共产党进行和平竞争。在这样的竞争中，每个人都有他的发言权，得票最多的党派获胜，败选方将在下次选举中等待另一次获胜机会。但对美国人来说非常简单的东西，对蒋介石来说则是极其复杂的。蒋介石的权力是建立在中国的军事首领之间的个人关系网络上，其可以回溯到他作为黄埔军校校长的时期，在一些关键的情况中，还可以回溯到他在日本的时候，那时他还是一个年轻的军校学员。[36]这支武装部队不单单只是一支军队；他们还是一个权力基础的网络，有些人忠于蒋介石，而其他人（往往是其中更有能力的）则独立于他，甚至可能还是他潜在的对手。蒋介石需要用忠于他自己的指挥官来指挥军队，即使这意味着要容忍他们以用不存在的士兵来填补名单的方式去获得中央政府给他们的工资，即使他们与日本人买卖战略物资来中饱私囊，即使他们是无能的指挥官。蒋介石拒绝解雇那些对他效忠的指挥官。此外，在战争期间，他拒绝给在作战中有能力但不效忠于他的指挥官提供军需物资，因为在中国那由个人军事关系编织成的网络中，他们不是他个人网络中的一部分。

说到政治改革，蒋介石遇到了一个类似的问题，一个相当抽象、简略的措辞，其实际意义是允许共产党作为一个合法的政党进入政府，然后与他们争夺民众的青睐。就美国而言，政治改革会给予中国政府合法性，扩大民众的支持，并平息学生和知识分子潜在的不满和失望。联合政府将给予蒋介石更强大

的部长职位，他将继续担任军队的总司令，并作为美国的一位
盟友，以及他的国家的总统。

然而，蒋介石相信，政治改革会给他带来灭顶之灾。对于
他来说，有着善意的天真和轻信别人的美国人，没能考虑到中
国政治文化的现实，在这种文化背景下，去寻求和解，被迫授
予合法地位给一个昔日的"匪帮"，会被解读为软弱，而被视
为软弱则将导致己方的力量倒戈到另一方。共产党本身将会很
乐意见到他们的人气、威望和地位的急剧上升。戴维斯之所以
做出一旦共产党得到美国的认可，蒋介石的许多高级军官会弃
他而去的预测，其原因就在于此，因为在中国那赢者通吃的政
治体系中，坚持追随一个失败者是没有好处的。几个世纪之
前，马基雅维利就警告说，一个国君邀请强大的对手来自己的
王国，满心希望能解除他们的武装，削弱他们，其实是在为自
己丧失权力铺平道路。蒋介石可能没有读过意大利文艺复兴时
期的政治理论，但他无论如何都会明白，他自己的权力不能依
赖于与生机勃勃、持久稳定的共产党人达成交易，而是依赖于
不与他们打交道，进而摧毁他们，以免他们摧毁他自己。

赫尔利的谈判是美国人在中国最引人注目和最显而易见的
一种首创精神，但绝非唯一的一次。其他的均不那么清晰，不
那么显眼。在战争的最后阶段，有许多美国机构在中国运作，
包括几个不同的情报机构。例如，其中有无伤大雅的战时新闻
局（Office of War Information, OWI），专门收集中国和日本的
书面材料并在中国新闻界传播美国政府的宣传。在战争期间的
大部分时候，领导该机构的是费正清，他是哈佛大学的历史学
家，第一次去中国是在 1932 年，同中国的知识分子保持着无

比广泛的交际，其中许多人曾留学美国。另一个重要的团体被称为 AGFRTS，即空军和地面部队资源及技术人员局，它在1944 年春天正式开始运作。[37] 其总部设在昆明，专事收集天气信息和日本飞机、军队和船舶的活动情报——这些情报是陈纳德的第 14 航空队（又名"飞虎队"）所不可或缺的。该航空队的许多机场分散在未被占领的中国领土上，以便展开对日本目标的攻击。

AGFRTS 的人员大多从美国战略情报局借调而来，其中就有茱莉亚·麦克威廉斯，她后来成为著名的烹饪书作家和电视名人，改名为茱莉亚·查尔德。另一个备受推崇的 AGFRTS 情报人员，一个在敌后建立起十多个情报搜集中心的人，是给人印象深刻、非常能干的上尉约翰·伯奇，正如我们将看到的，后来他指挥了一次发生在山东境内的危险又重大的任务。

像美国战时新闻局和 AGFRTS 这样的团体，戴维斯后来写道，是"美国战略情报局中比较平民化的元素"。但是，戴维斯继续写道，"还是存在着一些不太好的东西"，其中最主要的是设在重庆的以美国海军武官梅乐斯（Milton Miles）上校为首的一个秘密组织。梅乐斯与美国在中国的其他机构不断争夺地盘，特别是美国战略情报局，该局曾试图拉拢他，但未能成功。他是美国人中最接近戴笠的人，戴笠以前是黄埔军校的学员，从那时起，就成了蒋介石亲近和信任的侍从武官。在二十世纪三十年代初，戴笠被任命为一个称作蓝衣社的秘密机构的头头，蓝衣社是由蒋介石的另一个黄埔学员何应钦创建的，抗战爆发后何应钦先后被蒋介石任命为参谋总长和国防部长。蓝衣社这个名称表明他们都受到褐衫党和黑衫党的启发，后两者是新兴的意大利和德国法西斯领导人用来恐吓对手的准军事组织，但蓝衣社也是由黄埔派系形成的一种中国传统的秘密帮会，用来支持他们的领袖蒋介石，他们对他宣誓效忠。当战争爆发时，戴笠被任命为蒋介石的秘密警察机构的头子，该机构比较委婉的官方名称是调查统计局①，这在中国是最可怕的机构。

美国的情报机构和戴笠之间的伙伴关系是中美关系中一个令人困扰的问题，原因就在于这种关系是亲密而友好的。绰号"狂野比尔"的威廉·多诺万是个企业律师，是他创立并领导了美国战略情报局。他到过中国两次，分别是在 1943 年和 1945 年，并与戴笠有过亲切的会见，随后保持着书信交往，书信中充满了恭维之词，看起来几乎是他们两人在相互模仿。"多诺万将军阁下，"戴笠在一封信中写道，"我对你的仰慕之情穿越了不断延伸的距离，就像连绵不绝的滚滚波涛和飘荡在空中的云彩。"[38]

尽管为讨好对方做出的努力是伤感的，但戴笠实际上是一个坚强的、极其理智的行家，他坚持在他的管辖范围内美国所有的情报工作必须处于他自己的全面控制之下。他最亲密的美国伙伴是海军上校梅乐斯，以"玛丽"之名而著称，因为当他在海军学院 1922 级当学员时，玛丽·梅乐斯·明特正是一个著名的百老汇明星。外号"玛丽"的梅乐斯是一个擅长社交的颇具魅力的海军军官，被海军上将欧内斯特·金——此人是海军作战部长和罗斯福的亲密顾问——派往重庆美国大使馆任武官，最初负责监测在中国沿海的日本航运以及为最终美国在那里的登陆搜集信息。费正清在回忆录里称他是"一个穿

---

① 全称为国民政府军事委员会调查统计局，即军统局。——译者注

着卡其短裤和衬衫的年轻人"，他的"脸不仅长得英俊而且其实还挺漂亮，一笑就露出两个酒窝"。[39]

不论梅乐斯漂亮与否，他都拥有来自很有势力的海军上将金的支持，这就给了他一种官场地位，使他能够把自己的业务从没有争议的情报搜集扩展到非常有争议的与戴笠的合作形式。他既不受美国大使馆的控制，也不受美国军事指挥官的约束，首先是史迪威，然后是魏德迈。在赫尔利之前的克拉伦斯·高斯大使曾经抱怨说，戴笠是中国的"盖世太保"的头子，他希望大使馆能"摆脱可能与戴笠将军有联系的陆海军军官的所有官方关系"，[40]说这句话时他针对的是梅乐斯。但是金上将在知道国务院对梅乐斯的不满后，把梅乐斯晋升为准将，并任命他为新成立的驻华美国海军机构的头头，这个机构直接听从金上将的指挥。这使得梅乐斯能随意去做他想做的事，并同戴笠一起建立了一个新的组织以便"在抗击日本的战争努力中实施特殊的措施"。[41]这个新的机构被称为"中美特种技术合作所"（SACO），它的 34 个独立活动领域中包括了破坏、对日伪官员的暗杀和一所特务学校。费正清称这所学校为"破坏活动培训中心"，其位于重庆以西沿嘉陵江约 12 英里的一处秘密地点，名叫"歌乐山"，这名字还挺有讽刺意味。"这是一个小小的独立王国，"海军情报官查尔斯·G. 多宾斯上尉如此描述歌乐山道，"这里每个入口和交叉路口都有武装到牙齿的哨兵一天二十四小时站岗。"[42]

中美合作所的创立是一件发生在战争中的事。它的目的是帮助战胜日本，而不是要卷入中国的国内事务中去。但梅乐斯与戴笠的关系太过亲密，戴笠任中美合作所主任，梅乐斯为副主任，这样就把美国置于同一个被越来越多的在华美国人视作集埃德加·胡佛和海因里希·希姆莱于一身的人关系密切的位置上。戴笠的军统局已经把触角伸向了被日本人占领的城市。他在华南和华东地区有着一张广泛的敌后游击队网络，可以护送美国情报官员秘密前往沿海地区以便在那里观察日本人的海运活动。

但军统局也监视中国的异见者，比监视更糟糕的是——或许多美国人相信的是——逮捕并处决他们。在这层意义上，戴笠和军统局同康生和共产党情报网针锋相对，尽管在华美国人对康生的了解远比对戴笠的了解要少得多。这两个情报机构在一场持续的秘密战中相互对抗，其始于二十世纪二十年代末期并持续到三十年代初，当时与共产党分裂后的国民党试图消灭对方，共产党则奋起斗争以求生存。

1942 年 2 月，戴笠发现一个共产党的七人间谍网已经渗透到他的组织中，这些人包括戴笠的特工在中国各地所使用电台的负责人。"这个特殊的党支部就像一把匕首，直接刺入戴笠军统局的心脏……几百架无线电台和几千个无线电话务员的秘密任务都掌握在我们党的手中。"[43] 这是该间谍网的负责人，一个名叫张露萍的年轻漂亮女人的官方传记中的内容。

在军统局内部发现的这些"鼹鼠"引起了戴笠的警觉，这也是促使他寻求与美国合作的契机之一，因为美国人在反间谍方面可能更为擅长。这七名共产党特工都被逮捕、遭受折磨并在两年后被处死。① 共产党直到 1983 年才承认军统局内间谍网的存在；之前，毛泽东甚至不想去证实国民党情报机构的

---

① 据国内资料记载，军统电台案案发是在 1940 年春，而张露萍等七位党员牺牲是在 1945 年 7 月 14 日。此处及上一段 1942 年 2 月的说法作者应有误。——译者注

指控。

　　有关戴笠究竟如何打压异己还是存在着一些不确定性。在华美国人中的传统观点是他应对大量的错误行为负责。戴维斯说他是"令人讨厌的"。[44]戴维斯说戴笠的"主要作用是追捕涉嫌反蒋的人，虽然他在日占区也拥有活动网，但主要被用来追踪地下共产党人"。密歇根大学政治科学系的前任主任、后出任美国战略情报局高级职务的约瑟夫·拉尔斯顿·海顿，警告多诺万不要跟戴笠掺和在一起，因为戴的方法就是"用毒药、匕首和狡诈的方法搞暗杀"。[45]即便是魏德迈，尽管对蒋介石的国内手段毫不心软，也认为梅乐斯和戴笠的关系令人困扰。事实上，他恳求战争部从中美合作所撤出，并终止梅乐斯与戴笠的关系。他写道：

　　　　戴笠主要专注于收集针对中国人和居住在中国沦陷区的外国人的情报。他对日本人的兴趣完全是次要的。他的行动方法与德国盖世太保和苏联秘密警察格别乌（OGPU）非常接近。美国继续维持与他及其组织的关系和联系已经损害了心胸宽大、思想健全的中国人眼中的美国形象，并使之对我们在这场战争中的动机和我们表达的目的的诚意提出了怀疑。[46]

后来，因中美合作所和梅乐斯仍在运作，魏德迈又写了一封信：

　　　　如果美国公众了解到，我们向一个如戴笠所操控的这样有问题的组织提供大量援助的话，不必解释，这肯定将是最不幸的。梅乐斯在这里充当圣诞老人已经很长时间了。[47]

给美国军事情报署（Military Intelligence Division）拟了一份关于戴笠的报告的多宾斯上尉写道："数以百计的戴笠的受害者被杀死了，还有数以千计的受害者在监狱和集中营中受尽折磨，不知道为何被抓或还要被关多久。"[48]

令人好奇的是，声称在战争中发生的失踪、折磨和处决的这些总结中有着某种抽象的品质。有些被国民党镇压的受害者是为人所知的。例如，其中就包括马寅初，他是一个受过美国训练的经济学家，经常批评蒋介石。战时的大部分时间，马寅初都被软禁在家，这当然是一种镇压措施，但他没有被杀害，也没有被送到集中营或一个残酷的监狱中去；正如我们所知，当他从软禁中被释放的时候，他立即开始发表反对国民党的激烈演讲。在战前，即二十世纪三十年代头几年，戴笠的蓝衣社执行了多次暗杀，其中包括了至少两个针对国民党政权的自由批评者，杨杏佛和史量才，后者是上海《申报》的主编、总经理。[49]此外，蓝衣社的一份出版物吹嘘说在武汉处死了大约40个"叛徒"，就是说，与日本敌人合作的中国人——这些事发生在1931年的九一八事变和六年后的七七事变之间。该组织还处死了一些与蒋介石争夺权力的竞争对手，包括一群年轻的将军，戴笠怀疑他们涉嫌在1943年年末阴谋策划逮捕蒋介石。1944年，蒋介石枪毙了他最喜欢的一个将军，张德能，因为他未能抵抗日本人以保卫长沙，反而撤离该城，并据称用卡车装满了自己的财产。[50]正如陶涵所写的那样，如果蒋介石觉得自己的政权受到了威胁，他就不会阻止自己去下命令处死大批人，但没有明确证据表明他确实这样做了。[51]

国民政府秘密警察和戴笠没有遵守正当程序的细节，这是可以肯定的。也可以认为，当时在中国殴打和折磨囚犯是司空见惯的。但军统局并不是盖世太保，也不是格别乌，没有它们的效率、它们的彻底性，或它们大批屠杀的文字记载。国民党治下的中国不是一个民主政体，但也不是法西斯政权，堪比纳粹德国和斯大林俄国；事实上，考虑到当时正值战时，猜疑和阴谋的氛围，一个与之竞争的傀儡政府的存在，以及共产党人的反对，令人感到惊奇的可能不是国民党的罪行太多，而是不那么多。由在华美国人汇编的有关戴笠的报道几乎根本就没有被处决或失踪的反蒋异见者的名字，这种细节的缺失表明有些关于军统局和戴笠胡作非为的报告是基于传闻的可能性，或源于这样一种趋势，因戴笠被看作国民党的傅满洲①而声名狼藉，受此影响，人们总是去相信据说是他干的最坏的事情。

当时有美国人在现场，他们相信这一点。梅乐斯上校站出来为戴笠辩护，在他的回忆录里辩称戴笠的渎职行为只不过是假设的，想象多于真实。同样，在 1946 年 1 月，由一位名叫 J. C. 梅泽尔写的海军情报局（Office of Naval Intelligence, ONI）的报告也指出，该局已收到"有关戴笠的众多不利报告"，但所有那些经梅泽尔调查核实过的报告，他写道："都已被证明是误导性的，其中大多数是错误的，其他一些则是被扭曲的。"[52]

在战争结束时，海军情报局局长托马斯·B. 英格利斯撰写了有关戴笠的文章，他的结论是：戴笠尽管冷酷无情，但他必须由中国的实践来判断，而不是美国。英格利斯写道："作

---

① 英国作家 Sat Rohmer 于 1913 年出版的小说 *Fu Manchu* 中的主人公，是当时西方流行辱华观念中的一个中国人，后成为一系列其他仿效作品中的典型东方歹徒形象。——译者注

为战争时期的国家警察的首领，根据按我们的标准来说绝对是残忍、野蛮的法律与习俗去对付叛徒和罪犯，这是他的职责所在。"[53]戴笠的秘密警察职能，他继续写道，已经"使他的名字在中国社会广泛的群体中成了一个凶神恶煞的代名词，不仅令真实的各类罪犯、叛徒和通敌者望而生畏，而且那些基本上是忠诚和值得尊敬的人也对他怀有畏惧之心"。就是这些人"在大声抱怨他那缺乏证据就实施逮捕和拘留的权力，并把他描述为政治反动派的打手"，但是，英格利斯断言，戴笠只是"以他自己国家的习惯方式行使了他的战时职责"。

然而，问题是戴笠似乎同希姆莱或贝利亚一样是一个肆无忌惮的恶棍，即使这样的比较有点夸张。戴笠的秘密警察具有盖世太保或格别乌的外在属性，在一处守卫森严的办公场所的阴影中运作，并且只效忠一个有着盛气凌人的委员长头衔的人。它的存在是众所周知的，所以它能激起恐惧，也由于无人知道它究竟在做什么，它就激发了更多的恐惧。

相比之下，如我们所知，四处发展中的延安政权也有着它的秘密警察及其幽灵似的指挥官，康生，他只对被称为主席的人负责。然而当时的观察家们，不论是美国人还是中国人，都似乎从来没有将戴笠与康生做一比较，这点颇引人注目。中共的安全机构是如此封闭，如此不透明，以至于没有引起广泛的公众注意，由此几乎不会激发任何惧怕。

此处的教训是：一个被夹在专制独裁和自由民主两者之间的政党将战略优势拱手让给了坚定地站在其中一个阵营或另一个阵营中的政党。

阴谋论者可从这件事中看出中美合作所证明了美国的潜在

目标，这个被共产党人相信是美国"反动派"的目标是为了帝国主义剥削而保证中国的安全。但是，在战争结束前后几个星期和几个月中各个在华情报机构的行动是值得注意的，这些行动非常诡异、极不协调，不属于任何中心计划或中心战略思想。梅乐斯和中美合作所虽然获得了美国政府的正式批准，其行动却几乎独立于任何控制。没有人能掌管一切，连魏德迈也不行，尽管他逐渐试图把间谍活动置于他的控制之下。"盟军在中国的战争努力的一个突出弱点是，有太多情报机构各自独立地、不协调地活动着，南辕北辙，互相误解。"[54] 1944 年年底，魏德迈在发给马歇尔的一封绝密电报中如此写道。

因此，赫尔利只是中国这出戏中的一个美国主角。他对其他人的某些行为一无所知，这会造成严重的后果，正如我们将看到的那样。赫尔利关注的焦点，他所痴迷的仍然是试图打造一份国共协议，他不断看好在这方面所做努力的成功前景，尽管越来越多的证据表明他不是也不可能是这块料。有一阵子，在蒋介石拒绝了赫尔利与毛泽东的五点计划后，他似乎愿意把随之而来的僵局归咎于国民政府。11 月 13 日，他告诉戴维斯，他认为这个计划是合理的，并说他怀疑国民党不妥协的原因在于宋子文，他在戴维斯面前把宋子文称为"骗子"。[55] 他宣称，蒋介石曾经答应同共产党达成协议并以此来交换史迪威的解职，然而现在，他相信宋子文在破坏这项安排。这令戴维斯大为吃惊；他是第一次听说此事。

但赫尔利并没有长时间坚持这一立场。很快，他就有点莫名其妙地采取了一个显著的亲国民党的立场。他逐渐在美国人关于如何对付蒋介石的争论中确立了自己坚持的一种对立观点，而相对的那种观点是持交换条件的阵营所主张的，他们觉得不应该给蒋介石任何东西，不论是租借援助还是道义上的支持，除非从他那里得到具体的承诺作为回报，特别是有关政治改革和精简军队的承诺。史迪威的副官弗兰克·多恩曾简明地阐述过这个论点。他说，只有在"最后通牒的基础"[56]上去对待蒋介石，才可能使中国摆脱政治僵化。

赫尔利拒绝了这一做法，由此他还与美国高级领导层达成了共识，后者从未对交换条件政策有过兴趣。这一观点出自总统本人，同样作为一国之首，深知处于权力顶峰的孤独，总统对蒋介石怀有天然的同情。"委员长认为有必要维护自己那至高无上的地位，"罗斯福在给马歇尔的一封信中写道，"在这种情况下，你和我也会做出同样的事情。他是行政长官，也是总司令，我们不能对这样的人说话严苛，或者以我们可能从摩洛哥苏丹那里得到的方式从他那里得到确切的承诺。"[57]

赫尔利后来对罗斯福解释了蒋介石的观点的合理性，即接受一项同中共达成的协议将被视为他们自己的一个胜利，也是他个人的一个失败，而对他来说失败将是致命的。此外，赫尔利和毛泽东在延安那块石头上签订的那份协议回避了一个基本问题：如何在一个有着三千年历史却从来没有看到过和平争夺权力的国家里分享权力？在同毛泽东一起制定交易时，赫尔利未能理解戴维斯所表述的情况，即"一个少数派反对党的概念在中国并不存在，蒋介石那平衡各种相互竞争的机会主义者的体制，在引进任何人都可自由参与的西方民主之后将无法继续生存下去，特别是当其中一支竞争力量是一个有活力的、人数激增的、有纪律的组织，并决心去摧毁那个系统并夺取政权时"。[58]赫尔利对蒋介石几乎无条件的支持是他对戴维斯所做分析的回应，但其与戴维斯可能要求他去做的完全相反，因为戴维斯是有条件交换阵营中的一个坚定成员。"到 12 月时,"多年后戴维斯告诉一个采访者道,"在未得到来自华盛顿的确认的情况下,赫尔利将军开始宣称,美国的政策是对中国国民政府和蒋委员长的全力支持。"[59]这是赫尔利所坚持的一项政策,戴维斯继续说道,这项政策的宣布是如此强硬,没有任何细微的歧义或者妥协余地,但"恰巧在那个时间,其有效性……成了问题"。

蒋介石无疑是欢迎赫尔利的支持的,但这并不能使他摆脱困境。蒋介石坚定地认为,民主改革,特别是允许一个联合政府成立,将会搞垮他,但同时他又不能简单地拒绝与共产党人达成协议这个目标而不伤害赫尔利和罗斯福的善意。所以,国民党以一个自知肯定会被共产党拒绝的反提案来回应赫尔利和毛泽东的计划。相比毛泽东和赫尔利的五点计划,这项反提案包含了三点,但其核心要点是:如果共产党愿意"全力支持国民政府实施抗战及战后重建,并把他们所有军队的控制权移交给国民政府",作为交换,中央政府将同意承认共产党为一个合法的政党。

在重庆看到这份反提案时,周恩来毫不意外地拒绝了,他说甚至都没有必要将其带回延安。这样就为未来两年美国艰苦的调解努力而在中国的两方与美国之间建立起了一个一成不变的模式。毛泽东想得到法律承认,当然他能够得到,就像战后法国和意大利共产党所得到的那样,在民主选举中和平竞争权力,尽管这样的解决方案在中国是史无前例的。毛泽东想成为联合政府的一部分,但他认为放弃对自己军队的控制权无异于自杀。双方都做出了名义上的让步,以满足美国人以及迎合中国的民意,即双方希望达成协议,但双方的目标仍然是相同的：权力——国民党要保持权力而共产党则是夺取权力。

尽管如此，赫尔利仍然相信他的努力会结出果实。"我们正在取得一些成果"，12 月时他在给国务卿斯特蒂纽斯的信中如此写道，虽然在所有的历史记录中都很难找到任何成功的事实。他说他每天都与蒋介石见面，而蒋则被说服"为了团结中国的军事力量并防止内战，对他来说有必要……对共产党做出慷慨的政治让步，在国民政府中给予他们足够的代表性"。[60]

在 1944 年的最后几周和 1945 年的最初几周里，重庆的情况就是如此。蒋介石仍然待在他那僻静的别墅里，身边摆放着古董瓷器，沉默的仆人在一旁为他服务，围绕着他的是他最亲近的助手，他想听到的他们都会告诉他。而周恩来则住在重庆一条普通的小巷里，被秘密警察监视着（他们占用了同一幢楼的其他房间），同美国记者和外交官共进午餐和晚餐，散发出他一贯的魅力和他那理性的光环，并给大家提供保证：共产党所想要的一切就是打败日本，在中国建立民主政治。赫尔利在他们两者之间似堂吉诃德般不切实际地来回穿梭，努力争取共识及不存在的共同的终极目标。12 月 4 日，他、魏德迈和罗伯特·B. 麦克卢尔（魏德迈的参谋长）拜访了周恩来，他们一起试图说服周接受现在的蒋介石和赫尔利的三点计划，但无功而返。

12 月 7 日，包瑞德和周恩来飞回延安，周恩来是因为在重庆没有什么可进一步再谈，包瑞德则是因为赫尔利要他说服毛泽东去接受周恩来所拒绝的。这一主动的举措产生了引人瞩目的对抗，毛泽东在谈话中淋漓尽致地表达了他的愤怒，并告诉包瑞德他为什么绝不会接受蒋介石的建议，但同时又向其保证他想成为美国的朋友，甚至还利用这个机会表达了最大限度的信心，即无论在赫尔利作为中间人的会谈中发生什么，未来是属于他的。[61]这是一个令人印象深刻的表现，也是一个令人印象深刻的情景，这个精明的农民共产主义者，穿着一套棉衣，住在中国西北部一个窑洞里，热情洋溢地同一个美国上校说话，几乎是非常精确地预测了未来。

　　周恩来也出席了这次会议，根据包瑞德的叙述，毛泽东在会议期间不止一次"大发雷霆"。在某一时刻，当包瑞德告诉他蒋介石认为赫尔利和毛泽东的五点计划是迫使他丧失权力的一种方式时，毛泽东跳了起来，并喊道："他早就该下台了。"毛泽东事实上指出，蒋介石在台上的日子如果不能以日来计算的话，那肯定是可以用年来计算的。而且如果，毛泽东说，

> 　　根据他的情况，美国希望继续支持蒋介石这个烂壳子，这是它的权利。然而，我们相信，尽管美国能做一切想做的事，蒋介石仍然注定是要失败的……我们不像蒋介石。我们不需要哪个国家来支持我们。我们能够站得笔直，像自由人一样走自己的路。

毛泽东重申了他早些时候的承诺，为美国在中国沿海的登陆行动提供支持，并主动提出愿意去做蒋介石一直犹豫不肯放手让史迪威去做的事：把他的部队置于一个美国指挥官的指挥之下。"我们愿意全心全意地在一个美国将军的指挥下作战，没有任何附加条件，"他对包瑞德说，"这就是我们对你的看法。如果你在中国的海岸边登陆，我们将在那里迎接你，并且听从你的指挥。"

　　当包瑞德离开这个讨论话题时，他的印象是他"徒劳无

益地同两个聪明、无情和坚定的领导人（毛和周）谈了话，他们对自己职位的实力绝对确信无疑"。他试图与他们争辩，但他们的回答是自信又挑衅的那种。由于拒绝接受一项协议，包瑞德说，毛泽东将"给蒋介石一个极好的机会，来声称他一直在说的所有有关共产党人是叛徒和叛乱分子的话已被证明是无可争辩的"。毛泽东的回答是："长期以来他一直在骂我们是叛乱分子和叛徒，因此我们已经习惯了。他喜欢怎么说就让他去说。"

包瑞德说："如果国民党和美国的军队把日本人从昆明和贵阳赶回去，你就会很不好看。"

毛泽东回答道："假如这种情况发生了的话，没有人的欢呼声会比我们的更响亮。"

最后，包瑞德说："如果蒋委员长被打败了，你们也没有在他需要的时候帮助他，美国可能会从中国撤出它的全部军队（让共产党人去与日本人单打独斗）。"

毛泽东说："美国不能抛弃中国。"

毛泽东对赫尔利也很恼火，而且因为这种感觉很快弥漫开，曾经在赫尔利访问延安时出现的广泛的友好气氛很快也就烟消云散了。毛泽东告诉包瑞德，他理解赫尔利给他的警告，他不能强迫蒋介石签署他们同意的五点计划，但"在蒋介石拒绝这些公平条款之后，我们没有想到赫尔利将军会回来，并逼迫我们同意一个要求我们做出牺牲的反提案"，他如此说道，"如果赫尔利将军现在还不明白这一点，他永远也不会明白"。此外，毛泽东警告说："到了一定的时间，我们会觉得应该给中外各方展示这份文件，以及上面的签名。"

毛泽东当然没有公布这份文件，上面有着现在会令赫尔利感到尴尬的签名，但仅仅是他威胁要去做就已经极其深刻地影响了赫尔利，用戴维斯的话说，赫尔利"因毛泽东欺骗了他而勃然大怒"。"他妈的！"他对包瑞德大叫道。1944年年底，在拒绝重开谈判之后，周恩来和毛泽东制定了达成协议的四个新条件：（1）释放所有政治犯；（2）撤走围困共产党的政府军队；（3）废除所有"限制人民自由的压制性法规"；（4）终止所有秘密警察的活动。[62]赫尔利被激怒了。共产党领导人必须知道，这些看似很民主的要求将使得蒋介石更难以去接受一个联合政府，因为，正如历史学家赫伯特·菲斯所表述的那样，蒋介石不得不把它们"看作相当于允许共产党进行革命而不加反对或阻止"。

如果赫尔利因毛泽东而心烦意乱，那么他要为自己阵营成员的所作所为而更加心烦意乱，这些人包括戴维斯、包瑞德，甚至在一段时间内还有魏德迈。针对共产党，他们采取了一系列行动和姿态，但这些行动和姿态仅仅延续了几个月前迪克西使团开始时就在美国人和有些人喜欢称呼的延安政权之间发生的接触和对话。赫尔利有意误解这些接触，巧合的是，在他那谈判努力土崩瓦解时，这些接触还在持续，而这种误解终将导致美国使馆中大多数中国问题专家意见的努力付诸东流。

1944年12月15日，包瑞德再次去往延安，正准备离开中国的戴维斯陪同他一起去。据戴维斯后来的记述，当他还在赫尔利的办公室时，大使接到了包瑞德打来的一个电话，他认为包瑞德提到了即将到来的延安之行。在赫尔利和包瑞德讲完话后，戴维斯接过电话和包瑞德交谈，"赫尔利就站在身边"，两人在电话中讨论了他们的延安计划。戴维斯后来写道："这是一次例行旅行，就像魏德迈的部属所做的那样。"[63]他的目的是"在去莫斯科之前先快速得到一个共产党威权政治的最后印象"，这样一个目的对于一位即将被派驻苏联的外交官来说似乎是完全符合逻辑的，没有任何坏处。

然而，赫尔利心中一直在怀疑，在他背后正发生着代表共产党的阴谋策划，他觉得戴维斯此行正是这项阴谋的一部分。事实上，戴维斯和魏德迈的其他一些部下确实喜欢共产党，和他们在一起感觉挺好，因为他们相信共产党将最终取得政权，他们觉得从军事合作开始同他们建立良好的关系是符合美国利益的。"中国共产党人要赢了，"重庆大使馆的政治分析员亚瑟·R.林沃尔特（Arthur R. Ringwalt）后来说，他总结了中国通的共识，"去反对一个几乎是无法反对的运动有何意义呢。"[64]他们不喜欢国民党，并且几乎不加掩饰。所有这些都导致身处异乡政治世界而迷惑不解且缺乏安全感的赫尔利进一步加深了他的怀疑。

在这方面他得到了外交部长宋子文的支持，他是赫尔利与蒋介石政府的主要接触点。在戴维斯前往延安之后，宋子文打电话告诉赫尔利，他的特工已向他报告称戴维斯正在延安，赫尔利显得似乎真的不知情——尽管打电话的时候他就在现场——他告诉宋子文这个报告是不真实的。当赫尔利发现戴维斯确实去了延安后，他只能打电话给宋子文向其保证自己没有试图欺骗他。"外交部长显然已经成功地运用了一个古老的策略，即通过将不光彩的动机强加给一个无心的错误而使人处于守势。"[65]戴维斯后来如此写道。

当戴维斯回到重庆后，他解释了所发生的事；戴维斯认为赫尔利似乎已经"平息了怒气",但他没有。早些时候,在同戴维斯谈话时,赫尔利曾称宋子文是阻碍国民党和共产党达成协议的"反动派"中的一个;但现在,他认为,比起戴维斯这个外交部公认的最聪明、最敬业的官员之一,宋子文是一个更诚实的人。宋子文传递了一份他称之为来自他安插在延安的特工的可靠情报给赫尔利,大意是戴维斯曾建议共产党高层不必关注赫尔利,因为他是"一个老傻瓜"。[66]事实上,确实有一些派驻重庆的职业外交官相信情况是这样的。有些职业外交官在自己的圈子里开始把赫尔利称为"粗鲁迟钝"的人,一个"自命不凡摆出一副大人物架势的人",一个"老顽固",或者,借用人们给他起的一个中文绰号"大风"(Big Wind)。有位美国职业外交官叫爱德华·赖斯,他来中国已有十年之久,去向赫尔利汇报工作,整个过程被他描述为大使的一出令人难以理解的独角戏,他除了能说"你好"和"再见"之外,其他什么话也插不进。[67]"赫尔利精神不正常是不太可能的,"另一位美国职业外交官菲利普·斯普劳斯后来告诉记者称,"但在例行的内部会议上,他会援引《大宪章》《独立宣言》《葛底斯堡演说》,激情四溢,以至于在他高谈阔论结束时,你会情不自禁地想说:'好吧,我会投你一票。'"[68]

对他老板的这种不利评价戴维斯颇有同感,但指控戴维斯告诉毛泽东说赫尔利是个老傻瓜的确是完全缺乏可信度的。除了宋子文那未经证实、来源不明而且明显是出于自身利益的情报之外,没有任何证据证实。

在美中关系史上的此时此刻,经过了四年多持续的抗战努力,受人尊敬的史迪威被解职已有四个月,因日本人要进攻重庆而引起的恐慌也刚过去不久,美国大使馆里面的情绪被新来的约翰·梅尔比描述为是"有害的"。"主要的日常活动，"他在日记中写道，"似乎就是窃听和躲在角落里。那些听从赫尔利大使的人趾高气扬，其他人则大多敬而远之。"[69]

使馆内部的分歧回应了整个美国政策的不连贯，或者，如戴维斯当时所说，认为"美国的政策只是一种现实主义和一厢情愿之间的优柔寡断的妥协"[70]是靠不住的。赫尔利一方面敦促共产党恢复他来中国后倡导的谈判，另一方面却在表达他对"延安政权"日益增加的幻灭感以及继续坚持对蒋介石的支持，在此期间又一直在加深他的猜疑：他的美国下属正在暗中破坏他的努力。与此同时，这些下属送交了厚厚一摞报告和一大堆意见，描述了蒋介石正在遭受致命的削弱并明确表达了他们的观点，即赫尔利在一切问题上……都是错误的。他在对共产党的支持程度上是错误的；他在只有蒋介石才能领导中国这个看法上是错误的。中国通们正在提出提供武器支持共产党，而赫尔利则愤怒地逆向而行。

这年年底，大使馆举行了一年一度的圣诞晚会，这是自从史迪威离开、赫尔利到来，以及日本发动"一号"作战攻势以来的第一次，也将是戴维斯出席的最后一次，几天后他就要离开这里前往莫斯科了。戴维斯回忆道："赫尔利朝我举杯并响亮地说：'这杯敬你，约翰。'"然后，在脑袋后面插上一枝像是印第安羽毛般的常青树枝，大声地发出一连串乔克托人的战斗呐喊后，赫尔利带着大家绕着房间跳起了蛇舞。晚会结束时，他告诉戴维斯，自己将不会再骚扰他了。"你也跟我一样。"[71]

在离开中国前，戴维斯写了封电报来陈述他的观点：如果美国不愿意参与权力政治，此处他指的是认识到共产党的实力与国民党的弱点，最后将以交给苏联"一颗在中国北方的卫星"而告终。他也给赫尔利发了一份副本。五天后，戴维斯去拜访魏德迈和赫尔利并道别，他大胆地恭维赫尔利杰出的职业生涯，并说"万一他的谈判失败而陷入中国人的阴谋圈套之中"，那将是一个"可悲的高潮"。

"赫尔利脸红了，接着胀得发紫。'陛下'一旦咆哮发怒，他会打断我的背脊的。"[72]戴维斯如此写道。戴维斯由此结束了他的叙述，但是魏德迈则描述了一个不寻常的后续情景，赫尔利鲁莽地、诽谤性地指控戴维斯是一个共产党员并试图暗中破坏中国政府。[73]当戴维斯强烈否认对他的指控时，泪水涌出了他的眼睛。第二天，戴维斯去莫斯科赴任，不久之后，赫尔利就试图要打断他的背脊了。

第六章 特使的愤怒

1945 年 1 月 10 日，从上一年 7 月开始就一直生活在延安窑洞里的雷·克罗姆利少校，给在重庆的魏德迈将军拍发了一封紧急加密电报。"延安政府，"克罗姆利写道，当时他极有可能是坐在一张木桌边点着一盏煤油灯，"想要派遣一个非官方的（重复）非官方的团体到美国去，给感兴趣的美国公民和官员解释中国的现状和存在的问题。"[1]

克罗姆利曾经作为《华尔街日报》的记者在日本工作过，此时是延安军事观察组的一个成员，凭此身份，他能出现在共产党高级领导人之间——观看在户外演出的京剧，参加周六晚上的舞会，以及出席美国情报人员能见到中共领导人的其他非正式聚会。至少有一次，他甚至与毛泽东的妻子江青一起跳舞。江青来自上海，原先是个艺名叫蓝苹的二流演员，虽然穿了一身臃肿的棉衣，但也难以掩盖她带有几许风骚的魅力。

克罗姆利告诉魏德迈，是毛泽东和周恩来本人，而非其他人，"即刻就能单独或共同赴华盛顿出席探索性的会晤，如果罗斯福总统在白宫表达这个愿望并把他们看作中国一个主要政党的领导人的话"。从未离开过中国的毛泽东，一个中国的罗宾汉，或者中国的列宁（叫什么取决于你的观点），现在要求访问白宫！

毛泽东提出的会见罗斯福的要求同另一个亚洲革命领袖胡志明，今天的"越南之父"，提出的要求是相似的。在美国发动越南战争之前很久，胡志明就曾要求美国给予帮助来抗击法国殖民主义者，而且是两次，但均被忽视了。在 1945 年时，中国共产主义运动的两个最高领导人登上一架飞机飞往华盛顿与罗斯福总统会晤，这样的想法暗示了在整个二十世纪中困扰美国与亚洲关系的一个主要问题：是否曾经有过一个巨大的机遇，因为错失而造成了生命和财产的无法估量的损失？

毛泽东和周恩来通过克罗姆利发出的请求过了二十七年并经历了美国在亚洲的两次战争之后才得以实现，毛泽东的确与一位美国总统，理查德·M. 尼克松，见面了，不过不是在华盛顿，而是在北京，并且是作为世界上人口最多的共产党政权的领袖，他的多年执政时间都曾被用来呼吁全世界无产阶级粉碎美帝国主义。1972 年的突破有可能发生在一代半人之前吗？如果有可能，中国共产党是否绝不会，如毛泽东后来所说的"一边倒"，意思是在冷战时期的紧张岁月里倒向苏联集团一边？如果中国没有倒向一边，朝鲜战争和越南战争，这两场为阻止敌对的共产党政权的扩张而由美国出面打的代理人战争，是否就绝不会打起来？

对此有两种看法。一种是美国领导人错失了去支持在亚洲渴望变革的巨大力量的机会，如果对这些力量哪怕至少是保持中立而不是摆出作为它们的全球主要敌人的姿态，那么二十世纪的历史就会是无限地更加和平与幸福。另一种观点是由共产党领导的革命力量，受苏联这个榜样的鼓舞，必然会采取激进的、反美的途径，这将不可避免地陷入与美国的冲突，无论这种冲突是什么。

通过克罗姆利少校转达的这个信息使用了"非官方"这个词，其无疑是让美国能够接受一个共产党代表团而不违反只有蒋介石政府才能够正式代表中国的原则。本着这种精神，毛泽东和周恩来还要求不要把他们的秘密行动告知罗斯福总统在中国的特别代表，帕特里克·J. 赫尔利。在那时，即使赫尔利正试图让中国共产党和国民党携手加入联合政府共同抗击日本人，共产党人也把他认定为是个对手，会阻止他们越过他而直接去见美国总统。在这点上他们是正确的。魏德迈忽视了毛泽东将此信保密的请求，并遵照外交礼节，把电报转给了赫尔利，赫尔利把它扣下了。这一提议就这样从未被转交给华盛顿。共产党中国的未来领导人主动发出了询问，却没有收到任何答复。

他们相信赫尔利已经与他们为敌，这个看法肯定可以解释毛泽东和周恩来主动提出这个倡议的时机。不难想象这两位中国领导人在 1945 年年初会对罗斯福说些什么，因为他们将要说的肯定与他们告诉赫尔利、迪克西使团的成员，以及那段时间内能够访问延安的美国记者的内容完全相同。共产党人希望美国对蒋介石施加压力，从而实施共产党人所说的"民主改革"，即允许他们与中国所有的抗日党派一起加入一个"联合政府"，而不要求他们放弃他们自己在抗日战争期间建立的对大规模军队的控制权。但是，共产党人最想从美国得到的是子弹和枪炮。毫无疑问，毛泽东也会要求把这些东西直接提供给共产党人，他肯定会说，正是共产党在承受着抗击日本的主要重担。

毛泽东会告诉美国总统，他将很高兴地让一位美国指挥官来指挥他的军队共同与日本人作战。在 1945 年年初，当时没有人能想到原子弹将在那一年 8 月结束太平洋战争，最普遍的假设是，战争将继续下去，至少还要再打一年或两年。为了打败日本，人们认为，美国将不得不入侵日本本土岛屿，有一个已经在桌面上讨论的选项是让部队在中国东部沿海登陆，这个地区将作为一个集结待命区供最后向敌人领土发起总攻。另一种选择，它也是在军事规划人员中被更为看好的，即继续进行中的"跳岛战术"，并利用如冲绳这样的近岛作为攻入本土的集结待命区。然而，毛泽东敦促他在延安见到的美国人使用中共的军队来保护可能到达中国土地上的成千上万的美国士兵，毫无疑问，他们会遭遇日本人的激烈抵抗，他会把这项提议重复说给罗斯福听。

除此之外，毛泽东几乎肯定会试图说服罗斯福，中国共产党不是苏联意义上的共产党，也就是说，不是一个决心实行无产阶级专政、消灭私有企业、禁锢其批评者或搞农业集体化的共产党。正如我们所知，几个月前在延安接受哈里森·福尔曼的采访时，毛泽东曾把自己比作林肯，无疑他也将会跟罗斯福去谈他曾经同福尔曼谈过的有关"解放奴隶"的话，意思是指中国的贫困农民"通过土地改革来改善民生"，而不是像苏联那样去残酷地消灭阶级敌人。按照这些原则，毛泽东甚至还可能为罗斯福阐明他所领导的运动的重大意义，即它代表了亚洲的一次巨大动荡，某种全新的东西，一波旨在争取共产党后来称之为"解放"的渴望和决心的浪潮。他也可能给罗斯福这位天生的反殖民主义者一个选择：忽视这种原始的新生力量，或是让美国与之为盟，并且在这样做的过程中，去扶持这个正在出现的庞然大物，不论罗斯福喜欢与否。

即便这项请求被赫尔利转交，罗斯福是否会接受毛、周前往华盛顿去拜访他的请求呢？这是极不可能的。美国总统是不会将声望和合法性给予反对其盟国政府的共产主义运动的领导人的。他也不会同意他们加入联合政府之时要坚持的条件：在他们的解放区保留他们建立的百万大军。因此，赫尔利扣压毛、周的请求，也并不能那么可怕地被认为是失去了一个机会。共产党人这个姿态的意义更多地在于赫尔利对其的反应，因为他们要求克罗姆利不要告诉赫尔利这件事对他来说就是明确的和无可辩驳的证据，证明他的一些部下企图通过破坏他的调停计划来帮助共产党人。

赫尔利一直在费劲地试图让陷入僵局的会谈重新开始。1月6日，他写信给毛泽东要求他把周恩来派回重庆。就在同一天，驻西安的领事爱德华·赖斯解释了毛泽东不那么急于如此做的原因之一：共产党控制的地区在继续扩大。他写道，最近共产党利用了国民政府在河南的失败"创建了一大片新的共产党控制区"[2]，这片地域包括山东、江苏、湖北和河南的部分地区。赖斯的观点是每当蒋介石政府失去一块地盘，就会以如下两种方式被分配："主要城市和交通线输给了日本，乡村地区的控制权则输给了共产党。"

毫不奇怪，1月11日有封从延安给赫尔利的信件到达了。在信中，毛泽东以国民党没有显示"丝毫真诚"为由拒绝恢复谈判。三天后，因毛泽东的拒绝而恼怒的赫尔利拍发了一封长电报给罗斯福，其中叙述了他前几个月的谈判努力，从上一年11月初他访问延安开始。赫尔利告诉罗斯福，就在他已经快要成功时，突然莫名其妙的，"共产党甩掉了我们"。赫尔利接着告诉总统，这种"共产党人立场的剧变"，他们拒绝恢复谈判，即使蒋介石做出了重大让步，是因为魏德迈属下的"某些官员"[3]一直在给共产党人提供他们几乎想从美国得到的一切，而没有要求他们同意与国民党达成协议。"这些美国官员制订了一个在共产党控制地区使用美国伞兵部队的计划。这项计划为在游击战中使用美国人指挥的共产党军队而做了准备。该计划以美国和共产党达成一项协议为前提，完全绕开了中国的国民政府，并直接向共产党军队提供美国物资。"

赫尔利说他之前就对这一计划略知一二，但"我不知道该计划已被提交给了共产党人，直到共产党人请魏德迈为毛泽东和周恩来赴华盛顿与你会晤确保一条秘密途径时才真相大白。他们要求魏德迈保守秘密，不让国民政府和我知道他们要拜访你的提议"。[4]

在基本事实上赫尔利并没有全错。他所犯的灾难性错误是他指控"魏德迈属下某些官员"搞破坏和不忠，其实所发生的一切都只能说明美国对华政策整体性的不连贯，所有这些机构的运作在其行动上或多或少都具有独立性。戴维斯对赫尔利的结论，尽管毫无疑问是自私自利的，似乎也是真实的。当时他给他的妻子写道，这是因为"大使发现自己身处一个阴谋的旋涡之中而有点困惑"。[5]这项阴谋的主要发起人则是人称"狂野比尔"的多诺万，华盛顿的战略情报局的头头。

多诺万渴望在情报事务上与共产党人进行合作，就像与戴笠和国民政府的合作一样。共产党在所有被日本人占领的中国领土上都有游击队和特工，显然能够给美国提供大量的情报。[6]此外，共产党人在同迪克西使团中的战略情报局官员，特别是克罗姆利的会谈中明确表达了他们欢迎和鼓励这种兴趣。共产党人需要设备，特别是无线电台，他们的军队和特工可以在他们广泛的解放区使用。他们还希望对他们的情报人员进行技术培训。1944年9月，战略情报局同意给十四个由共产党控制的地区提供电台。到1945年4月时，大约1.4万磅的美国设备，大多是轻量级的电台和零配件，已被空运至延安，并且还有更多设备正在运输中。对于战略情报局驻中国副代表威利斯·伯德（Willis Bird）来说，他所承担的战略情报局配合共产党人的活动，足以使他用全部精力来与延安打交道了。[7]

伯德并不是同共产党洽谈军事或准军事合作的唯一一位美国官员。1944年11月初，就在魏德迈抵达中国仅仅四天之后，长征老兵、八路军现任参谋长叶剑英就戴维斯提出的美国人的想法做出了回应，认为美国可以在山东、江苏交界处的连云港实施一次诺曼底式的登陆。共产党人将予以全面配合，这将成为一次重大的联合作战，在范围上类似于美国与国民政府军队在缅甸和云南省的军事行动。叶剑英提议共产党派出5万人的军力来支持五个师的美军；这种支持将包括破坏日本人的通信，并牵制日本军队以使他们远离到达的美国人。[8]戴维斯立刻明白了共产党人的根本目的：获得今后可用来对付国民党的美国武器。他也清楚美军在中国沿海的登陆将使美国军队离开中国的南部和西部，而此时正是日本发动"一号"作战攻势的时候，这将使得昆明甚至重庆都可能缺少保护。

尽管如此，他还是有充分理由赞成叶剑英的计划。如果美军确实要在中国沿海登陆——在那个阶段美国军事规划人员认为为了打败日本有必要这样做——共产党人的帮助是必要的。周恩来告诉戴维斯，如果美军到来，"他们会在降落地区半径200英里的范围内动员当地人民为美国军队提供劳力和食品"。换句话说，共产党人"提供了在其权力范围内所能提供的一切合作"[9]，戴维斯在他日记里透露道，他明显对正在展露的前景感到非常兴奋，并相信这将可能具有重要的历史意义。"因为谁能判断，"他后来写道，"如果美国……接受了毛泽东的合作邀请，延安威权政治究竟会朝什么方向发展？"

正是为了支持他那具有激动人心的可能性的观点，戴维斯写下了三篇富有远见的论述共产党的文章并发往华盛顿。在文章中，他淡化了偏向共产党人的观点，代之以强调他们的民族素质，他有力地评价了从苏联控制下把中国共产党"赢过来"的可能性——这个观点他后来承认是"低估了意识形态对共产党行为的影响力"。[10]但在当时，明显影响他的因素不光有军事合作前景，而且还有延安接待他的热情和幽默，那些友善的周六晚上的舞会，那种如教友间一样所具有的非正式性，以及他那发自内心的信念：共产党人是真诚地渴望与美国建立友好关系。毕竟，这样做是有意义的。与美国的友谊会给他们带来远比与俄国的亲近多得多的收益。戴维斯在1944年年底写道："他们现在已经朝着正确方向转了，只有当受到来自国内外反动势力的巨大压力时，他们才会再度返回到革命的道路上去。"[11]至于整风运动，戴维斯后来写道，他"意识到"其中的问题，但"我没有深入探究。我的注意力都集中在权力问题上，以及美国能做些什么来吸引延安远离苏联"。[12]

此处确实是有点疏忽，然而在那种情况下，很难想象有人能比当时的戴维斯看问题看得更清楚。

*　　*　　*

1944年年底，战略情报局的多诺万派他的在华代表伯德中校赴延安和共产党商谈进一步的合作。与伯德随行的是包瑞德，他是奉魏德迈的参谋长罗伯特·麦克卢尔将军之命去延安探讨在共产党控制区驻扎美国伞兵的可能性。他们恰好与戴维斯同一航班，如我们所知，后者的延安之行是趟告别之旅。在回忆录中，戴维斯声称对伯德和包瑞德之任务的性质只有一个模糊印象。他们三人到达延安是 12 月 15 日。第二天，伯德和包瑞德去见毛泽东和其他人。在随后的三天里，他们为美国与中国共产党之间未来可能的合作制订了一项雄心勃勃的计划，其中包括在共产党作战单位里派驻美国特别军事小组人员，对日军"一般打了就跑"，就像伯德在一份备忘录里所记载的那样。[13]更为重要的是一项制度性的承诺，该计划设想要为 2.5 万名共产党游击队战士提供美国装备。作为交换，如伯德所写下的那样，美国将接受"（中共的）65 万军队和 250 万民兵的全面合作，只要魏德迈认为有战略需要的话"。

很容易理解为什么共产党人会同意这个计划：给他们装备不良的 2.5 万名士兵提供装备。这也很容易理解为什么国民党人会以同样的理由强烈反对它，因此，事实上这项计划未产生任何成果。战争时期产生了大量机构，这些机构中的权威人士炮制出了许多方案，多诺万和他的计划恰好就是这种情况之一。然而，伯德的提议在赫尔利身上产生了永久性的影响，从那时候起，赫尔利成了外交部中国事务专家的不共戴天之敌，他坚持认为，是他们故意破坏了他的调解努力。不论是因为官僚主义的迂回曲折，尤其是碰到多诺万这样的人，还是因为某种不那么邪恶的动机，赫尔利未被告知伯德延安之行的特殊使命。如果他知道正在进行中的事情是什么，他肯定会予以强烈反对，因为伯德的合作建议承诺给共产党人实质性的帮助，同时却想避开与国民党人达成协议的麻烦。与此同时，赫尔利认为，在 1944 年年底去延安的三个使者——伯德、包瑞德和戴维斯——身上，都有着最邪恶的动机。他发给罗斯福的电报是他打出的第一拳，由此展开了使在他手下辛勤工作的外交界中国专家以及魏德迈属下的军官们蒙受耻辱的长期战役，其不仅要让他们蒙受耻辱，而且还要把他们从所在的服务岗位上清除出去。

罗斯福总统非常重视赫尔利的电报，把它转给了海军上将威廉·D. 莱希，即总统的首席军事顾问，此人又转给了陆军总参谋长乔治·C. 马歇尔，马歇尔又发给了阿尔伯特·魏德迈。魏德迈当时在战场上，正在努力促使国民政府军队在萨尔温江前线继续展开攻势。马歇尔要他给出一个解释，魏德迈立刻回复道在他的指挥下没有任何人有"不忠诚的计划"。魏德迈对赫尔利非常生气，因为其在未告知的情况下给总统发出了这么一封控告电报。毕竟，遭到赫尔利指控的有不当行为的人在他的属下，包括他的参谋长麦克卢尔。魏德迈对指控全然否定令赫尔利心神不宁。在中国战区总司令和美国驻华大使之间的情形变得如此紧张，以至于他们之间多日没有说话——在重庆他们共用一栋房子！"这真是尴尬极了，因为我们不得不坐在一起吃饭，"魏德迈后来写道，"直到一天晚上赫尔利走进我的房间，当时我正半躺在床上看书。他坐在我的床边，双手握着我的右手，因他对我的行为而向我道歉。"[14]

马歇尔要求更多的细节，于是魏德迈就此事进行了深入的调查，结果发现，赫尔利的陈述确实大部分是正确的：一些军官，即伯德和包瑞德，后者在麦克卢尔的命令下，的确曾同毛泽东进行过会谈。鉴于麦克卢尔的角色，很难相信魏德迈会对此主动行为一无所知，但从不介意。在一封发给战争部的电报中，他为发生在共产党和"为赫尔利将军真诚地聘用的我的军官"之间的"未经授权的轻率讨论"[15]表示道歉，尽管他不同意这是造成国民党和共产党谈判破裂的原因，但是他承认这件事"会使得（赫尔利）在解决这个问题时遇到更严重的困难"。为进一步和解而尽自己的职责，魏德迈在重庆举行了一次新闻发布会，他宣布所有的美国军官发誓从此不给除重庆政府以外中国境内任何人任何形式的援助——这是一项对麦克卢尔－包瑞德主动行为的明确否认，如果是未直言的话。[16]

这一切的结果是，在这件事情中能直接联系罗斯福的唯一角色赫尔利，感觉到他对下属不忠的怀疑被证实是正确的。他究竟是否了解真相，即这件事其实源于多诺万，而伯德和包瑞德只不过是简单地服从命令，他从来没有承认过。当然，这也是完全有可能的，就像赫尔利所相信的那样，由于看到可以不与蒋介石达成协议就能得到美国援助的前景，所以共产党人敢背弃与赫尔利的谈判。但如果他们在12月末和次年1月那几周里有过那样的想法的话，他们也会很快打消这个念头，谈判就能得到恢复。

与此同时，千里之外发生了一件事，它让毛泽东有更多理由相信，中国的事态正在朝着有利于他的方向发展，而这不是与美国军方官员的一些不确定的对话所能得到的。并且，这一事件几乎很快使得美国和中国共产党人之间早已发生的一切都与未来无关。

第七章　道德妥协

新年之初，毛泽东成了最早知道即将发生某件具有历史意义的事情的人之一。这件事将发生在寒冷的黑海沿岸的一个地方，一个除俄国人以外极少有人听说过的地方：雅尔塔。

从 1945 年 2 月 4 日到 11 日，三大巨头——富兰克林·罗斯福、温斯顿·丘吉尔和约瑟夫·斯大林——将在那里会面并在他们之间决定战争的最后战役和塑造之后的力量平衡。会议是在严格的战时保密条件下举行的。直到会议结束，美国人和媒体甚至都还不知道罗斯福离开过美国。但间接证据强烈表明，毛泽东在会议开始前不久就已经知道了，而且几乎可以肯定的是，是斯大林告诉他的，用的是一部连接他们双方的秘密电台。这部电台在整个抗日战争期间维持了苏俄和中共的密切联系。

2 月 3 日，雅尔塔会议开幕的前一日，毛泽东发电报告诉周恩来，"斯大林在会见丘吉尔和罗斯福"，并且有关这次会议的结果之后斯大林也将保持联系。考虑到整体保密的程度，毛泽东是没有办法预先知道意义重大的雅尔塔会议即将开始的消息的，除非斯大林告诉他。[1]

周恩来当时在重庆，在毛泽东同意了赫尔利的持续恳求恢复陷入僵局的国共谈判之后，他已经于 1 月 22 日抵达重庆。但关于雅尔塔的消息显然说服了毛泽东，谈判应该被推迟，于是他命令周恩来即刻返回延安。正如研究这段历史的著名学者得出的结论一样，毛泽东认为，即将在雅尔塔举行会议的这个消息意味着，或迟或早，苏俄将加入亚洲的战争，这"肯定会增加中共在中国政治事务中的分量"。因此，毛泽东决定暂时推迟与赫尔利的会谈，"以充分利用雅尔塔会议之后苏联在远东不断增加的影响力"。[2]

这似乎是共产党人在赫尔利主持的谈判中采纳更强硬路线的原因，但是如我们所知，赫尔利却归咎于伯德、包瑞德和麦克卢尔。在他看来，他们再加上以戴维斯为首的中国通们，沆瀣一气，破坏了他的调解。没有迹象表明斯大林事实上向毛泽东报告了他在雅尔塔会议上的结果，不过他也不必这么做。毛泽东和他的副手们应该知道战略前景在向对他们有利的方向转变。斯大林会想要加入对日作战，部分原因在于想要实现其长期目标，即收复俄国1904～1905年耻辱地败给日本所丧失的领土，这对中国共产党的事业来说并非坏事。在雅尔塔秘密协定签署后次日，毛泽东在延安给党员们做了传达，共产党前几年的政策——支持蒋介石和向美国伸出友谊之手——在朝一个更激进、更好斗的方向转变。几周前，毛泽东还在延安的桃园舞会上鼓励迪克西使团成员以及包瑞德和伯德等特使与中国姑娘翩翩起舞。现在，毛泽东号召全体共产党员要准备不惜流血来反对"美-蒋"，该词是共产党人对美国-蒋介石联盟的带贬义的简略称呼。

这在用词上是一个很大的转变。当毛泽东感受到极大的威胁时，他是极其友好的。在战时的大部分时间里，他始终感觉受到美国支持下的进攻延安的威胁，如果斯大林被与德国人的战争所压垮而无法施以援手的话，这种进攻就会很快到来。现在，他感觉威胁减少了，他告诉党员们，"不要怕（美国人的）愤怒，还有他们的大声指责"。[3]同时，毛泽东对美国人仍然坚持他的"魅力攻势",这是一些历史学家所给的称谓,美国人在延安还能继续见到他,一起谈谈在情报搜集上合作的可能性,如何营救被击落的美军飞行员,以及接受毛泽东称之为美国在中国存在的必然性。毛泽东没有对他所遇到的美国人泄露他在党内高层所做的有关转向苏联的讲话内容。但是,有些事情已经改变了。当他听说了雅尔塔会议之后,一些有关他夺取全部权力的前景的新想法已经进入了毛泽东的内心,这是永远不会改变的。

毛泽东并不是唯一一个在雅尔塔会议召开期间重新考虑局势的人。W. 埃夫里尔·哈里曼,富兰克林·罗斯福派驻苏维埃社会主义共和国联盟的大使,也在战争进入最后几个月之际沉浸在令人忧心的有关斯大林和苏联的想法的深入思考之中。如后来的记载所述,他被现实绑架了。哈里曼是一位银行家的儿子,家里在长岛拥有一处带马场的房产,他从小就在有着四十个卧室的豪宅里长大,他同斯大林在一起度过的时间是任何其他美国人都比不上的。在他绝大部分的遭遇中,哈里曼一直是他的总统对战后世界的宏伟构想的支持者。根据这个构想,即将战胜轴心国的大国联盟能使他们的友谊和联盟永存至未来,从而确保全球的和谐与和平。

由战时合作所带来的对苏联的温情在六十年后是难以想象的,尤其是冷战结束之后,大量文件曝光了斯大林那毁灭性的罪恶。现在一切都很清楚:在 1945 年,整个世界正在走向一次碰撞,不仅仅是权力,而且还有价值观和生活方式;有关个人自由、有限政府、防止滥用权力之类的重要理念,正受到来自一个肆无忌惮且偏执粗鄙的巨头的挑战。但在当时,在温斯顿·丘吉尔的"铁幕"演说一年前，在"遏制"苏联成为美国的官方政策之前，以及在核恐怖平衡时代到来之前多年，苏俄对德取得的巨大胜利主导了国民的情绪。罗斯福，正如我们所知，培养了对斯大林的热诚的信任，直到他于 1945 年 4 月逝世为止，特别是他相信他和苏联领导人将在战后永远延续他们的联盟。

快到 1944 年年底时，罗斯福总统参加了在纽约麦迪逊广场花园举行的 2 万人群众集会，这是在全国各地举行的庆祝美国和苏联建立外交关系十一周年的纪念活动之一。[4]苏联大使，安德烈·A. 葛罗米柯，也出现在具有传奇色彩的圆形剧场里；指挥家列奥波德·斯托科夫斯基也到场指挥了节目中的管弦乐部分。欧洲盟军最高司令德怀特·D. 艾森豪威尔出席并在讲话中提到"伟大的红军"。国务卿爱德华·斯特蒂纽斯谈到了一个"机会——整个世界以前从未知道的——促进全人类的自由和幸福"。罗斯福在长时间的起立鼓掌欢呼下，给大家描绘出他和斯大林之间"日益增加的意愿"，以去"建立经久不衰的和平"。

在莫斯科，哈里曼对这种幸福的远景开始失去信心，原因是斯大林的攻击性行为，他也越来越感觉到在同斯大林及其代表谈话中的强硬，斯大林想象出了一个与美国人心目中的世界截然不同的世界。1945 年 4 月 4 日，他发了一封愤怒的电报回华盛顿，抱怨俄国人行事"从他们的私利的立场出发"。[5]他们实施新闻审查"以防止公众了解事实"。他们"无情地在所占领的敌对国家里剥夺一切他们可以搬走的东西"。最重要的是，哈里曼察觉出斯大林的目标中有着某种极其恶意的东西。他意识到，苏联的独裁者并不是罗斯福所认为的那个人，会以互惠的方式对慷慨的对待做出回应。"我们必须清楚地认识到，"哈里曼写道，"苏联的计划是建立极权主义，终结我们所知的个人自由和民主。"[6]

在这段时间内，在哈里曼心目中中国似乎并不是主要考虑的对象，尽管他也很担心苏联在中国的意图。4月21日，罗斯福逝世后的第九天，他警告说，苏联很可能在"马其顿、土耳其尤其是中国""造成进一步的麻烦"。[7]他说，如果蒋介石没有在苏联占领中国东北之前同中共达成协议，俄国人"肯定会在那些地区建立一个受苏联支配的共产党政权，由此中国就会被完全分裂"。哈里曼在这句话中也做出了与其他美国官员同样的一厢情愿的假设，这就是，借助某种方式，只要蒋介石可以吸引毛泽东加入中国的统一政府，中国就不会有苏联的恶意干涉，但此后发生的事件证明这个假设是非常错误的。不过，在他和其他战后规划师心目中，中国仍然不如欧洲那样是他们的主要考虑对象。在雅尔塔会议后的几个星期里，只有波兰才是令大多数美国人难以接受的，因为它说明了美国和苏联在目标、实践和价值观上的不相容性。

苏联对波兰的企图在战争的最后几个月之前一直没有被世人所提及。去谈论六年前的事件一直被认为是徒劳无益的、不明智的，也是失策的，那时斯大林和希特勒以粗暴的、赤裸裸的侵略行径瓜分了波兰。1939年，这两个独裁者目睹他们的外交部长，维亚切斯拉夫·莫洛托夫和约阿希姆·冯·里宾特洛甫，签署了一份互不侵犯条约。这份秘密协议规定斯大林和希特勒联手抹杀作为一个独立国家的波兰，开辟一条以流经波兰首都华沙的维斯瓦河为界的新的德苏边界。条约签订一周后的9月1日，德国就发起了声势浩大的毁灭性闪电攻势，入侵波兰并迅速占领了它的西半部，导致与波兰签订了条约规定一旦德国入侵就要协同防卫的英国和法国对之宣战。

苏联随之于两个星期后也侵入了波兰，但英国或法国都没有对其宣战，部分是因为没有针对苏联的防御条约，部分则是因为同时与德国和苏联交战将是荒谬的，不可能的。无论如何，对西欧及其自由造成最直接威胁的就是希特勒。在该条约签署后，德国就可以自由自在地将注意力转向对法国、比利时和荷兰的侵犯，以及对英国的轰炸行动。这一切都在1940年接下来的几个月之内发生了。

同时，在卡廷森林里，苏联秘密警察执行了斯大林批准的一项行动，杀害了2万多名波兰公民，其中包括在1939年入侵时俘获的8000名军官。这是一场由秘密警察苏联内卫军及其毫无人性且残忍的领袖拉夫连季·贝利亚组织的先发制人的攻击，目的是消除任何在可预见的未来会寻求建立独立的波兰的领袖人物。苏联人把惨案的动机及不可饶恕的暴行都归咎于德国人，这个厚颜无耻的谎言居然被世界各地相信了几十年。1941年1月，在纳粹入侵法国和荷兰、比利时、卢森堡等低地国家半年后，希特勒和斯大林加深了他们之间的合作，签署了一项德苏边界和商业协议，其中规定苏联以原料来交换德国的工业机械。

作为1939年到1942年之间的盟友，斯大林和希特勒都犯下了大肆屠杀敌人的罪行（且伴随着对本国公民的大量谋杀或监禁），只要能扩张他们的利益，就可不受任何道德的约束。德国的铁蹄肆意践踏了比利时、挪威、荷兰和法国，并准备在东方实施大规模种族迫害；而斯大林则吞并了波兰的东部，拉脱维亚、立陶宛和爱沙尼亚这三个波罗的海国家，以及罗马尼亚北部和东部的省份（比萨拉比亚、摩尔多瓦和北布科维纳）。斯大林还入侵了中立的芬兰，不过，与其他国家不同的是，芬兰人成功地进行了部分抵抗，虽然失去了一些领土，但从不屈服于苏联的控制。所有这些国家和地区都位于德国认可的苏联的"势力范围"[8]——正如一位学者所指出的那样，其实质就是一个占领区。

然而，这个邪恶的、玩世不恭的德苏联盟最终还是解体了。1941年6月，德国入侵法国一年后，希特勒对苏联发动了一次大规模的闪电战，从北方、中央、南方三个方向同时发动进攻，由此几乎一夜间就把斯大林从一个同谋者转变成仇敌。希特勒的叛逆行为破坏了斯大林早期控制整个东欧的计划，迫使他必然要与英国和美国建立联盟，英美则遵循了"敌人的敌人是我的朋友"这个古老原则。现在，在雅尔塔会议上，经过将近四年与德军交战及许多代价巨大的苏联的胜仗之后，斯大林下决心要从战时盟国那里得到对苏联势力范围（占领区）的认可，这是他未能从已失败的与希特勒的交易中所得到的，唯一不同的是这次他所要的范围要大得多。

他丝毫没隐瞒自己的意图。这次雅尔塔会议是战时三位领导人的第二次会议，第一次是1943年在德黑兰，那时斯大林就已经很清楚地表达了他的意图。他并不急于再次见面，他坚持要求下一届峰会在某个离他很近且方便的地方举行，要不然就干脆别开会。这就要求罗斯福先坐火车从华盛顿哥伦比亚特区到弗吉尼亚的纽波特纽斯，接着花十天时间乘坐海军巡洋舰到地中海岛国马耳他，在那里他将与丘吉尔会合；然后再搭飞机飞七个小时到塞瓦斯托波尔，美国飞机还得凌晨3点时起飞，以避免可能的德国空军的攻击；最后，他们还得乘坐汽车沿一条蜿蜒曲折的路线行进 90 英里，穿过群山最终到达雅尔塔。[9]但是，为了实现就战后世界的形态达成某种理解的愿望——包括从罗斯福的立场上来看最重要的是，苏联同意参加联合国，这是罗斯福为战后世界构思的宏伟理想方案的核心内容——罗斯福顺从了斯大林的要求，甚至不惜冒损害自己健康的风险。

斯大林并没有特别渴望会面，这是因为实际情况对他有利，他也不希望受制于来自盟友的压力而在自己的胜利面前倒退回去。截至 1945 年 2 月，他的军队已经占领波罗的海国家和波兰，以及匈牙利、捷克斯洛伐克、罗马尼亚和保加利亚，他无意放弃这样控制权。

至于波兰，美国代表团中的人，包括罗斯福、哈里曼和国务卿斯特蒂纽斯，都对苏联领导人不加掩饰的含糊言辞感到震惊。一个"自由、独立和强大的波兰对苏联的安全至关重要"[10]，斯大林向西方盟国保证。但是，斯大林继续说道，因为德国是借道波兰而入侵苏联的，苏联就"必须在该国（波兰）占完全的主导地位"。

三大国的领导人就波兰问题争论了好几天，尽管很委婉且没有提及 1939 年苏联吞并了这个国家一半的领土。罗斯福和丘吉尔支持战争开始时在伦敦成立的非共产党的波兰流亡政府，他们敦促做出一项安排，使其能与苏联资助的共产党组织竞争权力，假定是通过选举，但苏联尽一切可能来阻止这一目标时达成。在雅尔塔会议的前几个月，即 1944 年 8 月，波兰家乡军（Polish Home Army）发动了著名的华沙起义，战斗在城里逐门逐户、一条街挨一条街地进行了两个多月，试图驱逐纳粹占领者。起义的时间被设定在苏联军队刚好到达华沙中心维斯瓦河的另一边时，但苏俄军队却在那里停滞不前了，斯大林在观望和等待着德国人消灭波兰的非共产党的武装抵抗，然后把华沙夷为平地。斯大林很高兴看到那些波兰人被消灭掉，他们是极可能形成一个独立的反对派来对抗苏联的影响的。

到这三位领袖在雅尔塔会晤时，俄国人早已在华沙任命了一个即将成立的波兰傀儡政府，对此罗斯福和丘吉尔已经没有什么事可做了。虽然各方达成了一个动听的协议，承诺受到苏联支持的政府将来会举行自由选举，并且较笼统地保证了欧洲被解放了的人民"恢复主权和建立自己的民主政府"[11]的自身权利，但正如美国驻莫斯科大使馆二把手、后来的遏制战略总设计师乔治·F.凯南在当时所说的，这些文字实际上是"最拙劣的那种含糊其辞"。[12]当波兰共产党后来不兑现所承诺的选举时，西方盟国完全无能为力。后来在1945年，英国人和美国人承认了苏联控制的波兰政府，作为交换，它吸收了一些非共产党成员。苏联控制下的波兰成了在可预见的未来里被公认的一个事实。

考虑到苏联的宏大目标和它在东欧的行动，难免不会想到已经有人在担心斯大林是否想在中国做类似的事情。事实上，美国政府的最高层几乎没有人考虑过有关苏联在欧洲的目的和苏联在亚洲的目的也许会有类似的可能性。在这次会议上，罗斯福的近期目标是一旦战争在欧洲结束，就让苏联参战对付日本。在1943年举行的三巨头德黑兰会议期间以及与哈里曼会谈时，斯大林都已秘密同意了这项原则，但现在罗斯福想要同他敲定具体细节，比如他将出动多少军队，还有苏联参战的确切日期。

针对苏联参与对日战争是否必要或是值得的，美国政府内部的观点并不一致。美国国务院总的来说是反对与苏联就此达成协议的。最近离开重庆去莫斯科就任新职的约翰·戴维斯在德黑兰会议期间（他并不知道斯大林在那里向罗斯福做出了秘密承诺）就明智地预言，俄国人在亚洲开辟战线"其目的只是为了能够参与对日本发号施令并建立新的战略边界"。[13]在戴维斯和国务院其他官员看来，去打败一个敌人，无论是德国还是日本，却只是邀请一个凶险的未来战略对手去占领刚刚赶走战败之敌的那块领土，这是前门驱狼后门揖虎，毫无意义。此外，也有一些高级军官，如在美国海军中位列第二的海军上将欧内斯特·金以及美国陆军航空队司令、五星上将、绰号"哈普"的 H. H. 阿诺德，他们都认为亚洲的战争只要通过封锁日本就能取得胜利。

马歇尔和参谋长联席会议坚持认为要打败日本就必须对日本列岛本身实施大规模进攻，因为他们坚信，在抵抗中大规模的集体死亡比投降更可取。美国军方规划人员估计，对日本本土预期的进攻给美国军队造成的伤亡人数可能在 10 万至 35 万之间。他们进一步指出，通过加入亚洲战争，苏联能够在中国东北牵制住上百万日本军队，否则这些军队将被部署到日本本土以对抗美军登陆。后来指挥了进攻日本行动的道格拉斯·麦克阿瑟促请罗斯福要求俄国人派遣六十个师，或者 50 万人以上的部队去进攻驻扎在中国东北的日军。[14]

罗斯福还想在雅尔塔会议上提出另一个目标，其也是美国对华政策的最高目标，即中国政治上的统一。在战争早期，美国军事规划人员的一个基本假设就是，中国是对日本作战的一个至关重要的行动基地，部分原因是对日本的最后进攻只能从中国领土上发起。在 1945 年年初，中国的贫困和武装力量的糟糕状况导致了对这一观念的舍弃。"到雅尔塔会议召开的时候，"历史学家邹谠写道，"美国官员清楚地认识到中国不会在战争结束时成为一个强国。"[15]尽管如此，罗斯福仍然希望中国能够统一，从而能为抗日战争做出更多贡献。他也清楚苏联有能力帮助实现这一目标，抑或阻碍这一目标的实现。罗斯福曾经听到斯大林和莫洛托夫的多次保证，中国共产党人不是真正的共产党人，而且，在任何情况下，苏联都不会干涉中国的内部事务。他想要确信这些保证是真实的。如果能让苏联与中国国民政府达成一项正式协议，他们对中国共产党的援助就可能受阻，从而使得在对日最后战役期间破坏政治联合或一旦抗战获胜之后就挑起内战的可能性减少了。

罗斯福正是心中揣着所有这些想法于 1945 年 2 月 8 日到斯大林在雅尔塔的书房去商谈苏联加入对日战争事宜的。除了两国元首之外，房间里还另有四人——莫洛托夫、哈里曼和两个翻译。在很大程度上，这次会议是双方就一年多前在德黑兰达成的非正式协议的定型，但这种定型是非常重要的。

罗斯福首先问斯大林是否能够允许美国在西伯利亚建立空军基地用于对日本的轰炸，斯大林同意在靠近中国附近的阿穆尔河地区建立两个这类基地。罗斯福然后给了斯大林一份备忘录，要求联合计划在远东的作战，斯大林说他会下令配合。此举是一个突破，因为这是斯大林从抽象地承诺在太平洋战区给予帮助转到具体的计划。但斯大林说在他愿意谈论军事细节之前，他还有一些政治条件。

首先，他要恢复 1905 年俄国丧失于日本的那些土地的"主权"，即萨哈林岛（库页岛）南部和日本北部的千岛群岛岛链上的几个小岛，这些岛挡住了苏联进入太平洋的通道。[16]
至于中国，斯大林希望在中国东北占有一些重大的优势，这也
是俄国人于 1905 年输给日本人的。苏联要求控制那里的铁路，
获得对辽东半岛南端旅顺港这一不冻港的永久租赁权，以及附
近港口城市大连的控制权；它还要求对外蒙古的现状予以承
认，外蒙古虽然在理论上是独立的而实际上是被莫斯科控制的
卫星国，但因为它曾经是清王朝的一部分，后来的政府也声称
其是属于中国的。

换句话说，作为加入对日作战的交换条件，斯大林要复活
其被日本据为己有的在中国东北的殖民特权，还有自鸦片战争
以来欧洲列强享有的通商口岸，尽管他们在雅尔塔会议召开前
一年左右就已经放弃了这些特权。这就意味着，除了英国控制
下的香港的和葡萄牙控制下的澳门，只有苏联将保留其在中国
的半帝国主义地位。不过，没有人会在雅尔塔会议上冒失礼的
风险去指出这一点。

斯大林的要求陷罗斯福于困境，令他左右为难，在军事上
他渴望俄国人出兵中国东北，然而公开同意苏联在东亚的势力
范围则会令他尴尬。[17]为使该外交活动不至于搁浅，罗斯福告
诉斯大林，他将接受这项交易，但前提是必须保守秘密。告知
中国将等同于告知全世界，因为重庆政府不能保守秘密。罗斯
福想在适当的时候得到蒋介石对这项交易的同意。

哈里曼不赞同这种做法。[18]对于罗斯福和斯大林就中国问
题会谈半小时后所拟的最后文本，除了其他方面，他反对其中
一句令人吃惊的表述，该句话大意是在满洲地区的“苏联的
特殊利益要得到保证”。“特殊利益”这个措辞在语气上既模
糊又专横，同时这项秘密交易——由两大强国来处置一个不那

么强大的国家的利益，甚至都不把它们的安排让那个不那么强大的国家知道一二——恰好呼应了短暂且充满暴力的六年之前所签订的《苏德互不侵犯条约》。罗斯福曾经要求并且也得到了时间去征求蒋介石对这项安排的同意，但其只不过是一个纯粹的形式而已。

诚然，罗斯福是在努力挽救成千上万的他认为可能会在战争中失去生命的美国士兵，这不是一个可以轻易排除的头等大事。但奇怪的是，罗斯福竟然会信任斯大林，这个在二十世纪被证明是最不值得信任的主要人物。他想要信任后者。他认为，他对战后世界的愿景依赖于作为合作伙伴的斯大林的可靠性。或者，正如戴维斯后来解释的那样，总统为战后世界所想象的整座大厦都依赖于斯大林的合作和善意。"对此的处方是，"后来，戴维斯把眼光扩大到亚洲时说道，"慷慨地、宽宏大量地援助苏联，不去为各自的好处而讨价还价，支持某种领土上的要求和斯大林告诉罗斯福他要实现的其他目的。"[19]我们已经知道哈里曼试图打消罗斯福的这种信任并提醒他斯大林的目标与美国的利益是不相容的，哈里曼并不是唯一一个持这种观点的人。乔治·凯南警告说，斯大林的目标——他谈论的是欧洲——完全不同于"欧洲大陆上其他国家人民所追求的国家间幸福、繁荣或稳定的生活"。[20]

凯南很清楚斯大林在寻求战后全面掌控东欧，任何与此相悖的观点都是一厢情愿的。此外，虽然许多专家都把罗斯福在这个问题上的盲区归因于他生命最后几周中的脆弱，但实际上他在整个战争期间都一直沉浸在这种一厢情愿之中。他自己的驻莫斯科大使，海军上将威廉·H. 斯坦德利——曾在苏联就职直到哈里曼于 1943 年接任——就常常抱怨所有罗斯福派往莫斯科的特使，他们"越过我的职权，按照罗斯福的政策行事——不与俄国人对抗，给他们想要的一切，因为，毕竟他们在打德国人"。[21]

在这一点上存在着三个巨大的讽刺。第一，苏联急于攫取在东亚地区的利益，无论如何都肯定会出兵中国东北，以便在将战后条款强加给战败的日本时能够在谈判桌上占据一个有利位置。其实，根本就没有必要去向斯大林乞求恩惠，或同意他的条件来交换一些他原本就渴望去做的事。

第二，美国相信给予斯大林想在满洲地区得到的东西事实上是在创造条件来加强中国的国民政府并削弱共产党，但后来的事实证明，情况恰好相反。诚然，苏联承诺过会离开满洲地区并把它交给中国政府，许多人也相信他们会的，而这将为莫斯科和重庆之间签订将共产党人排斥出权力中心的条约铺平道路。"俄国人承诺不干预中国事务，"亨利·卢斯在雅尔塔会议之后《生活》杂志的一篇社论中写道，"从而拆了中国共产党人的台并转移了他们最近在膨胀的与蒋介石政府平起平坐的要求。"[22]但是，去相信斯大林会信守对于中国的承诺那就是太天真了。最终，斯大林在一年半后确实放弃了满洲地区，不过不是交给国民政府，而是暗中给了共产党，这样毛泽东就得到了一块根据地的控制权，从此他再也没有被驱离过。

第三，正如后来所证实的那样，当然，原子弹导致了日本的突然投降，而被认为需要俄国人出手相助的美国地面攻势根本就没发生，即使是换取俄国人帮助的高价已经被支付了。

第二次世界大战自始至终都涉及一个巨大的道德妥协，与独裁者斯大林合作，以便打败另一个独裁者希特勒。我们太"软弱了"，凯南说道，"以至于没有俄国人的合作就难以赢得

│身着戎装的蒋介石，摄于 1943 年。│

/ 1937 年 8 月，日本扩大侵华战争规模，开始向上海发动进攻。图为日军轰炸下的上海火车站幸存的哭泣婴儿。/ /

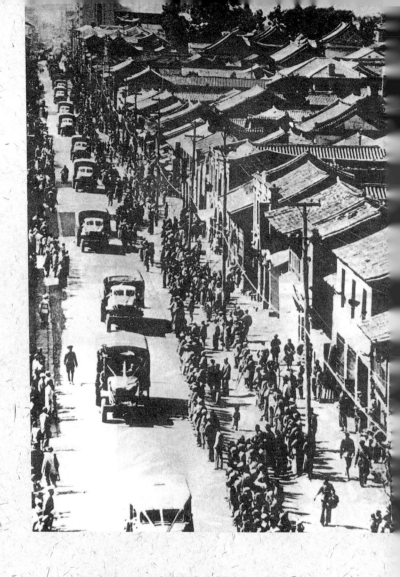

/ 1944 年 5 月，中国军队强渡怒江，开始进行重新打开滇缅公路的反攻。1945 年 1 月获胜后，滇缅公路重新开通，再度成为中国人民抗日战争的大动脉。/ /

/ 梅乐斯在重庆郊外中美合作所的总部所在地歌乐山检阅中国学员。//

1943 年 11 月，开罗会议上的蒋介石、罗斯福、丘吉尔和宋美龄。

/ 1944 年 10 月，约翰·帕顿·戴维斯与中国共产党领导人在延安的合影。从左到右依次为周恩来、朱德、戴维斯、毛泽东、叶剑英。//

/ 摄于 1940 年的一张照片，图中的人物有周恩来、董必武、林彪等，其中的女性为龚澎。//

/ 1945 年 8 月 27 日，毛泽东在赴重庆谈判之前于延安召开会议，图中人物有赫尔利、朱德、周恩来等。//

/ 1945 年 8 月末开始在重庆参与国共和谈的三方代表：赫尔利、蒋介石、毛泽东。//

重庆谈判期间，蒋介石作为主人设宴招待从延安来的毛泽东。

/ 1945 年 8 月 9 日凌晨，150 万苏联官兵向中国东北境内的日军发动了进攻。
图为苏联军队进入哈尔滨街头的景象。//

/ 1945 年 10 月 1 日，美国海军陆战队第一师抵达天津。抗日战争结束后共有约 5 万名美国士兵在华北登陆。//

罗季翁·马利诺夫斯基。据一位美国外交官说，他"没有一丝温柔和怜悯"。

（这场战争）"，并且这种合作一直是"老练的和有效的"。[23]认识到这一点并接受把拒绝给予希特勒的东欧控制权作为奖励而赠予斯大林，这就是现实政治的本质。

在雅尔塔会议上，这种道德妥协被扩展到亚洲，然而俄国人的帮助并没有被扩展到亚洲，同时这种帮助也是不必要的，它只会给美国及其价值观造成严重的伤害。几个月前，即1944年的8月，周恩来曾预测俄国人加入战争的后果。当迪克西使团刚刚抵达延安时，共产党人表达了他们与美国建立深层合作和友谊的愿望，周恩来写了一篇长长的党内报告，就国际形势做出了他的分析。[24]当时他并不知道俄国人是否会加入战争，但他们的加入将是非常可取的，他写道，尽管最好不要公开表达这种愿望，以免令美国人对未来的苏中共产党联盟产生警觉。苏联的参战，周恩来写道，将意味着不亚于"中国新民主主义革命胜利"的重大意义——意味着蒋介石的失败和共产主义扩展到从华沙到广州的整个欧亚大陆——"这是蒋介石和英美保守派人士不想看到的"。

第八章 "笑里藏刀"

谢伟思于 1945 年 3 月最后一次访问了延安，其间他与毛泽东进行了长谈，这次谈话比以往任何时候都更使他确信与中国共产党人建立一种建设性合作关系的机会就在眼前，需要美国去抓住它，只要美国有智慧愿意这样做。当时，他得到消息称美军已经荡平了日本在冲绳的据点，他觉得这个消息使毛泽东处于"非常良好的精神状态，边说边从椅子上站起来，绘声绘色，谈话中充满戏剧性的装饰，时不时加进一些有趣的轶事"。对于由美国大使赫尔利居中调解的与蒋介石的谈判被证明"无果而终"，毛泽东表示了失望，为此他归咎于蒋介石，但他又充满自信、胸有成竹，称如果蒋介石再次试图用武力来消灭共产党，其注定会失败。"在内战期间，我们要比现在弱一百倍，蒋介石都不能打败我们。"[1] 毛如此说道。

但无论中国发生了什么，不管谈判是否成功，不论美国是否给中共提供武器，毛泽东深信不疑地对谢伟思说，中国和美国将是天然盟友。毛泽东说它们有着"同情、理解和共同利益的牢固纽带"[2]，谢伟思如此转述了他的话。它们双方都"在本质上是民主的和个性化的……天生爱好和平，不侵犯别人，也不搞帝国主义"。基于这些原因，谢伟思在电报中继续总结毛泽东的评论道："在中国人民和美国人民之间就不能有任何冲突、隔阂或是误会。"共产党人的目标是适度的，毛泽东说，这使得包瑞德后来将其称为"土地改革者的废话"。这些目标就是减租、累进税制，以及"民主制度"。至于美国，毛泽东重复了几个月前他给包瑞德的保证，即使美国拒绝给他的部队提供"一枪一弹"，共产党人也"将以任何可能的方式继续提供和实践合作。只要是他们能够做的……共产党人都认为是责任和义务"。[3] 但是，如果美国确实认为武装共产党人是合适的，那么两国都将从中受益。同日本人的战争将很快结束，美国人会"赢得绝大多数中国人民的不朽友谊"。

这些会谈坚定了谢伟思的信念，美国给予蒋介石一边倒的支持，实质上是因小失大，本末倒置，失去了一个历史性的机会去同中共建立亲密关系。几个月前，在那次访问延安时，谢伟思写道："在政治上，中国共产党可能曾有过的偏向苏联的任何倾向似乎都成了过去的事情。"[4] 美国在经济和科技发展上都是一个可期待的合作伙伴，远比苏联强大得多，而且对东北地区和中国其他地区，如新疆，都没有殖民主义的图谋。"结论是，"谢伟思在 1944 年 9 月写道，"对中国来说，美国的友谊和支持比俄国更为重要。"现在，他和戴维斯都觉得比以往任何时候都更迫切的是，美国需要根据这一事实采取行动。1945 年 4 月中旬，戴维斯从莫斯科提交了他写的一份备忘录。[5] 他警告说，国民党不仅缺乏民众支持，它甚至还没有制订计划去吸引民众的支持，并且国民党"效率低下、贪赃枉法、腐朽没落"，毫无可能去战胜"充满活力、纪律严明"的共产党。至于共产党人，戴维斯继续写道，他们开始时是"作为莫斯科的世界革命政策的工具"，但在战争期间他们从俄国人那里得到的援助极少，这些战争经历把他们推向了民族主义的方向。然而，他们是否还会决定成为"俄国对外政策的自觉自愿的工具"？他们是否会"愿意根据等于或高于他们给予苏联的条件与我们进行合作"？我们真的不知道，戴维斯承认道。"然而，在这个节骨眼上我们所能说的就是，如果有哪个共产党政权比较容易被美国在政治上'吃掉'的话，那就是延安。"

1960 年，戴维斯的备忘录问世十五年后，毛泽东领导中国愤怒地与昔日的盟友和社会主义兄弟苏联决裂，指责苏联在意识形态上犯下的罪行和敌对行为，所用的高调夸张言辞是中共对其敌人的一贯用语。除了口水战之外，还有 1969 年发生在中国东北和苏联西伯利亚之间边界乌苏里江上有争议岛屿上的武装冲突。这种新的对抗为中断了又一个十多年的中美之间具有历史意义的重新修好铺平了道路，这一切始于二十世纪七十年代初期。

中国的反苏敌意及其为求势力均衡而与美国改善关系的行为大大地证实了这样一个观点，即共产党领导下的中国一直都是愿意听从如戴维斯所说的"美国人的提议"的，至少会对美国产生非敌对的关系，只要美国不去坚持其盲目和弄巧成拙的支持蒋介石的政策。

在这种看法的背后有着一种历史的解释，即中国共产党人从来没有真正信任过俄国人，也从未得到过多少他们真正的援助，有时还会感到被他们出卖了。中共始终向往的，就如毛泽东多次向迪克西使团代表陈述的那样，是从与美国的正常和友好的合作中受益。毛泽东想让马克思主义适应中国的需要，并在这样做的过程中坚持中国独立于苏联，这就招致了在北部边境上的巨大威胁，几乎是对中国的咆哮，反对中国与遥远的美国去搞战略平衡。赫尔利本人也相信这一点，这是他与中国通之间意见一致的一个方面。在这一话题上的最高权威，斯大林和莫洛托夫，就曾亲自向他确认，毛泽东和他的追随者们并不是真正的共产主义者。

有些历史学家得出的结论是，在毛泽东掌权的第一个十年里，他的确让中国成为"苏联对外政策的工具"，这是因为美国把他推到了那个方向。在抗日战争期间，他多次对斯大林的作为感到怒不可遏，因为苏联领导人毫无悔意地追求自己的利益而不惜牺牲中国共产党的利益。后来，毛泽东说起过斯大林的"不忠"。他称斯大林为"这个虚伪的洋鬼子"。[6] 他因俄国人在东北地区和中国西部的新疆行使半殖民地权力以及斯大林对待他的傲慢态度而感到羞辱。这种观点认为，他会让他的国家脱离苏联的控制。

这种观点得到了众多公认事实的支持。毛泽东几乎从一开始——肯定是从 1927 年国民党血腥的反共政变起——就是一个非正统的革命家。在上海发生屠杀大批共产党人的惨案后，毛泽东把党引向农村，他相信受压迫农民可以成为革命的基础。毛泽东在江西省建立了一批农村苏维埃——仿照强大的工人苏维埃，或叫作委员会，这些工人苏维埃为 1917 年俄国布尔什维克革命铺平了道路。

毛泽东在中共内部最大的竞争对手是多年来被称为"归国留学生"或"二十八个半布尔什维克"的一批人，为首的是骄傲的、雄心勃勃的早期党员王明。王明早在二十世纪二十年代中叶就被派往莫斯科学习，除了中途回国一两年，他一直留在那里，直到 1937 年。他错过了在上海的和在毛泽东的农村苏维埃的所有革命行动。他没有参加长征，因此也就没有附加在这个创造出神话的事件上的声望。但是，他从自己与世界革命中心的联系中获得了极高的身份，他曾经与斯大林和斯大林的代表接触频繁，因此被视为共产国际的代表。共产国际成立于布尔什维克革命之后，发誓要为"以包括武力在内的一切可用手段，来推翻国际资产阶级和建立国际苏维埃共和国，以此作为彻底废除国家的一个过渡阶段"而战斗到底。

王明用马克思列宁主义的正统语言来批评毛泽东的"民族主义的偏向"，这样就更加深化了把毛泽东首先作为一个中国的爱国者，其次才是一个国际革命家的看法。他在一系列斗争中战胜了王明，并在四十年代初达到了顶峰，他似乎以他那独立的实用主义战胜了斯大林的正统观念，毛泽东在他自己的著作里也强调了这一点。"离开中国特点来谈马克思主义，只是抽象的空洞的马克思主义。"他说，"教条主义必须休息，而代之以新鲜活泼的、为中国老百姓所喜闻乐见的中国作风和中国气派。"[7]

然后是二战的实际经验。在整个战争期间，毛泽东从苏联那里得到的都是戴维斯所说的"不公正待遇"。苏联正式承认蒋介石政府为中国的唯一合法政府，从来没有在共产党人的反蒋斗争中公开支持过他们，从未承认他们可作为一个替代政府（就像他们对待波兰共产党人那样），甚至从未给过他们多少武器。在1937年中国全面抗日战争刚刚打响的时候，斯大林与蒋介石签订了互不侵犯条约，此后苏联还提供武器装备给国民党人，以便支持他们抵抗共同的敌人——日本人，这些装备包括后来成为中国空军主力的战机。即使在雅尔塔会议之后，苏联的公开承诺仍旧是要继续支持蒋介石政府，甚至到了这样的地步：在后来的内战中，苏联驻华大使，与他的美国同行形成对照，居然伴随着国民党一起撤退到南方。即使是像沃尔特·贾德（Walter Judd）这样的人，一个认为毛泽东会将俄国人的利益看得比中国的利益更重的热忱的亲蒋议员，都发现斯大林本人在他与中国的关系中完全是"正确的和考虑周到的"。[8]贾德说,他没有发现任何证据"证明过去七年中莫斯科在支持或供应中国的共产党政府,无论是物资上还是指导上"。[9]

贾德身处万里之外,但即便是在现场的美国人,特别是来延安已经一年半的迪克西使团的成员,也都没有见到有证据表明在中国共产党的总部有任何强烈的来自苏联的影响,或者甚至有其存在。有着敏锐观察力的谢伟思认为有可能"在中国共产党和莫斯科之间存在着某种联系",最大的可能是同在苏联的中共党员之间使用"一部在延安的电台"。但是,他也认为这种联系是最低限度的。1945年3月,当谢伟思最后一次访问延安时,延安和莫斯科之间已经多年缺少来往了,或许一年内只有一两架次的飞机,而且这些飞机中途停在中国西部的兰州加油时还被国民政府的特工进行了彻底搜查。最后一架从莫斯科飞来被仔细搜查的飞机是1944年11月降落在延安的那架。根据谢伟思的计算,1945年年初在整个延安总计有三名俄国人,一名是个外科医生,另两名是塔斯社记者。更重要的也许是,在迪克西使团的观察员与中共军队的所有重要接触中,包括与他们的游击队战士一起度过的那几个月,"都没有发现俄国的武器和装备",这是可以用来支持贾德的说法的。

这种认为毛泽东与斯大林的接触似乎非常偶然并且不那么重要的看法,支持了包括史迪威、戴维斯和谢伟思在内的中国通的信念,即中国共产党人会欢迎与美国的友好关系,部分是因为这样做会使他们较少依赖苏联,因此,一旦上台,他们也将不可避免地实现这个目标,就不太可能成为亚洲巨大的反西方共产主义阵营的一部分。在这种情况下,去预测共产党治理下的中国可以被引诱脱离苏联的怀抱就非常有意义了。

然而，大多数有力证据表明，美国的这些中国问题专家，尽管在那么多事情上是如此正确，尽管他们在绝大部分判断中是如此精明和现实，但恰恰在这一点上错了。多年以后，戴维斯承认了自己的错误，他在回忆录中写道，认为很有可能"在政治上拿下"中共是"不现实的"。[10]

戴维斯把他的错误归因于"低估了共产党人对意识形态的承诺"，这是对的。但是，中国通们还犯了另一个分析上的错误，即把势力均衡作为国际关系中的运行原理。他们认为中国想利用美国这个威胁较小的力量来制衡苏联那令人畏惧的力量，这是有道理的。事实上，中国在几十年以后也确实是这样做的。他们所低估的是中国共产党人在国际革命俱乐部中的会员资格，这是在他们的个性和身份上本质的、根深蒂固的精髓。作为本身是诚实且性格直爽的人，谢伟思和戴维斯没有意识到毛泽东在多大程度上承认斯大林作为全世界无产阶级革命领导者的地位，以及毛泽东在多大程度上需要斯大林；一旦冷战开始，他将别无选择，只能站在苏联一边。逻辑和经验告诉美国人，将自己融入从属于莫斯科的国家集团中去并不符合中国的利益。逻辑和经验说毛泽东愿意看到苏联控制东欧，但为了避免自己也落入虎口，他想与美国创造一种战略平衡。

但在 1945 年——包括稍早和稍后——毛泽东并没有以美国人的眼光来看东欧，其作为卫星国被剥夺了自由和独立。他看到了苏联在那里的宗主地位——尽管他不会这样称呼——这是为了国际革命所拟的一个盛大的未来计划的一部分。到现在为止，一个无产阶级世界革命的主张似乎仍然非常古怪，很难相信在美国或是在中国居然有人会去信它。但是，在二十世纪的大部分岁月里，这个主张激发了像毛泽东那样的成百上千万人的强烈愿望，他们看到整个世界被分裂成两半，一半是受剥削的、半主权的或像中国那样半殖民化的穷国，另一半是富有的、强大的帝国主义列强。在这个意义上，毛泽东认为在他自己的利益和苏联的目标之间几乎没有冲突，或者用他自己的话说就是没有"矛盾"。学者亚历山大·V. 潘佐夫和史蒂芬·I. 莱文在他们合著的毛泽东传记中，广泛借鉴了潘佐夫所获得的以前无法得到的苏联档案中的相关内容，他们得出的结论是：随着战争趋于结束，斯大林在亚洲看到了一个机会，"可以彻底改变世界舞台上各种势力间的相互关系并使之有利于苏联"。[11]而这种重新排序的关键是共产党在中国的胜利。

毛泽东同样相信这一点，由此他知道，他的终极目标和斯大林的终极目标是一样的。他最终在中国夺取权力将能够，就像他后来所说的那句名言，使东风压倒西风，或者不用这种隐喻语言来说就是，有助于全世界无产阶级革命战胜资产阶级的资本主义，特别是由美国代表的资本主义。

"中国人民已经取得的主要的和基本的经验，就是这两件事。"1949 年 6 月 22 日，就在取得对全中国的控制权之前，毛泽东在一次讲话中如此说道，该讲话总结了推翻清王朝后的四十年和中国共产党成立以来的二十八年。毛泽东说，在国内我们已经学会了"唤起民众"，"在国外"，他继续说道，我们必须"联合苏联，联合各人民民主国家，联合其他各国的无产阶级和广大人民，结成国际的统一战线"。[12]

就是在这样的背景下，毛泽东和斯大林与西方盟国进行着战时的交往。其目的并不是与美国的友谊，而是维持必要的安排以待条件改变。无论是苏联共产党还是中国共产党都了解美国那本能的反共冲动，因此，他们竭力压制那些冲动。他们竭力说服美国人通过迫使国民党接受一个联合政府，并给予共产党人武器用于抗日游击战争，从而支持中共的战时目标。如果美国能做到这两件事，那么随后，如潘佐夫和莱文所写的那样："中共将能够把蒋介石和他的支持者'挤'下权力宝座……最终夺取政权。"[13]

毛泽东的温和政策，包括他向美国伸手示好，就是以此种方式同他的目标和斯大林的长期革命目标完全保持一致的。他与迪克西使团成员的友好交谈，他对记者的温和、亲民主的表述，他那支持美国在中国领土上登陆的提议——所有这一切行动不只得到了斯大林的批准，而且是根据他的命令来执行的。此外，这些命令与斯大林给予世界上其他地方的共产党的命令是相同的——采取一种"渐进式"的立场，去吸引自由派知识分子的支持，并促使西方领导人相信他们不具威胁性的节制。这就说明了毛泽东为什么能够得到中国小民主党派的公开拥护，以及为什么中国共产党提出释放政治犯和结束国民党监视中国公民的要求。

从某种意义上说，中国共产党将自己塑造成温和与民主的政党的努力重现了过去一桩著名的事件。在第一次国共合作期间，即从 1923 年到 1927 年，斯大林在对党员的一次秘密讲话中提出了他的计划，要把蒋介石"像挤柠檬一样挤过之后再扔掉"。[14]蒋介石在 1927 年发动了针对中国共产党的先发制人的打击，挫败了该计划。如今，在 1945 年，这项计划再次被推出了，不同的是，这一次是注定会取得成功的。

苏联对中国共产党的影响可以追溯到中国共产党的起源时

期。当时，一群中国左派知识分子，毛泽东也在其中，于
1921 年创建了中国共产党。共产国际的顾问被派到中国进行
监督指导并提供资金。他们给初出茅庐的中国共产党人传授了
马克思列宁主义名义下的话语风格、宣传基调和分析模式。他
们还向其提供了主要的资金来源。而仅仅比共产党早几年成立
的国民党，也是按照马克思列宁主义路线组织的，并接受苏联
顾问的指导，但是当蒋介石于 1927 年激烈地与中国共产党决
裂之后，他也与莫斯科决裂了。他让苏联顾问卷铺盖回国，然
后转向其他地方寻求资金和支持，只剩下中共作为还接受共产
国际密切监督指导和资助的唯一的中国政党。

　　从那时起，俄国人和中国共产党之间的关系涉及的内容远
比单纯的建议、金钱和道义上的支持更广泛，更深入。这是一
种完整的文化和政治传输。这是一套词汇，一种称为辩证法的
分析方法，一套做法，以及一种崇高的、令人着迷的、激动人
心的政治远景，涉及历史上的进步力量战胜剥削和反动势力。
自从 1921 年成为党的创始人之一直到五十多年后逝世，毛泽
东从未背离过这一愿景。当他于 1949 年 6 月发表了他那关于
"一边倒"的讲话时，毛泽东把他即将到来的成功归功于马克
思列宁主义，他认为这是最卓越的武器，其光辉和希望随着
1917 年布尔什维克革命而突然出现在世人面前。"全世界共产
主义者比资产阶级高明，"在纪念中国共产党成立二十八周年
时，他说道，"他们懂得事物的生存和发展的规律，他们懂得
辩证法，他们看得远些。"[15]

　　许多早期的共产党人，尽管不包括毛泽东本人，都曾在莫
斯科东方大学学习过，这所学校是共产国际于 1925 年建立的，
目的是以马克思主义的革命理论和实践培养来自殖民地国家和

像中国这样的半殖民地国家的革命者。这所大学的一位校友是刘少奇，直到 1966 年之前他一直是毛泽东的得力助手，负责中共的组织工作，并且是 1942～1944 年整风运动的策划者之一。后来的中国领导人邓小平，也曾于 1926 年短暂地在这所学校学习过，然后换到了另外一所离克里姆林宫一个半小时路程的姐妹学校，那所学校则是由共产国际于 1921 年创建，专门培养一支未来的中国革命队伍。二十年代初周恩来在欧洲的时候，曾经是中共旅欧支部执委会成员，他招募在法国勤工俭学的中国青年赴莫斯科就读上述两所大学。通过这些方式，对中国共产党人而言，莫斯科实际上成了一个训练场地和一个精神圣地，这对于来自波兰、德国、保加利亚和朝鲜等其他国家的共产党人也是一样。

1923 年，羽翼渐丰的中国共产党举行了第三次全国代表大会。根据共产国际的指示，中共党员通过以个人名义加入国民党的方式与其结盟，结果是他们同时成为两个党的党员。换句话说，这次国共合作的形成，是莫斯科对中共与更大更强的国民党的关系做出决定性指导的一个早期例子，这种指导实际上从未中断，直到 1949 年中国共产党夺取政权为止。

共产国际的任务是创建一支职业革命家的骨干队伍，成为无产阶级事业的先锋，它提供的帮助，不仅有在意识形态培训上的内容，而且还有许多很实用的方面。在二十世纪二十年代末到三十年代中期那段时间，中共领导人往往为躲避国民党秘密警察的追捕而疲于奔命，他们的孩子中有三十几个，其中包括毛泽东的两个儿子，在国际革命战士济难会的帮助下隐蔽在上海，这个组织是由共产国际建立的，作为其促进外国共产党发展规划的一部分。[16] 当这个隐蔽所被关闭后，斯大林安排毛泽东的两个儿子前往苏联。在那里，他们被称为已经来到"社会主义国家"的年轻"英雄"，几乎在整个二战期间都留在苏联。毛泽东的女儿娇娇——后来称为李娜——也在苏联度过了她的整个童年，以至于在共产党接管政权后她回到祖国时，几乎都不会说中文。这样的孩子共有一百多个，都是热诚的中国革命者的后代，他们的父辈或在莫斯科学习，或在那里为共产国际中国支部工作，或是已经回到中国"闹革命"而将子女留在那里。[17] 他们中有刘少奇的一个儿子和一个女儿，朱德的一个女儿，林彪的一个后代，还有许多其他人的子女，所有这些孩子都由国际革命战士济难会负责照料。

我们是从林英（Sin-Lin）写的一本令人刻骨铭心的回忆录中知道这一切的，她在苏联长大直到 13 岁，在 1950 年回到中国之前都不知道她的父母是谁。这些中国孩子同来自其他国家的革命家的子女生活在一个大家庭里，其中有些人来自如南斯拉夫、越南、西班牙、保加利亚等国家，他们在一起唱一首歌，歌名为"国际儿童之家颂"（"在我们心中燃烧着抗议/像黑暗中愤怒的火焰"）[18]，还要去学会热爱斯大林，他们被教导说，斯大林是"国际无产阶级的伟大领袖"。

当中共领导人或他们的家人得了重病时，他们就会赴莫斯科治疗。其中有毛泽东的两任妻子，贺子珍和江青。1939 年，周恩来从马背上坠落摔坏了胳膊肘骨头后，也去莫斯科求医。组织成员身份是包罗万象的，限制严格的，需要全身心投入的。1938 年斯大林发动大清洗的时候，数十名，也许是几百名在俄国的中国共产党人遭到清洗，并被发配到古拉格。在许多情况下，这些人都是被其他中共人士所检举的。林英的父亲在西伯利亚劳改营度过了十七年，她认为康生后来对他于二十世纪三十年代在莫斯科时就认识的共产党同事的迫害，其目的就在于要掩盖他原先在苏联检举中国革命者时所扮演的角色。林英十几岁时问她的妈妈（一位忠诚的革命者），斯大林那"伟大、光荣、正确的党"如何能犯下如此不公正的罪行，她母亲的回答是："你所谈论的仅仅是个别事件，代表了革命的曲折，它们不能遮蔽苏联社会主义建设的所有功绩，它们不能玷污整个国际共产主义运动。"[19]没有证据表明中国共产党是否就其成员消失在苏联监狱体系中向苏联提出过抗议，数百人在那里从此杳无音讯。人们只能猜测这样做的原因。

　　中国共产主义特有的语言，它的符号和话语模式，它的宣传风格，它的木版印刷的图文，它的社会主义的现实主义观念，它的中央委员会、政治局、代表大会和全体会议，它的报纸和极端严肃的理论期刊，它的内部争论和斗争的专门词汇，它发明的全套意识形态标签词汇集，全部是新近创造出来各种主义，如"左倾冒险主义""右倾机会主义""背弃主义""教条主义""主观主义""经验主义""修正主义"，以及党的路线的"正确性"，以及后来用在像毛泽东、朝鲜的金日成、罗马尼亚的齐奥塞斯库和越南的胡志明这些获胜的革命者身上，对神一般的天才领袖的狂热崇拜所使用的奉承之词——所有这一切都移植于俄国原版的百科全书中的术语、概念、信仰和技术，受其孕育并获支持。在无数遭受压迫和殖民统治的人的眼里，布尔什维克革命的成功使得苏联成为一个通向辉煌未来的开拓者——"社会主义国家"[20]，一方乐土。

　　同样，考虑到中国后来与苏联的彻底决裂以及这个国家对民族独立的强烈依恋，要重新唤起对一个听命于外来权威的时代的回忆是需要强有力的历史记忆力的。不过，在中国革命者试图模拟和效仿苏联的宏伟成功的那几十年里，莫斯科和中国共产党之间的关系如同从事一项伟大事业的教会中权威和顺从的关系，其中貌似教皇的统治者基于世俗圣经颁布法令，其真实性由神圣的、绝对无误的科学共同提供担保，或至少由胜过其他分析模式的辩证唯物主义的优越性所通告。

伟大的革命家列宁、毛泽东、胡志明和金日成死后，他们的遗体被做防腐处理，并置于展厅以供公众瞻仰。这种做法的起源在于俄罗斯东正教对圣徒的崇拜，其教义认为，精神上的纯洁胜过肉体的衰败；共产党采纳了这个理念，认为至高无上的革命领导人将永远活在纯粹的共产主义的最终胜利之中。

马克思列宁主义一个最强烈的吸引力是它为国际无产者解释了为什么他们会没有权力，这个解释完全适合中华民族的不满和愿望。列宁以他极具影响力的"帝国主义是资本主义的最后阶段"这一论点又发展了这个解释，毫无疑问他的论点会被灌输进如在莫斯科东方大学这些地方的学生们的头脑中去。在发达的资本主义社会，财富逐渐集中在少数垄断企业手中；随之而来的工人阶级的贫困化导致这些垄断企业——它们控制了代表统治阶级的政府——到全世界凡是它们能够去的地方去寻求原材料、廉价劳动力和销售它们产品的市场。这个理论以其富有说服力的、容易理解的并在一定程度上是真实的——即使有几分机械的——措辞解释了年轻革命者需要了解的自鸦片战争以来中国的一切情况，以及中国共产党现在仍然耿耿于怀的百年耻辱的开端。毕竟，除了垄断和贪婪的英国东印度公司用武力以确保在中国市场上销售印度鸦片之外，鸦片战争还能是什么呢？列宁的理论解释了通商口岸、外国租界、日本赤裸裸的侵略、颓废和特权，以及在华外国人仆妾成群的奢华生活方式，他们可以免除中国法律的追究，他们的传教士传达的信息是中国的信仰和习俗均劣于外国的信仰和习俗。深深嵌入在中国早期革命者和爱国者脑海中的是这样的信念：帝国主义的剥削和暴利是资产阶级与国际无产阶级做生死斗争的最后堡垒。

在中国共产党成立前后，世界上的主要强国，包括美国、日本和英国，出席了在华盛顿召开的一次会议，其主要成果就是一系列限制彼此海军规模的协议。在该条约制定者的眼里，这是努力防止军备竞赛和爆发另一次世界大战的来之不易的胜利，中国共产党把这些在华盛顿签订的条约斥责为帝国主义的"打劫"，"将迫使 4 亿中国人在新的国际责任下再次进入奴隶制"。[21]

这样的解释，如果美国人早知道的话，定会让他们很难理解。在一般情况下，他们自我感觉良好，在涉及中国时则自我感觉特别良好。美国人一直认为，在十九世纪末当其他国家都强行从中国榨取殖民特权时，他们首次制定了"门户开放"政策，这是与美国的理想主义冲动相一致的，即帮助把中国改造成一个基督教民主国家。例如，当中国人被迫向在 1898 年义和团运动中打败他们的帝国主义列强支付巨额赔款时，美国把它所收到的款项投入一个教育信托基金，以资助优秀的中国学生到美国留学。①

但对二十世纪上半叶的中国人而言，美国的意图并不总是表现得如此善意。1915 年，当战争在欧洲肆虐时，日本强加给中国臭名昭著的"二十一条"，迫使中国同意一系列的让

---

① 即清华留学预备学校及"中华文化教育基金"。——译者注

步，从给予日本人满洲地区铁路的控制权到允许其佛教传道者在中国传教。当时软弱的中国政府答应了这些要求，从而激起了大规模的抗议活动，特别是在学生群里。几年后，紧随着一战的结束，战胜国在《凡尔赛和约》中写进了一个条款，授予日本控制德国在山东省青岛的殖民地的权利。中国知识分子对这一新的侮辱做出的反应是四年的抗议活动以及称为"五四运动"的自我反省，这场运动强有力地影响了知识分子的理智，包括那些很快就着手建立共产党的先驱。对他们来说，原以为是仁慈的美国人居然同意给予可恨的日本人控制中国领土的权利这一景象，验证了对"门户开放"是美国维护其在中国市场的份额的委婉说法这一猜疑。

对美国的这种看法是中国共产党和国民党之间的主要不同点之一。双方均希望通过在通商口岸取消治外法权实现中国的完全独立。蒋介石始终怀疑，英国的政策不是为了帮助中国变得强大和独立，而是要使它保持软弱可欺，受西方的束缚，由此英国能保住它的帝国，包括在香港和上海以及其他地方的域外占有地，这个怀疑是正确的。但尤其是在 1927 年与共产党决裂之后，中国国民党变得越来越依赖于美国。在共产党人眼里，甚至国民党本身的构成也可以看出它是一个地主和大资本家的政党。蒋介石和其他国民党人同共产党人一样非常爱国，致力于中国的全面独立；尽管如此，随着时间的推移，他们越来越靠近美国，国民党的许多领导人不是在莫斯科东方大学，而是在美国大学接受教育。蒋介石本人皈依的不是马克思列宁主义，而是卫理公会；他那富有魅力的妻子上的是韦尔斯利大学；他的妻兄即行政院院长宋子文是哈佛的校友；他的财政部长孔祥熙是奥伯林学院和耶鲁法学院的毕业生。中国政府的各个部门充斥着说英语的美国大学毕业生。白修德于 1940 年在重庆组织过一个哈佛俱乐部[22]，他后来写道，这个俱乐部"包括了蒋介石政府中很大比例的高级官员，超过了其他哈佛俱乐部成员在约翰·F. 肯尼迪的华盛顿政府中可能占的比重"。蒋介石对在中国开展的传教活动和大企业持开放态度，但他未能在二战爆发前消除在通商口岸的治外法权——诸如在中国法庭上免于起诉的权利和外国人管理的警察部队等——这些权利大大地伤害了中国人的自尊。因此，随着国民党变得越来越像是美国的助手，它失去了反帝国主义的可信度。

在中共的领导阶层中没有人上过哈佛、韦尔斯利或耶鲁。中国共产党的高级领导人与美国之间没有私人的或公开的联系，没有富有情感的老同学关系，也几乎没有宗教关联。共产党人始终坚持反帝国主义为其核心宗旨，伴随着的是他们对全球政治的阐释，即帝国主义者本身或帝国主义者与殖民地世界之间的一系列"矛盾"。这一反帝国主义的信条表现在所有事情上，无论大小，无论涉及的是政治还是个人问题。

毛泽东绝对是一个共产党人。他对美帝国主义的看法是不变的，这也是他对美国态度友好只不过是权宜之计的原因之一，此举是很有谋略的一步棋。中国在发动战争和政治斗争上有着经典的三十六计，其中就包括被称为"笑里藏刀"的计谋。这条计谋的目的就是当你需要陷敌人于困境、迷惑他时，或者用马克思列宁主义的术语来说，利用他和其他敌人之间的"矛盾"以防止他们联手对付你时，你就要去讨好自己的敌人。一旦毛泽东上台执政，官方核准的语言就变成了关于"美帝国主义"和它的"走狗"的这种论调。他相信苏联作为革命权威的源泉也是永久性的。战争导致斯大林和毛泽东双方都暂时放弃了意识形态上的目标，把刀藏一阵子，因为这样做的话，意识形态目标有可能在以后会实现。

甚至在全面抗战之前，毛泽东也一贯表现出对这一原则的服从。1936年西安事变期间，正如我们所知，毛泽东在获知蒋介石在西安被扣押后的最初冲动是把他一直称为"叛徒"的蒋介石送上法庭公审，最有可能的结果就是处决，但斯大林要求毛泽东同意代之以一个联合阵线。毛泽东服从了，几个月后，他做了公开检讨，承认自己错了，斯大林是正确的。[23]

历史学家盛慕真查阅了早期研究者无法接触到的中国档案，根据他的考证，毛泽东和斯大林确实如谢伟思所怀疑的那样在战争期间一直用无线电台相互联系，而且这种联系比谢伟思所认为的更为重要。[24]这部电台是一个秘密，是从早先受共产国际影响的时期继承下来的。在蒋介石"围剿"共产党的战役中这部电台已被淘汰，但在毛泽东的命令下于1936年被修复了，然后被用于整个战争期间。1940年，周恩来到苏联治伤后带回中国一套无线电发射设备和两套密码——例如，"遥远的地方"这个短语指的是斯大林——从而使莫斯科和延安之间的联系更加可靠。延安的无线电台被称呼为"农业部"，由毛泽东最信任的一个副手管理。为毛泽东翻译斯大林发来的电文的师哲在他几十年后的回忆录中写道，毛泽东一直完全控制这些电报文档，将这些文件保存在自己的住所，他人无权使用它们。这些文件根据毛泽东的命令于1946年被烧毁，很可能这样一来，就能守住斯大林紧密参与了中共日常事务这个秘密，在那个时候他理应"正确和慎重地"对待中国的，任何中共是苏联代理人的暗示也能够因此而避免。

周恩来还从莫斯科随身带回了 30 万美元，这是多年来苏联秘密给予中共的多笔财务资助中的一笔，这样做既增加了一定程度的影响力和控制力，也掩饰了苏联不干涉中国内政的借口。[25] 即使在希特勒进攻苏联、斯大林一夜之间陷入一场为求生存而进行的殊死战争之后，流向中共的资金也未停止。潘佐夫和莱文特别引用了从苏联档案中挖掘出来的一份文件，文件显示 1941 年 7 月 3 日，德国进攻开始后两个星期多一点，有100 万美元被拨出用于援助中共中央委员会，这个数字在 1941年相当可观。

在整个第二次世界大战期间，而且直到中共在 1949 年夺取政权之后，俄国人和中共之间的密切协商、合作和协议的确还在沿用这种基本模式。在中国抗日战争的全过程中，斯大林在东方最担心的是日本的攻击，类似于 1905 年战争的重新打响，从日本在中国东北的基地扩展到苏联的西伯利亚。为了防止这种情况发生，斯大林想要一个尽可能最强大的中国，而尽可能最强大的中国是一个由蒋介石领导的、共产党与之合作的中国。斯大林明白共产党还没有能力夺取政权。他们九死一生，刚刚从三十年代初期和中期蒋介石对他们的毁灭性战役中幸存下来，他们的军队现在被封锁在陕北的要塞内，与国民政府的军队相比，既弱小又严重缺乏装备。在这种情况下，最好的选择是去支持国民党，不做任何可能激怒其领导人蒋介石的事，或迫使他去与日本人谈和平协议，那样将使日本人腾出手来把目光投向俄国的西伯利亚地区。

因此，从西安事变以来，斯大林给毛泽东的命令有以下三个方面：支持苏联；维护统一战线；避免引起美国人怀疑共产党的长远计划是革命性的征服。1939 年，当斯大林和希特勒同意签署互不侵犯条约并随后瓜分了波兰时，全世界的左派都为之感到震惊和沮丧。各国共产党不得不在意识形态上做出一个快速且尴尬的一百八十度大转变，主动称赞与希特勒的联盟，在那之前希特勒还一直是他们所称的魔鬼化身。

1940 年，当中国的男人被活活地用于刺刀训练，成千上万的妇女被日本人强奸时，富兰克林·罗斯福做了一次广播讲话，宣布美国处于紧急状态。中国国民党对这个讲话欣喜若狂，认为这是美国迈出了参战的第一步。然而，期待着支持德苏条约的共产党却处于尴尬的境地，不得不去反对任何针对俄国的盟友德国，或德国的盟友日本的任何军事举动。因此，中共的反应是称罗斯福为"战争贩子"。《解放日报》引用其帝国主义理论警告说，美国的统治阶级正准备"驱使美国人民投入帝国主义战争的屠宰场，从而为美国最富有的大约六十个家族产生巨大的战争利润"。[26]

次年，由于德国对苏联的突然袭击，毛泽东被迫要改变这种看法，德国的突然袭击导致斯大林和毛泽东双方都呼吁建立"国际反法西斯统一战线"，罗斯福在共产党人的宣传中也从"战争贩子"转化为"开明的资产阶级政治家"。[27]

然而，这并不意味着最根本的观念已经改变了。多年以后，当毛泽东即将取得政权时，他否定了中国需要美国和西方援助的理念。"他们的资本家要赚钱，他们的银行家要赚利息，以便从他们自己的危机中解脱出来——这不是什么帮助中国人民的事。"[28]他如此说道。

曾经有几次毛泽东对斯大林的服从使他与中共其他领导人产生了冲突，当时他们之间都平等相待。1940 年，周恩来和朱德都想抗击日本侵略，于是就违背了斯大林的指示，推动中共打了一场百团大战。这场大战给共产党带来了一个可怕的后果，重新掌控权力的毛泽东又返回到有限进攻的游击战策略，打了就跑；他这样做，就是要恢复斯大林提出的低风险、低伤亡、最大宣传价值的标准战略。

在抗日战争的过程中至少有两次，变得焦躁的毛泽东开始相信蒋介石正在加紧准备对他发动攻击——他对蒋介石于1927年在上海对共产党人发动的大屠杀记忆犹新——他希望实施先发制人的打击，这样做当然会破坏或毁灭联合阵线。针对这两种情况，斯大林通过秘密无线电台告诉毛泽东，他夸大了国民党攻击的危险，并要求他保持耐心，不做任何会削弱统一战线的事。毛泽东默认了。

这些例子中有一个是抗战期间国共双方发生的最大军事对抗，被称为新四军事件（即皖南事变）。1941年年初，也许未获得蒋介石的同意，他的一位将军攻击了共产党新四军的一个师，在三天的战斗中造成了新四军的严重损失。双方都指责对方违背了统一战线。新四军的这个师已经同意国民政府的命令从长江以南撤退到长江以北。而根据国民党的说法，新四军违背了这项命令，正在趁机发展根据地。共产党声称该部只是去寻找一个安全的地方过江，还没来得及去做就遭受了攻击。

关于这个事件极有可能共产党人的版本是真实的，因为当时斯大林和毛泽东都认为与国民党保持良好关系是符合他们利益的。袭击事件发生后，愤怒的毛泽东想宣告统一战线已经不复存在，并在军事上和政治上向国民党发动全面进攻。但在给毛泽东的电文中，为斯大林担任共产国际领导人的保加利亚共产党人格奥尔基·季米特洛夫告诉毛泽东，要"依靠主张维护统一战线的人民……并尽一切努力避免内战的扩大"。[29]当毛泽东对此表示了一定的不满时，季米特洛夫又两次电告他坚持维护统一战线，于是毛泽东同意了。

1941 年 4 月，斯大林给予毛泽东又一次强烈打击。他与日本签署了互不侵犯条约，在条约中他承认日本的傀儡"满洲国"，以此换取日本承认"蒙古人民共和国"，虽然蒙古名义上是独立国家，但实际上是在苏联的控制之下。这是一个非同寻常的发展。毛泽东始终担心的是蒋介石——他过去和未来的死敌——将会同日本讲和，然而现在却是斯大林亲自在不折不扣地做成此事！而且这笔交易将使日本有能力派更多的部队进入中国，因为它不再需要警惕俄国人的举动。除此之外，中国也宣称外蒙古是自己的领土。

尽管如此，毛泽东还是认可了这项新的条约。[30] 他这样做是因为该条约涉及苏联的核心利益，正如毛泽东所指出的那样，由此俄国和日本之间的亚洲战争的威胁现在已经被避免了，而且斯大林也已经击败了英美挑动轴心国反对苏联的阴谋。（苏联此时还没有遭受纳粹德国的攻击。）

在 1941 年稍后时间发生的两个事件改变了有关战略布局的一切。第一个事件是希特勒对斯大林的极大背叛。6 月 22日，希特勒发动了巴巴罗萨行动，突然从三个方向向苏联展开攻击。与法西斯结盟已两年的斯大林现在给毛泽东发出呼吁，要求全力支持反法西斯斗争。毛泽东写信给周恩来要他缓和本就已减弱的反对美国参战的立场。"不管他们是帝国主义列强与否，如果他们反法西斯，那么他们就是好的。"[31]

第二个事件是发生在 1941 年 12 月 7 日的日军偷袭珍珠港事件，这使美国成为正式宣战的战士而投入战争中去，发誓动用自己的军队来击败日本并将其驱逐出中国。袭击事件发生后的第二天，蒋介石发电报给罗斯福，提出要"同你并肩战斗，直到太平洋地区和整个世界摆脱暴力和无休止的背信弃义的祸根"。[32]

在毛泽东看来，美国的参战消除了日本会进攻苏联的任何残余的可能性，但他仍然忧心忡忡，主要担心的是蒋介石和美国人之间的联盟，一旦日本被打败之后，这一联盟便会把注意力转向共产党。要避免这种情况出现，并给予毛泽东一个机会来建立自己的军队以对付一场旷日持久的战争，最佳的办法就是建立起他自己与美国的关系，并赢得美国的承认成为合法政党。毛泽东已经对像埃德加·斯诺这样的左派记者做了些公关工作，但这种努力的目的既是要在中国得到足够重视——因为斯诺的书在中国能够也确实逃过了国民党的审查制度——而且还要在美国建立一个良好的形象。

现在的目标就是尽量争取美国人，邀请主流记者来延安，接待迪克西使团，并帮助营救被击落的美国飞行员，让美国人确信他们的友好情谊，并做出姿态展现共产党在1944～1945年不断完善的友好关系。周恩来对在重庆的美国游客发表意见，说共产党的意愿是尊重个人自由和权利，他要求国民党通过释放政治犯并遏制其秘密警察同样也做到尊重个人自由和权利。正如我们所知，临近1944年年底时，毛泽东告诉迪克西使团的成员，他将欢迎美国部队登陆中国的土地，他会高兴地把他的部队交给美国人指挥。"不存在什么美国不干预中国这样的事，"1945年3月时他告诉谢伟思，"你们在这里是作为中国最大的盟友。你们的存在这个事实影响巨大。美国的意图一直是善意的。"[33]

在某些方面，毛泽东也许说的是实话，或部分是实话，特别是当他赢得美国的帮助去建立一个联合政府，以及当他主动提出在美军登陆中国沿海时提供军事援助的时候，他是诚心的。毛泽东一直相信他自己的能力，如果能在中央政府中得到一个有意义的位置，他就能用它来扩大自己的影响力，并最终夺取政权。在《雅尔塔协定》签署的时候，他已经有了超过100万人的兵强马壮、充满活力的军队，在他的指挥下，这支军队所面对的政府军却是兵源严重枯竭。如果他能够得到批准为美国登陆中国沿海提供后勤支持，那么他将能够把他的势力延伸到长江以南的新地区，这可是一个既定目标。

然而，他所表示的把他的部队置于美国指挥之下的意愿则纯粹是公共关系之举了。"我们永远不会同意的"[34]，毛泽东于1945年1月25日电告在重庆的周恩来，他的理由可以追溯到列宁的帝国主义理论。毛泽东说，那样做将把党的军队"置于洋人指挥之下，变成一支殖民军队"。美国是帝国主义政权，苏联是革命力量。当需要区别谁是永久的朋友谁是永久的敌人时，认清楚这一点是至关重要的。

第九章　中国政策之战

1945 年 2 月底，魏德迈与赫尔利一起离开了中国，一个星期后抵达华盛顿。魏德迈四处奔走制订计划以在春天时使用中国沿海的一个港口。赫尔利的目的则更模糊，更具政治性，也更易引起分歧。他被在重庆听到的传言所困扰，据说斯大林和罗斯福于 2 月在雅尔塔会面时就中国问题达成了一项秘密协议，他希望从罗斯福本人那儿得到真实信息。他还希望被授予有关中国政策的全部控制权，并且将这项政策公之于众——基本上就是无条件地支持蒋介石。

正如我们所知，赫尔利是一个在 1944 年最后几个星期内动辄勃然大怒的人。他深信，他所做出的使国民党和共产党达成一项协议的努力趋于失败，正是因为一些外交官员希望他失败，伯德和包瑞德与毛泽东及其阵营中的其他人就有关情报合作和支持美国在中国东北的伞兵的会谈就是这种不忠的证据。

赫尔利的诸多传记中有一本把他的这种暴戾脾气归咎于身体不适、重庆的阴湿和污秽、失眠甚至牙痛，这是大使最容易犯的。[1] 赫尔利需要眼镜却不肯戴，结果常常是头痛欲裂。他的注意力是短暂的，他不能看冗长的文件。有一次，在重庆的鸡尾酒会上，中国客人都在场，他却和麦克卢尔大吵了起来，以至于只有靠朋友的干预才使得他们免于拳脚相向。他几乎不受人尊重，即使大多数人对他都能做到举止得体。共产党人管他叫"小胡子"。[2] 在 62 岁这个年龄上，他遭受着智力衰退的痛苦，这已不是什么不可能的事了；至少，一些观察者相信情况确实如此。"随着频率增加，（赫尔利）常常会忘记他在哪里，同谁在一起，甚至他刚刚说了些什么。"《时代》杂志的贾安娜（Annalee Jacoby）如此告诉一位采访者道。

令美国使馆中职业的中国问题专家和魏德迈手下的工作人员惊愕不已的是，赫尔利开始检查起他们所写的报告来。"他说，他被派往中国是来支持国民政府的，我们不应该报告任何反映国民政府（低劣）的品质和才干的事情，"美国使馆的高级政治事务官员亚瑟·R. 林沃尔特后来回忆道，"我们会把自己对形势的看法写成报告，而他却拒绝呈报。"[3]

有这样一个例子，赫尔利把林沃尔特提交的一份文件搁置了好几个星期，该文件描述了拨给蒋介石政府的武器的流向，或是卖给了共产党或是在局部冲突中丢失了。当林沃尔特询问大使他打算如何处理这份报告时，赫尔利把宋子文召到他的办公室，当着林沃尔特的面给宋看那份文件。毫不奇怪，宋子文宣称这不是真实的。这份报告就此从未发出。[4]

一直以来，赫尔利坚称自己是在成功的边缘，如果不是因为像戴维斯、包瑞德和伯德这些人的非法干预，他原本早就可以达到目的了。矛盾的是，尽管他在其他一切事物上都不同意他们的见解，赫尔利认为毛泽东的追随者不是"真正的共产党人"的观点倒是与中国通们的观点相一致。"我停下来观察，在这个沉闷且有争议的地方，有两个基本事实正在出现，"赫尔利在 2 月时写道，此时重庆谈判已经崩溃，周恩来回到了延安，毛泽东则对美国人发出的返回谈判桌的请求置之不理，

（一）共产党人不是真正意义上的共产党人，他们正

在追求民主原则；（二）国民党那一个政党、一个领袖的个人的政府其实并不是法西斯。这是争取民主原则。无论是共产党还是国民党都有很长的路要走，但是，如果我们认识道路，如果我们有清醒的头脑、宽容和耐心，我们是会有所帮助的。[5]

面对赫尔利的暴躁和顽固不化的头脑，中国通们着手反击，他们的反对逐渐成熟并发展到对他们的老板和大使的公开不服从。这年秋末，雷蒙德·卢登和迪克西使团的其他三名成员开始了一段长达 1500 英里、历时四个月之久的旅程，从延安正南约 150 英里到阜平，旅程中大部分地区据说都处于日本控制之下但已被共产党军队渗透。卢登的观察记载给中国通们的影响是巨大的。这几个男人穿上中式冬季棉服先乘坐吉普车前进，然后换骑骡子，再徒步穿越崎岖的山岭地带，有时在 1 英里左右就有日军小股部队出没。一路上他们见到了共产党游击队，游击队员们坚定朴实的信念、他们的献身精神，也许最重要的是他们那健康的体魄和高昂的士气深深打动了他们。他们遇到了来自城市的年轻中国人，在农村教书。他们看到原始的工厂在制造各种产品，从纺织品到炸药。他们没看到的是任何有意义的军事行动，因为在华北地区中日之间普遍存在着一种非正式的停火，在这种氛围下，除了一些打了就跑的小规模的攻击之外，共产党人和他们的百万大军没有与日本军队实际交战。有一次，这五个美国人遇到了一架被击落的美国轰炸机的机组人员，他们在共产党人护卫下安全地通过敌人的防线。这是一次壮举，需要在沿途大片地区进行精心组织，再加上当地人民的合作。

1945 年 1 月回到延安后，卢登发现机场跑道上有一架美国飞机即将飞回重庆，于是他上了飞机，回到大使馆，并给他的中国通同事描述了他的所见所闻。当他遇到赫尔利的时候，卢登自然期望大使对他的探险至少会有点儿好奇，但赫尔利最感兴趣的似乎是这次旅行究竟是谁授权的（答案是包瑞德，迪克西使团的指挥官），以及无论这个人是谁，又是谁授权给了他。[6]

1945 年年初，卢登的观察结果终于抵达华盛顿，在那里这些结果直接引发了激烈的就中国问题进行的持续辩论。卢登的第一手观察与戴维斯、谢伟思、包瑞德和伯德一直所说的是完全一致的。他强调了共产党人活动地域的范围和他们所享有的来自当地民众的支持。他写道："共产党的军队和行政管理得到民众的支持是个现实，没有正当的理由可加以怀疑，这一点我们必须在未来规划中加以考虑。"[7]共产党受到其统治下人民的欢迎这个印象不是，就如某些人（即赫尔利）所认为的那样，"用来欺骗外国游客的舞台背景……给农民提供体面的待遇、基本的公民权利、充足的食物和足够的衣服这种简单易懂的共产主义纲领，实现了八路军和人民之间的真正团结"。

在旅程中，卢登及其团队成员曾与当地指挥官谈论过他们所需要的是什么物资，以及他们将如何处置这些物资。从他本人的观察和他们的答案中，卢登估计，如果向他们提供"足够的炸药"，共产党军队"最多只需提前四十天的通知就可以瘫痪掉华北的铁路交通"。卢登还重申了谢伟思和其他人的意见，中国共产党是"自由民主的党派和稳健的民族主义者"。[8]

卢登在这个美好的判断中所反映的，要么是有几分"用来欺骗外国游客的舞台背景"的元素，要么就是中国问题专家们那促进与共产党合作的渴望使得他们过于心急地在共产党身上找出国民党所缺乏的美德。但是，共产党人如果拥有更好的武器和装备，他们就可能为抗日战争做出重大贡献，在这一点上卢登无疑是正确的。

当时在莫斯科就任新职的戴维斯，从他的角度在同一天的一封电文中详细阐述了美国与延安保持更密切关系的好处。他说，莫斯科肯定在"幸灾乐祸"地观察着中国的局势发展，蒋介石的政权不断衰败，共产党在不断发展壮大，而美国仍然不确定该怎么做。如果美国与延安合作，戴维斯断言，美国就会有机会加强中共内部的务实的民族主义派别，同时削弱"那些倾向于依赖苏联的教条主义者"。

"克里姆林宫很可能知道，美国对'共产主义者'这个标签的深刻怀疑和敌视会使美国公众对中国共产党产生偏见，"戴维斯写道，"斯大林元帅肯定会被告知……大多数美国人都愿意相信这样的说法：只有通过蒋介石，中国才能在战争与和平中实现自己的命运。"这种意识形态上的顽固，这种"参与现实政治的无能"，可能会导致我们"失去我们所追求的：尽可能快地打败日本，以及一个团结、强大和独立的中国的出现。而苏联很可能会得到……在中国北方的一颗卫星"。[9]

与此类似，谢伟思和卢登写信给魏德迈，辩称，"委员长试图消除所有政治反对派，甚至会在必要时付诸武力的意图"，以及他更关注自己国内的反对派而不是去抗日的习惯，就是国民党逐渐丧失自己人民的支持的关键所在，也是它的军事绩效拙劣的原因。"支持委员长是可取的，只要有确凿证据表明他愿意并且能够集结中国的全部力量来抗日，"这两位美国的中国问题专家写道，"支持委员长只是达到目的的一个手段；它不是目的本身。"[10]

接收这些情报的人是远东事务局中国科的头儿范宣德（John Carter Vincent），一个外表高贵的 45 岁年纪的堪萨斯人，他之前在中国有过分布广泛的六个不同职位，包括在重庆使馆担任公使衔参赞，在此任上他对主要的中国通非常熟悉——但并不总是分享他们的看法。范宣德就像大部分职业外交官一样，有点儿看不起赫尔利，他喜欢热衷于与共产党建立联系的倡导者戴维斯和谢伟思，但他也认为他们对毛泽东及其支持者的看法有点狂热。"他们太过火了"[11]，在谈起戴维斯和谢伟思的时候，范宣德告诉他的传记作者加里·梅，在年龄上他们比范宣德要小十来岁，但比他还更不耐烦，而且因为他们都认识到蒋介石的缺点，所以更倾向于"把所有美德归功于共产党"[12]。这是他在 1944 年时的一次演讲里所说的，演讲虽没有提及戴维斯和谢伟思的名字，但显然在他心中有他们的位置。

范宣德相当肯定赫尔利的使命会失败，尽管他也不喜欢共产党，但在没有任何真正有吸引力的选择下，他的政策建议是非常接近中国通的。他认为，对于美国和中国而言，最佳选择是让蒋介石继续执政，但蒋必须迅速转变以建立一个更加包容、更加民主的政治制度——否则很可能会被推翻，最有可能就是被中共推翻。[13]但是，范宣德明白，蒋介石不可能放弃一党专政，由此，美国需要有"一个替代的解决方案"，而不是去发现自己无法摆脱一个失败政府的失败领导者。这个替代方案或多或少就是谢伟思和戴维斯所推荐的：武装共产党而不征求蒋介石的同意。

这些意见通过某种途径被刊登在国务院一份有关中国政策

的文件上，当魏德迈抵达华盛顿时会被转交给他，但引人注目的是，文件对赫尔利保密。这份文件是为弥合那些赞成全力支持蒋介石的人和那些希望与共产党建立关系的人之间的分歧而做的努力。文件写道，中国的短期目标就是要打败日本，这是魏德迈应该全力以赴的；而要在政治领域实现这个目标就要团结所有中国派系，当然，这是赫尔利正在试图去做的。文件认为，如果美国能够武装各派，包括共产党，这将是一件好事；但不幸的是，这在政治上是不可能的——除非有能使它变为可能的情况出现。比如说，如果美国在某一时刻需要派部队在中国沿海登陆，那么美军指挥官"应该做好准备去武装共产党人"。此外，虽然美国的政策是鼓励一个统一的中国，但这"并不一定意味着中国应该在委员长的领导下统一起来"。在这方面，保持"一定程度的灵活性"[14]是很重要的。

尽管非常聪明也非常现实，范宣德的替代方案还是缺乏具体的实践性。它没有回答有关同共产党单独进行军事交易会对国民政府造成什么样的后果的问题，这将是对蒋介石的一个非常沉重的打击，而且还很可能促成他下台。蒋介石不愿放弃自己的一党统治在什么时候能被用来证明美国与共产党的军事合作是合理的呢？在没有解决这些问题的情况下，范宣德的文件说明了在正需要强有力的、头脑清醒的领导层时，却缺少明确的方向和有利的选择。罗斯福总统已是风烛残年，已经没有人能在美国政府的顶端就中国问题提供领导意见。相反，是最没有资格，最喜怒无常、危险而不明智的人在现场负责，以来填补空缺。

就蒋介石而言，他非常清楚自己所处的困境，并因此时而忧郁，时而愤怒。在《雅尔塔协定》签订之后，他在日记中写道，他感到"恐惧和怀疑"[15]，是否对他隐藏了什么东西，当然他是对的。他不是傻瓜，他派驻华盛顿的大使就此事询问罗斯福，而当蒋介石得知罗斯福允许在《雅尔塔协定》中写进秘密条款时，他觉得自己已经被"完全出卖了"。[16]

蒋介石的坏心情可从以下例子略见一斑，当他出席国民参政会这一很少召开且没多少权力的机构的一次会议时，一个名叫邹鲁的来自广州的党国元老询问了周恩来提出的允许共产党派一名代表参加旧金山会议的要求，在这个即将召开的会议上未来的战胜国将讨论建立联合国一事。令蒋介石烦恼的是，共产党人已经在利用委员长拒绝扩大中国在会议上的代表性的举动进行宣传，声称中国将在整个世界面前显得是个没有代表性的独裁国度，就和现在一样。美国大使馆就此次国民参政会的记述是这样说的，蒋介石"大发雷霆，严词训斥了邹鲁……并广泛地谴责了自由派人士"。[17]一涉及共产党的话题，蒋介石就"气得满脸通红，他的声音和双手都在颤抖。当他的话音一落，受惊的听众一片沉寂，接着他就宣布休会"。

在重庆，中国通们越来越感觉到中国政策处于危机中。E. J. 卡恩，《纽约客》杂志的一个作者，在七十年代初采访了卢登、戴维斯、谢伟思和其他中国通。他们告诉他，当时他们都住在重庆的同一幢房子里，"周围没有女性，晚上的时间他们都断断续续地靠他们在桥牌、飞镖或填字游戏上的爱好来打发，或者也用来分析和重新分析中国那令人沮丧的情况"。他们越来越认定"如果他们不尽快去做一些事情，那么美国至今试图在中国和为中国所做的一切都可能会付诸东流"。[18]

因此，中国通们决定采取一个激烈的步骤。他们指定谢伟思撰写一篇分析报告送交华盛顿，时间上要与魏德迈和赫尔利到达华盛顿的时间正好一致。当赫尔利不在时，负责大使馆事务的外交官乔治·艾奇逊表达了对这一举措的一些疑虑。"他们会说我们都是叛徒，猫儿不在老鼠就闹翻天。"[19]他如此说道。因此，为预先阻止这一可能性，他们插进了这样一句话："魏德迈将军和赫尔利将军都在华盛顿，所以此时应该是就此事进行讨论的一个有利时机。"然后艾奇逊在文件上签了名，文件就发了出去。文件不加掩饰地宣称赫尔利关于国共谈判的报告是"不完整和不客观的"，这是一份外交人员内部表示不同意见的声明，其影响之大是可以想象的。

据谢伟思后来说，使馆工作人员中的所有政治官员都同意这份电文。[20]即使是魏德迈的参谋长默文·E. 格罗斯（Mervin E. Gross）——魏德迈不在职位上时由他指挥——也表示赞同。电文写道，美国应该向蒋介石递交一份最后通牒。罗斯福应该"以明确无误的措辞告知蒋介石，军事需要要求我们同能够在这场抗日战争中协助我们的共产党和其他适当的团体进行合作并提供补给"。[21]此外，没有必要等到国共合作协定接受之后再向中国领导人发出这份通知。正如历史学家赫伯特·费斯就这项争议所概括的那样，这份政策建议将"确保所有中国人在战争中的合作；将共产党人控制在我们这一边，而不是把他们推入苏联的怀抱；使国民党人确信其明显的最终打内战的计划是不可取的；以及推进中国的统一大业"。[22]

对于持完全相反观点的赫尔利而言，这份电报无疑是战争宣言。显然，它在时机选择上不只是同他到达华盛顿的时间一致，并且还在这项政策辩论发生的时候挖了他的墙脚。以他那种名人的性格特点，他不能够看透这份电报的真相，这是一群聪明且消息灵通的人士所表达的急迫甚至勇敢的不同意见。而他却指控道，这是"不忠的行为"。去武装共产党就是去承认共产党为"有武装的交战方"，而这将"导致国民政府迅速被推翻"。赫尔利现在感觉他无法去相信使馆内或外交部门的任何一个人，他的这种信念又被随之而来的事实加强了。3月5日，他被召到美国国务院远东事务局开会，在会上，如他所说，他受到了"训斥"，并被迫去为他认为已经解决了的政策问题辩解。得到他的授权并对他持完全同情态度的传记作者引述他在那个场合对他自己的描述道，他面对着"国务院中一大批亲共分子作为我的法官向我发问"。[23]

战线被划出来了，赌注则是美国在亚洲的作用的本质。但是，针对一个贫穷的亚洲国家其弱势政府面临共产主义革命时美国该如何应对的问题，在两个针锋相对的观点之间展开的第一轮美国人的较量中，赫尔利能直接接触总统是张王牌。他去了白宫，白宫已经收到了持反对意见的3月2日重庆电报的复印件，费斯记录下了事情的结果："总统支持赫尔利。"[24]共产党人将不会得到武器或物资供应，未经国民政府事先批准也将不会与他们达成单独协议。

和以往一样，罗斯福根本就没有兴趣用枪指着蒋介石的头来逼其让步。他也许觉得，尤其是在他同斯大林于雅尔塔签署了秘密协定之后，他无法通过迫使蒋介石做出蒋认为将导致推翻其统治的让步来进一步羞辱这位中国领导人。在罗斯福眼里，问题的关键是结束在中国的殖民主义，并鼓励中国成为一个强大、独立、友好的国家。把蒋介石变为一个顺从的附庸不是实现这一目标的方式。

当时还有一个实际问题。尽管对中国人的骄傲而言是毁灭性的，但《雅尔塔协定》必将把美国更密切地与蒋介石政府捆绑在一起。根据秘密协议的条款，俄国人承诺只向国民党政府提供援助，而不是给它的意识形态盟友共产党。而现在，居然有人提议美国有效地承认共产党作为事实上的中国北方的政府，而且不顾一个联盟政府的意愿，提供武器和援助给这个事实上的政府！如果蒋介石因为美国给其敌人的援助而垮台，那该怎么办？那样的话，就像历史学家加里·梅撰文所称，俄国人将被从只支持国民党的约束中解脱出来。"由此他们能够，"梅总结道，"加入中共的努力，夺取对中国的控制权。"[25]

无论罗斯福的推理是什么，赫尔利现在手握总统给予的信任投票，他将用它来压制在这一领域里的中国问题专家，这无异于一场清洗，对象是那些曾在该国生活多年，能说其语言，了解其环境和主要人物的人。约翰·戴维斯很走运，他已经离开中国去了莫斯科，驻莫斯科大使馆的临时代办乔治·凯南对他极为赞赏。但3月时赴延安报道中共党代会的谢伟思，刚返回重庆就获悉他被要求立即赶赴华盛顿，他照办了，成为一架军用飞机上的唯一乘客，经南亚、中东、非洲和南美长途旅行，于4月12日到达，刚巧就是罗斯福去世的那一天。亚瑟·林沃尔特也被重新分配工作。其他一些人也难逃此劫，包括一位三秘，一位翻译官，以及使馆二号人物乔治·艾奇逊。在赫尔利的坚持下，艾奇逊被弗吉尼亚银行家沃尔特·S. 罗伯逊所取代，此人对中国一无所知，也许就因为这点，他和赫尔利相处得很好。

赫尔利还对美国外交人员前往延安下了禁令，因此中国通们曾经享有的会见共产党高级官员的捷径被切断了。后来，谢伟思也曾报告说，赫尔利把外交信函展示给中国国民党官员看的习惯会有削弱性效应，因为这些报告的来源可能会受到威胁。谢伟思说："有些人被召唤到大使面前去听他的长篇训斥，而他使用的是剥皮匠人的语言。"赫尔利的胜利并不是导致同中共的友好关系的可能性消失的主要原因，但它是一个影响因素，因为它证实了毛泽东和他的谋士们无论如何都倾向于相信的观点，即美国是垄断资本家控制的帝国主义强国，它必将是他们的敌人。

那些已经不能在涉及中国的职务上为美国效力的外交官，在整个战争期间还源源不断地提交令人瞩目的且往往是很精彩的中国问题报告。他们对一切都感兴趣。谢伟思写了一些有充分事实依据的报告，揭示了国民党军队内部的分裂，描述了战争双方的宣传战，分析了为什么有些中国人会与日本合作、对公众舆论实施审查的效果、共产党是如何能够把根据地扩大到被日占区中去等许多其他话题，甚至还提到了国共双方写在墙上的口号和所画的宣传画，以及它们所展示的中国政治文化的性质，此外还有两党竭力为自己打造的形象和诋毁对方的形象。谢伟思在1945年3月提交的有关与蒋介石分庭抗礼的桂系将领的报告是中国政治内部运作的一个有技巧的解剖，它说明了除其他方面之外，为什么对于中国领导人而言削弱潜在对手比晋升有能力的军官更为重要。这种彻底运用"分而治之"的权术，谢伟思写道："在蒋介石看来也许是他唯一的选择。由于本身薄弱，中央政府的唯一希望，根据其有限的看法，就在于削弱所有反对派团体，并使它们始终处于弱小和不团结的状态。蒋介石眼里的'统一'显然意味着主宰一切。"

谢伟思和其他外交界支持者的一个重大失误，那就是对毛泽东的看法变得过分乐观。他们上了共产党的当。这一结论是无法避免的。但他们绝不是亲共的，绝不像赫尔利和从事政治迫害的委员会为"失去"中国而竭力责怪他们时所声称的那样。赫尔利坚持强加在他们头上的字眼——"不忠"——是丑陋的诽谤。直到四十年后，当新一代的中国问题专家能再次前往中国时，美国才重新享有有关中国问题的始终是高水准的报告和分析，就像被赫尔利从他们的岗位上清除掉的谢伟思、卢登、戴维斯、艾奇逊、赖斯、约翰·埃默森等人当年所提供的那些报告那样。

1945年4月初，还是在华盛顿，赫尔利召开了一次涉及面广泛的新闻发布会，这次发布会受到了重庆和延安的关注。[26]赫尔利在会上毫不含糊地宣布不会给共产党任何援助，因为这种援助就等于承认除美国承诺支持的政府之外另一个中国政府存在。赫尔利还插入了一个体现他那一贯的乐观的声明，声称中国各党派正在"紧密地结合在一起"，他的统一的目标是可以实现的。但最主要的信息是，在这种统一得以实现之前，绝不能"促进和援助中共军队的发展"。这个声明与国务院几个星期前给予魏德迈的立场文件是不一致的，但没有人出面来反驳这个被新闻界称为"赫尔利少将"的人。

甚至在此之前，赫尔利还催促总统告诉他有关雅尔塔会议的信息以及关于中国问题究竟做出了什么决定。起初，罗斯福对他的大使否认他和斯大林之间曾有过关于中国的秘密协议，但在最后一次访问白宫时，赫尔利终于让他道出了真相，罗斯福给赫尔利看了同斯大林达成的交易的文本。在后来对这起事件的叙述中，赫尔利说他被深深震撼了。"美国的外交官们"，他指控道，已经"放弃了中国的领土完整和政治独立……并且（画出了）共产党征服的蓝图"。[27]

但是，正如他的未经授权的传记作者罗素·D. 布希特（Russell D. Buhite）所指出的那样，他很可能是假装义愤填膺，或至少是夸大其词。赫尔利完全清楚将苏联引入战争的必要性，他也接受了拿中国的什么东西作为给他们的回报的随之而来的必要性。他所想要的——或者更准确地说，他不切实际地希望得到的——是莫斯科和重庆之间的交易，这将阻止苏联对中共的援助。[28]赫尔利似乎准备让自己挑起这副重担，要亲自出马去伦敦和莫斯科（他后来说此举得到了罗斯福的认可，虽然并不确定），以便争取获得英国和苏联对他的中国政策的支持。

于是，赫尔利再一次出门到国际外交这片险象环生的水域里去天真地游泳。他会见了丘吉尔，后者尽职尽责地同意支持蒋介石政府并鼓励国民党和共产党达成协议，但后来丘吉尔在这方面什么也没做。然后，赫尔利又前往莫斯科，在那里他见到了斯大林和莫洛托夫，他们向他保证称会支持蒋介石政府，就只是他的政府，他们不打算支持中共。

令人吃惊的是，赫尔利那么轻易地怀疑中国通们有着隐藏起来的阴暗邪恶的动机，却如此轻易地被一块糖果哄得团团转。他似乎从来没有怀疑莫洛托夫和斯大林可能试图通过提供有关他们意图的虚假保证来抵消美国的努力。颇具讽刺意味的是，赫尔利与之争斗的中国通之一，约翰·戴维斯，现在正在莫斯科，他试图警告自己的老上司不要被花言巧语所蒙骗——然而，后来被指控对共产党态度过软的却是戴维斯，而不是赫尔利。"曾经有大量的忠告提供给（赫尔利），但他没有表现出接受的愿望。"[29]乔治·凯南如此评论道。

就在这种政治上的操控发生之时，战争在中国继续进行。成千上万的人死于战火，日本的中国派遣军在冈村宁次的指挥下，做出了最后的努力，妄图一战而彻底击败中国。冈村把手下 82 万人马分成二十五个师、一个装甲旅、十一个独立步兵旅、一个骑兵旅，以及十个独立旅。[30]这些部队按三个编队部署——华北方面军占据黄河和长城之间的地域，第六方面军面对华东地区的中国人和美国人，第十三方面军在上海和长江流域下游。冈村亲自指挥的第六方面军，拥有五个师和 228 门大炮，是一支令中国战区司令部的美国人，特别是其司令魏德迈将军，在夜间都难以入眠的精锐部队。

冈村属于日本军官中残酷无情、意志坚定并有能力激起担忧的那种类型。自从他指挥部队在 1932 年占领上海以来就一直在中国，因他所扮演的角色，他成了臭名昭著的第一个命令当地妇女强迫卖淫的指挥官，还给她们起了一个十分好听的名字——"慰安妇"。在几乎所有被日军侵占的领土上，日军官兵都能得到她们的"服务"。

1937 年七七事变后，冈村宁次指挥日军第 11 军参与了长江流域的一些重大战役。1939 年春天被调到北部省份后，冈村要求允许使用毒气，声称需要给他的部队"胜利的感觉"[31]，随后他指挥了这场战争中规模最大的化学武器攻击。

1940 年，冈村宁次升为大将并担任华北方面军总司令，此时共产党突然发动了百团大战，日军以其残酷的战术做出反击，这就是中国人所熟知的三光政策——"烧光、杀光、抢光"。他指挥下的日本军队应该对学者们估计的 270 万非战斗人员死亡负责。[32]在此之后，1944 年，冈村是"一号"作战攻势的总指挥，这场攻势在 1944 年延续了好几个月，企图征服整个华东和东南地区，并沿途拔除美国第 14 航空队的基地。他的照片上显示出一个严厉、阴沉、冷酷、身穿制服的男人，一个地地道道的日本陆军士官学校的毕业生，浑身上下渗透着铁的纪律、毫不留情屠杀敌人、为天皇赢取胜利荣耀等日本军事价值观。

随着 1945 年的来临，冈村和日本能够就最近在中国赢得的一些重要胜利来为自己庆贺一番——这与其他地方的战争形成了对照，如在太平洋、菲律宾和缅甸遭受的毁灭性损失，还有早些时候在中途岛、硫磺岛和其他太平洋环礁打的败仗，这些已经给日本帝国招来了厄运。尽管如此，在 1945 年年初，似乎还看不到日本有丝毫要放弃的想法。美军指挥官也不会相信最艰难的战斗已经在他们身后。1944 年 11 月，就在新来的魏德迈还在熟悉情况时，日军占领了仍然在中国人手里的广州—汉口—北京铁路的部分路段，从而形成了从法属印度支那的海防港一路延伸到中国东北和朝鲜的一条完整的铁路线，这将可能是一条极其重要的供应线，如果美国和日本要在中国土地上最后打一场一决胜负的战役的话。与此同时，第 11 军以四个追求荣耀的师团和一连坦克的兵力，占领了位于桂林和柳州的美军机场，陈纳德的第 14 航空队就是从这些机场起飞骚扰日本在华供应线和轰炸海上运输船只的。

在几个星期后的记者招待会上，战争部长亨利·L. 史汀生宣布离胜利还有很长一段距离。"多年来，日本人一直占据着中国沿海，"他说，"他们在那里有成千上万的军队，最近还在加强他们的控制。他们已经接管了一条从广州到汉口到北平的内陆补给线，他们还占领了这条路线东边对我们飞行员很有帮助的三个机场。"[33]此外，日本仍拥有抵御入侵的强大的国内防线，其生产能力仍很强大，石油和天然气储量充足。

桂林和柳州失陷的后果是严重的、令人担忧的，因为这两地不仅是美国大型空军基地的所在，而且还控制了进一步向西的道路交通，特别是去贵阳和昆明。昆明是经驼峰航线运来的物资的终点，是即将重新开放的滇缅公路的起点，也是美国物资的发散点，没有从美国运来的那些物资，中国是可能无法在旷日持久的战争中坚持下来的。

桂林是中国南方一座古老的城市，街旁有着柱廊，店铺都有宽宽的骑楼遮挡日晒，这是一处历尽沧桑、景致如画但被污染了的破旧地方，附近的山脉优雅美丽，尖尖的山峰凸起在青翠的乡间。几乎自 1937 年全面抗战开始，美国飞行员就在那里的军用机场飞进飞出，他们能瞥见漓江的美景，清晨的阳光闪烁在下面水牛耕作着的稻田上，即使是飞行员驾驶着为世人所知的最具杀伤力和最现代化的飞机去执行轰炸和扫射任务。

到了晚上，飞行员和飞机维护人员在机场附近的竹棚中享用牛排和啤酒，然后在第二天早上他们坐下来听当天的作战任务分配介绍。[34]他们谈论着侥幸脱险的经历以及他们那些被击落再也没能回来的好友。他们对中国的一些亡命之徒恨之入骨，其中有些是战争难民。他们聚集到桂林正是因为美国人在那里，他们会设法搞到租借法案的物资，然后到黑市倒卖；或者，正如人们普遍怀疑的那样，在美国飞机起飞的时候，操作无线发报机向日本人告密。

机场附近有一家年代久远的旅馆，美国飞行员常去那儿喝酒，与当地女孩跳舞，然后同她们退隐到沿主楼两翼而建的小卧室去。桂林被誉为自由中国的性都绝非没有缘由。有个极受欢迎的场所名叫"利多俱乐部"，在那里某位自称法蒂玛·伊斯梅尔（Fatima Ismail）的女人负责招待客人，但大家普遍怀疑她出卖情报给日本人。

在日本人占领桂林三天后，魏德迈与蒋介石及其部属举行了第一次工作会议，其间，他提出了一个增强中国防御能力并最终能击退日军的总体计划。这个代号为"阿尔法"的计划将装备和训练三十九个中国师，每个师都配有美国顾问小组；普遍营养不良的中国军队将得到充足的给养；将要引入战场紧急医疗后送和伤员救治这些在中国还非常陌生的概念；每名士兵也将得到足够的装备。所有这一切都将遵循史迪威在印度兰姆训练中国军队时所创立的模式，那些中国军队在缅甸作战表现极佳。

魏德迈不能确定阿尔法计划是否会起作用。即使加以恰当的训练和装备，中国军队是否会有战斗意志，或者更准确地说，是否会有能激发他们斗志的将才，他对此没有一点儿信心。在他逗留中国的最初几周和几个月里，他的评估奇怪地无法保持一致。他把蒋介石与丘吉尔相比，非常坚定地赞赏蒋介石，但又对中国的军事领导持怀疑态度，他觉得中国的军事领导层患有严重的"愚蠢和效率低下"病，这使得它"冷漠并缺乏才智"，"无能为力且不知所措"，[35]因此不能或不敢就此情况准确地向委员长汇报或做些努力来加以改进。魏德迈认为保住桂林应该是有可能的。中国的第97军，兵强马壮、装备精良，曾经据守在似乎很坚固的城北工事里。蒋介石一度"斩钉截铁地"让魏德迈放心，称如果日本人发动进攻，他的军队可以在桂林—柳州地区坚守两个月——但随后他们却不战而退了。"中国人的混乱无序和一塌糊涂的计划是无法理解的，"

魏德迈当时写道，"我们可以花费巨大的后勤成本投入大量部队，但我们不知道中国人是否会坚持战斗。"[36]

从积极的方面来看，供应物资在实质性地大幅增加，因此燃料和弹药比以往任何时候都更多。在战争的大多数时间里，每个月大约有 5000 吨物资经驼峰航线运来；截至 1945 年年初，美国的 C－47 军用运输机每个月的运输量达 6 万吨之多，日本人能充分理解这个极大的差异，因为他们的供应量在逐渐减少。事实上，如果魏德迈事先知道在这一点上日本最高统帅部的头脑中是什么想法，他就会有更多的理由来保持谨慎的乐观了。日本人的"一号"作战攻势已经放慢，因为冈村宁次的补给线拉得过长，即使在那些没有过度扩张的地方，他们也被第 14 航空队的有效攻击给缠住了，这也是冈村迫切想要占领桂林和柳州机场的原因。[37]

冈村的司令部设在长江港口城市汉口，在那里，他曾眼睁睁地看着陈纳德的 B－29 轰炸机把弹药倾泻在沿河岸散布的工厂和仓库上，造成壮观的大火，并使得大量船只拥堵在江中，多达 10 万吨的日本军需物资都被困在江上各处。仅 12 月 18 日一天，就有 77 架 B－29 和 200 架战斗机空袭了汉口及其姊妹城市武昌和汉阳（现在合并为武汉一个城市），而日本人的飞机已经被转移去守卫美国可能会在那里登陆的沿海地段，因此无法阻止此处的攻势。当一切都结束之后，这三个城市全部被笼罩在浓厚的烟雾之中。

美国飞机还摧毁了京汉铁路的桥梁，破坏了日本人使用铁路运输替代水上运输的计划。日本人采取的对策是在铁路线被炸断的地方将物资卸下来，装到卡车上，运到铁路线修复的地方再装上火车，但美国人的炸弹摧毁了那么多的火车头，这种方法的使用也是有限的。日军或许只能得到他们原计划补给的四分之一。他们有足够的食物、军服和弹药，但汽油将在几个月内耗尽，除非采取一些行动，否则长江以南的铁路将完全瘫痪，冈村可以预见这一天的到来。

这种情况造成了战争的短暂平息，其间日本人重新集结，试图重新组织他们的补给线，并决定下一步该怎么做。东京最高统帅部赞成放弃其华南基地并集中兵力，而不再去防卫中国沿海预期的美军登陆点。这种战斗间歇反映了日本的困难处境，尽管从盟军的角度来解释这种间歇会暴露出这场发生在中国的战争的含糊之处。当时谣言满天飞，矛头直指国民政府暗中串通日本人，让后者夺取美国机场以换取对中国本身的战争的暂停。当魏德迈一如既往以外交姿态很尊重地把这些谣言告知委员长时，蒋介石的反应是"绝对不表态"，魏德迈当时如此记载道："没有迹象、情感或其他方式可以表明他否认或者承认了这一点。他的自然反应是干巴巴的闲扯。"[38]

魏德迈勇敢地继续他的使命，仿佛谣言并不存在。对中国师的训练和美国顾问的指派——最终已有3000多名——仍在继续。同时，随着春天的临近，冈村无视东京帝国大本营的意见，决定实施他自己的一个大胆计划。1945年1月，他占领了桂林东北方向江西遂川的另一座美国机场。但他知道，占领这样一座小机场，只是暂时的眼前之利，或者根本就无利可图，因为陈纳德的飞机和飞行员可以简单地迁移到其他地方，再从那里恢复行动。桂林拥有基础设施、仓库、兵营、情报总部和设备，然而在遂川，根据美国官方对中国战区的记载，"日本人所继承的一切就是空空的跑道"[39]。考虑到这一点，帝国大本营决定放弃占领更多的中国领土，转而守卫华南沿海。

日本之所以做出这一决定，原因是美国夺回了菲律宾，从而开辟了美军在中国本土登陆的集结地。

但是，冈村认为对美军入侵的恐惧被夸大了。他想要攻击重庆并给予敌人致命的打击，绝非仅仅临时中止他的行动。这是一个关键的时刻。如果中国的防御如以往那样一触即溃的话，冈村还是可以希望他能把中国从战争中淘汰出局。然而，如果中国顽强抵抗的话，日本将别无选择，只能求助于防守消耗战，撤回到沿海地区并试图阻止利用中国作为跳板进攻日本本土的盟军。

冈村选择芷江城作为其孤注一掷的新攻势的第一个目标。芷江原本是湘西一个平凡的地方，崎岖不平，没有几条道路，大部分货物运输都靠苦力在小路上肩挑背扛走村串户，或者靠在该地区的许多河流里穿行的舢板。小城本身拥有陈纳德最重要的机场之一，这使得它成为一个重要的目标，但冈村还把它看作针对西北方300英里的重庆本身，或者还有昆明，进行轰炸的潜在基地。

1945年早春，冈村在芷江东部的平地上集结了2万日军。4月13日，在盟军空中侦察机的密切监视下，这些部队开始大举推进。迎击这一来势汹汹的军队并将其打退，以避免直接威胁重庆和昆明，是中美联合指挥部现在面临的挑战，这也是对阿尔法训练初步完成之前所产生的新合作精神的一次考验。

中国军队第74军第51师位于连接芷江东西两面一条主要公路的几英里处，预期日军会沿此公路进犯。但是，在湘西这边的日军借助迷宫似的丘陵和山谷潜入了大批部队从而甩掉了横在他们和芷江之间的国军。同样的战术日军于1942年在缅甸成功地应用过，当时日军士兵迅速穿越丛林，避开了道路，以谋略胜过了英国人、美国人和中国人。

第 51 师的美军联络官是路易斯·V. 琼斯上校。中国师长告诉琼斯，他正在从该地区调出两个团的兵力试图阻止日军渗透，因此琼斯便率领一支无线电通信小队、一个翻译，以及 44 名苦力，跟着他们在山间长途跋涉。第二天，他发现这两个团已经冲出了日军可能经过的山谷。第三个中国团，未与其他两个团一起出动的第 151 团，还留在原位，4 月 17 日晚该团独自投入战斗抗击日军。第二天，琼斯赶上了中国师长并说服了他重新部署自己的部队；这样一来，面对来犯之敌他们的战线拉开达 6 英里之宽。

19 日，该师师长请求空中支援。第二天来了 1 架飞机，第三天有 4 架，但随即大雨降临，空中行动被迫中止。日军第 116 师和第 133 步兵团的士兵在地面上顽强地进攻，以每小时 1.5 英里的速度缓慢推进。不久，他们占领了山门镇，这给他们在小山上提供了一个作战据点。但是，如正史记载的那样，尽管压力巨大，中国的第 151 团"顽强地坚守着"。[40]

其他中国部队同样如此，沿着 75 英里长的防线全面抵御着日军的进攻。当山门镇西北方的前线出现一个很大的裂口时，中国的第 18 军迅速前移，防止了敌人的突破。在防线的其余地段，中国军队各部均"勇敢坚守，并且对日军的每一步推进都报之以反击"。[41] 同时，抗日战争期间一些罕见的情况也正在发生。芷江成为一直延伸到昆明的一系列基地之一，大量物资被运到这些基地。一家野战医院被建立用来救治伤员，还成立了一家车辆维修公司，以便使受损的运输物资的卡车可以得到修复并继续发挥作用。供应网点从芷江开始沿着公路和可通航的河流向四处延伸。粮食、武器——冲锋枪、60 毫米迫击炮、布朗式轻机枪——弹药甚至夏季军服被运到这些供应点，然后再用卡车或舢板转发给中国军队，甚至在战线的后方还成立了移动式外科医院。

在这片偏僻的中国土地上，战斗持续了几个月。最终，共有八座基地医院在运作，受伤的中国士兵因此能得到医疗救治，而不是像在这漫长战争期间的开始阶段那样只能坐以待毙。因为可以从洞庭湖流域用船将大米运到湖南东北部再用卡车分送到部队，所以没有必要再出现中国士兵中常见的恶性行为：去当地村庄偷窃食物或极度忍饥挨饿。的确，一支军队必须吃饱了才能打仗，中国的国民党军队中似乎往往缺失这个基本要点，但在芷江战场上绝对不是。

同时，琼斯上校的经历表明，在中国指挥官和他们的美国顾问之间有着良好的合作。1942年史迪威在缅甸遭受的挫折——在那里他的命令要不被蒋介石忽略，要不就是被他撤销——1945年在湘西再也没有重演过。有个名叫乔治·L.古德里奇的上校联络官，他是1945年2月来华帮助训练中国军队的，此人报告说："每当形势发生了变化，将军就把联络官请到地图前，在解释了战情之后，就征求他的意见……在大多数情况下，随后下达的命令，都是按照联络官建议的计划执行的。"[42]

5月2日，在武阳山谷的入口处，中国的第5师直接面对从南路进犯的敌人。在得到美国顾问的赞同后，它做出了包围日军的决定，据官方历史记载，这项决定"取得了圆满成功"，缴获了"相当数量的日军装备，包括火炮、一些文件以及6名战俘"。[43]在之后的日子里，中国的第121师向北移动，并成功地攻击了日军的左翼。其他作战部队从北顺势而下，在日军集结地后面切入，迫使敌人夺路而退。

5月11日，中国第18军第11师攻占了一个日本供应仓库，连同500匹战马。同时，看到了要避免失败所需做出的巨大努力，并意识到帝国大本营针对沿海重新部署的命令，冈村宁次决定不再派遣增援部队，并下令部队撤出芷江战役。

大约在这个时候，蒋介石显然察觉到一个机会，便做了他以前常常做的事情。他给他的指挥官何应钦下令去夺取湖南省的衡阳市。这正是美国人，尤其是史迪威，觉得蒋介石总是缺乏的那种敢作敢为和气魄。不过，这是一种干扰，魏德迈在得知这道命令之后提醒蒋介石，如果蒋介石不告诉他就对自己的将军们发号施令的话，那么他，魏德迈，就不能很好地协调整个战役。魏德迈还说，中国军队还未就夺回衡阳所需规模的作战行动做好准备工作。蒋介石让步了，他说，他还没有下令，只是表达了一个意见。[44]换句话说，魏德迈设法做成了暴躁的史迪威做不到的事情，那就是说服中国政府的主席和总司令不要随意插手。

截至6月7日，芷江保卫战已经结束。日本人撤回到原先的阵地。芷江之战应该被计入中国的胜利。对重庆和昆明最直接的威胁被避免了。进一步向东朝广州和香港进军的道路为中国军队敞开了。日军遭受的损失是1500人死亡，5000人受伤。中国的伤亡较高——近7000人死亡，12000人受伤——但中国在战争中投入的军队比日军多得多。在评估自己的失败时，日军指挥官将其归因于中国所取得的"巨大进步"。而这个进步甚至是在"阿尔法"所设想的训练计划还未结束之前战争就已经爆发的情况下所取得的。

"中国战区正在取得真正的进展。"[45]官方历史下了如此的结论。中国人采纳了一些"与他们的习惯做法"全然不同的行动方式，这"反映了他们的合作精神和魏德迈、麦克卢尔及其参谋人员的说服力这两方面的成果"。但并非一切都很顺利。美国人特别提到了中国军队允许被包围的日军部队逃亡的倾向，这是在中国的战争中由来已久的做法。在不同的时间和不同的情况下所写的三十六计，目的是通过总是让给敌人一条退路来避免战争的过高代价。中国国民党人坚持这项传统，这是令他们的美国顾问恼怒的事。但美国人也表示，如果装备良好并指挥得当，这支军队打起仗来不会比任何人差。

除此之外，国民党军队的此次表现来得正是时候，许多美国观察者都认为对于蒋介石的军队，他们只能抱现实的绝望态度，相信这支军队是无可救药、难当其任，并且还总是拒绝参战的。难道毛泽东没有告诉过包瑞德国民党的部队见到日本人只会转身就跑，而不是奋勇杀敌？芷江战役是一个重要例子，在新的形势下，他们挺身而出，勇敢作战，并取得了胜利。

但也发生了某种意想不到的情况，某种既阴险毒辣又耸人听闻的情况，困扰着此后几年中有关中国的任何形式的自由讨论。这就是后来被称为"美亚间谍案"的一段插曲，其影响到了所有中国问题专家，但谢伟思遭受到的打击是最直接、最具毁灭性的。这一切都始于1945年1月，当时有份颇具影响力的小杂志——《美亚》杂志，其读者多半都是在国务院或大学工作的对亚洲感兴趣的专业人士——发表了一份无关痛痒的报告，题为"英帝国在亚洲的政策"。

肯尼斯·韦尔斯看了这篇文章，他当时在战略情报局南亚处工作，该局是中央情报局在二战时的前身。韦尔斯注意到该报告的某些部分几乎是一字不差地出自他就东南亚的英美关系所写的一份报告的部分章节。韦尔斯的报告是被列为机密文档的。他想知道《美亚》杂志是如何得到他的报告的。美国联邦调查局也想知道，于是他们监控了《美亚》的编辑，并且在一次不合法的行动中，闯入了该杂志的办公室，试图发现卖国泄密的可能源头。

第十章　不同的命运

当赫尔利在清洗重庆大使馆中最好的中国通时，毛泽东则在享受前两年整风运动结出的果实。从那以后，他就远远不止是人中之杰，远远不止是一个有魅力的和受尊敬的党的领导人。一首在 1943 年谱写的朗朗上口、音调优美的颂歌里这样唱道：

> 东方红，
>
> 太阳升，
>
> 中国出了个毛泽东。
>
> 他为人民谋幸福，
>
> 他是人民大救星。

对毛泽东的个人崇拜有着一个渐进的过程，但达到顶点却是在中国共产党第七次全国代表大会上。[1] 中共七大于 1945 年 4 月开幕，500 名代表选举毛泽东为所有中国共产党执政机构——中央委员会、书记处、政治局和军事委员会——的最高领导人，这样就把权力全部集中到单独一个领袖手中，这种方式在中国共产主义的历史上从未有过。但与毛泽东的正式职位同样重要的是不停的颂扬。

这是一种将一些中国自有的封建习俗与来自斯大林同志的做法混在一起的个人崇拜。

中共七大在延安的一所礼堂里召开，会场里响起了高声呼喊："毛主席万岁！"（"万岁"是仿效千百年来对中国皇帝的欢呼口号）。舞台台口上方悬挂着大字书写的标语"在毛泽东的旗帜下胜利前进"。毛泽东思想第一次被写进了党章，作为中国共产党意识形态的一个官方支柱，享有与马列主义平等的地位。被选为党内二号人物的刘少奇在代表大会上做了一次重要讲话，其中几乎每一段都充满了样板式的词语，称赞毛泽东领导能力的杰出、他的政策的正确性，并强调了研究他的思想的必要性。

就在大会开幕前，毛泽东主持了一次中央委员全体会议，会议通过了一份文件，题为"关于若干历史问题的决议"。该文件追溯了过去每一事件中毛泽东政策的正确性。作为中共七大和确立毛泽东的官方历史为党的思想的准备工作，甚至王明这位毛泽东过去最强大、最著名也最顽固的对手，也承认他过去反对毛泽东是思想错误。[2]

如果毛泽东在这件事情上能以他自己的方式行事，他肯定会把王明开除出党，甚至可能把他投入监狱，但正是在斯大林的坚持下，他没有这么做。此处存在着一个模糊的能一决胜负的要素，其可以追溯到前些年国共两党之间的恶性斗争。1943年年底，毛泽东写信给共产国际的领导人季米特洛夫（共产国际于1943年5月解散，尽管如此，斯大林还是经常通过季米特洛夫继续以非正式的方式给世界各地的共产党下达指示），指责王明"从事各种反党活动"。[3]

不过，王明曾在莫斯科住过几年，他在那里有他自己的人际关系，包括季米特洛夫，而且在1943年有几个月他和毛泽东都在向全球革命的总部发送电文就原本是中共内部的事务寻求对自己立场的支持。王明在给季米特洛夫的信中指责毛泽东是"反列宁主义"和"托派"，这在国际共产主义世界中都是严重的且真正置人于死地的指责。毫无疑问，在斯大林的坚持下，季米特洛夫在这件事上做出了有大智慧的判断，将他的支持给予毛泽东，但要求毛不要断绝王明和党的关系。[4] 为了"团结"，毛泽东满足了他的这个愿望。

这一事件进一步证明了中苏两党关系的紧密程度。在后来的岁月里，在斯大林去世并且中苏分裂后，毛泽东随之经历了这种缓和影响的缺失。他那些曾经的亲密同事，包括前文提到的刘少奇，后来在"文化大革命"期间遭到年轻人那些暴徒行为的残酷迫害。刘少奇被当众殴打，被指责为"走资派""修正主义分子"和国民党代理人，最终在得不到医治的情况下死于糖尿病。

1945 年王明同意了莫斯科居中促成的妥协，承认他原先声称归功于他自己的政策都是"毛泽东的贡献，而不是像我早先认为的那样是我的"。[5] 这一切都是本着以当前为重的精神。《关于若干历史问题的决议》使得毛泽东成为中国共产党每一个重大胜利的英雄。

诚然，毛泽东的优势在很大程度上应归结于他那非凡的领导才干和在他指挥下共产主义运动不仅得以幸存，而且在抗日战争期间得到显著发展这个事实。但这种优势也应归结于毛泽东的一种非凡能力，他运用策略击败了他的潜在对手，并在他周围聚集了一批由忠心耿耿的支持者组成的中坚力量，他们确保了他的命令得到执行。

在他对中共七大代表所做的演讲中，毛泽东反复强调并保证中国共产党会主张民主制度，绝不会赞成苏联式的一党制国家。"民主"和"民主的"这几个词反复出现在毛泽东的每一个声明中。"毫无疑义，"毛泽东在他的重要讲话——内容几乎是一本书的篇幅，肯定要花几个小时才能读完——中宣称，"急需……成立民主的、临时的联合政府，以便实行民主的改革。"之后，"需要在广泛的民主基础之上，召开国民代表大会，成立一个民主的正式的政府"。反过来，这个政府将"领导解放后的全国人民，将中国建设成为一个独立、自由、民主、统一和富强的新国家"。[6]

毛泽东对未来中国政府的具体想法实际上是模糊的、笼统的，足以允许以几乎所有方式来进行解读。毛泽东预料到会有反对意见。"有些人怀疑中国共产党人不赞成发展个性，不赞成发展私人资本主义，不赞成保护私有财产，其实是不对的。"毛泽东向他的听众保证道。这是真的，他说，"无限光明的、无限美妙的未来"是一个共产主义的未来。"共产党人不但不怕资本主义，反而在一定的条件下提倡它的发展"，毛泽东在第七次代表大会上说，"本国的资本主义"是好的，不能被允许的是"外国的帝国主义和本国的封建主义"。

在继续纠正一些假定的误解，包括那些批评中共的外国评论家所持的错误看法之后，毛泽东否定了这样一种观点，即"共产党得势之后，会学俄国那样……"

然而，在他关于新民主主义的讲话中，尽管明确否认了在中国仿效苏联的制度，但他还是说了"无产阶级和共产党的领导"这样的话。毛泽东承诺他将"取消一切镇压人民的言论、出版、集会、结社、思想、信仰和身体等项自由的反动法令"。

西方有一个为毛主义辩护的学派，他们把毛泽东后来的激进主义——最好的说明是1957的"反右运动"，激烈的农业集体化就是那一年开始的；以及六十年代的"文化大革命"，那时对毛泽东的崇拜达到一种狂热的极点——归咎于在中国内战迫近时美国决定全力扶植蒋介石。或者，如果毛泽东的国内激进主义不是美国外交政策的直接产物，而且要是美国当年听从了中国通而不是赫尔利的意见，在军事上与共产党合作而不是给予蒋介石一边倒的支持，那么至少，他对美国的敌视，所有"打倒美帝国主义"之类口号，他在朝鲜战争中的介入，他对越南北方的支持，他与苏联的结盟，他对周边国家游击队运动的援助——所有这些都可能不会发生。或者，如果不是这样的话，至少一个友好的美国能使毛泽东与斯大林保持一定的距离，就像戴维斯和谢伟思所争辩的那样。

在 1945 年春季发生的事件的先后顺序也能给这个论点提供某种根据。毛泽东是一个讲究实际的人，也是一个有思想的人。毫无疑问，假如当时美国给他提供了帮助的话，他是会很乐意地接受的，特别是如果这种帮助包含了子弹和枪支的话，就像他会接受同国民党达成的给共产党在新政府里留一个位置，同时保留对自己军队的控制权的协议一样。

但正如我们所看到的，在中共七大召开前几周，赫尔利在华盛顿的新闻发布会上宣布，所有的美国援助都将提供给国民政府，共产党什么也得不到，除非蒋介石批准。共产党人对这个消息丝毫没有隐瞒自己的失望。当赫尔利在华盛顿召开新闻发布会的消息传到延安仅仅几天后，《解放日报》就发表了一篇据信由毛泽东亲自撰写的措辞激烈的匿名分析文章。赫尔利开始时的确是作为一名公正的调停人，毛泽东这样写道，回顾了在延安时他和赫尔利在一份为成立中国联合政府的五点建议上签下自己名字的那一幕，但此时赫尔利已经"背弃了他所说的话"。赫尔利陈述的不只是一种"个人的意见",毛泽东就其新闻发布会的声明补充道,而且这也是"美国政府中的一群人的意见,但这是错误而且危险的意见"。

毛泽东的这些语句中含有一种令人觉得是真实的激情,一种真正被人背叛的感觉。几个月前包瑞德在延安同毛泽东长谈时他也见证过同样的愤怒,当时毛泽东提出警告,反对去扶植"蒋介石这个烂壳子"。现在,他改变了自己的比喻。"假如赫尔利政策继续下去,"他在赫尔利的新闻发布会后警告说,"美国政府便将陷在中国反动派的又臭又深的粪坑里拔不出脚来,把它自己放在已经觉醒和正在继续觉醒的几万万中国人民的敌对方面。"7

这还不是一个有着持续敌意的声明,那样的精彩文章后来是会出现的。就此时而言,毛泽东仍然没放弃他的希望,美国可能不会继续采纳看来是赫尔利为之设定的政策。尽管如此,他对赫尔利那坦率公开的谴责标志着语气上的一个转变,这是一个不太遥远的将来的预兆。

从短期来看,如果赫尔利没有在这一时刻公开和私下偏袒国民党的话,情况肯定会有所不同,但不太可能会长时间保持不同。赫尔利的新闻发布会确实令中共心烦意乱;从他们的角度来看,这背叛了前一年11月赫尔利在延安与毛泽东一起签署五点建议时达成的有关美国武器和援助的默契。但是,在国际舞台上发生的极大影响了毛泽东的思想和他用于战争剩余阶段的战略的事件,是要比一个美国大使所能做的或所能说的任何事情都更为重要的。

有两桩这样的事件就发生在中共七大确立毛泽东思想为中共指导思想的同时。一桩是斯大林废除了苏联与日本的中立条约，对毛泽东来说，无论他是否知道《雅尔塔协定》，这是一个明确的苏联试图攻击中国东北地区日军的信号。另一桩是欧洲战争的结束，就这一点，毛泽东知道，或至少可以放心地假设，能让苏联军队腾出手来投入对日本的军事行动。

苏联在世界上最强大的国家中名列第二，与中国接壤的边境线长达 1000 英里。自中国共产党在 1921 年成立以来，苏联实际上一直在指导和支持它。如果或者一旦苏联加入亚洲的战争，最有可能的是将日本踢出伪满洲国，这样就能够把领土和武器转交给共产党的军队，而这将使华北的实力均衡偏向中共并极大地削弱国民政府。毛泽东明白这一点。对他来说，与美国的良好关系也将有助于中共获得武器，提高中共在中国的威望并扩大其控制的地域范围，特别是如果美国在中国沿海登陆而八路军出手相助的话。在这种情况下，为什么不去培育美国的善意呢？美国是一种后备力量，第二个帮助的来源，特别是在对苏联援助所怀的不大的希望也还没有实现的情况下。在这个意义上，毛泽东向美国示好是一个防守动作，一种先发制人的外交手段，旨在使美国在中国国内冲突中保持中立，同时也鼓励它向中共提供物资援助。

与之形成对比的是，毛泽东对斯大林的顺从既是战术性的也是战略性的。毛泽东始终需要预防美国人站在他曾经的和未来的敌人蒋介石一边进行任何干预。但是，无论美国是否帮助中共，毛泽东的首要目标是获得中国的全部权力并促进世界革命，而这些目标决定了他与苏联结盟的态度。

毛泽东在中共七大上发表了九次讲话，并在所有的讲话中都重申了这一基本态度。在内部讲话中他的言论甚至更为尖锐。在这些讲话中他强调了一个观点，即与苏联结盟对共产党在中国的胜利而言是必不可少的。代表中的一些怀疑论者认为，在漫长的抗日战争期间，除了一些钱，苏联几乎没有提供物资上的援助。对于他们的这种说法，毛泽东的论点是，是的，共产国际过去在中国问题上是犯了一些错误，但它的贡献远远大于错误，没有它的帮助，就不会有中国共产党。"没有外国的支持，我们能取得成功吗？"他反问道，"中国革命不能单独成功。中国革命必须得到全世界无产阶级的支持。"此处他指的是莫斯科的支持。[8]

正是在这样一次内部讲话中毛泽东就斯大林的特殊历史地位发表了稍有些夸张的讲话，并要求大家服从。

毛泽东说道，的确，共产党必须要对所有的可能性做好准备，包括在中国自力更生、独自作战的这种可能性。我们必须做好准备应对"远水救不了近火"[9]的情况，他在七大上说道。但他向与会代表保证这种情况是不可能出现的，苏联的援助正在到来。"你们信不信？"他问道，"反正我信。"

在机场的一次偶然相遇给了帕特里克·J. 赫尔利进一步的证明，在他看来，中国通不只是犯错更是背叛。1945 年 4月初他在离开华盛顿返回重庆的途中，遇到了美国战略情报局局长、有着"狂野比尔"之称的多诺万。多诺万给了赫尔利一些关于范宣德的惊人信息。赫尔利碰到过这位美国国务院远东事务局中国科的头儿，就是几周之前在远东事务局露面时，那是一次令他非常不愉快的经历，当时他面对着"国务院中一大批亲共分子作为我的法官向我发问"。多诺万告诉他，范宣德对"赤色分子过于友好"[10]，此外还有一项关于政府文件被泄露给一家名为《美亚》的亲共杂志的调查正在进行中。

毫无疑问，赫尔利正需要这样的消息来证实中国通们正在活跃地破坏他和美国政府支持蒋介石的官方政策，他们之所以这样做，是因为他们想让共产党人获胜。

不久之后，1945 年 6 月 6 日，谢伟思——范宣德的一位亲密伙伴，并且如我们所知，他是美国国务院中国通中最聪明的一个——被联邦调查局逮捕并被控间谍罪。在延安时，谢伟思比任何其他外交官都更经常与毛泽东见面，关系也更密切；同时，他与约翰·戴维斯都是试图在"政治上吃掉"（politically capture）中国共产党人的那个小组的领头人物。

《纽约时报》刊出惊人标题"**联邦调查局抓获六名间谍，两名在国务院**"。

秘密被窃

海军军官和两名杂志
编辑在此被捕
广泛的系列盗窃案

来自陆军、海军和
其他文件的情报被声称用在
《美亚》杂志上

"经过近三个月的跟踪和监视，"《时代》周刊则如此告知其数以百万计的读者，"联邦调查局在纽约和华盛顿的秘密超级侦探上周逮捕了五名男子和一名妇女，指控他们违反反间谍法。美国即将出现战时最大的国家机密泄露案。"[11]

值得注意的一个巧合是，同一天另一个获得头版待遇的重大新闻事件，披露了苏联想要占据即将被打败的德国的三分之一领土的意图，这是即将到来的冷战的第一步。5 月 8 日，欧洲的战争刚刚结束，各国就已经在酝酿着同苏联的一个新的冲突，很快苏联就将变成一个前盟友。与此同时，亚洲的胜利似乎仍然还很遥远且代价高昂。欧战胜利日三周后的 6 月 1 日，杜鲁门总统告诉国会，需要派遣击败德国所需军队的两倍，共计 700 万兵力，到亚洲去彻底打败日本。[12] 伤亡人数将增加，牺牲仍然在所难免。

换句话说，此时还不是指控一个外交官泄露文件给涉嫌同情共产党人的左翼杂志的时机。就在前几周，赫尔利解除了谢伟思在中国的职务。在中国通们 2 月给国务院拍发了他们表示不同意见的电报后，赫尔利披露了电文的作者是谢伟思，"我豁命来也要逮住这个狗娘养的"。[13] 现在，命运女神已经介入了。当美国仍然处于战争状态时，因被指控对国家不忠，谢伟思只得在监狱里度日如年。赫尔利肯定觉得自己是正确的，而谢伟思，正如他后来对朋友所说的，被"耻辱和羞愧压得透不过气来"。"我记得另一间囚室的一个家伙，犯了盗车或强奸罪什么的，问我，'你是怎么进来的？'"谢伟思回忆道，"我说，'阴谋违反反间谍法案，'然后他说，'我不知道这是什么罪，但听起来像是很重的罪！'"[14]

此案的结果是，谢伟思 1945 年 8 月出庭受审，面对的是一个大陪审团，政府指控他的这个案子随即被撤销了。大陪审团以二十对零的投票反对起诉谢伟思。其他人中有三个被起诉。最后，没有人被判入狱。在谢伟思被无罪释放后，国务院欢迎他回去工作，他被派往日本，在美国占领日本期间担任道格拉斯·麦克阿瑟的部属。

这起事件后来被称为"美亚事件"，这是美国在战时因与中国关系纠缠不清而产生痛苦后果的第一个公共事件。随后多年里接踵而至的是在美国人中间查找破坏者的一系列非理性的、卑鄙的行为，这些行为深刻影响了谢伟思、戴维斯和中国通中的其他几个人的未来。在上述直接的例子中，对六名被指控为间谍的人物轰动一时的逮捕反映了当战后世界的斗争正在逼近之时，发生于美国政府内部在中国政策问题上的有意操纵。就像所有之前和之后的这类操纵一样，其中都涉及一方或另一方的支持者通过有选择性地发布一些信息来努力在争辩中影响公众舆论。

谢伟思在这件事上一直不太慎重。他来到了华盛顿，在等待下一个任务的时候无所事事。他在远东事务局有一个办公室，但他在那里没什么事可做。他的妻子和两个孩子都在加利福尼亚，他很孤独，特别是在晚上。为帮助打发时间，他接受了社交邀请，就是在其中一次社交活动中，他见到了几个记者和编辑，他们对这位在重庆和延安待过好几个月并且见多识广的知情人口中有关中国的事情十分感兴趣。

1945年2月当他仍在中国时，谢伟思遇到了约瑟夫·艾尔索普，他是罗斯福的一个远房表弟，也是陈纳德手下的一名高级官员。像陈纳德本人一样，艾尔索普热衷于支持蒋介石。艾尔索普曾经告诉他，看不清中国共产党是苏联的走卒的话就是"白痴"，不明白蒋介石集中注意力对付共产主义威胁而不是日本的必要性就是傻瓜。[15]几年后，已经成为美国一个有影响力的专栏作家的艾尔索普，在《星期六晚邮报》的一篇文章中对此加以总结。要求蒋介石进行政治改革，敦促他与共产党人达成协议并坚持要求国民政府把军队用以打击日本，而不是延安，美国的这些做法已经致命地削弱了蒋介石，并帮助了共产党去夺取权力，而后者的反美敌意却被中国通们掩盖了。艾尔索普的观点是：让美国自己来对付日本，让蒋介石去对付共产党，这样做会更好。

谢伟思看问题的角度不同。他认为蒋介石的软弱不是由美国的政策所导致的。相反，正是蒋自己的局限性注定了他的命运。与戴维斯一样，谢伟思知道中共很可能会受苏联的控制，而这正好给了他们一个与之建立关系的选择，这是谢伟思所喜欢的。至于蒋介石，要求他进行政治改革是保护他的唯一方式——假使还有什么方式能用来保护他的话——对他的过分宠爱只不过是去支持毛泽东所称的"烂壳子"。在那时——现在依然如此——去想象在没有成千上万美国军人参与的全面战争的情况下，还能做什么可以保持国民党在全中国的统治，或哪怕是中国南部的半壁江山，那只能说是想入非非。谢伟思相信这一点，所以他想阻止美国去犯一个巨大的错误。

他得到了来自上级的鼓励，包括罗斯福总统租借法案的前主管劳克林·柯里，以及范宣德，后者敦促谢伟思透露给新闻媒体一些有选择的消息，以便推进他们的集体观点并诋毁赫尔利的观点。当他还在中国的时候，谢伟思就已经做了这样的事情，去会见记者并提供背景资料，包括他在提交给华盛顿的报告中所含的意见。"我是劳克林·柯里指定的泄密者。"[16]他后来如此告诉 E. J. 卡恩。他的联系人中有德鲁·皮尔森（Drew Pearson），此人是一位有影响力的专栏作家，其评论毫无疑问对赫尔利不利，是会令赫尔利愤怒的。正如我们所知，赫尔利曾向国务院抱怨，称有人在搞丑化他名声的活动。

谢伟思的另一个联系人是《美亚》杂志的编辑菲利普·

杰夫（Philip Jaffe）。杰夫是一位来自乌克兰的已入籍移民，在贺卡业务上赚了不少钱。他是美国共产党总书记厄尔·白劳德的朋友，并且很明显是一个左翼分子，尽管没有迹象表明他自己是一个共产党员——不管怎样，白劳德受到莫斯科的攻击，原因是经常发生在国际共产主义运动中的宗派争论。《美亚》有一个涉及中国革命的观点，其类似于埃德加·斯诺或其他任何一个被中国共产主义运动迷住并对国民政府感到失望的人所持的观点。但它是一本严肃的杂志，不是一个宣传工具，也不受莫斯科或其他任何外国势力的控制。

杰夫有着积极的进取心，他设法获得了一些政府文件的副本，提供文件给他的来源有好几个，其中之一便是谢伟思，谢伟思给了他一些在中国时所写的机密报告的副本。杰夫自1945 年 1 月底起就一直受到联邦调查局的监视，当时战略情报局的肯尼斯·韦尔斯已经向联邦调查局报告，《美亚》杂志几乎一字不差地发表了他的一份有关英国对东南亚的政策的机密报告。联邦调查局派特工驻守在《美亚》杂志办公室的外面，该办公室位于曼哈顿的第五大街 225 号的一栋大楼里面。3 月，一个五人小组看到办公室内空无一人，就在没有搜查令的情况下闯入杂志社办公室，并且发现了似乎是强有力的丰富的犯罪阴谋的证据。[17]

他们发现杂志社配备了一个暗室，尽管该杂志并不刊登照片。他们找到了许多政府文件的复印件，其中有些标有"绝密"。还有不少上了锁的箱子，里面塞满了各种资料，有的来自陆军和海军情报机关，有的来自国务院，还有的来自战略情报局。从那时起，由 75 名联邦调查局特工组成的一队人马被派来监视杰夫和他的同事，窃听他们的电话，偷听他们的谈话。

在布下了这么一个天罗地网后，谢伟思的谈话被联邦调查局偷听到了。杰夫结交了他，请他在华盛顿吃饭，给他介绍了一些投稿人，并在有关中国的一般话题和有关赫尔利的特定话题上同他建立了共识。有一次谢伟思到杰夫在华盛顿的斯塔特勒饭店的房间去拜访，联邦调查局的录音机录下了他的谈话，内容是他称为"非常机密"[18]的事——显然指的就是上一年秋天由多诺万和麦克卢尔发起，由伯德和包瑞德执行，同共产党进行军事合作的计划。这是谢伟思对杰夫所做的最轻率的谈论，但这能算是对美国犯下的不忠罪的行为吗？

大陪审团不这么认为，一些更聪明的美国评论家也不这么认为。有些自由主义人士，如皮尔森、沃尔特·温切尔和马克斯·勒纳前不久制作了一些栏目，谴责联邦调查局的逮捕是努力扼杀新闻自由和镇压国务院内部的持不同意见者。[19]皮尔森将此案称为"美国的德雷福斯案"，比照那个法国军队中一位犹太籍上尉被诬告为间谍的案子。其他人则依据事实真相来看待此案，认为这不过是一例各种派别的政府官员一直都在干的那种泄密行为而已。即使这种案子会从公众关注中很快消失，但由最初的、有时是耸人听闻的报道所产生的回味，是会长期存在的。一个好故事的吸引力，其有关间谍、隐藏的危险、秘密和邪恶的势力，是令人难以抗拒的。《美国纽约日报》警告称这桩六人案件提供了"骇人听闻的证据，说明共产党的组织者已经获得重要政府机构的高度机密的文件"。[20]《纽约先驱论坛报》在没有证据的情况下，刊出一条标题宣称，"战争秘密广泛泄漏，六人被捕只是开端"。斯克利普斯－霍华德报系，尽管其座右铭是"授人以光，使之自寻其路"，而且旗下

的厄尼·派尔可能是当时最有名的战地记者，却在没有任何真
凭实据的情况下，报道了一个美国人摆脱蒋介石去投靠共产党
的故事，并宣称这是谢伟思策划的。[21]

也许因美国对华政策反复无常而感到困惑，中国共产党人
本身也在关注着此案。对他们来说，逮捕证明了帝国主义国家
那不可改变的本性。在美国报纸上出现那些耸人听闻的头条新
闻三周之后，共产党的《解放日报》刊出了有关这一事件的
详尽分析，尽管这篇分析的措辞用的都是马列主义的术语，但
是分析得很到位。报上说，谢伟思等人受到的折磨并不真正涉
及"机密情报"，就像美国媒体所说的那样；而是关系美国在
中国政策问题上的更深层的斗争，反过来说，这实际上是关系
资本主义和帝国主义大国在战后世界中继续生存的能力。"逮
捕这六个人说明美国对华政策两条路线的争论已表面化"，该
报评论道，其中一条路线"承认中国人民的巨大的民主力
量"，即"八路军和新四军"。另外还有一条路线则"不承认
中国人民的巨大力量，只承认反民主的国民党政府及其反动领
袖和暴君蒋介石"。[22]

这份报纸强调了一些始终不变的共产党宣传的主题，只不
过在以后的岁月里这些主题会更让人感觉刺耳。我们的敌人不
是"美国人民"或"支持中国人民事业的美国朋友"。我们的
敌人是美帝国主义，"赫尔利之流"等都是常见的措辞。从那
时起，中共对美国的猛烈抨击——偶尔也会有所缓和——就变
得更加尖锐、更加程式化，凡是提到美国大使和他对国民党的
支持，都用到了"赫尔利和蒋介石的双簧"这个标准措辞，
连同一起的还有老一套的保证：赫尔利和蒋介石将不可避免地
被打败。共产党评论家越来越多地提到赫尔利 4 月 2 日的新闻

发布会是一个分水岭，从那以后美国的政策转变为支持"以中国人民为牺牲品的目标"。赫尔利成为往后多年里少数几个美国人中第一个被视为主要敌人的人，此时的美国也越来越多地被描述为正在中国寻求"霸权"的一个"资本主义独裁统治"。美国大使变成了"赫尔利老爷"，没有他的操纵蒋介石绝不敢试图维护自己的独裁统治。伴随着对美国及其"帝国主义官老爷"的这种谴责，出现了与之针锋相对的对苏联的称颂，赞其为"一个真正的劳动者的民主国家"，是比"资本主义独裁下的美国民主"强"一百倍的民主"。[23]

美国人知道，共产党已经成功地渗透进表面上效忠于通敌卖国的汪伪政权的中国军队中。1945 年，这些伪军部队受到美国情报机构更加严密的监视，特别是有针对他们的秘密行动，即中美合作所开展的军事行动。中美合作所是由绰号为"玛丽"的美国海军军官梅乐斯同他的主要中方合作者、蒋介石的秘密警察头子戴笠联合指挥的。中美合作所的下属机构中有一个宣传品生产单位，专门制作狡猾且聪明的误导信息，旨在令在华日本士兵以及伪军丧失斗志，对于后者而言，要劝告他们相信日本几乎已被打败，他们应该考虑在还不是太晚之前赶紧弃暗投明。

有一张在敌占区散发的传单，画了一位阴暗忧郁的女性，正在照顾一个垂死的男人。传单本身似乎代表着汉奸伪政府的一个警告，即有来自日本的传染病，那是由于"许多未被掩埋的轰炸受害者的尸体"已经污染了饮用水。[24]传单的目的是间接地说服在华日本士兵，他们老家的亲属处于水深火热之中。另一张传单针对的是中国的汉奸，画面上显示一把尖刀指向一个正在撤退的人的后背。"拯救你的生命，保护你的家人，"传单上印着这些文字，"八年以来，你为敌人劳作，被敌人奴役。现在敌人要赶回去保护日本本土。敌人会把你留下来吗？不。你是一个危险者。你知道得太多，必须死。……敌人的种种残暴行为，早已在广州福州等地开始了。你还能做什么？马上逃走吧。救你自己的命。"[25]

美国人相信，面临失败的伪军可能比较容易被招募。他们知道，共产党人手中的一些武器不是像其经常声称的那样是从日本人手中缴获的，而是向装备良好的伪军行贿买来的。[26]此时，执行"西班牙猎犬"行动的小组被派去与共产党取得联系，然后开展联合情报行动，以便确定在多大程度上伪军可能被争取过来去反对他们的日本主子，此外还有提供情报以及可能的在破坏活动方面的合作。[27]简言之，这实质上是一种针对共同敌人的合作，自 1944 年年中以来共产党人一直在争取这样的合作。

两天之内，执行"西班牙猎犬"行动的五名成员均被共产党游击队俘虏，并受到高强度审问，然后被带到两位级别很高的共产党政委面前，他们做出决定对其予以无限期扣押。尽管美国抗议，他们还是被扣留了四个月，直到战争结束一个月后的 9 月才被释放。那时，美国在一些事情上正与共产党合作，比如营救被击落的美国飞行员等，而出现上述敌对行为的原因，正如研究这个事件的一位主要的美国学者所写的那样，是"没有事先通知延安"，因此，延安认为"'西班牙猎犬'行动肯定是别有用心，妄图组织人民反对共产党"。[28]另一位研究这一时期中美关系的历史学家写道，早已因赫尔利和魏德迈偏袒国民政府而感到失望的共产党，担心美国尝试与中国傀儡政府军队接触是想要让他们转而反对共产党。

　　几个月后的 8 月，因"西班牙猎犬"行动小组成员仍然被扣留并被切断与美国总部的联系，魏德迈将军就他们受到的对待直接向毛泽东提出强烈抗议，毛泽东当时正在重庆与蒋介石谈判。魏德迈辩称，作为中国战区的指挥官，他有权指挥敌后活动，而且，提前得到也在那里活动的共产党或国民党的允许"并非总是可行的"。之前派出过许多这样的任务小组，魏德迈说，当地的指挥官都"认可并接受（美国特工）作为朋友和同事"，接待他们"并给予他们友善的待遇"。[29]

　　当毛泽东面对魏德迈有关"西班牙猎犬"行动小组成员被捕的质疑时，毛泽东概括了迪克西使团在延安时所受到的亲切友好的款待，言下之意，共产党没有虐待美国人的政策。他说："我认为阜平事件是非常不幸的。"[30]但是，给予迪克西使团热情的接待已经是几个月之前的事了，是在赫尔利的谈判破裂之前，是在赫尔利 4 月 2 日的新闻发布会召开之前，也是在"美亚事件"爆发之前。有可能毛泽东并没有下令逮捕"西班牙猎犬"行动小组，尽管他没有得到及时的汇报似乎是不太可能的，而且如果他愿意的话，也可以下令尽快释放被扣留者。看起来同样可能的是，对美国人进入阜平持怀疑态度的八路军指挥官执行的是一个总体命令。1945 年 6 月 11 日，延安迪克西使团的代理团长威尔伯·J. 彼得金向魏德迈报告道："所有共产党的指挥部都已经得到命令，逮捕、解除武装并扣押所有在任何地方碰到的未获授权的美国人。"[31]

　　从这层意义上说，"西班牙猎犬"行动小组和迪克西使团成员之间存在着标志性的差异，像雷蒙德·卢登这样的迪克西使团成员可以在共产党游击队陪伴下到敌后视察。这是因为迪克西使团得到了授权，其成员可以由被后来来到中国的来访者称为"看护"的人——即官方导游——陪伴，去他们选定的地方和见他们选定的人。"西班牙猎犬"行动小组则没有这样的"看护"，因此当然是"未获授权的、非法的"。

　　无论如此对待"西班牙猎犬"行动小组是出于何种原因，此中显示出的敌意和怀疑已成为即将发生的事情的前兆。不久之后，经过长达八年的冲突，抗日战争突然结束了。随着抗日战争的胜利，美国和共产党将不再拥有一个共同的敌人，而敌人的消失会剥夺双方合作的动机，留下的是许多可让其中每一方都把对方视为死敌的动因。

第三部　成功与失败

第十一章　民心

马寅初是这样一种人，中国国民政府原本需要他的支持但失去了，结果是让共产党这个死对头大大地赢了一把。他在中国是极具影响力的横跨两个世纪和时代的人物之一。他出生于1882年，即光绪八年，在清末接受的教育，当时的中国衣着为长袍马褂，朝廷腐朽且极度保守。但他的职业生涯却是在新中国度过的，在新的时代里，受过教育的阶层都要参加一种深刻的反思，找出国家长期衰退的原因以及能使它变得富有和强大的方式，就像过去它常常拥有的那样。

马寅初的故乡是绍兴，那是一个古老的城市，佛教寺庙、文艺茶馆和木制房屋像威尼斯那样沿纵横交错的湖泊和运河而建。绍兴过去是，现在也仍然是这个国家的黄酒酿造之都。马寅初的父亲是一个酿酒师，他想让自己的儿子追随他进入家族事业，但是，当马寅初在新生的现代精神鼓励下想学习科学、冶金和经济学时，他父亲让步了，马寅初在中国一些最好的学校里学到了他想学的知识。

他是一个英俊的年轻人，热情、雄心勃勃且非常聪明。在一张大约20岁时拍的照片上，他穿一件年轻儒生穿的高领长衫，表情严肃且坚定，透过金属框眼镜看着相机。他是个非常杰出的学生，1907年，他梦想成真，获得了奖学金赴耶鲁大学求学。这对他和他的国家都有着巨大好处，他也打算学成后报效祖国。

马寅初是美国对华理想主义的受益人，美国真诚地想帮助中国克服其近代历史中的腐朽没落。在二十世纪初义和团运动失败后，中国非常屈辱地被迫支付巨额赔款来弥补义和团所造成的损失和被夺去的生命。在这笔款项的接受者中，仅有美国将其份额投入为中国学生所设的奖学基金中去。这就是资助马寅初在耶鲁大学获得经济学学士学位的资金出处，他是在1911 年得到这个学位的，刚好就在那一年，中国最后一个王朝，清朝，被推翻了。然后，在 1914 年，当世界其他地方都陷入世界大战中时，他获得了哥伦比亚大学经济学和哲学博士学位。

拥有了新的想法以及这些学位所赋予的声誉，马寅初带着满腹经纶回到了中国。此时的中国，革命思想正在强烈地吸引着国内最优秀的年轻人，马寅初也被包括在内。他经历过军阀时期连年的混乱和暴力，也经历了在国民党和蒋介石统治下大部分国土得到统一的兴奋。他渴望参加国家的复兴大业，在上海帮助成立了一所新的高等教育机构，中国商科大学；他就任中国经济学会会长，在此任上他开始主张经济增长和民主并行的观点，认为首先在经济增长上获得成功，然后再搞第二位的开放、思想交流和自由是不可能的。

马寅初一度支持国民党，但在二十世纪三十年代，他成了蒋介石独裁、不民主倾向的批评者。1940 年，在抗日战争中期，蒋介石的安全部门把他软禁在家，禁止他公开活动。他在这项禁令下度过了五年，但并没有被中国的其他作家和教师，以及尽管在中国没有权力却享有极高声望的为数不多的通常受过西方教育的精英所遗忘，他们同马寅初一样对国民党失去了信心，但也有能力为祖国的光明前途效力。

1944 年年底，国民党受到了来自中国国内和美国的知识分子的压力，要求其放松镇压政策，从而解除了对马寅初的软禁。如果国民政府希望这个姿态将会使马寅初感激涕零地转变为其支持者，这将是大错特错。他的第一次公开亮相是在被称为星期五聚餐会的一次聚会上，地点是在重庆一家舞厅。[1] 这是由进步商人和企业家发起的一项定期活动，参加者达数百人，其宗旨是通过相互见面，针对当前最令人担忧的问题，即中国目前的处境和未来前景交流看法。

大厅里座无虚席，灯突然亮了，当晚的主持人陪着身穿天蓝色绸缎长衫的马寅初走了进来。"今晚，我们将欢迎马寅初教授并庆祝他重获自由。"主持人吴羹梅如此宣布道。对马寅初将出席当晚聚会明显一无所知的观众们，突然间爆发出热烈的掌声。

马寅初登台发言，在感谢了听众的欢迎后，向大家保证他没有同政府做交易以换取他的释放。"我，马寅初，还是老不听话的马寅初。"这是他的开场白。作为结束对他的拘禁的代价，当局禁止他发表演说，他说，即使这样他仍然还要演讲。演讲的题目是"中国工业化与民主是不可分割的"，典型的马寅初特色，这是他的听众和像他这样的人对道德上和实际上的冷漠无情表达的公开和强烈的谴责。在中国迫切需要公民的无私参与和自我牺牲时，他说，有人却"躲在大后方，既吃农民的米，又抽农民子弟去拼命。吃的是鱼肉，穿的是丝绸，住的是高楼，坐的是汽车"。马寅初的话是刺耳的、无情的，就像旧约中的先知说的话一样，严厉抨击了中国的"上等人"的"残忍和贪婪"，在大多数人遭受死亡、贫困和战争的苦难时，他们却"趁机大发国难财"。中国真正的英雄，马寅初宣称，是农民，是成千上万"断肢折足，或流血阵亡，或死于饥饿、疫疠，或辗转于沟壑"的农民。[2]

中国从来不是一个民主国家，在它整个有史记载的四千多年历史中都不是，但中国有像马寅初这样的现代知识分子，他们想要中国成为一个民主国家。二十世纪初，在为建设新国家寻找途径的学生和知识分子中有一个占主导地位的口号，就是"赛先生和德先生"（科学与民主）。其中的"赛先生"将使这个国家摆脱无用的习俗和迷信的泥淖。二十世纪中国的主要作家鲁迅写了一个很有影响力的故事，有个生病的男孩的父母亲，用他们最后剩下的一点钱去买据说唯一可以治愈孩子病的药：一个蘸着刚刚被砍头之人的鲜血的馒头。对鲁迅来说，这种冷酷的医疗骗局象征着中国那更大的禁锢：愚昧的传统、穷人的绝望、家族族长的权力、妇女的从属地位、婆婆对媳妇的实质上的奴役——这些婆婆自己也是这个国家最黑暗且仍广泛奉行的恶习缠足的受害者。科学可以治愈中国这些多重的苦难。这就是马寅初学习冶金学的原因所在。

然后还有"德先生"，单单是民主就可以使中国摆脱僵化的权威，以公民参与感来使它恢复朝气，并唤醒其人民身上从未使用过的能量。所以，马寅初的观点是工业化与民主是不可分割的，国家不可能以旧时代的政治制度去创造现代经济。"这个世界已经变得民主了，"他说，"所有国家必须在战争结束后走民主的道路，否则它们将无法保证自己的生存和独立。"[3]

就"民主"而言，马寅初心中似乎并没有想到一个西式的选举制度。对他来说，民主就是关注大众的福利，特别是农村群众的福利，在这点上，他很清楚地相信共产党比国民党更符合国家的需要。

＊　　＊　　＊

在 1945 年战争剩下的几个月里，当美国试图弄清其对华政策究竟应该是什么时——到底是全面支持蒋介石，还是一种包括也给共产党武器援助的平衡政策——马寅初在谴责国民党而不是共产党，因为共产党比国民党更接近于他心目中的农民英雄。3 月在重庆的 ·次中国穆斯林协会会议上，马寅初用真空管打了一个奇特的比方来为中国缺少一个伟大的政治领袖而悲伤。当然，蒋介石是被认定为这样的一个领导人的，但马寅初把他比作一个仪器，里面是空的，还拒绝接受任何来自外部的东西。"我在谈论的这个'真空管'就是他——蒋介石，"[4] 马寅初如此说道，生怕他的话被误解了。

再后来在重庆，亲共的《新华日报》上发表的一篇文章中又有马寅初的身影，这一次是因他的国家而"不寒而栗"[5]，他指责他的同胞去容忍难以容忍的东西——大街上令人绝望的贫困、数以百万计的饥饿人群、疾病、饥荒、死亡、污秽等。当这种可怕的苦难正在发生的时候，国家领导人却"还想征集粮食，招募士兵，把穷人赶到冰天雪地的战场上去为'他们'卖命"。

马寅初的勇敢和不屈不挠的批评似乎，尤其是从几十年后的有利角度来看的话，一直是存心一边倒的。在他的讲话或文章中，见不到对毛泽东领导的共产党使用严厉的话语。马寅初感觉对蒋介石已经不能再抱任何希望，而共产党人，不论新旧，看来都是一个更干净和更光明的替代。这在中国确实是一个令人伤脑筋的复杂问题，尤其是在亚洲的大战即将结束，在不断削弱的国民党同日益增强的共产党之间的新的战争也一触即发这样的关键时刻。

在大多数知识分子中——或者，在缺乏精确数据的情况下，似乎是在大多数作家和思想家中——正是国民党引起了他们的怒火，原因很简单，国民党执掌着政权，而且一直执政几乎达二十年，这也是独裁的二十年。随着战争即将结束，无论是中国国内还是国外都没有多少人——除了像谢伟思和戴维斯那样更有先见之明的分析师——能预测到在短短几年内国民党会逃往台湾而共产党会上台执政。国民政府看起来很强大。它有一支庞大的军队，包括三十九个接受美国训练和装备的一流师，而共产党仍然被认为是游击队这种缺乏武器的乌合之众。国民政府完全垄断了空中和海上的中国武装力量，当然，它还保持着触角密布的秘密警察组织。所以，当马寅初和其他人贬低国民党却对中共保持沉默时，部分原因是他们把国民党看作可能会无限期掌控中国的政府，而共产党则是一个遥远的对手，当时还只是要求在联合政府中拥有一席之地。

此外，这些人还能痛苦地回忆起，当年蒋介石为了巩固他的权力，在艺术创作和知识发酵的地方，特别是上海，实施的恐怖统治。在那些年里，国民党对作家和思想家进行了野蛮的攻击。还有些人，如瞿秋白与胡也频[6]，都是左翼作家和诗人，他们充满激情，口才出众，因为支持早期的共产党而被蒋介石的秘密警察逮捕，并于三十年代被行刑队枪决，蒋介石的狂热的海外支持者对他们可能一无所知，或者是早已忘记。这些事件在中国是不会被忘记的，尤其是不会被那些可称为大学问家、作家、诗人和剧作家的人忘记——老舍，著名小说《骆驼祥子》的作者，就是一个突出的例子——随着战争的结束，他们又重新找回了自己的声音。鲁迅本人一直把蒋介石斥为独裁者，左倾的上海知识分子与鲁迅有同感，他们在 1945 年开始设想没有日本占领军的未来。然后，怀疑、疏远感和对国民党的恐惧开始出现在被称为第三种力量的成员身上，他们就是像马寅初这样的人，通常在美国接受教育，他们没有成为共产党人，但眼看着国民党继续依赖镇压工具，他们越来越感到失望和愤怒。最后还有学生，和通常的年轻人一样，他们被灌输了一种理想主义的渴望，对一个无法捍卫自己国家的政府的迟钝懈怠、腐败和傲慢义愤填膺，相对而言，共产党则被认为是在勇敢地发动游击战抗击可恨的侵略者。

美国副总统亨利·华莱士于 1944 年夏天正式访问了蒋介石，当时有一个复旦大学的学生写了一封信转交给他，信中写道："中国现在已被分成两个国家：民主的中国，由中国共产党领导下的各党派组成，另一个是国民党的法西斯独裁统治……前者正在积极地进行战争并保护人民，后者则不仅袖手旁观反而还压迫人民。"[7]

因此，当战争结束时，很难找到有独立思想的人愿意宣扬蒋介石的英雄气概和辉煌才干。毫无疑问，成千上万的中国人仍然崇拜蒋介石，还把他看作战时拒绝投降的象征，看作一个骑着白马挥舞着爱国反抗之剑的英雄。但是，有着巨大声望的马寅初，和中国许多其他著名作家和学者，以及成千上万倔强的学生对他的公开背弃表明了国民党政权核心处的弱点，而该弱点只有这个国家里的另一支武装力量才知道如何加以利用。

在整个中国，宣布日本突然投降的方式各不相同，但反应是一样的：欢乐之后随之而来的是清醒的认识，对中国来说，胜利几乎没有解决任何问题，而且最坏的情况是，另一场战争迫在眉睫。在中国东北一个关押美军和盟军士兵的战俘营里，一个日军中尉在早晨点名时宣布："根据天皇的命令，战争友好地终止了。""友好"这个词在士兵中引起了喧闹的、苦涩的笑声。大多数美国人和大多数亚洲人都认为战争将延续更长的时间，但1945年8月6日和9日先后在广岛和长崎投下的原子弹缩短了战争进程。同时，按照斯大林在雅尔塔对罗斯福做出的承诺，苏联也加入了战争。在长崎遭原子弹轰炸之前约十一个小时，苏联部队向中国东北的日军发起了进攻。

当战争结束的消息传到共产党总部时，毛泽东的俄语翻译师哲回忆道，

> 延安沸腾了，以延安城为中心的几条辐射形山沟中漫山遍野红旗招展，锣鼓喧天，爆竹齐鸣，人们欢呼雀跃，把衣服帽子抛向天空，卖水果的老乡把筐里的苹果、梨送给近旁不认识的人，不管认不认识，互相拥抱，拉起手来扭秧歌，当晚，满山遍野都是火的海洋、欢乐的洪流！八年的艰苦抗战，终于胜利了！这种狂欢持续了三天。[8]

如此突然结束的战争增强了席卷中国大地的欢乐洪流，尽管这种令人眼花缭乱的气氛因可怕的战争后果带来的极大痛苦而有所缓和。"8月中下旬，全国的老百姓都沐浴在幸福和重生之中，敌占区的老百姓一夜庆祝直到日出。"[9]年轻的作家储安平回忆道，当时他在给一本名叫《客观》的新杂志写稿，这本杂志是因战争结束而导致国民政府放松其严格的审查制度后突然冒出来的许多新刊物之一。8月10日晚上，中国各地都有烟花表演。一个在重庆的政府部门的头头花了1万元中国货币去买烟花。"大多数人，尤其是政府雇员、学生、商人，

以及其他所谓的上层阶级人士都投身于欢乐的旋涡之中。"[10]散文家和剧作家路翎回忆起伴随着敌人投降而来的短暂的欢乐时如此写道。大学生唱起了《马赛曲》，街道上架起了鼓，川剧中用的硬木响板和钹发出的声音回响在拥挤的街道上空。

几个小时内，美国的飞机出现在中国的天空中，用降落伞给战俘营投下食品和药品。在上海，白修德从机场驾车经过静安寺路①时发现马路上挤满了"欢呼雀跃的中国人，挥舞着美国和国民政府的小旗"。在码头，那里的小贩通常卖鱼干，现在他们提供蒋介石的丝绸画像，这是一个小小的标志：蒋委员长仍被视为一个领导着中国经历过战争考验的人。[11]一个酒吧的白俄老板给任何穿制服的美国人提供免费饮料，后者还可以"选择店里的任何女性，任何种族、任何肤色、任何身材——店里全有"。

这不只是一场战争的结束。一种新时代的感觉正破茧而出，同时也是一个旧时代的结束，这个旧时代始于十九世纪中叶的鸦片战争并包括 1895 年中国败于日本——这是中国的屈辱时代。作家夏衍，《新华日报》的资深编辑，与鲁迅同属左翼作家联盟的创始人，在他的回忆录中列举出特别与日本相关的民族耻辱的要点：第一次中日战争（即甲午战争）失去了台湾；1915 年的"二十一条"，中国同意了日本在东北的势力范围；1931 年九一八事变，日本占领了中国东北；同年对上海的轰炸和占领；六年后的七七事变，日本暴露出征服全中国的意图。"这近百年屈辱的历史终于结束了，"夏衍写道，"整

---

① 现为南京西路。——译者注

个《新华日报》的工作人员都疯了。其实，整个重庆、整个中国都疯了。"[12]

当蒋介石得知这场关系到民族存亡的斗争已经结束时，他正在重庆与一些高级官员和墨西哥大使共进晚餐。他和他的同伴听到来自附近美国军事总部的欢呼声和爆竹声，经调查后得知日本投降了。几天后，蒋介石向正在为伟大的胜利而欢呼的中国人民发表广播演说，并且为显示其宽宏大量，指示他的人民不要对在中国土地上的成千上万的日军官兵和日本平民进行报复。他派参谋长何应钦到南京从冈村宁次手中接过正式的投降文件，次日中国军队进入南京，这是七年来除傀儡政府外中国当局第一次踏入曾经的国家首都。"我非常乐观"，蒋介石在接受《时代》杂志采访时说，这是在战争结束时有关中国那种狂热的封面故事的一部分，文中宣称这个国家以前从未"如此接近一个和平与进步的时代"。在这一切之上，该杂志宣称："是蒋总司令在运筹帷幄，他思想敏锐、严于律己、不屈不挠，他是胜利的首席建筑师，现在是和平的第一个希望。"[13]

然而，中国实质上遭受了巨大破坏和深度割裂，贫穷落后，民不聊生，胜利的狂热很快就过去了，取而代之的是要对摆在面前的问题做一清醒和迫切的评估。在国民政府相对稳定的那十年（1927～1937年）取得的巨大进步已经被破坏殆尽，除中国东北地区外，但东北的大部分工业也很快就被俄国人系统地夺走了。大部分铁路都已不再运营，航运也被削弱了。道路的状况十分糟糕，桥梁和隧道均遭毁坏，农户缺乏所需要的一切，从耕作所需的牲畜到肥料。在整个中国，数以百万计的难民形成了难民潮，从他们的战时避难地返回他们的家园，到处都没有资源，没有工作机会，他们面对的是不断加剧的通货膨胀，使得手头拥有的不论什么货币都变得一文不值。在1945年年底，独轮车已经成为运输货币的常见方式，因为需求量极大。11月，上海举办了一次拉黄包车比赛以供公众娱乐。[14]由中国苦力拉着的黄包车上，坐着中国、白俄和美国女人，车子用皱纹纸和横幅作为装饰。获胜的苦力可得到700万元的奖金，这在当时相当于22美元，当他把这笔钱放到黄包车上拉走时，这笔钱所占的空间刚好同他才放下的乘客大小一样。

蒋介石本人对现实的把握其实要比在纽约撰写有关他的文章的亨利·卢斯和《时代》的其他编辑更加实在。"每个人都把这天当作荣耀的日子，"他在日记中写道，"我却独自感到非常羞愧和悲哀。"[15]

他没有解释为什么会有这样的感觉，但他的国家所遭受的破坏肯定沉重地压在蒋介石的心头，十八年前他在南京建立政府时给中国制订的宏伟计划已毁于一旦。如果没有日本的侵略，蒋介石几乎肯定会成为一个统一国家的总统，共产主义运动会被平息，国家主权会完全恢复，这个地球上人口最多的国家将逐渐成为一个重要的世界大国。此时，相反的是，他不仅不能享受八年顽强抗战带来的回报，而且还不得不担心将面临的针对其统治的更大挑战。正如他在日记里所记下的，斯大林和毛泽东能够"使中国陷入混乱和无政府状态"。[16]

持这种忧虑的，并非只有蒋介石一人。战争结束时的兴奋很快就被对新的内战即将接踵而来的担心所取代。除此之外，像马寅初这样的知识分子领袖对国家的悲惨状况还有着更广泛的痛苦。"我只是激动了一小会儿，"左翼诗人和散文家胡风后来写道，回忆起昆明的狂欢气氛，鞭炮炸响，人群聚集在街道上，美国吉普车拥入市区，"但我很快冷静下来。"胡风在二十世纪三十年代赴日本求学，回国后成为左翼作家联盟的一个重要成员，他是鲁迅的朋友，一个对共产党政工干部试图将正统思想强加给不同文化的批评者，一个审查制度的反对者。"日本，十年来中国的死敌，已经被打败了，但中国在未来怎样才能做到自立？……这场胜利能使人们的心蒙上阴影，但可悲的是，我的心是不容易被蒙蔽的。"[17]

"在这几周之内，"《客观》杂志的评论员储安平写道，他指的是战争结束后 9 月和 10 月的那几周，"这片曾经被占领了七八年的土地又被第二次占领了。"这次是被"难以描述的不道德和不称职的国民政府官员"。展示在每个平民面前的是国家处于可怕的状况，他写道："我们在光复区的财政是一个烂摊子，在大后方也是一片混乱。工厂破产了。商店到处都关了门。……运输也是一团乱麻，在过去的三个月里，甚至连长江上的航运也还没有恢复正常状态。一开始是有太多的规章制度，而现在是有很多黑市。"[18]

最糟糕的是，储安平接着写道，国民党和共产党都承诺他们想避免的内战已经在发生，而渴望和平的老百姓"只能叹息"。国民党已经腐败透顶，缺乏"有活力的年轻人"，而共产党，如他所说，被证实了对"另一个国家的价值观的极度支持"，另一个国家指的是苏联。[19]

在日本宣布投降之后的几个月里，有数以百万计的人在四处奔走，试图从他们在战争中逃难所到的地方返回家乡。陇海铁路是一条横贯东西的铁路干线，战争期间曾不断遭到轰炸和扫射，在沿线一个以往的小站上，聚集了巨大的难民群，他们已经无处可去。大雨接连下了好几天，于是人们把茶馆、酒馆、餐馆和其他沿着一条小街市的店铺都变成了住宿的地方。车站有两台机车发生了爆炸，造成数百人伤亡。很幸运地登上火车的人发现车厢顶上布满了洞。"候车区已经成为一条小河流，"来此采访的记者董珞瑜（Dong Luoyu）报道说，"人们在车站周围随地大小便，使得到处臭气冲天。"中国所需要的，他写道，是"革命性的变革，一种新的精神，但是在我们见到的景象中丝毫没有这种希望"。[20]

董珞瑜沿着铁路线向东走去，发现村庄的墙壁都被破坏了，到处长满了杂草，"我们所能看到的只是废弃的草棚，几乎没有人类的痕迹"。[21]这是1943年洪水和饥荒的后果，当时国民政府炸开了黄河堤坝试图以洪水来阻止日军进犯。"村庄附近道路边的树木都被剥光了树皮，因为都被人吃了，"董珞瑜写道，"已经胜利了，但一个月后，还是没有任何人回来，也没有任何重建迹象"。只有当他一路走到沿海和前德国殖民地青岛时——美国海军陆战队分队曾在那里登陆——他才总算找到了些充满希望的东西。"市场上充满了欢声笑语。美国朋友总是那么年轻，那么精力充沛。"

遭受灾难最少的地方是那些在战争早期就被日本人占领的地方，它们避免了成为战场。像青岛、北京、上海这些大城市，在战争期间都是颓废淫靡、卖国通敌泛滥的地方，不像长沙和桂林那些城市有那么多的残垣断壁——但其生活仍然经历了万花筒般的变化。为整个战争囤积的货物突然出现在市场上，比如闪闪发亮的美国汽车，它们全都是在1941年，即珍珠港事件前一年，之前生产出来的。"上海正在膨胀"[22]，美国学者欧文·拉铁摩尔写道，到处都有在美国本土都几乎不可能得到的美国电器之类的物品，但被商人囤积在上海，这些商人与日本侵略者做交易换得他们的合作，就能够封住他们的仓库，现在又重新打开了。但即使是在上海，和现在一样作为中国最富有的城市，货物的泛滥也并没能弥补所有缺失的东西。对许多人来说，这个城市似乎不是新近恢复了繁华，而是赤裸裸的、被剥光了的，因为日本人在离开之前，拿走了从灯具到水龙头的一切东西。据一位历史学家说："这是一个原始的、没有暖气的城市。"[23] "这个叫上海的地方非常、非常的寒冷"，美国上校约翰·哈特·考伊（John Hart Caughey）在家信中写道，因为"所有的散热器都不见了"。他说，日本人"似乎认为，如果他们把所有的废金属都给弄到东北地区去，就有助于他们建设大东亚共荣圈，所以他们搬走了一切"。[24]考伊从他住的新城饭店（热水每周提供三次）的窗口往外看，注意到人们"走在路上神情茫然，衣衫褴褛。你该明白，眼看着他们将要被冻死，却没有人给予他们一点点关注"。[25]与此同时，"敲诈"[26]这种中国由来已久的陋习，一种合乎规范的腐败，又增加了一些新的形式。那些曾经留在上海或北京的中国人，不论他们是否曾经通敌，都被迫要支付罚款或面临被指控通敌的风险，于是一个活跃的敲诈业务出现了。被国民政府派去接收在战争期间由日本人管理的工厂的官员，把存货廉价出售，然后把钱揣入自己的腰包。

善于观察的年轻中国记者梅焕藻为《大公报》撰写了有关上海的一系列文章，描述了他所称为的战后的混乱和政府在治理上的无能。他报道了一个在街上听到的流传很广的幻想破灭的评论："脱离了黑暗的上海，还不如在黑暗中的上海。"
到处都是拥挤的人群在争抢稀缺的公共设施。"当电车到达车
站时，人们争先恐后地抢位置，就像士兵在战场上冲锋
一样。"

梅焕藻写道：

> 抢劫犯到处都是，三到五人组成武装团伙侵入民舍。
> 在报纸上总是可以看到这样的事件。官员们不会容忍这种
> 情况。紧挨着静安寺路的世界著名的赛马场，现在成了刑
> 场。……本报记者 11 月 22 日抵达上海，据我的朋友们所
> 说，前一天，一帮罪犯被处决了。几天后，另一帮罪犯被
> 执行了死刑。在第一帮罪犯中，有一个是原陆军中的连
> 长，宋先生，他的罪行是带了一群人拿着武器到老百姓家
> 里去偷金条。[27]

这些抢劫案都是失业造成的后果。贫穷、绝望的人们不愿意去
"冒赛马场上的风险就去拥挤的电车上干活"，因为扒窃毕竟
不是死罪。这些小偷小摸的罪犯，梅报道说，如果被抓，就会
被拉到警察局挨一顿打，然后他们又"重操旧业，他们的技
能也提高了。这种大胆的精神应该归因于他们那空空的肚
子"。[28]还有不少其他问题。恶性通货膨胀便是其中之一，在战
争期间留在城里的上海人指责那些回归者的挥霍无度，他们战
时跑到重庆去了，现在却拿着政府正在印刷的纸币"想买什
么就买什么"。在处理被称为"汉奸"的人的问题上，人们也
不耐烦了。那些曾经在南京汪伪政府工作过的人，根据公开法
规，他们应该被押上法庭受审，但他们却"仍然逍遥法外，
没受到任何惩罚"，梅如此报道说。此外，对于当局，人们都

有一种效率低下、玩忽职守、十分无能的感觉。"政府和人民八年后的团聚，应该像父亲和儿子长期分离后的团聚一样，但是为什么政府戴上了这个粗暴和冷漠的面具，把他们拒之于千里之外？"梅问道。

第十二章　斯大林的欲望

苏联对中国东北的日军发起进攻是在 1945 年 8 月 9 日午夜过后一分钟，当时十一个军团 100 多万名苏联官兵高喊着"杀死日本鬼子！"沿着一条 2000 英里的战线全面攻入日本人占据的伪满洲国。[1] 衣着残破、军援枯竭的日军无法与久经沙场的苏军匹敌，苏军配备了 27000 门重炮，5500 辆坦克和自行火炮，还有 3700 架飞机。尽管日军知道苏军最终会发动进攻，但他们还是措手不及，因为他们错失了苏联大规模聚集战争物资的情报，这些物资的大部分都是美国交付的，用了近 70 艘货轮运到海参崴。十四年前用来攻克东北并在战时大多数时间占领着这里的日军，是日本最精锐的关东军，但此时关东军的大部分已经被调去防御美国在太平洋地区的攻击。几天之内，苏联人就占领了东北全境和华北的部分地区。

苏联对中国东北日军的进攻是第二次世界大战最后一次主要的陆上战役，也是战争中最大和最轻易的军事胜利之一。进攻发生在美国原子弹袭击广岛的三天之后，距之后长崎的原子弹爆炸也仅仅几个小时，毫无疑问在确保日本投降这一点上苏军的进攻并不是必不可少的，尽管在促使日本决定放弃战斗中也可能发挥了一定作用。苏联军队的表现，即使按照二战的标准，也是惊人的残忍。俄国士兵成群结队在中国东北和朝鲜各地抢劫和强奸，受害者大多是住在那里的日本平民。毫不奇怪，经过十四年屈辱的占领，要实施报复的不仅仅是俄国人。俄国人允许"所有非日本人公开抢劫三日"[2]，美国的一个名为"红雀"的情报小组从沈阳报告说。

许多平民被迫自杀，日本军官们则鼓励他们这样做，认为这是比遭受俄国人或中国人报复的更好的一个选择。多年后，有部颇受欢迎的中国电视剧①讲述了一个年轻的日本女孩的故事，她非常恐惧地发现她住的整个村子都被自己人毁了，于是就逃到一个中国家庭避难，后来她成了一个中国男人的小妾。当美国"红雀"情报小队询问在沈阳发生的暴行时，苏联最高指挥部解释说，第一批入城部队中有很多士兵的家庭都被德国人毁了。这些"复仇军"被用作突击队，一个苏联两星将军报告说，"他们的心态很不正常"，"一门心思就想要抢劫、杀戮和强奸"。[3]

俄国人进攻行动的最大受益者是残忍、不道德的现实政治大师斯大林，对他来说这是在东亚扩大苏联势力和影响力的一个更大计划中的一部分，或者，就像乔治·凯南在一份电报中所列举的苏联战后目标一样，寻求"对位于中亚地区毗连苏联边境的中国各个省份的控制"。[4]斯大林曾在雅尔塔向罗斯福保证，在欧洲战争结束后的三个月内他将进攻中国东北的日军，他一天不差地兑现了他的承诺。他还发誓要在苏联攻入东北三个月内离开那里。但正如我们所看到的，他没有兑现这个承诺。

苏联的进攻是一项加以掩饰的侵略政策的主体部分，这项政策大胆且非常成功。它的另一部分是要欺骗美国和中国的中央政府以便对苏联的意图保持满足的状态。斯大林最大的担心是——尤其是在为美国所独有的原子弹显示出可怕的威力之

---

① 此处指的应该是根据严歌苓同名小说改编的《小姨多鹤》。——译者注

后——美国将对苏联在东方的扩张产生警觉，并可能采取行动来加以阻止，最有可能的就是给予蒋介石大量支持，甚至派遣美国军队到华北地区。因此，斯大林1945年的计划就是要在不让美国人感到紧张的情况下完成其影响力的扩张。眼光总是十分敏锐的戴维斯当时在一份备忘录中写道："克里姆林宫在给亚洲做政治手术时将特别小心翼翼，在接下来的两年或三年内会尽可能地减少给美国造成的震惊和痛苦。"[5]莫斯科将继续实施它所称为的"麻醉"政策，在这方面，苏联领导人没有比赫尔利更好的或更不谙内情的助手了。

在摆脱了最好的中国通们之后，美国大使于1945年4月从华盛顿返回重庆途经莫斯科时，会见了斯大林和莫洛托夫，他们告诉了赫尔利最想听到的，即他们会支持他在国民党和共产党之间达成和解的努力。正如凯南指出的那样，斯大林在做出这个承诺时是可信的，因为他知道，毛泽东绝对不会同意任何让其放弃自己的军队的要求，而蒋介石也绝对不会同意允许毛泽东保持他自己的军队。在这方面，支持美国在华政策意味着绝对没有任何实际意义。

但是，那么想要在专业中国通的分析和行动中去发现隐藏的邪恶动机的赫尔利，却相信斯大林的保证意味着一切。在赫尔利与斯大林会谈仅仅几天之后，当时在场的哈里曼就警告说，赫尔利过于乐观了。一位帮助总结了哈里曼出于华盛顿利益对时局的分析的助理说："斯大林元帅是不会无限期地与蒋介石合作的，只有当俄国人在远东参战时，他才会充分利用并支持中国共产党……"

赫尔利不予理会，他似乎也没有对苏联在其他地方表现出来的意图有所留心。甚至在他于4月初赶赴莫斯科之前，俄国人就已经把一个顺从它的共产党政府强加给了罗马尼亚，并且他们也表达了要把波兰的边界向西推移到曾是德国领土的地方的意图，以此来交换将并入乌克兰的一大片东部领土——他们这样做一点儿也没有按照在雅尔塔做出的承诺，去和英国或者美国进行磋商。很显然，斯大林还打算在波兰把一个亲苏集团推上台，这就促使罗斯福直接向斯大林抱怨，他的行动将危及"我们的国际合作计划"。赫尔利似乎也没有注意到苏联报纸上的评论，根据国务院中国事务司的庄莱德（Everett Drumright）所述，它们的目标是"推翻重庆政府——苏联与它保持着外交关系——赞扬中国共产党并提高他们的声望"。[6]

赫尔利不想面对的问题是为什么斯大林会对中国采取不同于波兰或罗马尼亚的方式。斯大林的军队即将要占领中国的一些省份，这些省份紧挨着中共在敌后建立起了游击网络的几个省份。正如戴维斯曾警告的那样，去相信假如苏联在这个问题上能够做出选择，它就会把那些领土交给被由其控制的媒体指责为"反动"的政府，而不是去交给被同一个媒体描述为"民主"的共产党，那完全是痴心妄想。

公平地说，大多数识破斯大林伪装的美国官员，像戴维斯和凯南，都认为严峻的形势使得在中国由国共双方达成一项协议势在必行。用一项协议来捆住毛泽东的手脚，这是唯一能够让他承认现有中国政府权威的办法，并且这样做的话他们也就支持了赫尔利的努力。除了被赫尔利整肃的中国通外，几乎没有人能够觉察到这样的交易是极其不可能的。但赫尔利确信，斯大林和莫洛托夫为了与重庆保持良好的国与国的关系，会乐意抛弃中国共产党，这样做会使斯大林在中国东北享有将其作为半殖民地的特权，这是罗斯福在雅尔塔答应他的。在赫尔利看来，斯大林将与国民党达成一项协议，因为斯大林知道赫尔利所知道的，那就是与中国通的危言耸听的预测相反，共产党太弱了，根本无能力夺取政权。7月，赫尔利给国务院写了一封信，谈起共产党实力时用了三倍"夸大"（exaggeration）这个词。他辩解道，共产党人的军事实力，在他们控制下的土地面积，以及他们所享有的受欢迎程度都被夸大了，但他没有给这些不正确的结论提供任何证据。斯大林曾经和蒋介石签订过协议，据此他进一步认为，毛泽东会明白自己是多么孤立，并且会很快地做出让步。赫尔利写道："没有苏联的支持，中共最终将作为一个政党参与到国民政府中去。"[7]

杜鲁门政府也相信这一点——或者，如果政府的某些高级官员不是很相信这一点的话，他们仍然会认为，国民政府和中国共产党之间达成一项协议将给一个美好的未来提供最好的希望，而获得这一协议的一种方式就是要让苏联明确地、毫不含糊地承认蒋介石政府是中国唯一合法的政府。但是，美国人已经在雅尔塔同意给俄国人在中国享有某些特权。这个令人尴尬的事实一直是瞒着蒋介石的一个秘密，因为受影响最大的将是这个领袖，但现在战争即将结束的前景意味着这个秘密不能再保持下去了。7月，杜鲁门在华盛顿会见了宋子文并向他概述了罗斯福在雅尔塔已经同意的条件。

可想而知，这对蒋介石而言是个极其坏的消息。这是一种国家耻辱，一种出卖，是对庄重公开地声明要恢复中国全部主权完整这个承诺的背信弃义。尽管围绕着雅尔塔有那么多偷偷摸摸、窃窃私语的东西，但蒋介石和宋子文极有可能早已知道了，而且他们也知道自己没有选择的余地，只能接受——主要是因为如果他们不接受，俄国人会采取更多行动来支持共产党，后者是会这样干的。更重要的是，蒋介石明白，没有苏联的同意他不可能在全中国继续执政。所以，他派宋子文到莫斯科去，给其的指示是基本上同意所有的雅尔塔条款。他放弃了中国历史上所拥有的外蒙古，斯大林则想把外蒙古变成他的一个傀儡国家。对于斯大林来说，反对帝国主义是他的信念支柱，但他也承认在中国问题上的这些让步实际等同于一个新的不平等条约，也就是中国在十九世纪同西方列强签订的那种。不过，他认为自己的要求——例如，控制大连的港口和旅顺港以及东北的铁路——不仅对于苏联的安全是必要的，而且对于中国的安全也同样必要。他告诉宋子文，再过几十年日本又会以一个大国的面貌出现，中国和苏联需要有一个条约来阻止其野心。"应该让日本一直处于四面楚歌之中……然后它才会保持安静，"斯大林说，"我们同中国关系的总体规划就是基于这一点之上的。"[8]

这个观点没有涉及意识形态，没有想发动一场全球革命，而且这些话也肯定在一定程度上是为了让蒋介石放心。此外，斯大林向他保证，苏联人将在离开时把他们在东北夺取的所有领土移交给他，而且只会给他，斯大林还承诺苏联军队三个月之内就会离开。蒋介石比赫尔利更现实，他知道与斯大林达成交易的风险：出卖大量的中国主权以换取某种他非常清楚斯大林极可能会打破的承诺。在莫斯科举行的斯大林和宋子文之间的最后一轮谈判中，斯大林利用了蒋介石最大的担忧，他暗示说，如果中国不按照他的条件来签订一份协议并且立即签署的话，其后果就可能是苏联大量援助中国共产党。[9]即使有了新的协议，莫斯科也很有可能通过把东北交给共产党而不是国民政府来帮助他们，所以蒋介石处境尴尬，为避免可能强加给他的后果，他只好屈服。这是一场赌博，但他还是认为同斯大林达成的协议给了他最好的机会，让苏联在即将到来的中国内战中保持中立。

8月14日，即天皇裕仁宣布日本无条件投降的那一天，苏联与国民政府之间的《中苏友好同盟条约》签订了。斯大林得到了他想要得到的一切——控制大连、旅顺港的海军基地，东北铁路的管理权，以及承认外蒙古的独立地位；作为交换的是他答应只承认蒋介石政府，把东北转交给蒋介石的部队，不给中共任何援助，所有这些承诺他都可以违反且不受任何惩罚，如果他选择这么做的话。

如果蒋介石对此还忧心忡忡的话，赫尔利却是欣喜交加、毫无疑心，因为在他看来，"俄国已经保证了它在物质上和道德上对重庆政府的全面支持，从而剥夺了敌对的延安共产党政权去拥有其最强的外国盟友的可能性"。[10]赫尔利并不是唯一一个受到这种乐观精神感染的人。"这样就把中国共产党影响下的支持者赶出去了，"[11]《时代》杂志宣称，"他们失去了来自苏联同志的帮助的希望……可能会被迫放弃他们自己的军队和政府，然后作为一个政治上的少数派去接受在一个统一的中国里的他们的位置。"[12]《纽约时报》的报道更为慎重，但口径是一致的，其结论是与莫斯科达成的协议"最大限度地减小了，至少在目前，爆发灾难性的中国内战的危险"。[13]

在赫尔利和其他人眼里，毛泽东拒绝与蒋介石恢复和谈好几个星期之后，于8月下旬接受蒋介石的邀请赴重庆出席某种中国的峰会就是最好的证明。谈判将恢复，赫尔利认为原因是共产党人是软弱的、孤立的，没有其他选择余地。

多年后，在谈到应斯大林的要求他赴重庆出席赫尔利主持下恢复的和谈时，毛泽东怨恨地指责斯大林的"背叛行为"，他把斯大林称为一个"虚伪的洋鬼子"。他还说"因为斯大林坚持，他才被迫去的"[14]，这似乎是真实的。跟苏联领导人不一样，毛泽东采取激进行动，特别是试图在局势还未成熟之前就想去夺取全部权力。日本人发动的战争使他能够将自己的军队按中国标准扩张成一支强大的武装力量，并控制了十八个解放区的人口，大部分解放区是在北方的农村地区，但也有一些是在东部和南部。现在，毛泽东已经做好准备要去占领这个国家的一些主要城市。

就在苏联庞大的军队越境进入中国东北的第二天，毛泽东发了一封电报给新四军，这是他在中国东部的主力部队，命令它"集中主要力量占领重要城市和战略要地"。共产党派使者去见在上海的日本指挥官，他们正在等待正式的投降机会然后被遣送回国；中共也派人去和汪伪政权的一些成员见面，希望能够得到他们的合作以在那里举行反正起义。国民党秘密警察注意到了这个动向并成功地暗杀了傀儡政权的两名高级官员。毛泽东不听劝阻做出了与上海地下党高级官员的建议相反的决策，命令在上海市周围占有约10英里宽的一圈地盘的新四军派出3000人的部队潜入上海发动起义。[15]

这是一个大胆的计划，可令人回想起在1926年和1927年共产党人占领上海的企图，当时在正统的苏联指导下，他们全力以赴去组织城里的工人。现在，在日本投降后的几天里，共产党的"红色工人"占领了十多家工厂，在那里他们对抗着亲国民党的"黄色工人"。这座城市的学生们也渴望罢工。但在8月15日，驻亚洲美国军队的指挥官麦克阿瑟将军，发出了一号命令，这道命令指示在中国的日本作战单位只能向国民政府当局投降。毛泽东没有权力派军队去控制上海。同时，蒋介石致函冈村宁次，授权他使用武力抵制任何共产党人要解除他的武装的企图；强烈反共的冈村肯定会抵制共产党接管上海。但阻止毛泽东的计划的，正是一向很谨慎的斯大林；按照斯大林的观点，这个计划将引发一场直接的内战，对此他和中共都还没有准备好。8 月 21 日，他拍发了两封电报到延安，告诉毛泽东停止行动，同以往出现这种情况时一样，毛泽东服从了。

斯大林还让毛泽东去重庆，毛泽东也照做了，尽管与赫尔利的看法相反，他既不是出于软弱也不是被苏联抛弃。我们曾经看到过他在中国共产党第七次全国代表大会上所做演讲中表达的对苏联帮助的信心，即使在当时苏联的帮助还不是很明显。斯大林对中苏约的认可引起了毛泽东内心的担忧，但从根本上说，他还是愿意把它看作一个战术行动，一个必要的欺骗。[16]

最糟糕的是，毛泽东因斯大林的警告而受挫。根据他的俄语翻译师哲的回忆，他对去重庆的命令"非常苦恼，甚至愤怒"[17]，但他也理解这源于苏联领导人非常不愿意挑起有核装备的美国去积极反对苏联和中共在中国的战略目标。一年后，毛泽东在接受左翼记者安娜·路易丝·斯特朗的一次采访中指出，与斯大林不同，他从来没有担心过中国会遭受原子弹的攻击，他非常相信思想上觉醒了的群众那种能够战胜有先进武器的敌人的能力。[18]就是在那个时候，即 1946 年，毛泽东开始使用"纸老虎"这个词来形容美国的实力，这个词他连续用了好几十年。

但那是后来的事了。在 1945 年中苏签订条约时，毛泽东有充分的理由感受到形势在朝有利于他的方向发展。其一是，斯大林如同以往那样，当他着手实施一项毛泽东不喜欢的政策时，就会向中共提供秘密保证，称他的行动是符合中共的长期利益的。即使在斯大林发电报指示毛泽东去重庆时，他还告诉中国共产主义运动中的二号人物，当时与另一名共产党高级干部高岗一起在莫斯科的刘少奇，蒋介石和毛泽东之间的和谈只不过是一个战术。同时，他告诉他们，正如有两个学者就这一事件所写的那样，"会谈将给中共争取到宝贵的时间，从而使他们能够为即将到来的战斗重组并调动军队"。[19]

不管怎样，对毛泽东而言，具有历史性意义的事件并不是《中苏友好同盟条约》的签订，而是苏联进军中国东北。在苏联军队越过边境进入中国领土四天后，他写道，准确地说，这一举动的"政治影响"是"无法衡量的"[20]；比"那两颗炸弹"更为重要——落在长崎和广岛上空的那两颗。如果原子弹的威力是如此巨大，毛泽东问道，为什么美国会要求俄国对日本发动战争？事实上，他继续写道，要在至今经得起检验的中国史学上确立一个"事实"，那么许多人所持的战争是由原子弹结束的信念就是不对的。这是出自"资产阶级的教育，资产阶级的报刊和通讯社的影响"[21]的产物，真相正如毛泽东所看到的那样，是苏联红军的参战才导致日本最终投降。

毛泽东认为，如果一切顺利，苏联军队大量进入东部战线将起到与苏军进入波兰同样的效果，斯大林在波兰设计的共产党接管政权的方法，或多或少，是可以在中国复制的。约翰·戴维斯同意这个观点。"如果苏联红军进入华北，"他写道，"那么即使那些同情美国的人遭到清洗，美国的援助和合作被有效地阻止或消除，也将是不足为奇的。"[22]无论红军到哪里，他强调称："俄国的政治统治都会紧随其后。"在波兰，斯大林曾经在雅尔塔会议上同意最终举行自由选举；同时，将建立一个代表波兰所有主要政治派别的临时联合政府。其中一个派系是非共产党的流亡政府，虽然其总部设在伦敦，但给西欧的盟国军事行动贡献了成千上万的士兵。另一派是亲苏的波兰民族解放委员会，该机构是斯大林在卢布林成立的，卢布林是苏军从撤退的德军手中夺取的波兰东部的第一个城市。当苏联军队横穿波兰时，德国军队在苏军面前节节败退，卢布林集团获准接管这个国家的行政管理，联合政府中的非共产党成员被挤到一边不予理会，或干脆遭到监禁。1945 年 3 月，以召开一次会议商议波兰的政治安排为饵，苏联引诱 16 名非共产党波兰人去卢布林，他们在那里被逮捕，并被带到莫斯科受审，然后被送往西伯利亚监狱。斯大林那聪明和无情的策略导致波兰的纳粹独裁政权被一个屈从于莫斯科的波兰傀儡政府所取代，之后这个政府整整持续了四十五年。

波兰不是中国，一个很大的区别是蒋介石在整个战争期间一直留在中国，从来没有领导过流亡政府。此外，与波兰不同的是，中国从未成为入侵俄国的路径。尽管如此，这两种情况之间也有怪异的相似之处。中国共产党像卢布林集团一样，相信斯大林会为它找到扩大其控制地区的方法。蒋介石则类似于非共产党的波兰人，表面上得到俄国人的承认却又被暗中挖墙脚。在波兰，斯大林占领了领土，然后把它交给了他的波兰代理人；现在他在东北有着 150 万人的军队，问题是，尽管他承认蒋介石政府并且承诺会将其控制的领土移交给中国中央政府，他会找到办法给共产党提供真正的权力吗？

在 1945 年，毛泽东完全不加保留地认同了斯大林所做的一切，包括在波兰的结果。对他来说，非共产党的波兰流亡政府代表着"反革命"的"旧波兰"，即波兰地主和资本家；而亲莫斯科的卢布林集团则响应了"波兰人民的一致要求"，它标志着"在解放了的东欧的新民主运动的一个高潮"。[23]

8 月 27 日，赫尔利带着两瓶苏格兰威士忌，搭一架美国飞机从重庆飞往延安，第二天，他陪同毛泽东飞往其死敌的临时首都，这是这位共产党领导人有生以来第一次乘坐飞机。在延安机场现场观看的人说毛泽东神情紧张，就像个"赴刑场就义"的人一样[24]，《时代》杂志如此报道称。就在他登上赫尔利的飞机前，他做了一件以前从未做过的，也将永远不会再做的事：当众亲吻了妻子江青。毛泽东是担心自己会在重庆遭到绑架，甚至被谋杀，所以他的这个姿态也许是一种告别，以防万一。但是赫尔利已经为他的安全做了担保，斯大林也一样，所以他动身了。在他们起飞之前，赫尔利将身体探出飞机舱门，发出了被一个在现场的中共人士描述为"古怪的、响亮的尖叫，好像一头捕食动物逮到了猎物一样"[25]——乔克托印第安人发出的战斗呐喊。

当他们到达重庆时，记者们已经在机场等候良久。有人问毛泽东对乘坐飞机感觉如何，他回答说："非常有效率。"而赫尔利没再发出另一声乔克托呐喊，当他和毛泽东坐在大使馆的黑色凯迪拉克车上离开时，他喊出的声音据有些在现场观察的人士说听起来像是"Olive oil! Olive oil!"（橄榄油！橄榄油！）[26]当晚举行了一个欢迎宴会，宴会上蒋介石举起一杯米酒，说他希望"我们能有 1924 年的亲切气氛"。[27]他指的是第一次国共合作时期短暂的和谐，当时毛泽东是国民党的一位组织者而周恩来是蒋介石在黄埔军校的政治部主任。空气中弥漫着一种乐观情绪。美国记者报道了自中苏条约签订以来共产党宣传上的转变——中共的报纸改称蒋介石为"委员长"而不是"反动派"的领袖。作为国民政府官方信息来源的中央社，其本身则引用了"消息灵通人士"[28]的话，大意是双方之间达成一项"全面解决方案"是"必然的"。

两位领导人都扮演了分配给他们的角色，蒋介石是完美的主人，毛泽东则是尊敬的客人，称呼蒋介石为"蒋介石委员长"并表达了他的支持。

蒋介石和毛泽东举行了九次单独会议。他们在重庆蒋介石的私人花园里肩并肩地走着。两人穿着类似的服装，都是多年前由孙中山推广的高领束腰上衣；蒋介石穿得挺括光鲜，毛泽东穿得更为朴素。与通常在中国的模式不同，他们的会谈内容没有泄漏。直到大约五个星期后，《大公报》发布了一篇独家新闻，宣布他们的会谈十分成功。就在第二天，根据在场的《时代》周刊记者报道，毛泽东"面带微笑，充满信心"，举行了记者会，他说："我对谈判的结果是有信心的。……中国共产党将坚持避免内战的政策。"[29]苏联也在给希望的火种扇风助力，莫斯科电台9月末快乐地广播说，中国的国共双方已经同意"为整个中国创建一个完整的、统一的中央政府"。广播得出结论道："这已经为中国的统一奠定了基础。"同时，在中国东北的苏联指挥官罗季翁·马利诺夫斯基也做出了一个受到全世界的赫尔利们极其满意的欢迎的姿态，据报道他拒绝让共产党的八路军占领中国东北的城市。白修德在《时代》杂志上一篇题为"光明与希望"的文章中报道说，苏联拒绝了东北的中国共产党人的要求，显然这是一个信号，斯大林信守了给蒋介石的条约中的承诺。[30]

令这种信心十足的乐观情绪更受鼓舞的是，蒋介石和国民党宣布了一系列措施，似乎满足了周恩来在这一年早些时候提出的三项要求，在当时，因为这些要求是新提出的，所以被认为是解决问题的一系列严重障碍。国民政府承诺释放政治犯、结束审查制度、确保言论和集会自由的权利，并控制秘密警察的活动。所有政党也都将合法化。会谈中的核心问题是允许共产党在已经建立根据地的省份有多大程度的独立控制权。由周恩来领导的共产党代表团，要求在北方由共产党控制四十八个师和五个省份。蒋介石拒绝了这种事实上的国家分裂，但放弃了对他所谓的"一个国家，一支军队"说法的坚持，他的确同意让共产党保留十二个师，这将是一支超过 10 万人的军队。

9 月 18 日，经过四周的谈判，毛泽东在一次热情洋溢的茶话会上抓住时机宣布："我们必须停止内战，所有各方必须在蒋主席的领导下统一起来，共同建设现代化的中国。"[31]在他离开重庆前的最后一个晚上，蒋介石前往毛泽东下榻的地方，两人聊到深夜。蒋介石后来在日记中问自己，他对和平的呼吁是否"触动了主席的内心"。[32]第二天是 1911 年推翻清王朝的纪念日。在中国所有的大城市，大批的人来到街上庆祝这个国家的国庆节，这是日本战败后的第一次。蒋介石和毛泽东一起共进早餐，同时他们的助手起草了一份模糊的协议。双方承诺建立一个民主政治制度，召开全国政治协商会议，由其制定选举规则选举新的国会，并将他们的武装力量统一在蒋介石的指挥之下。[33]

赫尔利敦促了双方保持对话，但没有提供有关解决方案的"细节"，也没有提出具体的建议，他对此颇感自豪；而这一点恰好遭到了以后的历史学家们的公正批评。[34]其实，一个具体的美国计划正是当时所需要的，这个计划将如实承认中国各方的力量平衡，随后就由美国给双方施加尽可能大的、不间断的压力来迫使双方接受现实，这与周恩来提出的四十八个师并控制五个北方省份的要求是比较一致的，而中国其余的部分则仍然在蒋介石和国民党手中。这样做会导致国家事实上的分裂，不过随后为召开国民大会将举行理想的选举，那将是民主的开端，也许就能避免内战。

当然，这样的情况并没有发生，似乎也不可能会发生，即使赫尔利曾经设法向双方施压，就权力和管辖范围做出更清晰详尽划分，而这是有可能发生的。蒋介石很可能太过担心，一个联合政府会导致他丧失权力。至于毛泽东，当他一回到延安，他就可以向他最亲密的同事保证，在重庆达成的这笔交易"仅仅是纸上的文字"，是"不会等同于现实的"。[35]他的重庆之行已经达到了目的。他缓和了与美国人的关系，他急于让他们继续在旁观望而不插手。他向世界传达了一个寻求和平的、有理性的领导人的形象。

但是，毛泽东身体力行在说明的真正的战略，可以概括为周恩来总结的四个字：打打谈谈。在他的眼中，谈判的目的不是要去达成一个双方妥协的协议，而是要去争取时间，去阻止你的敌人的侵略行为，甚至你还可以利用这些机会来加强你的实力以及你作为一个和平缔造者的声誉。然后，一旦条件成熟，你可以放弃谈判，并全力以赴去赢得军事胜利。在中国，真正的战斗是不会在重庆围绕着谈判桌展开的。东北的城市和乡村才是战斗展开的地方，那里现在在苏联人的控制之下。真正重要的是后来在其他地方发生的冲突中的所谓"既成事实"，而此时毛泽东着手确保既成事实对他有利。

第十三章　既成事实

8月16日，日本正式投降后的第二天，在重庆的美、英、苏三国使馆分别收到了由延安共产党总部发来的一份照会。照会一开始就列举了中国共产党在战时取得的成就。照会提到，共产党军队已经收复了"被国民党政府放弃的有1亿多人口的大片失地"。[1]这支军队现在已经有100万正规军，并且在十九个解放区里共有地方民兵220万。照会以精确的数字断言，侵华日军的69%（不包括东北）和中国亲日傀儡政府军队的95%都在最近结束的战争中"被我们的军队抗击和包围着"，就在这一切发生的同时，国民党却"采取袖手旁观、坐享其成的政策"。

照会接着开始陈述其主要观点，称这些成就已经为共产党赢得了权力去"接受已被他们包围的日伪军队的投降，并接管他们的武器、物资和资源"。照会是由朱德以解放区抗日武装部队总司令的身份签署的。同一时间，延安电台广播中以较少的外交辞令也表达了相同说法："我军对任何敌伪所占城镇交通要道，都有全权派兵接收，进入占领……如有任何破坏或反抗事件发生，均须以汉奸论罪。"[2]

朱德的照会标志着中国共产主义运动与美国关系的一个新阶段。表面上是一个单一的问题，即接受日本的投降，实际上它有着巨大的影响力，因为接受日军投降的一方将得到他们的武器和所控制的地区，这两者在中国迫在眉睫的内战中都能转化成实力。

朱德的照会的弦外之音是明确了共产党人对自己的看法，他们现在选择用广播来表达。他们不只是一个武装政党，就像赫尔利喜欢称呼他们的那样。他们是中国的一个合法的替代政府，是一个拥有约四分之一全国总人口的政府，即便他们这项声明所针对的国家，包括苏联在内，都受条约约束只能支持国民政府为中国的唯一政府，而这个政府暂时还避难于重庆。共产党通过比公认的政府战斗得更加顽强更加勇敢而赢取了他们的权力，在共产党人眼中，当成千上万的村庄被万恶的入侵者攻陷时，那个政府却只是放弃、逃跑或者袖手旁观。

朱德的照会向外部势力，特别是美国发起了一个挑战。此外，共产党还不仅仅只是给外国使节发送外交照会，不仅仅只是声明参与受降的理论权利。在日本投降后数小时，甚至之前，他们就在采取行动，派出他们偏重思想教育且只配备轻武器的游击队到他们即将和国民政府展开争夺的地区，脚踏实地，"先下手为强"，这个词后来常用于指先派地面部队进入某个地区。国民党也试图采取同样的行动，尽管共产党明显占有地理优势。换句话说，裕仁天皇投降的消息还在中国人耳旁快乐地回响时，这个国家又将面临一场残酷的斗争。

当美国大多数士兵、外交官和特工人员还在为原子弹的威力和战争的迅速结束而感到惊喜的时候，美国政府却不得不迅速做出决策。首先，如何回应朱德的要求？当然，可以选择承认朱德所提出的事实并在战后争夺地盘的斗争中保持中立。这样做基本上就是那些专业的中国通，如约翰·戴维斯和其他人，在1944年秋季和冬季所建议的。他们承认这样一种政策会迅速导致中国分裂成两半，一半是黄河以北，包括东北，归共产党，黄河以南的另一半是国民党的地盘。戴维斯和他志同道合的同事们认为，这样一条路线也会使美国避免去支持内战的最终失败者。在他们看来，这也可能使中国共产党避免进入苏联的轨道。就像戴维斯 1945 年 6 月时在一份备忘录里所写的那样："如果美国政府去年下半年（当时苏联还未做好在亚洲展开行动的准备）就接受一个分裂的中国的事实并且现实地大力寻求发展中国共产党的民族主义倾向的话，莫斯科是否能指望延安的绝对服从就成了一个问题。"[3]

当然，赫尔利没有同意。在看过朱德的照会后，他发了一封电报给华盛顿，警告说若同意朱德的要求，其代价将是中国的一场迫在眉睫的内战，因为共产党会很快放弃同蒋介石的谈判，双方将别无选择只得开战。赫尔利继续相信 4 月在莫斯科时他从斯大林和莫洛托夫那里得到的保证，即苏联支持美国的对华政策，并且不认为中国共产党是真正的共产党人。他确信苏联已经出卖了中国共产党，又软弱又孤立的中共将别无选择，只能与国民党达成协议，他也将利用自己的影响力来实现这一点。他非常信任《中苏友好同盟条约》，这是宋子文和斯大林在朱德的照会到达重庆前一天签署的。按照赫尔利的理解，这项条约的重点是要让中国放弃一些在东北的主权以换取苏联的承诺，如条约中明确规定的："给予中国道义上的支持和军用物资及其他物质资源援助，所有支持和援助都给予作为中国中央政府的国民政府。"[4] 赫尔利向华盛顿保证，这份文件"结论性地证明苏联政府支持中国国民政府，而且两国政府在满洲问题上是意见一致的"——这意味着苏联会加快速度将东北转交给国民政府控制。

于是，朱德收到了一封礼节周到的回复。信中拒绝了他声称的要求受降的权利，提醒他那些著名的协议，并且本着善意的精神，要求他和共产党提供合作。美国人拒绝在战时武装共产党，现在他们又将共产党排除出了战利品分享者之列。

赫尔利说的是抽象的原则，打的是如意算盘，而朱德却在揭示现实。共产党有效地控制了中国北方的大片地区，这是他们战时在敌后努力创建解放区的成果。他们在解放区建立了平行的政府，并创建了农民组织。他们也有着近百万的武装部队，还得加上数量更大的民兵组织，许多这样的部队就驻扎在表面上被日军和中国的傀儡政权控制的地区——就像那些美国飞行员被八路军带到安全区时所发现的那样。

在某些方面，朱德确实有些夸张——比如被他们"包围"的日伪军的精确的百分比，还有他所持的观点：共产党一直在战斗，而国民党却刀枪入库。共产党人在宣传他们一直在坚强地、勇敢地和不断地抗击入侵者上是极其成功的，但他们的百万大军主要是参与一些小规模的打了就跑的攻击，除了1940年的百团大战之外，几乎没有重大的军事行动。

但共产党身居战略要地，尤其是陕西、河北和山东这几个省份，当时美国情报部门估计国民政府在这些地方的军事存在是可以忽略不计的。这是一个关键的事实。有一段时间，唯一可用来阻止共产党接管这些地区的军队就是原本该投降的日本军队。这就是蒋介石向日本发出他那近乎绝望的指令的原因所在，要日军只能向国民政府投降，同时，还要保持他们所占领地区的和平。日本人照办了，从而使自己成为八年来他们一直试图消灭的这个政府的盟友。几个星期以来，日军击退了共产党试图解除他们武装的努力，他们还在华北最重要的铁路线上巡逻。尽管这样利用日本的军队是必要的权宜之计，但这也是国民政府软弱的表现，表明这个政府缺乏准备，难以去控制国际协定指定给它的地盘。

这些既成事实包括了一个近乎荒谬的反常现象：经授权去接受日本投降的集团没有能力去受降，而有能力去受降的集团却被剥夺了权利。通过把国民政府军队运送到位，这个难题原本是能够被克服的。但无法克服的是在太平洋战争结束后几个星期和几个月内最可怕的既成事实：150万久经沙场的苏联官兵在中国东北的存在，而与其接壤的又是中国共产党势力最强大的地区。这一事实的重要性是很难被夸大的，尽管赫尔利几乎完全视而不见。

苏联对中国东北辽阔领土的占领标志着亚洲的一个转折点。这使得美国期望在战后亚洲做出的安排变得不可能，根据这项安排，中国这个东亚最大的国家，也是潜在的最富有和最强大的国家，将统一在一个既民主又对美国友好的中央政府之下。一旦苏俄军队在中国领土上站稳了脚跟，那些第二次世界大战中的临时性权宜协定就破裂了，世界正进入冷战时期。在这个时期内，华盛顿和莫斯科将在一场世界范围内谋求全球霸权的生存竞赛中冷面相对。

甚至在亚洲的战争还未结束之时，杜鲁门政府就越来越看清苏联企图控制东欧的目的，随即做出了一些短暂的但为时已晚的努力来抢先阻止苏联在亚洲的类似努力。7月，在波茨坦举行的由斯大林、杜鲁门和克莱门特·艾德礼（会议期间接替丘吉尔担任英国首相）出席的会议上，美国国务卿詹姆斯·伯恩斯（James Byrnes）正在考虑放弃苏联进攻满洲地区对迅速结束抗日战争是必要的这一观点。伯恩斯的一个亲密助手回忆道，他想"在中国问题上运用策略击败斯大林"。[5] 原子弹是一个秘密，但波茨坦会议向日本发出了最后通牒，不投降则面临灭亡，于是伯恩斯希望日本早日投降，如此就可以抢在苏联派兵进入中国实施《雅尔塔协定》的规定之前使其失去意义。

然而，日本对最后通牒不予理会，而且在任何情况下，伯恩斯的意见总是被杜鲁门驳回。杜鲁门是老罗斯福之后唯一在战争中真正参加过战斗的美国总统，而且，就像半年前在雅尔塔的小罗斯福一样，他最优先考虑的是拯救美国士兵的生命。"我已经得到了我到这里来想要得到的——斯大林将于8月15日对日开战，没有任何条件，"7月18日他从波茨坦写信给妻子道，"我要说的是我们现在将提前一年结束这场战争，想一想有多少孩子因此而不会送命呢！"[6]

现在，苏联人已经在中国东北安营扎寨了，他们的军队由顽强的布尔什维克老将罗季翁·马利诺夫斯基指挥，美国驻重庆大使馆苏联问题专家约翰·梅尔比对他的评论是一个"没有一丝温柔和怜悯"[7]的人。一旦苏军在东北驻扎下来，所有过去岁月里的其他争论和可能性——尤其是美国出台一项更明智的政策是否可能早就促使中国共产党独立于莫斯科——就全都变得无足轻重了。随着战争的结束，形势急剧且无可挽回地改变了，最大的不同在于中国共产党人现在能感觉到他们已是胜利在望。苏联的进攻意味着共产党在华北将占据优势，除了美国以与最近结束的战争同等的规模再付出巨大努力之外，几乎已经没有什么办法可以把他们赶出去了。

这就是美国和中国共产党的关系随着战争的结束不断恶化的潜在原因，即使美国的使节试图在他们与国民党人之间促成一项和平协议。一些与赫尔利的希望和期待相反的事情发生了。到目前为止一直因中苏条约而感觉被抛弃的中国共产党，此时因苏联进入了中国的东北而大受鼓舞，底气十足。中国共产党人再不像以往那样迫切需要美国了，现在他们认为美国是可有可无的。他们不希望与美国发生公开冲突，但他们现在已经做好准备，如果他们发现美国人行事违背他们的利益，他们将勇敢地面对它。几个月前，毛泽东曾对谢伟思说："美国不干涉中国这样的事情是没有的，你们在这里是作为中国最伟大的盟友。你们的存在这个事实影响是巨大的。"[8] 现在，毛泽东明白了美国的干预将不可避免地帮助他的对手与他争夺对中国的控制权，因此，共产党也就不可避免地要把美国看作实现自身目标的一个障碍。

*   *   *

8月12日，即长崎原子弹爆炸三天之后，但在裕仁天皇发表投降公告之前三天，朱德已经下令让四支武装部队赶赴东北同已在那里的苏军展开合作。[9] 几天后，在前往重庆的前夕，毛泽东派出九个团到东北，并告诉几年前从那里来的共产党干部回到东北家乡去。[10] 然后，毛泽东一边在重庆的花园里同蒋介石散步，承认他的权威，一边继续调兵遣将把中共的势力扩大到东北，其最终目标是推翻蒋介石政权。一如既往，缴获日军的武器是装备极差的共产党关键性的直接目标。早在1月，朱德就曾要求花2000万美元从伪军那里购买武器。虽然就苏联而言，提供武器给共产党是对中苏条约的公然违背，但现在苏联的确成了他们主要的武器提供者了。很快，苏联从日本人手中接收了925架飞机、360辆坦克、2600门大炮、8900挺机枪，以及大量的小型武器。[11] 这些武器最终有多少落到了共产党人手中并不清楚，尽管其中大部分都应该是清楚的。

虽然苏联提供了缴获的武器，但对中国共产党人来说也很难知道究竟他们能从苏联那里得到什么帮助，或者莫斯科将如何在帮助他们的愿望和根据中苏条约完全不能帮助他们的义务之间搞平衡。不过，共产党人明白，最终他们是和俄国人同属一个阵营，并且有着相同的目的。"他们是红军，我们也是红军，"刘少奇对他的同事说道，在毛泽东不在期间他回到了重庆，"他们是共产党人；我们也是。"[12]

毛泽东回到重庆继续同蒋介石谈判的第二天，中共在延安针对已经被派到东北去的八路军部队颁布了一道命令。这支中国军队应不再打出八路军的旗号，而是改为东北志愿军（Northeast Volunteer Army）。他们应避免引人注目，坚持走偏僻小路，只进没有苏联红军部队驻扎的村庄和城镇，并避免出版报道部队运动消息的报纸。这些命令中引人注目的是延安的信心，他们相信将从俄国人那儿获得帮助，即使这种帮助必须保守秘密。"苏联不干涉中国内政，"该命令称，"他们对我们在东北的活动持宽容的态度，只要我们不造成外交困难。"[13]中国社会科学院研究员、历史学家杨奎松是如此阐述这个问题的："苏联红军不仅暗中协助在东北建立根据地，而且为进入东北的以及在华北的中共军队先后提供了足够装备几十万人的武器弹药……从而极大地缩短了中共中央原先预计的彻底战胜国民党的时间表。"[14]

当然，此时衣衫褴褛的中国共产党的士兵和苏联红军老战士之间的关系迅速回暖，尽管苏军曾经把中共部队阻挡在沈阳城外。当他们初次见到八路军时，杨奎松写道，苏联人把他们当成土匪，因为他们装备太差，穿的衣服也太破，这促使延安责令其各军事单位注意他们的穿着。但这种早期的谨慎很快就被亲密热情的联系取代了。

9月9日，当毛泽东正在与赫尔利和蒋介石谈判时，他接到之前派到东北去的八路军一支部队的司令员曾克林的报告，描述了其十天前到达山海关港口外时受到了苏联军队指挥官的热烈欢迎。他们两人举行了一场被一个中国历史学家形容为"盛大的入城庆典"，在这之后，苏联允许曾克林、他的部队和文职干部继续前往锦州港然后再到沈阳，沿途接管各地区。此时大约就是白修德报道说的，俄国人把"他们的手背"伸给（拒绝）了八路军，但是根据曾克林的叙述，在沈阳大和旅馆特地为他举办的一场盛大的宴会上他被尊为贵宾。"他们亲切地称我们为'同志们'。"曾克林后来这样描述他的苏联东道主，

> 他们高度赞扬我们的军队在取得抗日战争胜利的过程中所做出的贡献，但是，由于苏联政府与国民党政府的关系，他们要求我们不要以八路军的名义展开活动，因此，经仔细研究后，我们决定将我们的部队改名为东北人民自治军（Autonomous Army of the People of the Northeast）。……我们一个接一个地接管了沈阳兵工厂、仓库、军用服装厂、自来水和电力公司、邮局、银行和广播电台。我们还利用广播电台报道了我军进入东北的重要新闻，大力宣传了党的政策，反复播放了"三大纪律八项注意"以及其他革命歌曲。我们还派出部队到其他城镇去。[15]

9月中旬，马利诺夫斯基从他设在沈阳东北方向吉林省的主要城市长春的司令部，派了一名使者去延安与中国共产党商讨事宜。这在延安是一件大事。共产党人告诉迪克西使团成员

要远离机场，第二天上午，共产党安全部队持上了刺刀的步枪围住了机场。中午，苏联使节所乘的飞机从沈阳抵达延安。[16]从机舱里出来了一小队穿制服的苏联军事人员，他们很快就被迅速护送到中共的总部去。马利诺夫斯基的使者发表了一个公开声明，指出中共军队必须撤出东北。[17]迪克西使团的成员可能听到了有关这个声明的风声，也许这就是其目的所在，尽管执行这次任务的负责人伊凡·D. 伊顿上校在他的回忆录中丝毫没有提及这一点。总之，苏联使节公开讲话之后，当晚就同中共领导人举行了秘密会谈，其间他阐释了苏联真正的政策。东北的大城市，如沈阳、长春和哈尔滨将被移交给国民政府，共产党将不得不退出这些城市，但苏联红军会支持在其他地方的共产党军队，只要这些部队打出地方武装的旗号就行。

共产党人对这种安排感到很高兴，这是他们一直盼望的机会。这意味着在具体实践中，尽管他们将被排除在几个大城市之外，但他们可以把他们的军队派到任何地方去。在放弃了夺取上海等大城市的冒险计划之后，毛泽东宣布了共产党的战略是占领农村，动员当地的民众。这暂时不会导致蒋介石政府被推翻，但正如他所说的："我们要挤进去，给蒋介石好好洗把脸，但我们还不想割掉他的脑袋。"[18]

与苏联上校的会面结束后，中共中央政治局成员举行了一次深夜会议。他们提出了一个战略方针，可以用"向北发展，向南防御"这样一句口号加以概括，在实践中这意味着派遣2.5万名干部和20万人的军队到北方。身在重庆的毛泽东发出了他的批准意见，在几个月内，东北的中共军队人数已经达到40万，统一归林彪指挥。[19]苏联人表面上信誓旦旦会遵守中苏条约，在形式上禁止八路军武装通过他们的防线，但又另找了一个借口，允许他们以平民身份通过。然后，这些"平民"就能得到日本武器，而这些武器大大地优于他们原先那些不被允许带进东北的武器。

"有一种可能，是他们武装了民众"，一个共产党发言人在重庆向美国记者承认道，意思是指那些被允许越过苏联防线的平民"志愿者"，"他们可能从日本人那里得到了一些武器"。[20]以这样的方式，共产党士兵就能够占领葫芦岛和营口这些东北口岸城市后面的阵地。这些部队中有许多人是从共产党的华北根据地经陆路穿过内蒙古到达东北的，但也有成千上万的八路军原先是在东部的山东省，他们就需要乘船到东北。

在这一点上，因毛泽东仍在重庆，一个名叫吕易的中共军队领导人告诉他，部队已经从烟台抵达大连，烟台是八路军于8月23日占领的。[21]吕易说，中国人在那里与苏联人接上了头，苏联人告诉他们，中共部队在乡村的活动不会受到干涉，在大城市里，他们也能够组织无武装的民众组织。

美国也开始采取行动。战略情报局同所有人一样，对战争的突然结束感到措手不及，马上将其使命由搜集日本占领者的情报转为搜集有关战后局势的情报。"虽然我们已经出了丑，但我们会尽力及时加以弥补。"[22]战略情报局驻华情报小组负责人理查德·赫普纳上校在给多诺万的信中如此写道，仅仅几天前，多诺万才结束他的中国之行回到美国。自从战争在欧洲结束后，战略情报局就已经扩大了其在华活动的规模，目前在华特工人数已近2000。[23]截至8月12日，即朱德的照会被送到重庆美国大使馆的同一天，赫普纳已经组织了几支小队空降到中国各地。[24]代号为"喜鹊"的小队去北京；"鸭子"小队去山东；"麻雀"小队去上海；"火烈鸟"小队去海南岛；"红雀"小队去东北的最大城市沈阳。其他几支小队分别前往亚洲其他地方——"鹌鹑"小队去河内，"乌鸦"去万象，"老鹰"去朝鲜。

这些小队在到达后的第二周内就分别就位。北京的"喜鹊"小队很快就发现了一个很大的战俘营。"鸭子"小队在山东中部的潍县也发现了一个。"红雀"小队在 8 月 16 日空降到沈阳郊外的一个地方，赶在苏联人到达之前先到那里以便等苏联人一到就搜集有关他们的情报。当苏联人确实抵达后，美国人立即就感觉到苏联军队针对他们有一种些微的骚扰和不友好，这预示着两国未来在东北地区的利益冲突。"红雀"小队很快了解到附近有个战俘营，关了 1321 个美国人和几百个其他国家的人。[25] "红雀"小队想靠近去解救战俘，但苏联人阻止了他们的努力。"俄国人非常不合作，""红雀"小队的一个成员，R. H. 赫尔姆少校 8 月 25 日在给赫普纳的信中写道，"他们敷衍我们，直到他们派出一支队伍到关了我们的人的战俘营去'解放'他们，然后把功劳归于他们自己。他们整整花费了四天时间才安排我们去战俘营。既不关心又不合作，假如情况倒过来，是我们面对一个类似的苏联小队，我们是绝对做不出这种事情来的。"

战略情报局的小队一到战俘营，就开始发回有关从新获救的美国大兵那里了解到的情况的报告，特别是在日本人手里死亡的几千名美国士兵的情况。[26] 来自亚拉巴马州克罗斯维尔的雷·哈里森中尉是侦察机飞行员，1942 年 4 月 2 日在菲律宾被捕。他说，有 398 名飞行员登上一艘从马尼拉把他们运到中国东北的日本船，只有 13 人在旅途中活了下来。"红雀"小队估计，从菲律宾撤离的 1600 名战俘在四十五天的航程中，有 1300 人死于营养不良和缺医少药。

这些战俘的遣返工作是"红雀"小队待在沈阳的表面理由，但它很快确定了在那里的秘密行动，就是密切关注俄国人和中国人并报告他们的活动。这包括 9 月 7 日"突然且未经宣布"[27]的中共军队第一支部队的到达。原先的汉奸们也因战争的突然结束而惊慌失措，他们通过创建警察部门和所谓的维持治安委员会来维持沈阳的秩序，还把国民党徽章缝到他们的伪军制服上，以此拼命地隐瞒自己的身份。"红雀"小队观察到八路军在搜查并逮捕这些人。[28]共产党人很快就把张贴在全市所有建筑物上的国民党旗帜移除或涂抹掉了。红旗数量激增，有些人挥舞着红旗，在街头流行的标语中也有"打倒蒋介石"和"满洲支持共产党"等内容。

与此同时，美国与苏联的紧张局势并未缓和。8 月 29 日，美国人报告说，俄国人已经通知他们没有足够的油料来给美国飞机加油，因此"所有来沈阳的飞机必须备足返程汽油。……在任何方面不要指望俄国的合作"。同时，当地发生了用汤姆生冲锋枪顶着抢劫美国人的行为，还出现了"B-24 轮胎被扎穿，醉酒辱骂美国佬，公然侮辱美国国旗等行为"。[29]小罗伯特·希尔斯曼上尉和其他三名美国人被一名苏联士兵抢去了手表、随身武器以及钱，据希尔斯曼说，那个士兵还"用卑鄙的方式侮辱杜鲁门总统和美国人"。这几个美国人找到苏军司令部，在那里他们要回了自己的随身武装和一块手表。"苏联将军向我们保证这个士兵会受到惩罚；然而，第二天这个士兵被安排在我们住的酒店外面的路口站岗，每次我们经过那里时，他都利用他所占的有利位置对我们冷笑。我相信这是有计划的侮辱。"

"美国人在沈阳非常不受俄国人的欢迎,""红雀"小队 9月 13 日报告说,"也许是因为俄国人不希望美国人观察到他们的如下行为:在他们于 11 月 1 日离开之前,他们在执行一项系统的掠夺政策。每一台机器的每一个部件都被拆走,商店和仓库的所有库存商品都被搬走。当他们结束行动时,沈阳将成为一座空城。"

苏联人不是傻瓜,他们当然明白"红雀"小队搜集情报的目的,他们最终命令小队离开沈阳。10 月中旬"红雀"小队离开了,但在离开之前,它就已经清楚地认识到即将出现的危险局势。"中共的八路军……已经明确地表示它打算占领东北的这一部分,"小队的报告上写道,"这就提出了一个问题:中央政府能不能不费枪弹就开进沈阳地区?"[30]

共产党想尽快调动军队到一切他们能去的地方以扩大自己的势力,蒋介石对此心知肚明,他的反应是请求魏德迈帮助将政府军空运和海运到中国北部和东部。美国同意这样做,并在这样做的过程中划下了中国当前和未来的冲突红线。苏联是暗中帮助共产党,而美国是公开地帮助国民政府,尽管给出的理由不那么光明正大。帮助空运的表面原因是让国民政府去接受日军投降,这是一个重要的任务。华北还有 100 多万日军,其中很多是在临时充当警卫,收缴他们的武器,用政府军替换他们,并把他们送回国去是二战中未完成的一件重大事项。

因此,针对蒋介石的请求,美国参谋长联席会议责成魏德迈帮助中国遣返日军,恢复部分失地,尽管命令同时明确表示,美国军队需"避免在中国参与任何自相残杀的冲突"。在许多在华美军军官的眼里,这项要求似乎既天真,也无法得到执行。正如魏德迈在一系列尖锐的、越来越恼火的电报中所指出的那样，将政府军运送到共产党已经存在的区域就是参与到中国的自相残杀的冲突中去。共产党当然也会这样认为。8 月 15 日之后，谴责美国的行动成了延安报纸和广播的主题，其通常被描述为"支持中国反动派打内战"。[31]

美国人也认定有必要派遣美国海军陆战队去中国，特别是有 5 万名成员的第三两栖军（ⅢAC）。这支特遣队经历过太平洋战争中最血腥的几次战役的洗礼，战争结束时在关岛接受了训练，准备投入预期中的对日本本土的进攻。因此，将这支部队派到中国，能确保应付混乱局面并帮助完成遣返日本军人和平民的重大任务。

在朱德的照会送到重庆使馆后，共产党再次做出努力劝阻美国帮助在华北的国民政府。威廉·A. 沃顿准将，第三两栖军司令官的参谋长，于 9 月的第三周从关岛飞到中国，为海军陆战队员月底来华做准备。沃顿在战争爆发前已在亚洲待了十二年，主要是在华北地区。他能说中文，也很了解中国。他飞到上海，在那里见到了赫尔利，随后又去天津与日本人商谈关于海军陆战队接管当地驻防事宜，日本人极其配合。然后，他又去北京为预期抵达的海军陆战队特遣队安排住宿。

在北京之行结束时，沃顿收到一张内容为要求见他的纸条，上面写着"人民反对蒋介石"，这是他后来在一次采访中提到的。那天晚上，周恩来突然出现在美国人的总部，直截了当地发出警告：共产党"将为阻止海军陆战队进驻北平而战"。随后是被沃顿称为"暴风雨"般的长达一小时的会谈，其间沃顿同样直截了当地告诉周恩来，海军陆战队特遣队会利用公路和铁路来到北京，而且这支部队将"完全有能力长驱直入，穿过共产党在其前进路途上聚集的任何部队"。[32]就在几个月前，毛泽东几乎恳求过美国让其军队在中国沿海登陆。现在，随着抗日战争结束，局势已彻底改变，美国军队不再受到欢迎。

然而，不管欢迎与否，9月30日上午，在日本投降六周后，也是毛泽东、蒋介石和赫尔利都在重庆专注于他们的谈判时，一支属于第三两栖军的大约2.5万人的部队出现在海河河口，这是北方大城市天津的塘沽港的入口处。[33]对于大多数当地人来说，这是一个值得欢迎的景象。许多中国的小舢板从河口涌现，陆战队员们排列在登陆艇栏杆边，与中国船夫交换着互不相通的问候，并购买一些廉价小饰品作为纪念。

上午10点30分，海军陆战队第1师第7团的指挥官路易斯·R.琼斯准将率领一队人马乘坐登陆艇通过海河河口的沙洲到上游的港口去安排部队登陆。在琼斯的船经过时，成群的中国人站在从河口到港口全长15英里的沿线观看。次日，海军陆战队第7师乘火车到天津，在那里，挥舞着纸制美国国旗的人多如牛毛，以至于陆战队的卡车不得不强行从人群中挤出一条路来，前往他们设在原先的公共租界里的驻地。

几天内，海军陆战队全面铺开，一个营向北航行到满洲地区南边的秦皇岛港，在那里他们发现一些现已解散的伪军正与共产党游击队交火。秦皇岛不仅在历史上就是通往东北的沿海门户，而且还是从内陆省份河北的煤矿运煤来到此地的汽车的终点站。美军指挥官约翰·J.葛姆雷中校下令以海军陆战队取代伪军守住防线，共产党人停止了射击，表示他们愿意合作。

但这只是短暂的休战。没过一个月，共产党人就展开了一系列不间断的行动：狙击、骚扰、彬彬有礼的谈判，以及不那么彬彬有礼的恐吓，试图阻止美国人帮助国民政府集结军队。

在海军陆战队登陆的同时，魏德迈开始帮助国民党把军队从大多数设在中国西南方的基地空运到东部和北部地区。这是一场规模巨大的行动。魏德迈在写给取代了受人尊敬的乔治·马歇尔出任总参谋长的德怀特·艾森豪威尔的信中，将这场行动称为不亚于"世界历史上最大规模的使用飞机的部队大调动"。[34]两个月来，中国的上空充斥着巨大的四引擎 C-47 军用运输机发出的嗡嗡声和隆隆声。大部分飞机都从印度飞越驼峰，接上军队后，将他们送到新营地，然后再飞越喜马拉雅山返回印度。这些飞机把 3.5 万名士兵从柳州送到上海，两地距离长达 900 英里；它们还把中国远征军的 4 万名老兵从芷江途经 800 英里运到南京；此外，还有数千名其他部队的士兵被空降到了北京及其附近地区。

此外，海军陆战队接管了前德国殖民地青岛，此地曾被称为"（德国）威斯特伐利亚的一部分"。[35]琼斯将军指挥一个北京联队驻扎在东交民巷，那里聚集着庄严的外国驻华使馆及其附属的公寓、俱乐部、教堂和酒店，几十年前被义和团围困过。海军陆战队的职责之一是保护天津至北京和天津至秦皇岛的铁路线，并保护养护铁轨的中国工人。10 月初，在靠近天津东边机场的一家原法国兵工厂成立了一个飞行联队，其他空军部队则驻扎在青岛和北京附近的机场。生活在铁路附近成百上千个土坯房村落中的中国农民，几乎都已经习惯了美国执行侦察任务的飞机在中国糟糕的交通网上空发出的嗡嗡声。

所有这些活动都是在美国国内公众要求和期待美国军队从

战争中返回家园，而不是去执行新的、非常遥远的部署的形势下展开的。这架历史上最大的战争机器的解散是如此迅速、如此杂乱，以至于杜鲁门称之为"解体"。假如他试图加以阻止，他的传记作者戴维·麦卡洛得出的结论是："他很可能会受到弹劾；既然战争胜利了，敌人粉碎了，整个国家渴望自己的年轻男女回归家乡的情感是压倒一切的。"[36]这种公众情绪大大地限制了美国在中国做出重大承诺的能力。中国通们对海军陆战队的部署感到紧张不安是出于有关联的其他原因：这种部署实质上是对中国事务的干预，而这正是美国官方政策所要避免的。国务院中国科负责人范宣德问副国务卿迪安·艾奇逊，如果共产党试图接管海军陆战队控制的港口的话，美国人该怎么办。范宣德指出，美国人将要么不得不击退他们，要么"靠边站"，让他们接管，这两个选择没一个是吸引人的。"除非有压倒一切的军事原因要让美国海军陆战队去执行这些部署，"他写道，"否则这个计划就应该被放弃以利于中国军队的占领。"[37]

范宣德提出的是个关键问题，即美国是否应该干涉中国？这个问题从1945年到1946年被提出并探讨了无数次，甚至当美国在进行干预时，无论怎样慎重，在越来越激烈的中国国内的争吵中，官方层面上也都还是保持中立的。这项政策既模糊又矛盾，因为其本身的目标就是不可调和的，其一是帮助国民政府运送部队和扩大其权力，其二则是拒绝被拖入蒋介石和共产党之间正在加剧的冲突。为了使美国能脱身于中国国内的争吵，范宣德希望中国军队能执行美国人被派去执行的任务。

但是，这些中国军队如果不靠美国飞机运送又怎么能够到位呢？如果他们不能维持秩序，那该怎么办呢？如果他们不能阻止共产党及其俄国保护人去接管中国东北部所有港口的话，又该怎么办呢？难道美国应该只是站在一边，听任这种情况发生吗？如果不是，美国该如何避免偏袒一方呢？如果美国确实偏袒一方，那么在公众大声疾呼和平的情况下，美国在多大程度上能这样做呢？

魏德迈确实考虑过这些问题。他认为赫尔利对苏联的乐观是幼稚的。他相信它的长期计划是培养中国共产党去接管整个国家，这导致他得出与范宣德相反的结论。魏德迈大声疾呼，由美国来"牢固地"占领一些主要港口地区是必不可少的。他认为中国的局势有可能是爆炸性的。在中国有 400 万～600 万名日本侨民，其中包括 100 万仍持有武器的士兵，他们需要被遣送回国。数以百万计的中国难民也在设法返回他们战前的家园。这个国家有着迫切的经济需求，必须立即加以满足。煤炭必须从唐山附近的矿山用火车运到港口——魏德迈把守护这些煤炭称为"军事需要"[38]——否则在即将到来的冬季会没有燃料供应给像上海之类的地方的发电厂和工厂，如果经济崩溃的话，他警告说，将会出现大量饿死人的现象。

共产党人早已在全力同国民党激烈争夺地盘，攻击铁路线也是他们干的。艾奇逊同意魏德迈的看法，也认为海军陆战队是必不可少的，他写道："存在问题的港口都位于最可能发生麻烦的地方……因此，美国军队的存在将加强国民政府的地位，有助于从一开始就防止发生任何骚乱情况，这也是蒋委员长所希望的。"[39]这口吻听起来根本不像是要置身于中国的内战之外。

9 月，杜鲁门总统成功地提出了一项处理外交矛盾的杰作。他说，应蒋介石提供援助的请求，美国将提供飞机、舰艇和对中国地面部队的支持。他说，提供这些援助将不会使美国在中国即将来临的内战中支持其中一方，这是美国一厢情愿的做法的最佳例子。在他对华政策的声明中，杜鲁门援引了美国的民主理想，指定美国的援助不能被"转而"用于同中共打内战或"支持不民主的制度"[40]——这个要求听起来不错，但忽视了一个麻烦的事实，蒋介石政府正是一个不民主的机构。从那时起，美国的特使们就多次警告蒋介石，美国不希望中国打内战，如果内战爆发，美国就会停止援助。

毫不奇怪的是，共产党会把美国的立场视为不友好。在1945年的秋天，当美国的空运正在进行着并且海军陆战队也在执行他们的任务时，美国人和中国共产党人的交往陷入了一种紧张和小规模的对抗中。8月25日，约翰·伯奇上尉成为第一个被亚洲共产党军队杀害的美国人，也是后来成千上万被杀的人之中的第一个。

伯奇的名字多年后被一个极右政治运动所采用。但如前所述，他当时是战略情报局的一名军官。他曾受到史迪威的称赞，被戴维斯所推崇，并由国防部宣布是"我们组织内的杰出的情报人员之一"。[41]保罗·弗瑞曼，另一个战略情报局军官，在长沙郊外他那小小的总部里遇见过伯奇，发现后者是个"25岁左右瘦瘦的年轻人，爽朗，充满热情，性格很有吸引力"。[42]珍珠港事件之前伯奇曾在中国生活了两年，当时美国在抗日战争中还是中立国，他亲眼见证了日军无数的暴行，使他成为"坚定的抗日分子"。他"在工作中极其认真，知识渊博"，弗瑞曼后来写道。伯奇出生于佐治亚州的梅肯，有着虔诚的宗教信仰，如弗瑞曼所述，他认为"这是上帝的战争，在我们这边都是好的，日本那边都是坏的"。

伯奇主要是替专门为陈纳德的第 14 航空队搜集情报的空军和地面部队资源及技术人员局工作，为此他在敌后建立了十几个监听站。日本投降后，伯奇奉命去山东省侦察第 14 航空队能使用的机场，以便接回关押在那个地区的日本集中营中的美军战俘。[43] 从共产党的角度来看，他的使命是复杂的，而且在很大程度上是不可取的。在山东这个地区，共产党人历尽艰辛才在敌后建立了自己的势力范围。山东省的战略重要性并不在于它的大小和中心位置，而是由于它的两个主要港口——南部的青岛和北部的烟台——控制了通往中国大部分海岸线的通道，尤其是东北地区。1945 年年初，中共曾经提议，美国人可以使用江苏省北部的一个港口，就在山东以南，以此换取朱德要求的 2000 万美元，以作为一种行贿资金帮助他从伪军那里得到武器。

山东在战时的情况说明了共产党人和日本人之间不言而喻的休战状态，双方都不想把自己的力量消耗在实质上的巨大军事僵局中。共产党人也设法与汪伪政权进行秘密合作，因为其主要敌人都是作为中央政府的国民政府。共产党能够牵制相当大部分的国民党军队，这对伪政府和日本人都是有利的。在山东的这一秘密互利关系中，有个关键人物，他就是一个名叫郝鹏举（Hao Pengju）的前国民党军官，此人投靠了伪政权，当上了华东地区警备司令。

他就是伯奇奉命去取得联系以便帮助其侦察潜在的空军基地的那个人，但这不符合共产党人的愿望。共产党人同郝鹏举属下四个师的很多指挥官都有着密切接触。战争结束时，蒋介石命令郝鹏举等待并入国民政府军队。共产党人则想说服他去他们一方，所以他们不希望有任何美国人干涉这个计划。当伯奇情报小组的 4 名美国人、7 名中国人和 2 名朝鲜人经苏北抵达山东时，他们被共产党军队拦住了。随后双方进行了愤怒的谈判。伯奇到那里去并无意图要干涉正在出现的国共之间在华东的争权夺势。他只是想勘察飞机场，所以他愤怒地要求共产党人允许他继续自己的使命。

共产党的军队放了他和他的小组，接着第二次把他们拦了下来，第三次则是 8 月 25 日在一个叫黄口车站的地方。伯奇的副手，一个名叫董庆生（Tung Chin-sheng）的国民党军官，试图说服共产党人，称美国人是朋友，扣押和解除他们的武装会导致"共产党中国和美国之间的严重误解"。伯奇拒绝解除他的小组的武装。他要求面见共产党的指挥官。他表现出愤怒甚至专横的态度，这导致一些历史学家认为他的死是他自己挑衅的后果。

当时整个小组曾一度试图寻找当地的共产党指挥官，伯奇抓住了一个传令兵的衣领，使劲晃动，还问他："你是土匪吗？"那个指挥官，就是最初下令逮捕他们的那位军人，此时命令他的士兵解除伯奇和他的情报小组的武装。根据董庆生上尉的叙述，他在这个事件中受了伤但幸存下来并给美国调查人员提供了证词，伯奇被射中大腿，然后被抬到火车站附近的煤渣堆，最终用刺刀捅死。"尸体被发现时是裹在一张草席里面，"情报小组中另一个幸存者 W. J. 米勒中尉后来向魏德迈汇报说，"他的手和脚都被捆住了。左大腿上有一个很大的伤口，右肩膀上有一个大洞，整个脸被毁得面目全非。"

伯奇的被杀，恰逢共产党人对任何被认为是阻挡他们前进的人变得更加严厉的时刻。那四名"西班牙猎犬"小队的美国士兵仍被关押着。几周后，美国战略情报局的另一支小队也被陕西省的共产党人逮捕并关押。[44] 很快，以山东为中心又发生了其他一些事件，在这些事件中共产党人都用枪口来大声表达反对美国的任何干预。

满洲地区的面积大约是 60 万平方英里，比法国、德国和波兰三国面积的总和还大。它拥有现代工业经济所需要的丰富资源，这就是为什么俄国和日本在 1905 年为争夺它而开战，也是为什么日本在 1931 年占领它。满洲地区的人口几乎占中国总人口的百分之十。在黄海和巨大的渤海湾有着极好的终年不冻港——大连、旅顺、营口、葫芦岛等。在南边，它能威胁到与之非常接近的华北地区一些关键的战略要地，尤其是北京，它距离满洲地区最南部的辽宁仅有约 100 英里，而距长城仅 50 英里左右。最重要的在战略上，它与苏联有着 1000 英里的边境线，另外与苏联控制下的外蒙古也接壤，所以无论哪一方占有这个地区，都可以很容易地得到俄国人提供的武器并且拥有广阔的腹地作为无法攻克的避难所。

满洲地区之前至少有两次充当了征服或试图征服全中国的基地，最近的一次是在 1937 年，当时日本人从他们控制的伪满洲国派出师团向南进攻。三个半世纪前，当时中国中央政府羸弱不堪，满族首领努尔哈赤起兵反抗明朝的最后一个皇帝，派出他的军队穿过满洲和中国内地之间群山中的关口。就像后来的日本人一样，他们爬上了长城——面对强悍的入侵者长城从未发挥过非常有效的屏障作用——然后他们像洪水那样涌向广袤的华北平原，以及数以千计无防备的村庄。毛泽东在后来的一些重大战役中也正是这样做的。控制了满洲地区并不是控制了中国，但它可以为任何反叛力量提供巨大的优势。

毛泽东对此非常清楚。他的形象，尤其是在西方，是农民游击队的形象，擅长于用农村包围城市，却又不需要去赢取这些城市。然而，早在 1945 年春末召开的中共七大会议上，毛泽东就提出中国共产党需要工业、交通系统和生产财富的方式，以便抗衡国民政府对上海附近工业区的控制。[45] "如果我们把现有的一切根据地都丢了，"充满自信的毛泽东在七大结束时的一次会议上说，"只要我们有了东北，那么中国革命就有了巩固的基础。"[46]

这个基础是日本投降后几个月里在斯大林的帮助下逐渐奠定的，但共产党人的运动大都在暗中进行，斯大林的帮助也是秘而不宣的。斯大林一再地保证说他将履行同中国国民政府签署的协议，赫尔利和其他一些人愚蠢地相信了这些保证。足足有好几个月，美国人都处于困惑和不确定的状态，然后才恍然大悟斯大林的政策仅仅是口头上信守同蒋介石达成的协议，实际上是尽一切可能在帮助中国共产党，除了不去激起美国的强烈反应之外。

有着这样的战略，斯大林自然是胜券在握。如果共产党人控制了华北，当然他也会帮助他们实现这个目标，那么在他的边境他就赢得了一个他自认为会是友好甚至恭顺的政权。从他的角度来看，这将是最好的结果。然而，斯大林知道共产党也许会失败。如果国民政府占了上风，斯大林可以声称自己在干预中国内部事务上是无辜的，同时保留他在雅尔塔会议上获得的收益，在旅顺港驻扎苏联军舰，并维持同国民政府的友好关系，这个政府还依赖着他的善意。在这两种情况中，斯大林都将成功地取代日本成为东北亚地区最强大的力量，彻底扭转1905 年俄国被击败和日本占领满洲地区造成的影响，还能在苏联西伯利亚和亚洲其他地区之间保持一个安全缓冲区。

如果他能够从国民政府那里得到这些，斯大林就没有理由只是为了多得到些好处就冒风险去与有核武器的美国人为敌。所以，他尽最大的努力将风险降到最低，去实施一种特别灵活的甚至在当时看来有点自我矛盾的政策。他敦促中国共产党人采取更加大胆的行动，但当他们这样做时，他又会抑制他们，并要求他们向国民政府做出让步。之后，当局势许可时，他会再次敦促中共采取更加好斗的政策。斯大林熟练地操控着。在中国共产党人中间，他从来没有失去自己的影响力，即便有时候他的谨慎在毛泽东身上激起了阵阵受挫后的愤怒。同时，他与国民政府又保持着正常的甚至是友好的关系，直到他帮助调动的军队迫使国民政府流落他乡。

在确信苏联不会干涉之后，中共制定了一项咄咄逼人的战略，以应对新的美国军事存在。就在美国海军陆战队在中国登陆的那一天，《解放日报》发表了一篇社论，社论准确地指出："不管美国人的意图是什么，他们的登陆实际上会干涉中国的内政，并不可避免地协助国民党反对共产党和解放区的一亿人民。"[47]几天后，这家报纸警告说，美国军队不应该进入"已经被解放的和没有日本军队的地方"。共产党的政策是对美国人讲礼貌，甚至欢迎他们，"如果他们尊重我们的利益的话"。但如果他们试图强行进入共产党控制的地区，"我们应该把我们的反对正式通知他们，并准备以武力抵抗"。[48]

对中共这项指导方针的第一个检验发生在北京附近，周恩来曾警告沃顿将军那里会有抵抗。10月5日，一支海军陆战队侦察小队在从天津到北京的路上发现了36个分散的路障，卡车大小的这类车辆无法通过。共产党想要阻止从港口运送物资到以前的帝都，海军陆战队已经在那里建立了他们的营地，国民党士兵也在乘飞机抵达。第二天，当海军陆战队的工兵在一个步兵排的掩护下去清理道路时，四五十个共产党士兵从周围的树林里向他们开了火。[49]3 名海军陆战队士兵受了伤，整个排被迫撤退。第二天，一个步兵连和一个坦克排开到现场，以岸边一艘航母为基地的飞机也飞来保护，他们清除了路障，没有发生进一步的事件。

同一天，美国海军陆战队指挥官凯勒·E. 罗基（Keller E. Rockey）少将，主持了天津地区所有日本军队的投降仪式，后者大约有 5 万名官兵。[50]受降仪式场面宏大，盛况空前——一支海军陆战队乐队，一支护旗队，美国国旗和中华民国国旗在飘扬着，地点就在法式市政大楼前面。这栋大楼是该城最雄伟的欧式建筑物，现在已改作第三两栖军的指挥部。用绳索圈出的受降场地外面挤满了人，有些人从屋顶往下看。一组 6 名日本军官走过海军陆战队警卫跟前朝受降桌走去，在罗基少将面前象征性地放下他们的佩剑。随后，当他们被押送到在旁等候的汽车边时，中国人纷纷发出憎恶的嘘声。

次日，罗基少将在海军指挥官丹尼尔·E. 巴比（Daniel E. Barbey）海军少将的陪伴下，登上了"凯托克廷"号指挥舰，沿山东北部海岸航行去执行占领烟台港的任务。美国人知道，共产党人在战争结束后的那些日子里已经从日本人手中夺取了烟台。烟台具有巨大的战略重要性，因为无论谁占有这个港口城市，都可以用它来运送部队，通过大连港然后去东北，中间只需穿过渤海 150 英里的水面，即将到来的争夺中国的第一仗就是在东北打响的。

几天前的 9 月 27 日，在获知美国计划要派遣部队到这个港口城市后，共产党武装部队的参谋长叶剑英发了一封电报给魏德迈，告诉他既然附近没有日本人，在该地区部署美军将被共产党视为干涉中国内政。[51]尽管如此，"凯托克廷"号旗舰，在"路易斯维尔"号巡洋舰及其海军陆战队特遣队护卫下，于 10 月 7 日早上到达烟台。巴比少将，这位来自俄勒冈，曾在新几内亚、菲律宾和婆罗洲指挥过海军陆战队作战的两栖战专家，派出一名美国上校要求共产党人离开，但会见了美国上校的共产党官员客气地拒绝这样做。他复述了叶剑英告诉魏德迈的话。由于"中国军队得到了与敌人战斗多年并做出了巨大牺牲的本省人民的支持"，这里一切都秩序井然。[52]同时，叶剑英给魏德迈司令部又发出了第二次警告：如果美国部队登陆，可能会出现麻烦，而责任将在美国一方。

在"凯托克廷"号上，巴比向魏德迈证实该地区确实没有日本军队，这就意味着海军陆战队任何形式的登陆都不能代表解放一个被日本人占领的城市，而是"对中国内部事务的干涉"并招致"共产党的痛恨"。[53]在巴比的敦促下，美国最高指挥部决定放弃在烟台登陆。共产党赢得了一场胜利，其重要性不容忽视，至少有一位在现场的美国记者做出了报道。迪尔曼·德丁在《纽约时报》上写道，美国已经给了国民党政府——"现在的关系已经接近内战"——大量的帮助，把政府军队运往北方并直接接管了天津、北京以及秦皇岛。"有关烟台的决策将画出一条线，当前美国不会在涉及中国敌对党派的问题上越过此线去支持蒋介石总司令。"[54]

一切变化得太快了。仅仅几个月前，当抗战还在继续进行时，美国军官和中共政治局成员还在延安一起参加星期六晚上的舞会。在中国沦陷区的田野和村庄里，友好的八路军士兵们冒着生命危险，甚至于牺牲自己的生命，去营救被击落的美国空军士兵。现在共产党的政策，除了没有真正的公开交火之外，却使得美国人极不安全，以至于他们决定要离开。

而且，天津至北京公路上的交火和约翰·伯奇的被杀证明这里已不再安全，即使这种危险在美国军事领导人眼中似乎还不那么严重。在与国务卿詹姆斯·伯恩斯和海军部长詹姆斯·F. 福莱斯特（James F. Forrestal）会面的时候，新任战争部长罗伯特·P. 帕特森（Robert P. Patterson）把这些与中共的摩擦事件看作某种"轻喜剧"，声称海军陆战队可以从中国的一端到另一端而不会碰到"严重的阻碍"。[55]

这无疑是事实。在中国没有什么军队，除了苏联红军，在火力和战术上能与海军陆战队媲美。然而，海军陆战队在中国的任务还是紧张和艰难的。他们从等待遣返的日本人那里获知，那时日军巡逻华北的公路和铁路时经常遇到八路军游击队的狙击、伏击、地雷和对轨道与信号设备的破坏。这个责任现在已落在美国人头上了，他们坐在满是灰尘的烧煤的火车上，或是乘着吉普车和卡车在泥泞的公路上巡逻。无论1万英里外穿西装打领带的官僚会说什么，海军陆战队所面对的是想让他们离开的棘手的本地武装，中共领导下的游击队。一本海军陆战队战史记载道，从长城到沈阳"每一英里铁轨、每一座桥梁、每一个道岔都是共产党攻击的潜在目标"。[56]在中国执行任务的整个期间，海军陆战队遭遇了18次武装冲突和几次小规模袭击，共有12人阵亡和42人负伤。

10月11日，海军陆战队一个侦察连登上了青岛码头，青岛是从烟台穿过山东半岛位于其西南方的一个大港口城市。八路军控制了青岛附近内陆的大部分地区以及沿海大部。国民政府还远在他乡。海军陆战队接管了这个港口城市，并将离城10英里的机场置于其保护之下。在初次登陆后的两天内，师长小莱缪尔·C. 谢泼德少将，后来的海军陆战队指挥官，收到了一封信。这封信来自山东的共产党指挥官，信中提议双方在"消灭剩下的日本军队和其他叛军"[57]的行动中进行合作，后者指的是汪伪政权的军队。他说共产党正在准备进入青岛，他期望不会遭到海军陆战队的抵抗，他希望海军陆战队不要介入迫在眉睫的与国民政府军队的"公开冲突"。

谢泼德回信说他在那里并不想消灭任何人，共产党想进入青岛是不可取的，并且"海军陆战队第6师绝不会帮助中国冲突中的任何一方"。此后不久，谢泼德与国民政府军队指挥官肩并肩站在一起，在青岛赛马场接受1万多名日本官兵的正式投降，建这个赛马场的时候，青岛还是德国的殖民地。

在谢泼德和当地中共指挥官之间信件交往之后，残余的伪军、等待遣返但仍担负着守卫任务的日军以及共产党等各种武装团体之间接连发生了许多冲突。尽管政府军力量在不断增强，青岛仍然像海军陆战队战史所描绘的那样，是"共产主义海洋中的一个小岛"[58]，只有海军陆战队才使得这个在上海和天津之间的最大港口免于落入共产党人之手。当然，这一事实在共产党人眼中意味着——与谢泼德的保证相反——美国人在中国的内战中支持了一方去打击另一方。

这种紧张局势也导致了北边更远处的武装事件。11月中旬，德威特·佩克（DeWitt Peck），一位来自加利福尼亚贝克斯菲尔德的四星将军，海军陆战队第1师师长，乘坐火车途经古冶[59]，这是一个村庄，位于唐山的煤田和秦皇岛港口之间一条主干线附近——魏德迈将军曾经强调保护这条货运线的军事必要性。突然，佩克和与他同行的部队，一队海军陆战队卫兵，受到藏在铁路北边 500 码左右一个村庄里的共产党军队的袭击。海军陆战队的一个飞行中队被叫来增援，在共产党占据的村庄上空模拟低空扫射——不想伤及平民——实施攻击的共产党便溜走了。当海军陆战队第 7 师的一个连第二天到达现场来营救时，他们发现共产党人在夜间已经把 400 码长的轨道给破坏了。几名中国铁路工人被埋在路基上的地雷炸死了。

佩克转乘一架飞机去秦皇岛，在那里他直接将整个东北移交给国民党指挥官杜聿明将军。双方一致同意，派遣国民政府的部队去清除铁路沿线的共产党游击队，并且为了让这些部队能够放手完成使命，海军陆战队将接管唐山和秦皇岛之间全程 135 英里内所有长度超过 100 米的大桥的守卫任务。从海军陆战队的角度来看，这项安排使他们不会在自相残杀的战争中发挥直接作用；而从中共的角度来看，海军陆战队正在帮助国民政府收复的失地，正是共产党人凭借其勇敢和牺牲已经在敌后夺取并在其控制下的地区。

这些小规模冲突不会醒目地出现在美国军事史书上。然而，它们是发生在美国军队和一种新的敌人之间的第一次此类对抗，这种对抗将在接下来的几十年里变得越来越熟悉。在越南战场上，以及在更后面的伊拉克和阿富汗战场上，这种对抗产生了一个新名词，叫作"不对称战争"。敌对的游击队突然在无名的村庄里出现，开火袭击，当美国战斗机出现在天空时，他们又消失得无影无踪，这成为后来美国在亚洲的战争模式。在中国河北省铁路沿线发生的这些冲突的背景是即将到来的冷战。这些冲突是美国和苏联之间由它们所支持的第三方出面打的小规模代理战争，美苏两国为争夺势力范围和权力的竞争已经开始了。

作为中苏协议的一部分，一个表面上是监督苏联向中国移交控制权的谈判委员会已经在长春市建立起来了，那里也是马利诺夫斯基元帅司令部的所在地。马利诺夫斯基是一个手段强硬、作战经验丰富、战功卓著、坚定可靠的共产党军官，一个"没有一丝温柔和怜悯"的人，出生于乌克兰的一个贫困家庭。他在 15 岁时就加入了沙俄军队来逃避令人厌恶的童年生活，从那以后他就一直在战斗，参加了在他一生中所发生过的几乎每一场沙俄和苏维埃的武装斗争。在第一次世界大战期间他两次负伤。在 1917 年十月革命爆发后的内战中，他开始为苏维埃而战。在西班牙内战期间，他作为一名志愿兵参战，当他返回家乡时，被授予列宁勋章以表彰他的勇敢。1941 年德国对苏联发动进攻后，他是生死攸关的斯大林格勒保卫战中浴血奋战的英雄，这一战在第二次世界大战中第一次扭转了不利于苏联的局势。他因杰出的指挥才干而获得了苏沃洛夫勋章，它是苏联军队中级别最高的勋章。

后来，在苏联军队向柏林进军、一路上粉碎德国师团的征途中，马利诺夫斯基在布达佩斯战役、布尔诺战役和布拉迪斯拉发战役中都是胜利者。欧洲战争结束时，他被调到亚洲，指挥苏军在中国东北击溃了日军。几年后，他出任苏联国防部长；1960 年他的肖像成为《时代》杂志的封面图片并被冠以"俄国新的强硬路线"这样的标题。杂志写道，他"性格粗鄙"且"冷漠无情"；他是"一个真正的社会主义祖国的儿子"[60]，苏联领导人尼基塔·赫鲁晓夫这样称赞他。他个头不高、身材粗壮，不苟言笑的脸上带有一种好斗的坚定，他不是一个能被吓倒的人，也不是一个会被共产党词汇里称为资产阶级人道主义的情绪所折磨的人。中国代表团很快就发现，他也是一个擅长用打官腔来推托和编造借口的高手。

由熊式辉将军率领的中国谈判小组于 8 月 12 日到达长春。他们很快就有机会来计算出俄国人用来妨碍他们实现其目的的多种方式，他们的目的就是以国民政府的官兵来取代苏联人。但是，还有不少小的障碍。例如，中国人了解到苏联人下令暂停了中国银行在满洲地区的业务活动，所以谈判小组很难支付它的开销。有一次，俄国人因抱怨一些有关苏联国内政治的新闻报道，竟然搜查了国民党在长春的办事处，传唤了全部工作人员进行审问，指责他们没有得到苏联最高指挥部的许可就擅自分发宣传品，把他们关了一夜，然后下令他们停止所有活动，包括派遣小组去满洲地区各地调查情况。[61] 几个星期来，苏联人一直抱怨他们所称的在满洲地区的"反苏活动"，并且认为国民党的代表应该对此负责。苏联人甚至拒绝让中国人派代表到满洲地区以西的热河去购买制作制服用的皮革，借口说去热河的路途"太乱"。

谈判小组成员之一，在美国接受过教育的经济学家张嘉璈，在到达长春机场时便注意到此地"挤满了苏联军官和士兵"[62]，周围难以见到中国人。"然后我们发现我们不能使用本国货币，"他在日记中写道，"同一天，我接到一份报告，说苏联军队正在掠夺工业设备。"[63] 这是指发电机、锅炉、广播设备、汽车，甚至办公用具。当中国人问他们什么时候可以在不同的地点安置他们自己的政府时，马利诺夫斯基回答说他需要得到上级的指令。当被问到他是否能为中国代表团提供交通工具时，马利诺夫斯基说没有车辆、船舶或者飞机可供使用，尽管他也补充道："这个问题两国政府可以在中苏条约的基础上进行谈判。"[64]苏联是否允许中国人接管前伪政权的印刷局？马利诺夫斯基说此事也需要征求上级的意见。

毫不奇怪，在与苏联指挥官最初的会谈中张嘉璈会得出如下的印象，即"苏联无意积极支持我们运送军队到东北"，尽管苏联的蓄意阻挠总是会遮掩在以其他方式来提供帮助的虚假建议之后。马利诺夫斯基敦促中国人利用铁路来运输人员，但中国人知道，当然马利诺夫斯基自己也知道，在山海关的共产党军队已经把满洲地区和中国其他地区之间的铁路线切断了。

10 月里的日子在一天一天过去，苏联对满洲地区的全面控制也越来越清晰，他们的蓄意阻挠不再是小打小闹了。马利诺夫斯基的一个助手——张嘉璈认出是帕夫洛夫斯基少将——正式通知中国国民政府，他们认为所有原先日本留在满洲地区的工业设备是战利品，都属于苏联。中国人提出抗议。苏联做出让步，说日本国有产业将是战利品。日本的私人财产，相比之下要少得多，可以归中国所有。苏联在当地拥有 150 万官兵，中国完全无力抵抗。

不难想象中国人在这个被认为是合作但实际上是发号施令的条约下的劣势地位。这位马利诺夫斯基代表着地球上第二强国的胜利之师，面对的是一个软弱、满目疮痍并且是分裂的国家的代表，这个国家所能依靠的仅仅只有来自一个遥远的超级大国所宣称的友谊。在谈到满洲地区名义上回归中国政府控制这件最紧急的事情时，熊将军通知马利诺夫斯基说中国打算借用美国船只从香港把部队运到大连港并登陆。马利诺夫斯基的答复是，中苏条约宣布大连是一个开放的城市，仅用于商业目的，因此允许中国军队在那里登陆将违反该条约。换句话说，恰恰就是在这个条约中，苏联承认中国的国民政府为该国的唯一合法政府，他们有义务对之给予道义和物质支持，现在却告诉这同一个政府，它被禁止派遣自己的武装部队到属于它自己的一部分领土上去。

张嘉璈对苏联如此直截了当且厚颜无耻的阻挠感到十分震惊，他写信给蒋介石警告说，苏联意图在北方创建一个"特殊体制"，中国东北的几个省将"完全被包围"。"我担心恐怕连东北沿海都面临被封锁的危险，"张嘉璈写道，一旦这种情况发生，"东北势必会成为苏联的囊中之物。"[65]

马利诺夫斯基总是备有某种合理的替代方案，他让中国人及其美国护卫放心，尽管大连这个东北最大的和最好的深水港不向他们开放，但他们可以往北在葫芦岛和营口这两个小一些的港口让部队登陆，美国人不想打仗，于是就同意了。但是当美国船只组成的小舰队抵达葫芦岛后，他们发现，中国共产党的军队已经控制了港口并发誓如果政府军试图在那里登陆他们将不惜一战。[66]

这是一个非同寻常的场景。就像早些时候在烟台一样，指挥美国军舰的海军少将丹尼尔·巴比负责帮助国民政府夺回领土控制权。如果真要打起来，巴比有足够的兵力去对付共产党人，但他接到的指令是避免冲突。鉴于这种情况，他告诉国民政府就此事去与苏联谈判。熊将军向马利诺夫斯基正式提出在葫芦岛登陆一事，他指出苏联指挥官曾向他保证过能在那里安全登陆的。马利诺夫斯基曾给出从 11 月 5 日到 10 日之间作为登陆的窗口。美国的特遣部队是 11 月 7 日到达的。然而，马利诺夫斯基答复说，共产党的部队没有经过苏联控制下的区域而是来自南方，所以他能做什么呢？这位非常"助人为乐"的马利诺夫斯基建议熊将军去同八路军商量此事，熊式辉将军自然说他不能这样做。他心里很清楚，共产党人是不会因为他要求他们离开就会客气地放弃葫芦岛，允许政府军在那里登陆的。当熊式辉又问马利诺夫斯基如果共产党部队和政府军之间发生冲突俄国人会怎么做时，苏联指挥官的回答是他会停止干涉中国的内政。

美军特遣队仍然在巴比将军指挥下改向营口进发，这是国民政府部队登陆东北港口的最后选择。到营口后，由共产党任命的市长在码头上向站在登陆舰栏杆边的美国人大声呼喊，共产党会抵制政府军队任何登陆的努力。于是，巴比遵照不得干涉中国内政的命令，下令舰队撤回到海上。政府军的登陆只好向南转移到秦皇岛港口，的确，美国特遣部队在渤海上航行了数日却没有结果，最终只得在11月中旬让所载军队在秦皇岛港上岸。

此刻，蒋介石的儿子，能说一口流利俄语的蒋经国，在长春加入了中国谈判小组。11月4日，蒋经国去拜访马利诺夫斯基并向他抱怨说，共产党的军队阻止了政府军预期在营口的登陆。马利诺夫斯基的答复是，在营口的苏联军队人数甚少，所以阻止共产党队伍的调动是不可能的。"很清楚，"张嘉璈在日记中写道，"苏联故意让八路军的人进入葫芦岛和营口，以便阻止政府军在那里登陆的努力。"[67]

张嘉璈开始明白苏联蓄意阻挠的原因：美国和苏联之间的战时友好关系在战后恶化了。有很多次，马利诺夫斯基都用"严厉"的语气抗议国民政府让美国派军舰到大连。张嘉璈了解到，俄国人想排除在东北的任何美国军队，这就置中国于困境之中。造成这种局势的背景是，美国采取了行动来排除苏联在占领日本中发挥作用，而占领日本正是莫斯科所要求的，作为其军队参加了五天战争的回报。[68] 苏联的宣传在鼓吹毛泽东早已提出的理论，即扭转亚洲战争局势的是俄国人对东北日军的进攻，而不是美国在太平洋的胜利以及原子弹的使用。这也是俄国人为他们系统剥夺日本人建立的满洲地区工业之举辩解的所谓正当理由。占有日本建造的工厂只是为了补偿苏联在战争中遭受的损失。这个信息非常明确：如果美国坚持垄断战后的日本，那么苏联将在东北亚予以回敬。

于是，游戏还得继续下去。马利诺夫斯基提出的下一个有益的建议是国民政府空运部队进入沈阳和长春，为实施这项计划而在 11 月举行的谈判进展缓慢。但此时蒋介石对整个东北局势越来越悲观了，他不能确定如果他强行行事是否能占上风，他也担心朝内战迈出的任何一步都会招致全体人民的愤怒。这很容易理解。已经重新活跃的中国新闻媒体充满着希望避免内战的热情表述。10 月末，10 名自由派教授在仍然因战乱而内迁的几所大学的所在地昆明发出一封公开信，敦促毛泽东和蒋介石结束中国的"一党专制"并召开一个由各党派代表参加的政治协商会议。美国大使馆注意到这种情绪的增长，提出警告说："这些教授都对他们所说的'美国对华新政策'感到痛心，他们对美国给予中央政府的'全力支持'感到困惑难解，他们认为这种支持只会增加蒋介石的决心，不在中国成立一个真正的联合政府，也不交出现在由国民党拥有的任何真正的权力。"[69]

共产党人巧妙地调整自己以便与这种日益增长的舆论趋势

保持一致，他们同样抱怨国民党的一党专制，也同样要求成立联合政府。事实上，蒋介石已经宣布计划于 11 月在重庆召开政治协商会议，中国所有的政治派别将在这次大会上决定选举以后的国民大会的方式。蒋介石这样做似乎是回应知识分子中的呼吁和来自美国的要求走向民主的压力，的确，他也朝这个方向迈出了一些步伐。那年春天，蒋介石主持了国民党第六次全国代表大会，这是国民党自 1938 年以来第一次召开全国代表大会。在其决议案中有一项是要求当年晚些时候召开一次全国会议以便为新的国民大会安排多党选举。[70] 蒋介石也终止了在部队主要单位派驻政治委员的制度，这是在他的美国顾问敦促下采取的行动，其目标是摆脱政党对军队的控制。当战争结束后，蒋介石也采取了一些政治改革的措施，特别是结束了新闻审查制度并释放政治犯。难道这些都是纯粹装饰门面的吗，就像共产党和许多后来的历史学家所认为的那样？在蒋介石统治之下的中国政府仍然是一党独裁，但已经允许并容忍公众的批评；这样的开禁举措已经在空气中发酵。宣布召开政治协商会议就是其中的一个要素，并且，重庆谈判结束时，毛泽东也在原则上表示了同意。

与蒋介石的谈判结束后，除秦皇岛外，八路军封锁了满洲地区所有港口。11 月中旬，林彪占领了长春，这是苏联人指定为空运国民政府军队的目的地城市之一。总是热切地表示不干涉中国内政的苏联人，没有采取任何行动来阻止这一事件的发生。蒋介石只能退而求其次，希望如果他能和俄国人保持良好的关系，向他们证明不会在东北给他们惹麻烦，仍然可以说服他们不去帮助共产党人。所以，空运计划也就被放弃了。[71]

第十四章 从何下手？

在 10 月和 11 月，从美国驻华外交渠道涌入的有关共产党迅猛发展和国民政府麻烦不断的报告越来越多，华盛顿的情绪也随之变得越来越悲观。10 月初，来自西安美国领事馆的情报说共产党在黄河以北正变得"日渐活跃"。笼罩在美国决策者心头的景象是共产党军队在华北不可阻挡的渗透。新任临时代办沃尔特·罗伯逊（Walter Robertson）是在赫尔利清洗了使馆人员之后来到重庆的，他告诉国务卿詹姆斯·F. 伯恩斯，共产党人已经控制了由张家口、北京和大同三地形成的三角地带的大部分区域，这是一个具有高度战略意义的人口稠密地区——张家口是通往蒙古的门户，大同是通往东北的长城上的一个关隘，北京不仅是一个大城市，作为前帝国首都，还是一个极具象征意义的地方。此外，共产党人正表现出"对美国的极度反感"，罗伯逊如此说道，他们越来越向苏联靠拢。苏联占领了原先的日本武器库并把"大部分战利品移交给了共产党人"，尽管他们在条约上承诺只援助中国的中央政府。[1]

在抵达中国之前，罗伯逊在美国政府中的经历是驻澳大利亚租借法案办公室主任。后来，朝鲜战争结束后，他会成为美国负责亚洲事务的助理国务卿，在这个位置上他被称为蒋介石的顽固支持者。但当他在中国担任临时代办时，他同赫尔利完全两样。他很有礼貌，行动很有理性，"不是一个极端主义者"[2]，就像一位同事后来所描述的那样；"礼貌之化身"，另一个同事则这样评价他。毫无疑问，后来他仇恨共产党而喜欢国民党，但他在1945年写的有关毛泽东和苏联的阴谋的报告看起来不是教条的，是有事实根据的。与赫尔利不同，罗伯逊写的报告在很大程度上对应了其他人，如身在现场的军事人员和文职人员的报告。

10月也有一些好消息。罗伯逊报告说海军陆战队帮助国民政府接受了日本在北京的驻军的投降，罗伯逊说，这能起到"减少自从战争结束以来不断增长的共产党的威胁"的作用。但几个星期过去后，来自中国的大多数消息都是令人震惊的。罗伯逊转交了美国武官处的周报，这相当于有关共产党人的进展和苏联的欺诈的一份不间断记录。11月初，罗伯逊报告说新四军在撤出江苏和浙江这两个省份，这将"增强共产党军队在北方的实力"。[3]接下来的一周罗伯逊公布了令人沮丧的消息："中国大规模内战的威胁看来越来越大。"共产党人正在袭击铁路沿线，并声称要继续进攻，除非国民党停止其部队调动。与此同时，10月里有关国共谈判即将取得突破的乐观情绪正在消退。罗伯逊说："目前看来几乎毫无希望能够达成任何永久令人满意的解决方案。"[4]

面对日益恶化的局势，蒋介石催促魏德迈将军派美国军舰再运送两个中国兵团经天津到北方去。魏德迈予以拒绝，回答说美国已经为国民政府运送了足够兵力去接受日本投降了，他没有得到授权去提供更多的帮助。魏德迈在电报中告诉马歇尔，"持不同政见分子"，他这里指的是共产党，"而不是日本人才是造成目前严重麻烦的原因，因此调运增派的部队不在我们的任务范围内"。[5]此外，魏德迈说道，他希望11月中旬能撤出海军陆战队，蒋介石已经在东北有五个军了，再帮助运输更多政府军部队去那里，就意味着延长海军陆战队在中国的部署时间。

几天后，魏德迈再次向马歇尔报告说，蒋介石给他施加了"沉重的压力"，让他把中国军队运到东北，但是，魏德迈说，鉴于莫斯科难以令人信服的行为，"我们的政策一直认为这是中苏两国之间的事"。[6]

到 11 月中旬时，来自武官处的报告比以往任何时候都更令人震惊和悲观。"僵局的形成似乎已经到了一个关键阶段……因为在拿出一个解决方案上至今没有取得任何进展。"[7]"冲突正在全线展开，中国大部分地区已经处于内战状态。"共产党人在进攻太原，在河北山西交界处出现了"激战"，八路军正在继续破坏东北的铁路线，力求防止政府军调往东北。大约在同一时间，驻天津的美国领事通知华盛顿，中国北方正常的铁路服务"实际上已经不复存在"，因为共产党人正在"抢劫火车、埋设地雷、拆除铁轨、烧毁枕木并大规模毁坏路基"。[8]11 月 18 日罗伯逊的报告中给出这样的结论：华北和华中地区的内战"已经达到了一个新的高潮"。一周后，他写道，尽管国民政府在把共产党赶出河北省和东北之间的沿海通道山海关的战斗中取得了一些成功，但是共产党占领了苏联军队撤离后的真空地带，凭借已经到位的一支估计有 10 万人马的军队，他们现在似乎已"根深蒂固"了。[9]美国驻华外交官的最后希望是蒋介石计划在 12 月初召开的政治协商会议，共产党人曾表示他们将参加此次会议，这个大会至少可能带来内战的中止。但后来共产党人宣布他们绝不会出席这个大会，于是大会被取消了。罗伯逊说，此次大会的取消是"这个阴沉的一周中最黑暗的一面"。[10]

　　魏德迈是美国在华的关键人物，重要性远远超过了罗伯逊或其他任何人，马歇尔、参谋长联席会议和战争部长都会向他征求意见，此时魏德迈处于悲观、焦虑不安的状态。几个月前在华盛顿时，他像赫尔利一样，驳回了有关共产主义危险的说法，自信地说可以相对容易地处理这个问题。现在，他所担忧的不仅是国民政府的软弱，而且还有不现实的美国政策。在这个问题上，美国国务院的立场是：是的，美国给国民政府的援助会像普遍认为的那样，导致给蒋介石的"间接帮助或支持"，但这并不等于对中国事务的干涉。11月23日，与蒋介石重申要求更多美国援助的"紧急呼吁"的同一天，魏德迈给马歇尔拍发了一封很长的电报，指出了这种说法的自欺欺人之处。他不怀疑海军陆战队在中国的必要性。他写道，撤出海军陆战队就是给共产党人那"令人厌恶的宣传战和恐吓行为"提供了"一个全面的胜利。"[11]但是，支持国民政府"将肯定使美军卷入这场自相残杀的争斗中去。在这一点上不容犯错。……如果美国的政策是要帮助中国统一并置满洲地区于国民政府统治之下的话，我们就需要明确了解这种后果"。

　　魏德迈发自中国的报告极少提供值得乐观的理由。他告诉马歇尔，蒋介石"完全没有做好准备在共产党人反对的情况下去占领满洲地区"，[12]甚至他要收复长江和长城之间的华北地区都没有把握。"这片地区十分广阔、交通有限，人们是否忠诚也值得怀疑，"魏德迈告诉马歇尔，"共产党游击队和破坏者可以并且可能……骚扰和限制中央政府军队的调动。"

　　对于苏联，魏德迈非常现实，他说苏联与蒋介石的代表维持着一种"外表的合作秀"，但"看来绝对是在为中共创造有利条件去逐步占领华北和满洲的重点地区"。在魏德迈眼里，蒋介石的问题主要不是军事问题。他喜欢蒋介石，他发现蒋非常"真诚"和"无私"，但是蒋被一帮"只对自我扩张感兴趣的寡廉鲜耻之徒"所包围。魏德迈说，听中国政治家说话感觉他们就像持不同意见的中国知识分子中的一员，"在行动上却是通过欺诈和阴谋来实现自己发财致富的目标"，而委员长在腐败问题面前却表现得"不知所措和无能为力"。[13]

魏德迈接着给马歇尔提出建议——似乎忘记了对给共产党送去一场伟大"胜利"的担忧——他指出最好的出路，将是完全从中摆脱出来，从而"排除卷入中国内部事务的可能"。魏德迈进一步建议称，或许将东北置于新成立的联合国的保护之下会是一个解决办法，同时，国民政府能集中精力去收回对华北的控制权，魏德迈预测道，即使这样去做，也需要花费几个月或者几年的辛苦努力。无论哪种方式，魏德迈明确地表示，美国都将面临一个基本选择：要么退出，要么深深卷入中国那不间断的内乱之中，并且去冒随之而来的各种风险，包括与苏联直接对抗的可能性。

*　　*　　*

这是美国第一次在其与亚洲的关系中面临一个今后它将非常熟悉的两难境地。它认为，拒绝帮助一个友好的政府是不能接受的，但提供这种帮助所带来的潜在成本也是不能接受的。就像在后来类似的情况下，每一个建议都会导致针对其自身的反建议。派遣更多的海军陆战队员？国务院负责亚洲事务的范宣德担心这可能会给苏联一个不从东北撤军的借口，而它现在已承诺12月初撤回它的军队。（最终，俄国人直至1946年4月才全部撤出它的部队。）撤出海军陆战队并退出中国？美国战时在亚洲的一个主要目标就是帮助建立一个友好、统一、独立的中国，为实现这个目标它已经在生命和资金上做出了巨大的投入。如果现在退出，就是前功尽弃。

此刻，可能只有期待美国驻华大使赫尔利来发出最强有力的坚持到底的呼吁了。然而，这项使命却落在中国科的一位外交官员的头上（赫尔利认为其中大部分人员都是阴谋反对他的）。此人名叫庄莱德，是又一位工作十分勤奋的来自俄克拉荷马的职业外交官，在战争的大部分时间里他一直在西安当领事，但现在已经回到美国任中国事务司司长。战时他一直被同事们认为比大多数中国通在政治上更加保守，但这在当时并没妨碍他加入那些职业外交官的共识：美国应该向蒋介石施加压力让他去进行政治改革，美国不应该不顾一切把自己和蒋介石绑在一起，以及如果军事上有必要，美国应该与共产党人合作。

现在情况不同了。威胁蒋介石生存的不是日本人，而是共产党人和他们的苏联支持者，庄莱德认为，这一点是不能容忍的。他写了一篇文章，文章中回荡着一种道德上的义愤，一种深沉的焦虑，即如果美国不能当机立断，那就会把大半个中国拱手让给共产党政权，这样的结果将不只是不利于美国的利益和价值观，还将是可耻的。庄莱德写道，中共正在做出"最大的努力来维护对华北的控制"，同时"迫不及待地企图夺取对满洲地区的控制权"，并且在这些方面得到了"苏联的帮助和教唆"，譬如以大连是一个自由港这种站不住脚的借口来阻止政府军在大连登陆。美国如何面对这些公然违反条约的行为，庄莱德写道："（将）对中国、对远东、对世界的未来产生巨大影响。"[14]中国共产党控制华北和东北将意味着对中国事务的"外国干涉"，即苏联的干涉，由此可能产生的后果，庄莱德断言，将无异于"第三次世界大战"。

最大的危险是，亚太地区战后的残局将是一种不能接受的后果，即一个被日本控制的中国，被另一个不能接受的后果，即"一个被苏联左右的中国"所取代。防止中国永久分裂，应该是美国的最高利益，应优先于如政治改革或避免"自相残杀"等其他利益。美国可以选择简单的退出，但如果这样做，或者如果提供"给中国的只是三心二意的援助"，那将"摧毁我们所寻求实现的一切"。庄莱德总结说，美国需要"坚决、有效地采取行动帮助国民政府，以实现在中国已经收复的地区，包括满洲地区，恢复秩序"。[15]

这个陈述很具说服力，而且还预示着未来将有更多这类有关在亚洲其他国家采取坚决、有效行动的声明，就像约翰·F. 肯尼迪在1961年所说的，美国已经做好准备，愿意"付出任何代价、承受任何负担、应付任何艰难、支持任何朋友、反对任何敌人，以确保成功和自由的生存"。庄莱德的上司范宣德把这项声明转交给了伯恩斯，但也有很多人提出的论点是站在另一边的，尤其是范宣德自己。

庄莱德的分析是建立在对美国实际利益的认识之上的。不过，根本的问题是美国人想要生活在什么样的世界里。美国人的信念可以追溯到美国的大革命，就是走向自由民主的进步是至高无上的美国利益，因为其本身是善的，是被压迫人民的一盏明灯，而且因为最和平最安全的世界将是民主在其中占主导地位的世界。庄莱德的备忘录中回响着后来肯尼迪就职演说中的那种激动人心的理想主义。它也具有非常吸引美国人的威尔逊总统似的特色，即在世界事务中支持正义一方。鉴于后来在中国所发生的一切——数以百万计的人死于饥饿、文革中的疯狂，以及其他所有这类现象——庄莱德呼吁采取的预防性立场为其获得了值得回顾的吸引力。然而，当时在中国该做何种选择是完全不清楚的。蒋介石领导之下的国民党有着严重的缺陷；恰恰是共产党人在打着民主和公民权利的战士的旗号，这就是为什么不仅在中国，而且在美国和西欧，都有如此众多标榜自己是进步人士的人被吸引到他们身边去。如果在国民党统治下的中国有过真正的民主的话，这个问题就会更加清晰。但站在以后的立场上来看，关于国民党对中国来说会是一个更好的选择的说法就没有任何疑义吗？

范宣德认为，庄莱德的宣言中缺失了大量信息，尤其是没有仔细审查成本和成功的可能性。把为自由而战说得天花乱坠固然不错，但决策者需要评估宏伟的理想主义目标是否真正可以实现。正如约翰·戴维斯之后所说的：

> 庄莱德的立场……在当时和后来的美国政府的大多数决策中都是很典型的。某种情况中的力量现实，即使能被理解，也往往会服从于"应该做的"事情，也就是因为先例、承诺、道德冲动、情绪，以及包容一切的"国家安全"而应该去做的事情。于是，政策的成本因素就这样常常被忽视了。[16]

作为对庄莱德意见的部分反应，范宣德表明了一个根本性的观点：所期望的行动并不总是有效的行动。他就中国问题提出了三个选择：第一，退出；第二，继续现行的政策；第三，扩大使命。虽然没有说得那么直接，但他似乎倾向于第一个，因为，正如他所指出的，"即使有我们的援助，蒋介石能够通过军事手段给华北和满洲带来持久的稳定这种可能性也是微乎其微的"，[17]因此，在一项已经失败的事业中再去消耗美国人的生命、资源和声誉是没有任何意义的。

第二天，伯恩斯在同罗伯特·帕特森和詹姆斯·福莱斯特会面时大声读了范宣德的备忘录，这两人分别是战争部长和海军部长。帕特森特别赞成忽视范宣德的观点，同时也忽略魏德迈的观点。根据戴维斯的描述，帕特森是个"很起劲的"人。他就是那个把共产党攻击海军陆战队视同为"轻喜剧"而毫不在意的人。他深信有关共产党力量的报告是"夸大其词"。在这次会议上，他对福莱斯特说，他刚刚与亨利·卢斯交谈过，卢斯在《生活》杂志上发表了一篇强力亲蒋的社论，文中他的基本观点是美国在道义上有义务给予蒋委员长全力支持，卢斯说他从帕特森口中得到了一个很好的回应。

福莱斯特没有过多地去考虑在亚洲大地上实现美国目标将要遇到的障碍。他所考虑的是在国内方面的心情：希望美国士兵能安全返回家园，不要被派去为一个本身就是腐败和不民主的政府执行代价高昂的任务。挥舞着写有"立刻撤军"标语牌的示威者们正在马路上游行。全国各地的社论中都在提出同样的要求。而卢斯的回答是："我们必须认识到中国的命运和我们自己的命运之间的相互依存关系。"[18]

庄莱德曾经说要忽视诸如中国国民党的严厉政策等这类细节，但是公众并没有忽视它们。实际上，公众之中已被撕开了一条深深的裂缝，从中演化出了在缓慢恶化的蒋介石的声誉和对共产党人的更浪漫的看法。"中国的土地改革运动被称为'共产主义'是有点令人困惑的，"埃德加·斯诺，毛泽东这个民主主义者的最著名支持者，5 月在《星期六晚邮报》上写道，"共产主义在中国是一件打了折扣的事情。"[19]在一本名为《亚洲的解决方案》的新书中，中国问题专家欧文·拉铁摩尔（他曾是蒋介石的政治顾问）写道："共产党的政治结构比国民党的政治结构更接近民主。"他继续写道，蒋介石可以是一个"联合人物"，他"不必担心失去他在政府中的权威，在这个政府中与共产党的党派差异可以通过民主程序进行协调"。[20]

卢斯决心同这些态度对抗，这场战斗的一部分是要刷新他的那位中国英雄已经被玷污的名声。9 月，他把蒋介石的肖像登在《时代》杂志的封面上。仅仅一周前，丘吉尔也在封面上出现。卢斯的潜台词是在欧洲和亚洲在战时有两位伟大的胜利者，未来有两位伟大的人物。封面上的蒋介石身穿未佩戴勋章的简单军服，英俊潇洒，双眼炯炯直视前方，他的仪表刚毅坚定，但又被一丝睿智的笑容软化了几分。"时年 57 岁的蒋介石，站在他自己和他的民族的历史的一个顶峰上，"同时刊出的一篇文章不吝溢美之词，"随着战争的结束，一个重要的事实已经变得非常清晰：蒋委员长已经证实了那些为人们长期拥有的信念，即他的政府是牢牢嵌在人民广泛的支持之中的，并且一旦得到和平，就能够在中国实现有效的治理。"[21]

这篇文章是有意要证实卢斯给蒋介石的写照：一个明智的受人爱戴的形象。但他在此事上的执着却使《时代》杂志的编辑与他们自己的驻华明星记者发生了争执。白修德拒绝撰写卢斯想要的崇拜蒋介石的封面故事。白修德在给《时代》杂志纽约总部的电报中抱怨说，卢斯想要的故事无非是一纸"老调颂词"，不过是想"再次证明中国的这位严厉暴君是合法的"。[22]

这些冲着卢斯所讲的话，几乎等同于战斗檄文，其结果是白修德被召回美国并丢掉了在《时代》杂志的饭碗。在中国问题上的分歧毁掉了在不屈不挠的卢斯和富有才气、斗志旺盛的白修德之间父子般的关系。白修德曾经在他的重庆办公室外边挂了一块牌子，上面写道，他所写的东西和杂志上登出来的东西如果有什么相似的话纯属巧合。白修德甚至还反对过美国帮国民政府空运军队，他争辩称，在中国的美国军官很可能会被共产党游击队包围，派他们到中国会让美国卷入亚洲的内战，反过来这又会把中共推入苏联的怀抱。

中国问题还引起了家庭内的争吵。在每个人的眼里，中国都是一头不同的野兽。诚然，我们"对中国的幻想已经破灭了，因为中国连年不断的内战"，卢斯在《生活》杂志上写道。我们可以问问自己，"现在还有没有一个被叫作中国的还在运转的国家……美国可以而且应该去与其打交道？"卢斯给自己的问题的回答是一个响亮的肯定。"大多数美国人严重低估了中国这个简单事实的重要性，即中国的合法政府在中国的土地上（未流亡）维持着自己作为至少拥有一半国土的唯一政府的地位，并且在另一半国土上也拥有很大一部分人的忠诚。"[23]

美国的政策制定者与卢斯的观点没有分歧。在他们于11月26日和伯恩斯举行会谈的前一天，帕特森和福莱斯特写了一份备忘录，完全不同意魏德迈对国民政府控制华北和东北的可能性所持的悲观态度。帕特森和福莱斯特不愿轻言放弃。对魏德迈的结论也还没有进行详细的审查。国务卿和战争部长没有用军事技术力量去影响相对强势的国民政府，也没有去影响苏联支持的共产党。他们没有谈及中国国内对蒋介石的幻灭，也没有谈论中国传统中那种帝王间禅让天赋君权的可能性。他们没有去讨论为确保蒋介石在他与共产党的权力争夺中占上风需要多少部队和物资。福莱斯特和帕特森绝对不会同意美国可能抛弃长期盟友、自己则抽身而退这种想法。"不加慎重考虑就从任何既定目标撤退看来是不可取的。"他们在给伯恩斯的信中如此写道。如果美国改变了对蒋介石的支持政策，"世界舆论就会指责我们抛弃盟友"。[24]

就在那一天，魏德迈又给马歇尔发出了一封电报，重申了他那"深思熟虑的意见"，即没有"美国和/或盟国的进一步援助"，蒋介石将无法得到华北和东北的控制权，就东北而言，还得加上"苏俄的全心全意的合作"。[25]在他与蒋介石的会谈中，魏德迈说，中国领导人已经同意"暂时放弃收复东北"，转而把重点放在华北。但即使这样，魏德迈说，可能对他来说也困难太多。因为铁路线太长，而且"共产党人的破坏"太严重。魏德迈并不是说美国应该"抽身而退"，而仅仅是要明确表示，如果美国选择帮助国民政府，那么这种帮助将不得不是大量而长期的。"此外，"魏德迈警告说，"让我既执行帮助中央政府军队的命令，同时又执行避免参与自相残杀的内战，这是不可能做到的。"[26]

第二天的会议一开始，伯恩斯念了一遍帕特森和福莱斯特的信。之后，福莱斯特表示反对"现在就将海军陆战队突然撤出华北"。针对可能会招致公众反对的任何在中国的长期军事承诺，他提供了一个解决方案：美国应该同俄国人好好谈谈，并"让联合国也参与进来"。但是，伯恩斯问道，美国究竟要俄国人去做什么呢？是要他们在已经承诺撤离的日子，12月2日，之后还留在东北吗？这个日子可是还剩下不到一个星期了。

福莱斯特："不，但我们可以要求他们支持蒋介石政府。"

伯恩斯：可是，俄国人早已受条约约束只能支持国民政府，所以这就"很难搞清楚我们应该如何就这个问题去和苏联政府交涉"。

伯恩斯重复了中国驻美大使告诉他的话：苏联曾经承诺不允许任何共产党武装进入东北。

虽然伯恩斯明白要求苏联人去做他们坚持认为早已在做，而伯恩斯知道他们并没有在做的事是毫无意义的，但他也提不出任何新的办法来解决中国的危机。相反，他又回到了以前美国官员曾提议的与蒋介石打交道的相同模式。"考虑到各种因素，"他说，"也许明智的做法是试图迫使中国国民政府和中国共产党在相互妥协的基础上坐到一起来，也许要告诉蒋介石委员长，除非他赞同这么做，否则我们将停止援助他的政府。"[27]他建议请赫尔利大使马上返回中国以把这个信息再次转达给中国领导人。会议决定，海军陆战队将暂时继续留在中国，但究竟还要留多久似乎没人知道。同时，美国将给共产党人和国民党人施加更大压力，以促使他们达成协议并停止他们之间的战斗。

美国就是这样发现自己已经在中国的内战中越陷越深了，它既忽视了庄莱德的警告不要做事"三心二意"，也忽视了魏德迈的警告：除非承诺投入更多、时间更长，否则将不会起作用。最终形成的政策是一种比较中庸的措施，因为那两个主要的选项，一个是放弃盟友，另一个是投入大量美国军队，都是不可能做到的。而伯恩斯的"明智的做法"甚至都没有核查一下如果国民党和共产党拒绝坐在一起美国该怎么办。所有这一切都说明了民主国家的一个趋势，当处于一个迷惘困惑的时期时，它往往会东一榔头西一棒子，要尽量满足持相反意见的选区但又不能去做出任何明确的或难以承受的承诺；同时，不管多么渺茫，它还是要去培育这么一种希望，即如果冲突双方通过美国调解下的谈判能解决他们的分歧，那么整个问题就可能迎刃而解。

福莱斯特尽管在同伯恩斯的会议上似乎什么也没说，但他注意到在做出推迟海军陆战队离开中国并给国共双方施加压力要求谈判解决冲突的决定时那种近乎随意的方式。他在日记里这么写道，从中可以看出，"'一方面……另一方面'这种官腔毛病的症状是多么普遍，在随后的几年里，受到这种毛病摧残的关于中国政策的文件太多了"。28

这一次赫尔利拒绝合作。26 日，即在福莱斯特和帕特森举行会议的前一天，他告诉伯恩斯说不想再回到中国去。他说自己正在考虑辞职。伯恩斯试图说服他留下来，说他的国家需要他，蒋介石也坚持让他当大使。11 月 27 日，就在伯恩斯、福莱斯特和帕特森举行会议的当天，赫尔利去白宫拜访了杜鲁门，杜鲁门告诉他中国的局势看来日趋严重，他需要马上赶回去，最好第二天就走。

杜鲁门以为赫尔利同意了，然后就去和他的政府成员共进午餐。席间，他接到了一个意外的消息：赫尔利向新闻界发表了一个声明，他最终打算辞职了。未礼节性地预先告知总统或国务卿他的这个决定，固执任性到底的赫尔利最终释放出了他累积起来的愤怒，压垮了他应该有的更好的判断力。

在给记者的信中，赫尔利说出了他所认为的美国的中国问题的根源：不是苏联的阴谋，不是共产党的攻击性，也不是对蒋介石普遍的幻灭，他说，而是专业的美国外交官，尽管他做了努力解除了他们的职务，但他们还留在拥有权力和责任的位置上。不论在记者会上，还是在他的书面声明上，赫尔利都没有指出具体名字，只是提到"那些职业外交官，（他们）站在了中国共产主义武装政党和帝国主义国家集团的一边，其政策是保持中国的分裂状态"，[29]但显然他指的是那些曾对他的判断提出质疑的在重庆和华盛顿的中国问题专家：谢伟思，在美亚案中被判无罪后已被重新分配到东京担任麦克阿瑟的顾问，伴随他一起去东京的还有约翰·埃默森和乔治·艾奇逊，后者就是几个月前写给国务院的那封信的正式作者，信中称赫尔利对中国情况的报告"不完整也不客观"；约翰·戴维斯，赫尔利最讨厌的人，他现在在莫斯科，是乔治·凯南的一个重要助手；还有范宣德，国务院东亚事务的负责人，赫尔利在他的信中抱怨说，他是"我的一个上司"。

这是耸人听闻的消息，轰动一时的特大新闻。《纽约时报》全文转载了赫尔利的声明，并在头版另一篇文章中将其描述为"职业外交官对外交政策实施的强烈谴责"。在一篇社论中，《时代》杂志郑重其事地建议杜鲁门政府调查这项指控并"给予国家一定的保证……高层所采纳的政策确实被如实地贯彻下去"。[30]但赫尔利还没罢休。

在重庆的美国大使馆中，这个消息引起了"一片哗然，所有的障碍都消失了，大家把憋了很久的话都纷纷说了出来"，[31]苏联问题专家约翰·梅尔比在他的日记里如此写道。赫尔利的指责现在已经暴露了"我们的内部争论：我们在这里究竟应该做什么？以及对立观点之间的极度怨愤"。国民党人感到失望，但共产党人非常高兴。一直在谴责赫尔利为"美帝国主义分子"总代表的延安广播电台在广播中说："在重庆的中国内战煽动者遗憾地辞职了，（但）中国人把它视为美国人民的胜利。"[32]

几天后，赫尔利在华盛顿全国新闻俱乐部的演讲中指名道姓地指责他们，特别是艾奇逊和谢伟思，费心劳神地颠覆美国对华政策，妄图把中国交到共产党手中。然后，他又去了参议院，在两天的作证过程中他再次指控艾奇逊和谢伟思密谋推翻蒋介石。"帕特·赫尔利出场时大吼一声，挥动着双拳，"《时代》杂志描述了他露面时的样子，"他的白胡子往上翘，他的黑丝夹鼻眼镜架在鼻子上晃晃悠悠。他在他的主要话题上展开猛烈抨击。"[33]国务卿詹姆斯·伯恩斯在答复中被迫答应正式调查这些严重的指控，以确定它们是不是毫无根据，由此无意中增加了它们的清晰程度。美国外交官员们按照正常程序报告了他们的意见和分析——绝无不忠行为，他如此说道。但赫尔利那耸人听闻的指控首次把在中国问题上对不忠和两面派的责难带入了公众视野，并且以其恶毒的公诉方式在公众视野中保持了几十年。

杜鲁门对赫尔利的突然辞职极度烦恼，他需要立刻找到另一位大使，当然他心目中也已经有了一个人选。那天晚上，他打电话给乔治·马歇尔，此人刚刚回到在弗吉尼亚利斯堡的家中，期待着在结束了作为一个士兵和参谋长的忙碌生涯之后有个宁静的退休生活。[34]马歇尔夫人想在他们到家后的第一顿晚餐前稍事休息，刚刚走完一半楼梯的时候，电话铃响了。"将军，我希望你能为我到中国去。"杜鲁门如此说道。马歇尔想等到晚饭后再把这个消息告诉他的夫人，便说了一句，"好吧，总统先生"，就挂断了电话。一个小时后，广播新闻发布了马歇尔的新任命。"在你没有休息之前，我不忍心告诉你。"马歇尔告诉他的妻子。此处有一点不清楚的是，马歇尔本人是否明白同杜鲁门的简短交谈中的重要含义：他不仅仅是驻中国的大使，而且调解中国的两大武装政党和制止刚发生的内战这两大任务现在了也已经落在了他的肩膀上。

同时，局势已经有所好转。11 月中旬，厌倦于苏联的欺骗并意图唤起国际社会的关注，蒋介石下令谈判小组离开长春。苏联最初的反应是加紧骚扰。共产党控制的警察部队的一名成员被打死了，于是全市大街小巷到处都贴满了传单指责国民党，并要求驱逐国民政府代表团，然而却忽略了一个事实，即代表团已经接到蒋的撤离命令。整个代表团的总部是"风声鹤唳"，国民政府谈判团队的经济学家张嘉璈在日记中写道，他的语气听起来就像是一个唐朝诗人。供水和电话线路都被切断了。"感觉是即将要发生一个巨大的灾难。"[35]

同一天，国民党代表团的 160 名成员乘坐飞机离开长春回北京，紧接着苏联就改变了它的基调。在此之前，斯大林给中共的主要战术指导是，在东北中共可以采取调动自己军队和阻止政府军队的"行动"，但不能"讲出来"；[36]中共不能公开宣布接管东北的意图。一直以来，斯大林都还与蒋介石保持着正常的、排他的关系的表象，在重庆保留了大使馆并且与延安没有官方接触。斯大林与毛泽东的通信往来都是非正式的、秘密的，或者通过他在延安的代表，或者通过多年前共产国际提供的无线电发报机。[37]

国民党代表团撤出长春两天后，斯大林照会蒋介石说，他将在东北"杜绝一切暴民行动"，并提议苏联红军可以推迟撤离，以便给这种努力提供协助。几天后，俄国人告诉蒋介石，他们将保证政府军在东北各主要城市的登陆，如沈阳、长春等。同时，斯大林要求共产党从这些城市撤出他们的军队并且不得在这些地区打击政府军——即使在这一时刻，苏联还加快了从大连和朝鲜的军火库里给共产党提供武器的速度。[38]

在长春，一个苏联军官召集当地报纸记者并告诉他们禁止反对国民政府。几乎是一瞬间，批评国民党的传单就销声匿迹了，取而代之的是支持国民党和赞扬国际合作的招贴。[39]马利诺夫斯基发誓要阻止共产党在国民政府确立了其权威的地区的活动。他禁止共产党军队发行纸币，并表示希望国民党代表团返回长春。[40]

俄国人继续奉行他们通常的灵活政策，在帮助中国共产党的同时，又避免任何会导致美国加快介入的行为，而毛泽东尽管对这种谨慎感到不耐烦和烦恼，但也能理解这一点。11 月20 日，延安给其东北局下达新指令，通知它共产党的主要力量应把"中小城市和次要铁路作为重点，背靠苏联、朝鲜、外蒙古和热河，创建强大的根据地"，[41]而不是试图去占领东北的大城市。当然，许多共产党的中下层力量，成千上万在战争期间转移到解放区去的普通干部，并不满意于这一政策。他们被告知要"从全局出发"，抗击"美－蒋"，这是一个新创造出来的贬义缩略词，指所谓的美国和蒋介石之间的联盟。国民党和中国革命者之间的争权夺势是一面镜子，反映出苏联和美国之间，"新民主主义"和资本主义反动派之间那即将到来的、更大规模的全球斗争，但作为一个策略问题，为了避免美国的干涉，苏联不得不"在表面上和中共划清界限"。同样，中共不得不"假装自己与苏联没有关系"，即使它本来就该"尽力使美国保持中立"。[42]

其他方面的局势也有所改善。在美国的帮助下，通过强迫八路军从秦皇岛周围地区撤离，政府军在东北取得了不少进展。一些大城市发生了学生示威，但这回换了方向，他们抗议共产党亲近苏联，而不是把国民政府作为反抗对象。1945年12月16日，蒋介石视察了北京。这是自从1937年全面抗战爆发以来中国的公认领袖第一次踏上这个城市的土地；在整个漫长的战争年代里，中国那光荣的前帝国首都一直在日本侵略者的手中。10万学生聚集起来，在进入中国最雄伟的皇家遗迹故宫前入口处的天安门广场迎接委员长，他们发出了"雷鸣般的欢呼声"，[43]就像蒋介石的传记作者陶涵所描述的那样。成千上万的人挤上前来抚摸他或只是看他一眼。他的一幅巨大的画像被高高悬挂在天安门城楼①上，画像上的人物显得严厉、专制，而不是他那慈祥的学者姿态。

之后，蒋介石从北京飞抵南京，他自己原先的首都，并定居在设于中央军校内的官邸里，他为所取得的"光荣的胜利"而感谢"我们的天父"，并沿路接受了在途中等候的成群结队的市民给他的欢呼。[44]

在主要的战略问题，即苏联所起的作用上，蒋介石无疑是了解共产党的两面政策的，但他仍然对苏联态度上的明显变化感到高兴。他那能讲俄语的儿子，在长春参与了同马利诺夫斯基的谈判，12月初时告诉他，苏联已经"几乎同意了所有的政府提议，包括解除所有非政府武装力量的武装"。[45]

---

① 原文误为午门。——译者注

中国中央政府的领导人会有可能相信这一点吗，尤其是当俄国人同时在充实共产党的军火库的时候？蒋介石一直希望通过外表显得强大并证明中共没有机会推翻他从而能诱导莫斯科与毛泽东保持距离。因此，蒋介石决定不去抗议苏联从东北把价值数十亿美元的前日本的工厂席卷而去。他也没有做出努力去减少苏联在大连、旅顺港和东北铁路上得到的新殖民主义者的利益。他希望他能满足莫斯科，说服俄国人他们的利益所在是支持他，而不是毛泽东。这在当时是一个合理的算计，但此后的事件很快表明，这是完全错误的。

有关中国形势的美国外交官递交的报告明显变得更加乐观了。驻华武官在12月初的报告中指出，国民政府的一架飞机已经被派往延安接周恩来到重庆参加关于召开难以捉摸的政治协商会议的进一步谈判，并且共产党报纸的社论"表明对妥协措施的讨论持更积极的态度"。[46]共产党人的反对立场已经"软化"了，武官总结道，现在看来，"面对正在大批调入的装备精良、训练有素的中央政府军队，中国共产党不可能坚持太久"。

12月初，国民政府七个军的兵力展开了大规模的三路并进的行动来接收华北。第一路部队直扑张家口，此地位于北京的北部并控制了到东北的主要陆路。第二路部队沿北京－古北口铁路推进占领长城地区的关隘。第三路人马，其中包括共产党报纸早前宣告已经被消灭了的部队，已经到达离沈阳30英里处，在那里一场大战正在成形。这些部队是国民党军队中战斗力最强的。

12月中旬，美国情报机关相信共产党会放弃保卫沈阳。武官的报告说，共产党的统治正面临着"更严重的威胁"，[47]因为政府军已经接近张家口并进入了热河省。同时，国民政府的第八集团军在美国的帮助下已在青岛登陆，并从共产党控制的山东港口，最重要的是此前阻止过海军陆战队登陆的烟台，展开攻势，一路追击共产党军队。

12月的第三个星期，周恩来又回到了重庆，政治协商会议的召开看来是"板上钉钉"的了。整个局势正在朝有利于国民政府这边发展，时机也是十分完美的，因为新的驻华大使即将到任，美国展开了又一次协调一致的努力来促使共产党和国民政府达成协议，这将导致一个统一和民主的中国。作为一个举止、声望和资历均无可挑剔的名人，两块大陆上的军事胜利的建筑大师，一个地位和声誉均使反复无常的赫尔利相形见绌的人物，乔治·C. 马歇尔胸有成竹，尽管美国人之前在中国的外交努力已经失败了，但这一次他们是注定要成功的。

第十五章　马歇尔来了

"人人都在等待着马歇尔，他的身上寄托着太多的期望。"约翰·梅尔比在他的日记上如此写道，还有两天杜鲁门那杰出的新使者即将到来，他将去避免中国的一场内战，假如有人能做到的话。

> 每个人都在这里急得团团转，不知道在忙些什么……知道这个大人物要亲自来大家都怕得要死……一种高潮后跌到低谷的迹象开始显现出来，我有一种越来越强的感觉，整个这一切都是在压力和恐慌之下凭空想象出来的。这里的许多人现在都后悔了，但除了必须去面对之外，不知道还能做些什么。大多数人都同意，他的就任只会损害他的盛名，而不会有任何好结果。[1]

梅尔比没有说为什么许多人对马歇尔使命的形成感到遗憾，但最有可能的是这种遗憾出自于对美国的担忧，投入自己的资源和自己的声望冒极大风险去追求非常明显不可能实现的目标。在中国的美国人和在美国国内的美国人之间存在着一条分界线，前者对冲突双方之间强烈的不可调和性有着现实的体会，而后者始终秉持着政治妥协和权力斗争制度化的非暴力的坚定信念，双方都完全忽视了中国的传统。但或许马歇尔本人居高临下的形象、他的高度、他的战无不胜的经历能凌驾于这一切之上。"他是一个谦虚的人，完全没有虚荣心。"[2] 马歇尔的一名高级助手在第一次看到他后的家信中如此写道。他是一个会在战争期间拒绝接受任何奖励或勋章的人，觉得当士兵们在战场上出生入死的时候去接受奖励是不合时宜的。"我这一辈子见过了太多的士兵，"战争部长亨利·史汀生在参加马歇尔于参谋长任上退休的仪式时对他说，"而您，先生，是我所见过的最优秀的战士。"[3]

梅尔比是 12 月底在重庆时第一次见到马歇尔的，感觉马歇尔给他留下了"一个很好的直接印象"，尽管他没有想象中那么高大。曾经组织军队和后勤并指挥了打败轴心国的战役的马歇尔，以从不干涉他所任命的指挥官在战场上指挥作战和从不试图从远处干预战场决策而闻名于世。随着梅尔比的逐步了解，他对马歇尔有了一个"不断加深的印象，他是一个真正伟大的战士，而且在真正做到谦逊和宠辱不惊这个意义上确实是一个伟大人物"，[4] 然而他也并不能真正理解在中国进行外交斡旋这个任务甚至会比打赢一场全球战争更令人沮丧，更充满意料之外的障碍。根据梅尔比的观察，马歇尔毕竟是个"其视野和经历都受到职业军人身份限制"的人。

每个人都在期待着马歇尔。当他的飞机于 1945 年 12 月 20 日在上海降落时，中美两国的仪仗队都在场迎接。阿尔伯特·魏德迈，美国在中国的军事指挥官，用一辆黑色别克轿车护送他到华懋饭店①。这家饭店宏伟灰暗的大厦坐落在上海著名的外滩，十六年前，诺埃尔·科沃德在这里写下了他的剧作《私生活》。华懋饭店是公共租界的地产大王伊拉克犹太人维克多·沙逊（Victor Sassoon）建造的，是能够展示外国人管理下的那部分上海的场所，从那可以俯瞰宽阔的黄浦江，江上拥挤着帆船、舢板、轮船，现在还加上了美国的海军舰艇。此

---

① 现和平饭店。——译者注

时，马歇尔所在的这座城市几乎等同于在美国的军事占领之下：美国海军陆战队员在引人注目地展示着他们的存在。他们在城里著名的赛马场踢足球、打棒球，晚上又醉酒寻欢，去探索《时代》杂志微妙地称为"荒淫享乐的城市生活"。上海和其他城市都是他们的乐园。

马歇尔的一些随从外出观看这种美国占领下的情景。他们在深夜时返回军舰的途中，看到一些海军陆战队员在举行黄包车赛车比赛作为消遣。他们雇了些苦力，而这些军人则坐在黄包车的乘客位置上。比赛沿着宽阔的南京路和静安寺路或上海的其他主要马路进行，这还不算太出格。马歇尔手下一名成员报告说："更糟糕的是他们试图以某种方式驱赶苦力，通常是用皮带抽打苦力的后背。"[5]

在马歇尔到达中国时，因日本战败所引发的兴奋已经被酸楚的、愤愤不平的、悲观的情绪所取代。抗战结束后国家已陷入内战之中这个现实正在到来。国民政府的军队和共产党的军队正在从西边的陕西到东边的山东之间许多地区展开激烈的战斗。破坏抗战胜利的兴奋心情的并不仅仅是共产党和国民党之间的分裂。在非共产党组织之间也存在着深刻的争议，特别是在国民党和几个代表商人、知识分子及学生的民主党派之间，这些党派是随着战时对政治活动的限制被解除而诞生的。在许多方面，蒋介石仍被看作带领国家经历过多年抗战的英雄而受到尊敬。他在中国是最出名的人物，他的画像无处不在，他的讲话在亲国民党的报刊上被正式报道，而且他有一个富有魅力的妻子，当她访问华盛顿时能在白宫下榻。但是，对执政党的幻灭也开始蔓延开来，并且在许多人的心中都有以下这种感觉：战后美国在中国的存在是强加于人的新帝国主义，那些用皮带抽打黄包车夫的海军陆战队员就是一个例证。

　　1945 年 11 月下旬，昆明爆发了学生示威，那里的几所大学仍然还留在它们战时流亡的地方。在战争期间，昆明一直是陈纳德的飞虎队的总部并在云南军阀龙云的政治控制之下。因此，比起大多数中国的沦陷区，昆明一直是一个比较自由的地方，较少受到国民党战时的限制。此地也是一个罕见的成功抵抗日军并实施了反攻的中心，因为中国军队在陈纳德的战机那不可或缺的支持下，把日军从怒江峡谷赶回了缅甸。在一场著名的战斗中，龙云在一位中国将军阵亡之后亲自指挥部队反败为胜，并重新集结中国军队防止敌人横渡怒江，否则那将是一场大灾难。但随着战争的结束，蒋介石派他自己的军队到昆明，经过几天的流血冲突后，他们接管了城市，龙云则被打发到重庆去做一件毫无意义的工作。

　　此刻国民党军队完全控制了昆明，他们强制执行委员长的命令，阻止了在云南大学中央礼堂召开的一次会议，从而导致了一个由教师成员出面演讲的露天集会。大会被军队向人群头顶上方鸣枪示警而打断，但学生们已经表达了他们的要求，其中之一便是要求美国军队撤离中国。示威主要是针对国民党政府，它所坚持的一党统治、它的腐败，以及它的秘密警察的恐怖活动。在中国，学生示威游行有着特定的含义，其历史意义可追溯到1915 年反对日本"二十一条"的强烈抗议和第一次世界大战之前的"五四运动"。据报道，在昆明的示威游行中，因为当局试图强行恢复秩序，有学生遭警察突袭而被杀害或受伤，但示威活动一直持续到1946 年，给马歇尔的谈判提供了一种反对意见的背景声音，这也是作为中央政府的国民政府丧失民心的一个标志。

　　"在那里发生的谋杀和暴行是令人震惊的。"梅尔比在他的日记中如此写道，他指的是 12 月初在昆明发生的事件——尽管梅尔比本人并不在昆明，也不是很清楚、很具体地了解那里正在发生的谋杀案。"很多国民党人是真的吓坏了，但这样的情况仍然在继续。"[6]

如果中国的局势是不确定的、模糊的，那么美国的政策也充满了模糊性和不一致性。在到中国就任之前，马歇尔出席了一次星期天上午的会议，在座的有国务卿詹姆斯·伯恩斯及其顾问，包括迪安·艾奇逊，他当时是美国国务院的二号人物，以及范宣德。魏德迈从中国汇报了蒋介石的持续要求，期望美国帮助运送更多的部队到华北和东北，很明显，这些部队在那里将被用来阻止共产党人的扩张。因为这个要求违背了美国不卷入中国"自相残杀的冲突"的政策，问题自然就出现了：美国应该同意这一要求吗？如果同意的话，蒋介石组建联合政府的动机就会减少，因此不急于做出答复似乎是适当的。但马歇尔想知道，如果是蒋介石而不是共产党阻碍了所期待的协议的话，美国的政策会是什么。

在这个问题上分歧很深。范宣德强烈地反对进一步援助蒋介石，如果蒋对马歇尔的使命构成障碍的话。[7]给蒋介石更多的武器将导致内战，而共产党很可能赢得这场战争。如果发生这种情况，范宣德认为，其后果对美国来说不会是灾难性的。他认为，鉴于中国的广袤和向往独立的力量，中国不会成为苏联的卫星国。假如共产党真的赢了——那又怎么样呢？中国已经遭受到如此严重的破坏，到处是一片废墟，亟须基本的重建和改造，其所有精力都会被国内的紧迫需求所占用。因此，如果蒋介石拒绝政治解决，美国应该拒绝运送他的军队，即使这意味着共产党人将夺得因日本军队撤离而空出的地区的控制权。中国的分裂尽管不是好事，但也不会是灾难性的，而且，不管怎么说，最终还得是中国人自己，而不是美国人来决定他们的命运。范宣德的观点清晰地表述了对外关系的更深层看法，即要认识到按照自己的规范来塑造世界时美国的力量是有局限性的，以及要接受不那么完美的结局的必要性。

范宣德的论点没有任何吸引力，这是由迫在眉睫的冷战所注定的。伯恩斯在与马歇尔和总统共同出席的那个星期天上午的会议上亲口做了阐述。伯恩斯认为，如果美国未能帮助蒋介石，苏联人将推迟他们承诺的从东北撤军，在那里他们会帮助中国共产党人巩固他们在华北的根据地，包括河北、陕西和山东。最终，那几十万仍然在华北的日本人将被迫向共产党投降。苏联人将会以与他们已经在主宰的东欧同样的方式来主宰中国，成立一个恭顺的共产党政府以取代在纳粹占领期间成立的通敌政府。

马歇尔完全同意伯恩斯的观点，并帮助找出理由来向杜鲁门总统证实。为了给中国冲突双方某种激励以便能相互做出让步，他说，在是否给蒋介石提供更多援助这个问题上应该不要给出明确答案。美国的政策中应该有一种故意含糊不清的元素。但如果蒋介石"未能做出合理的让步"，马歇尔说，把他在会议上的立场做了一个总结，"那么随之而来的悲剧性后果将是一个分裂的中国，以及苏联人很可能重新在东北接管权力，这两者的综合效应将导致我们在太平洋战争中的主要目的遭受失败或损害"。[8] 这个观点将所有反对意见一扫而空，它表明：在已经做出那么多牺牲之后，在珍珠港事件与巴丹死亡行军、硫磺岛、塞班、珊瑚岛、翻越喜马拉雅山的空运，以及原子弹之后，在太平洋战区超过 10 万名美军死亡和 25 万人受伤之后，在超过 2.1 万名美国军人关押在日军战俘营遭受恐怖拘禁之后，最终的结果却是比日本控制下的中国更加糟糕——取而代之的是斯大林控制下的中国。杜鲁门被说服了，伯恩斯也接受了。马歇尔得到正式指示，如一个历史学家所总结的那样："要尽量促使双方做出合理让步以便达成停战协议。……如果中共拒绝这样做，他得到授权可运送政府军到相关地区。但是，如果蒋委员长拒绝这样做……他不会被抛弃。"[9]

换句话说，不管蒋介石怎么做，美国都将提供船只和飞机帮助他的部队进入战斗状态，尽管他在那一时刻到来之前并不知道这一点。马歇尔的目标将是实现中国的和平的政治解决，因此运送更多的政府军是不必要的。但不可否认，如果一切努力都失败了，美国最终的立场会是继续援助蒋介石，而这种帮助将构成站在国民党一边卷入中国的"自相残杀"。

马歇尔使命的成功是至关重要的。也许正是由于这个原因，但也有出自个性的原因，马歇尔拒绝轻信任何在他到任之前的悲观预测。他的参谋长，陪同他去中国的亨利·A. 拜罗德上校在华盛顿时告诉他，他成功的可能性只有 2%。[10]二十世纪二十年代时年轻的马歇尔曾被派驻中国，艾萨克·纽厄尔（Isaac Newell）当时担任驻华美军司令，他也写信给马歇尔，称"你已经……接受了一个难题，其难度同你刚刚解决的那个不相上下"。[11]

当马歇尔于 1945 年圣诞节前夕抵达上海时，迎接他的也有类似的告诫意见。在华懋饭店刚安定下来还没几分钟，他把魏德迈召到他的套房。"我告诉马歇尔将军，"魏德迈后来回忆道，"他绝不可能在共产党和国民党之间做出一项可行的安排，因为仍然掌握着大部分权力的国民党是铁了心不会放弃一丁点儿权力的，而共产党这边同样也是铁了心要夺取所有权力，在苏联的帮助下。"[12]

马歇尔对这一现实的预测给出了严厉的回答："我要完成我的使命，你要帮助我。"[13]

战争结束时，马歇尔已满 65 岁。他出身于一个古老的弗吉尼亚家族——他的祖先中有一位是美国的第一任大法官，约翰·马歇尔。他上了弗吉尼亚军事学院，在击败反对美国殖民统治的菲律宾游击队暴动的战争中曾担任连长，在第一次世界大战中成为美国欧洲远征军指挥官约翰·J. 潘兴的门生。战后三年里，马歇尔一直指挥着第 15 步兵团，在世纪之交义和团反抗时，这支传奇部队被部署到中国。就是在那个时候，他遇到了约瑟夫·史迪威，后者当时是第 15 步兵团的一个营长，自那以后，两人一直保持着紧密的相互支持的关系。在德国于 1939 年入侵波兰的当天，罗斯福总统任命马歇尔为陆军参谋长，之后的六年里他一直担任这个职务，直到 1945 年他接受了到中国调解的使命。

蒋介石因马歇尔与史迪威的友谊而感到不安，这位中国领袖最讨厌的美国人就是史迪威了，但是当马歇尔到中国后的第二天，在南京与蒋介石第一次会面时两人都谨慎地回避了这个话题。马歇尔再次向委员长确认杜鲁门总统的政策包括"清除中国的自主军队，如中国共产党的军队"，[14]这显然是蒋介石、最想听到的。马歇尔说，他的目标，也是杜鲁门的目标，是要"通过和平手段，找到一个解决中国内部问题的方案"，尽管这并没有引起蒋介石的反对，但它不完全是蒋的目标。蒋介石的目标是借助他所拥有的一切手段来阻止共产党人威胁他的统治，如果使用武力是他最好的选择，他是会随时准备采用的。按照马歇尔的转述，蒋介石告诉马歇尔说，"苏俄和中共之间肯定有着明确联系"，后者依赖于前者，前者在东北给了中共武器装备并且在大连、葫芦岛、营口等地非常"不友好也不合作"。蒋介石肯定苏联的目的是"要在东北建立一个中国共产党治理下的政权。他说东北的苏联军事指挥官故意拖延苏军从东北撤出，以此作为帮助共产党人的一种手段"。[15]

马歇尔以他那美国人的方式以及以一个将成功取决于说服别人妥协意愿的谈判者方式，选择在这个早期阶段把国共冲突归咎于双方的误解，或者，如他所说，归咎于一个"在敌对双方之间的恐惧、不信任和猜疑的障碍"。[16]他似乎认为蒋介石夸大了中共与莫斯科之间关系的重要性，这种关系更多的是战术需要，而不是一种深刻的意识形态上的承诺的反映。实际上，蒋介石对共产党人的看法比马歇尔更接近现实。中国的冲突不是由于沟通不畅，而是由于存在着两个政党，这两个政党都在寻求无可匹敌的权力并代表着不可兼容的社会和政治意愿。

在他们南京会面后的第二天，马歇尔和蒋介石一起飞往重庆。重庆虽然不再是国家的首都，但仍然有许多政府机关和使馆留在那里，周恩来还住在共产党那有些破旧的办事处里，并且与马歇尔的谈判也将在此进行，或至少在这里开始。梅尔比写道："所有大小官员都到机场来迎接美国人和中国总司令的到来。"[17]警察试图把共产党人赶走，迫使美国人出手干预以阻止这种行为，梅尔比回忆道，这就是造成当时心情"一点儿都不愉快"的一个原因。

重庆此时已经进入严酷的冬季，多雾、多雨、寒冷。乌云在江河上方翻滚。前一天，梅尔比沿着两旁都是商贩摊位的滑溜泥泞的小巷赶去周恩来的办事处替马歇尔来访做前期工作。在美方到达重庆后的第二天，美国总统的新特使会见了周恩来，据马歇尔说，周恩来"强调了他们对于停止敌对行动并建立一个联合政府的愿望"。周恩来前一天也去过机场，在机场他告诉马歇尔，他非常钦佩林肯的民有、民治、民享政府的观点以及华盛顿的民族独立精神——这是一个不那么微妙的让对方放心的说辞，即共产党人同样追求独立，而不会屈从于苏联。马歇尔理解周恩来做出的合作保证后面的保留条件，那就是中共从来没有表示过加入与国民党的联合政府的意愿，如果他们不得不放弃对自己的武装力量的控制权，并且如蒋介石所坚持的一个国家、一支军队的话。

　　中国共产党人决定对马歇尔的使命表示欢迎，这一点，从目前来看，是与他们的整体战略保持一致的。1945 年 12 月初，毛泽东给前线干部发出了指令，不要在冬季打仗，而是要在东北壮大自己的力量以便以后与国民党决一胜负。他这样做的部分原因在于斯大林，因为斯大林总提防着美国军事干预的可能性，要毛泽东这样做。1946 年 1 月，马歇尔的使命才展开短短几个星期，斯大林就向中国共产党提出忠告，永远不要低估美国的实力，因此要小心别去激怒美国，使它站在蒋介石一边在中国实施大规模干预。[18] 在 1945 年 12 月于莫斯科举行的外长会议上，按伯恩斯所说，斯大林已经"做出保证会支持国民政府并愿意履行这项义务"。斯大林否认了在东北给予中国共产党的援助。他认为中共软弱、无关紧要而不予考虑，伯恩斯也许是出于一厢情愿，轻易地就上了这些欺骗性保证的当。"我的估计是"，伯恩斯总结道，斯大林"不会刻意做任何事情来破坏我们统一中国的努力"。[19]

诚然，如乔治·凯南 1946 年 1 月初在莫斯科写给伯恩斯的信中所说，苏联不会做出任何明显的努力去破坏马歇尔的使命。在凯南眼中，苏联是"一支扩张主义的力量"，受到"革命传统、民族主义野心，以及好动的本性"的驱使。凯南补充说，莫斯科不希望有一个中立的中国，"因为在克里姆林宫看来，'不同我站在一起的人就是反对我的人'"。[20]凯南还就斯大林习惯性的欺骗提出警告。苏联的体制，按照其政府和共产党之间的理论划分，允许党去执行被政府"虔诚地发誓要抛弃"的政策——就像斯大林对伯恩斯所做的那样，说苏联政府没有给予中共任何援助，而苏联共产党所做的就是另外一回事了。凯南所说的革命传统会引导克里姆林宫希望中国共产党在中国取得成功，但如果他们太软弱，那么一个顺从的国民党控制的中国也将是可以接受的结果。因此，为了在中国拥有一个顺从的政权，苏联将维持一种令人困惑的两面讨好的政策。

毛泽东的估计也是如此。他知道斯大林将帮助中共，此时斯大林也正在东北帮助中共扩大它的势力，但至少在眼下，苏联要遵守《中苏友好同盟条约》，继续在表面上表现出支持国民政府在东北重建控制权的计划。即使毛泽东想违抗苏联领导人的告诫，在军力平衡上他也做不到。到 1945 年年底时，国民政府已经把一些最好的接受了美式训练和装备的部队——所谓的阿尔法部队——部署在葫芦岛和沈阳之间，并且正在向承德、热河和张家口的共产党根据地推进。"随着中央政府向热河开进并在河南和江苏集结军队，共产党人的地位正在恶化"，美国武官在 1946 年 1 月 5 日报告称，共产党遭遇到"供应困难、伤亡惨重、天气极冷和武器不足"的问题。[21]

在这种情况下，马歇尔使命给了共产党人一个机会去继续展开政治攻势。让他们分享国家权力成了压在蒋介石心头的一块巨石，因为共产党人知道，这是美国人所要求的，同样也是中国的公众舆论所想要的。共产党人知道马歇尔希望他们放弃自己的独立军队，但他们可以对这个要求采取拖延的办法，争取时间，同时通过招募新兵来增强自己的实力。[22] 与此同时，同国民党一样，共产党也会投入战斗，如果他们的利益要求这样做的话，即便是当他们的出类拔萃的使者周恩来正在诚心诚意地参加马歇尔的使命。换句话说，目前这个局势是斗争和谈判同时进行的最完美时刻。

马歇尔在重庆的一所住宅里刚安顿下来，就马上与国民党和共产党代表一起展开了一系列密集的磋商。蒋介石派来参加这些会议的代表是张群，一名陆军将军，同蒋总司令相识时两人都还是青少年。代表共产党的则是周恩来。三人在当前非常紧急的情况下举行了几次时间相当长的会议。看起来，双方都想要制止已经在中国多个地区爆发了的内战，马歇尔也证明了自己是个完美的调解人——耐心、务实、注重细节，并能显示出对双方都公平相待。

给国共双方带来分歧的问题不是是否同意停火。双方都希望停火，至少停一段时间，特别是在另一方占有优势的地区。困难的问题是，停战之后什么样的部队调动可以得到允许，从而使任何一方都不能够利用停战来为未来的敌对行动抢占先机。一般情况下，各方都同意应该只允许极少数的部队调动。已经参战的部队应该守在他们自己的阵地上，直到以后有可能达成一项协议，根据该协议所有中国军队将被整编入一支唯一的国家军队——原则上双方也都接受这个想法。

如果国民政府不被允许去接管由前日本傀儡政权伪满洲国所包括的东北省份，并因此需要在美国的帮助下把部队调往那里，这样的协议是不会被接受的。作为中国的合法政府，允许它这样做是天经地义的。即使是苏联也在中苏条约的条款里承诺要协助中央政府，而且只有中央政府，去这样做。然而，东北也正是共产党势力较强，已经有部队渗透并占领了日军武器库的地方。但是，共产党在这一点上显示出不同寻常的热切的妥协姿态，接受了被谈判者称为停火后不能在东北调动军队的"例外"。换句话说就是，中央政府将被允许把部队运送至东北并在东北境内调动，从而在苏联人撤出之后恢复中国的主权。中共则被要求将他们的军队保留在现有的位置上。[23]

即使是有了这样的共识，这也是好几天经几次马拉松式的谈判后才取得的，但在其他事项上的谈判几乎都谈崩了。分歧集中在两个城镇上，一个是赤峰，位于现在的内蒙古东部，另一个是多伦，赤峰往西约 125 英里。这两地在当时都属位于北京北部和东北部被称为热河的省份的管辖；现在，热河已并入辽宁省和内蒙古自治区。国民党人声称他们曾与苏联达成协议，苏军撤走后由他们来接管这两个铁路枢纽所在的小镇。周恩来坚持认为苏联已经离开了这两个地方，而且这两地都已经被八路军占领。国民党军队正朝这两地进逼，他说，这使得冲突几乎难以避免，既然最终军队都会改编整合，政府就没有理由"现在就用武力来加速接管这些地方"。[24]随着争论持续到第二天，即 1 月 9 日，周恩来说，我们已经同意把东北作为一个例外，"但我们不能同意这一个"。[25]

谈判到了最后关头。这天就是被长期拖延和期待已久的政治协商会议（PCC）的第一次会议。将有代表各个党派的 38 名代表出席会议——8 个代表国民党、7 个代表共产党、9 个代表民主同盟、5 个代表青年党、9 个代表党外人士。突然间，这个多年前就已经被提名但从未谋过面的群体，将被授予决定中国未来政治形式的使命。但是，如果内战仍在激烈地进行着，政治协商会议是不可能取得成功的。"这将是一个悲剧"，马歇尔说，呼吁中止在 1 月 9 日召开的会议，因为继续召开将毫无意义，"只会使这个会议在最后一刻功亏一篑"。[26]

那天晚上，正如他后来在给杜鲁门的报告中所说的，马歇尔登门拜访蒋介石。当他第二天早晨见到张群和周恩来时，他告诉他们已经有了一个突破。他说，委员长已经"慷慨地同意在不涉及赤峰和多伦的情况下签署停止敌对行动的命令"。[27]问题解决了。就在政治协商会议开幕之前几分钟，这三个人宣布停火协议达成了。

马歇尔很高兴。中国的各方已被证明远远比所有那些预言失败指日可待的悲观主义者更加好打交道。1 月 13 日，蒋介石和毛泽东向部队下达停止战斗、原地待命的指令，双方都承认中央政府部队在东北属于"例外"。蒋介石随后在政治协商会议上发表了令美国人欢欣鼓舞的讲话。多年来，美国一直在敦促他进行政治改革，放松他的控制，以及让敌对政党合法化并允许它们真正参与政府工作。美国人曾抨击国民政府的专制，它的新闻审查，以及放手让戴笠和他的秘密警察恫吓、拷打和监禁那些持不同意见的人。魏德迈告诉马歇尔说："我试图告诉蒋介石要实施政治自由化，镇压只会把知识分子、小商人和学生驱赶到反对派那里去。"[28]

现在，蒋介石正式宣布他将做美国人想要他做的一切。这是一个重要的时刻，一个重要的姿态。自由民主的理想被提出来作为国策，这在中国历史上尚属首次。蒋介石承诺，在十日之内，中国所有的公民权利将得到保证，新闻审查将予以终止，政党将取得合法地位，而且，仅仅在七天之内，所有政治犯都会被释放——除了亲日汉奸之外。与此同时，随着政治协商会议于1月10日开幕，中国正在迈出史无前例的另一步。在这个国家的历史上，从来没有召开过把自由竞争的政党召集在一起的集会。

政治协商会议在随后的岁月中很少再引人注目，因为它的寿命很短，而且没有持久的影响力，但在当时它具有真正的力量和真正的威望。它将为一个联合政府搭建框架，包括一个多党组成的新的国务院，大致相当于一个内阁，其中国民党将获得刚刚过半数的席位。然后，将召开一个国民大会制定新宪法，这份文件有望以美国宪法为蓝本如法炮制，建立起一个对行政权力加以制衡和限制的制度。总之，政治协商会议是要建立一项计划，根据这项计划国民党会放弃对权力的垄断。对于一个被享有无上权力的帝王统治了数千年的国家来说，这是一个非常巨大的变化。

值得注意的是，这是美国当年在全世界推销的一张配方，由新闻自由和法治所支撑的自由竞争的政党制度，这意味着在实践中对警察权利的限制。这样的建议是不可能出自苏联的，因为苏联排斥自由竞争的政党的想法。毫无疑问，这部分是因为政治协商会议公布的计划中所承诺的民主性质受到了中国人民兴奋的欢迎，也是因为在马歇尔身上凝聚了大量的信任。在赫尔利所失败的地方，他成功了，或者看起来成功了。

中国的谈判双方均表达了他们的感激之情，共产党人尤其如此。1946 年 1 月 12 日，停火协议生效及政治协商会议开幕两天后，《解放日报》宣布："国共两党停战命令的颁布，受到全中国人民普遍热烈的庆祝。全中国人民为此而掀起的狂欢，不亚于日本投降时所引起的狂欢。……开始了整个中国现代历史中前所未有的和平发展的新阶段——和平改革与和平建设的新阶段。"[29]周恩来此刻向马歇尔保证说，共产党已经准备好"与美国政府的日的进行合作"。社会主义是我们的目标，周恩来说，他重复了一年前与包瑞德同乘一架飞机时告诉后者的话。他说，中国共产党人是真正的共产党人，但中国离社会主义的可能性还差几十年的距离，而且在此期间，"即将在中国开创的民主应遵循美国的模式。……我们的意思是获得美国的民主和科学……自由企业和个性的发展"。[30]

　　周恩来很快去了一趟延安以便让中共中央委员会审批他们在重庆做出的决定，在他返回重庆时，周恩来亲自递交了一封毛泽东写给马歇尔的信。"民主的大门现在被推开了，不管这道缝现在仍然是多么窄。"这位主席在信中如此写道。周恩来说他想转达一则奇闻给马歇尔听，从中可以揭示共产党人的态度。[31]在延安有传言说毛泽东很快将访问莫斯科，周如此说道。毛泽东对此大笑，他说他还不打算休假，尽管休假会有利于他的健康。即使他真要去什么地方休假的话，毛泽东说，他宁愿去美国，因为在那里他确信可以学到许多对中国有用的东西。

　　停火协议签署几个小时后，北京成立了负责监督停火协议的军事调处执行部，马歇尔向杜鲁门报告称，总共有 125 名军官和 350 名工作人员，配备电台、飞机、吉普车和卡车，所有这些都得由美国运输机空运。"距离十分遥远，"马歇尔说，他概述了停战视察工作后勤方面的困难，"面积巨大，通信条件十分糟糕，甚至完全缺乏。"[32]原驻重庆的代办沃尔特·罗伯逊被派往北京任美方首席代表。来自印第安纳州的 32 岁的西点军校毕业生拜罗德上校，从马歇尔使命成立以来一直参与其中，将出任参谋长。拜罗德后来回忆说："我们实际上从第二天起就有一个团队在那里。"[33]美国人用飞机把国民党和共产党的小组接到北京，在那里他们分别住在不同的酒店里。军调部的总部设在北京协和医学院，这所医院是由美国传教士在 1906 年建立的，主要开支由洛克菲勒基金会负责。学院共有二十栋庄重的砖楼，在日本人占领期间大都被废弃。

几乎就在同时，双方都开始抱怨另一方违反停火协议。周恩来于 1 月 14 日，即宣告停火一天之后，在重庆与马歇尔交谈，他抱怨说虽然蒋介石许愿可以保持赤峰这个城市的现状留待今后谈判解决，但政府军却仍在向赤峰进兵。马歇尔回答说，他从蒋介石那里得到了他的亲口保证，政府将遵守停火协议，如果他没有遵守，那么蒋会处于一种"难堪的境地"。[34]马歇尔说，最有可能的是这种持续的敌对行动是"处于低水平的小规模行动，可以由军调部进行纠正"。

马歇尔致电拜罗德，后者在北京与共产党首席代表、长征老兵叶剑英见了面。经过了一两天紧张的日子之后，各方首席代表同意第二天在该地区抛撒传单宣布停火。拜罗德派出一架美国飞机去赤峰查看停战小组是否可以在机场降落，据报道机场已严重受损，但飞机未能返回，与飞行员埃斯特尔·西姆斯（Estele I. Sims）中尉也失去了联系。第二天又派出了另一架飞机，这架飞机总算联系上了西姆斯，他报告说他和他的飞机都被俄国人扣留了，因为他没有适当的身份证明，也没有关于他的任务的书面命令。这是由于缺乏可以作为指导的过去经验而仓促行事所付出的代价。

拜罗德想立即派出一个停战小组去赤峰，但叶剑英拒绝了，称该小组中的共产党成员还没有到达。1月16日，一架美国飞机被派到在共产党人手中的张家口，把中共小组成员接到北京，美国和国民政府的小组成员都在北京等待着，但是当飞机接了十四个共产党人返回的时候，发现他们竟然都不是停战小组成员，而是叶剑英的一支由一个将军和十三个卫兵组成的卫队。令美国人恼火的是，共产党人还带来了一大堆宣传小册子准备在北京散发。"很明显，叶将军并不想让停战小组去赤峰或张家口。"罗伯逊和拜罗德于17日如此报告马歇尔，他们推测这是因为共产党在那两个地方势力很强。"到目前为止，所有的拖延都是由于叶将军未能提供代表。"[35]

但是，几天之内，这个机制就运转顺畅了。拜罗德每天都发出停战简报，他告诉马歇尔："双方都过度夸大了他们对违反协议行为的说法。"[36]1月21日，两名美国记者乘坐军调部的飞机终于到达了赤峰。这是自五个月前苏联进入东北以来美国记者第一次来到东北境内。《纽约时报》的亨利·A. 利伯曼（Henry A. Lieberman）善意地描述了这个"满眼都是风化泥屋的田园般的城市"，[37]现在由戴着修剪过的羊毛帽子、穿着羊皮大衣和毛毡靴子的友好的俄国士兵占据着。他引用了一个苏联指挥官说的话：他迫不及待地想回家。大约在同一时间，周恩来在重庆告诉记者，战斗开始沉寂下来了。

整个气氛都很好。蒋夫人出现在苏联占领军总部所在地长春，她带来了3万箱糖果送给苏联军队，以感谢他们在战胜日本的过程中所起的作用。"战斗确实停止了，"多年后拜罗德说道，"商品和药品开始流通。很多封锁被解除了。"[38]三人停战监督小组也在进入前线。美国报纸援引军调部一位官员的话说："大家都不再怀疑双方都希望和平，并在他们的权力范围之内尽全力去实现它。"[39]

"事态发展良好。"[40]2月4日马歇尔写信给杜鲁门，总结了前几个星期的事态发展。

3月初，马歇尔开始了他的3000英里之行，穿过华北，亲自去争议地带视察现场，三人停战监督小组也在现场巡视，每个小组都由一个美国军官负责。此行的高潮是延安，其他一些美国官员——包括谢伟思、戴维斯、赫尔利和包瑞德——都在他之前到过延安，并在那里同毛泽东面对面地会谈过。延安广播电台报道说："成千上万的人挤进现场想看一眼这位五星上将大使，共产党方面把他看作当前中国和平的领导人。"[41]马歇尔写信给杜鲁门汇报了他与毛泽东的会晤，"我说话极其坦率"，[42]意思是共产党能够得到真正的美国合作，包括给他们的军队提供武器和训练，但条件是共产党人必须诚心诚意地遵循和平的道路。马歇尔说，毛泽东"没有表现出不满，并保证和我全面合作"。

马歇尔报告说，在共产党控制的地区他不管去哪里，都受到了"非常热情的像在城里那么喧闹的"接待。这并不奇怪。在他们眼前的这位战胜日本的大英雄，千里迢迢来到了就在几个月前还被认为是土匪巢穴的遥远偏僻的共产党总部。这位在世的最伟大的美国人，杜鲁门这样称呼他，把延安作为必须加以考虑的一个首都和施政要地给予了正式承认。他对延安的造访是对共产党新地位的一种肯定：他们正在参加政治协商会议；他们是军调部和乘坐美国飞机飞遍中国广大东北地区的停战监督小组的正式成员。马歇尔向杜鲁门强调指出，在这些小组里的美国军官"已经完成一个惊人的任务"，这就是"去控制一个比宾夕法尼亚更大的地区，并使十八年来一直处于战争状态的敌对双方能对彼此有一个和平的理解"。[43]

2 月，马歇尔使命又经历了几次马拉松式的谈判之后，国共双方都同意缩小他们的军队的规模，军力对比维持在大大有利于国民政府这方。总之，国民党将拥有九十个师（一个满员师几乎有 1.4 万名官兵），而共产党仅有十八个师。大约十八个月之后，双方的部队将合并接受统一指挥。双方都将取消自己的政治委员，因此军队将首次变成非政治的，在一个政府控制之下而不是一个政党控制之下的武装力量。最值得注意的或许是——所有这些条款似乎都值得注意——共产党人同意将他们在东北的部队减少到仅仅一个兵团，与马歇尔刚开始主持谈判时的三十个兵团相比，力量悬殊。国民党将获准拥有六个兵团。

这一切听起来好得令人难以置信。共产党人似乎完成了一项他们原本始终认为无异于自杀的行为：允许政府军进入他们的势力范围并且放弃对自己的武装部队的控制权。2 月 12 日，当马歇尔主持的谈判进入最后冲刺阶段时，毛泽东在一次政治局会议上说，"美国和蒋介石要以全国军队统一来消灭我们"。这个评论表明毛泽东仍然把军事统一视为投降。"我们要统一而不被消灭，"他继续说道，"全国军队统一，原则上我们只好赞成，实行步骤要看具体情况。"[44]

这个陈述不够明确，但毛泽东似乎是想让他的政治局同事们放心，军事谈判主要是为了摆样子的。就像 1945 年秋天与蒋介石会晤后他那"一纸空文"的评论，他觉得协议的实际意义微乎其微，因为怎么实施掌握在他手中。在长春，蒋介石与苏联进行经济谈判的代表张嘉璈正在注视着已宣布的停火和军事整编协议的细节，他的反应是预言似的怀疑。"国民政府显然假定因为东北是个'例外'，就可以派兵去收复我们的主权。"他在日记中如此写道。但是，国民政府似乎不明白的是，"由于苏联的秘密支持，很长一段时间以来中共军队在那里的实力已经一天一天地壮大起来了"。此外，张嘉璈注意到，中国共产党能够很容易地通过东北与苏俄漫长的边境线获得他们的援助；而国民政府的战线拉得太长，并依赖于唯一一条铁路线和两个小港口。"每当我展望并思考未来，"张嘉璈写道，"我会不寒而栗。"45

但这只是在该问题上的一个稀有的阴郁的想法，而且是一个私下的想法。就当前而言，气氛还是很活跃的。2月9日，即在毛泽东告诉政治局军事协议实际上又是一纸空文的三天之前，他对一名美国记者唱的是不同的调子。"总的来说，"他说道，"中国已步入民主阶段。马歇尔在结束内战、促进和平、团结民主上做出的努力无疑是杰出的。"46

1946年3月，马歇尔返回华盛顿向杜鲁门汇报工作，杜鲁门把他作为一个英雄来迎接。马歇尔在一次新闻发布会上说，中国领导人"成功地终止了过去二十年的敌对行动"。他说，国共双方"现在正忙于遣散大批军队并把剩下的军队统一整编成一支中央军队"。47

马歇尔的诚意是无可争议的。他是一个诚实的人，心直口快，不会去粉饰困难。毛泽东因其"枪杆子里出政权"的论述而闻名遐迩是有道理的——他的这个精辟论点指导着中国共产党人去拥有自己的军队，绝对不能只相信和平的政治斗争。

但马歇尔显然真的相信，如果能给共产党人保证他们能得到真正的民主制度的话，中共是会放弃他们独立的军队的。"这是非常了不起的，"他在新闻发布会上说，"我们能够这么快就理顺了原先看起来似乎是不可能的条件，而这些条件在中国人民身上有着悲剧效应。"[48]

第十六章　从希望到对抗

　　1946 年 3 月，乔治·马歇尔人还在美国，中国的事情就开始土崩瓦解了。4 月时，他匆忙赶回重庆，几周之内他给杜鲁门的报告中早先的那种乐观就已无影无踪。"前景不容乐观，"在 4 月 6 日给总统的信中他写道，"我发现在满洲问题上国民政府和共产党之间已经彻底决裂了，敌对行动在不断加强，并向南蔓延威胁到中国内地。"[1]

　　国民党已经着手力图通过把军队调入东北来击败共产党，尽管取得了一些初步成功，但以马歇尔的军事专家的观点来看，他们现在还处于"一个严重薄弱和危险的军事地位，对此共产党有充分认识并相应地抓住了这个有利时机"。[2] 马歇尔记得上一年 12 月在白宫会议上做出的决定，即便蒋介石的行为造成了和谈的破裂，也要继续支持他，但这并没有减轻他对停火未能守住而感到的沮丧。同样令人泄气的是，随着共产党人变得越来越强大，他们对美国也变得更加敌视了。1946 年 7 月美国的一份情报分析报告得出结论，在马歇尔于 1945 年年底抵达中国和在 1946 年春季爆发新的敌对行动之间，中共对美国的态度的变化是从"克制的希望到公开的对抗"。[3] 除非有一个越来越不大可能的"妥协安排"，马歇尔说，否则"华北将陷入彻底的混乱之中，战事将不可避免地四处蔓延"。[4]

　　究竟是什么地方出了错？

　　最初，马歇尔认为问题出自国民政府和他称为"势不两立"的一个派系，后者是一群不想失去自己特权和地位的将军与一群国民党内部所谓的 CC 派分子[5]，其得名于陈立夫和陈果夫两兄弟，此二人从 1911 年大革命起就与蒋介石相识。蒋介石许多最重要的盟友——他的参谋长何应钦和他的秘密警察头子戴笠——都是二十年代初黄埔军校的学生，而蒋介石当时是学校的校长。但陈立夫和陈果夫在蒋介石的人生中出现得更早，那时是 1911 年大革命前夕，蒋刚从日本一所军校毕业返回中国，并加入了力图推翻清朝的革命军。时任当地革命领袖和上海都督的陈奇美，成了蒋介石的靠山。陈氏兄弟是陈奇美的年轻侄子，在蒋介石的庇护下他俩在国民党队伍中的地位迅速上升，多年后，他们成了国民党内部坚决反共的右派那强大和无可争议的领导者。

马歇尔相信蒋介石本人不仅廉洁，也愿意致力于政治协商会议正在制定的政治自由化，但他无法控制国民党内部决心要搞破坏的极右派。有足够的证据可以充分证实这一观点。就在政治协商会议正在进行时，民主同盟组织了大规模会议，有多达 2000 人参加，来讨论当前的事件，显示了正在发生的民主的产生过程，这是令人钦佩的。但是，这些会议被一伙"有组织的流氓"所破坏，一名美国外交官向华盛顿汇报这些事件时用了这个词，这些破坏活动是陈氏兄弟所指使的——或至少是这么怀疑的，尽管没有确切证据。那些破坏场景极其可恶，匿名的打手冲入和平的讨论会场，殴打了著名的自由派人士。1946 年 1 月下旬，中国民主同盟在秘密警察搜查了其一名代表的家后宣布将抵制政治协商会议以后的会议，尽管后来的事实表明，他们并没有把这种威胁坚持到底。

在历史所记载的野蛮的歹徒行径中，这些事件相对较小，但也留下了它们的印记。有两桩发生在那几个月中的暗杀事件将永远载入史册，但这种暗杀事件实在太多了，以至于很难用一个数字来对应地概括一个恐怖统治。就连随时准备宣传右派违法行为的共产党报刊也没有报道1946年春天，当政治协商会议正在进行时，又发生的新的政治逮捕。

尽管如此，右派分子所实施的反民主行为发生在一个微妙的时刻，当时许多政治活动家正在蒋介石身上寻找诚信的迹象。很多人还记得二十世纪二三十年代由戴笠的蓝衣社实行的白色恐怖，那时蒋介石政权的许多反对者都被处决或投入监狱。在其他国家发生的更系统的反自由暴行这个事实也没能够提升国民党的诚信声誉，而此时最需要的就是信任。这些事件给了反国民党的宣传者一个机会，来把国民政府描绘为"法西斯"，从此，共产党报纸开始频繁地使用这个词。

1945年12月下旬，原战时新闻局的负责人费正清，给国务院提出警告，称前两年"最引人注目的变化"是"蒋总司令最终被抛弃"[6]，而抛弃他的正是美国应该最想培养的那些受过美国教育的中国人。费正清说，"自由派人士说，他们在蒋政权之上看不到希望"，因此1946年2月和3月对这些人的恐吓行径只能强化这种感觉。

也许更能说明问题的是，蒋介石在政治协商会议上的讲话已经过去了好几个星期，但所承诺的释放政治犯并没有实现，或者，至少是这个政权的许多反对者声称蒋没有做到。延安广播电台强烈地连续不断地抱怨这一点。1946年1月，亲共作家郭沫若遭到警察殴打。在重庆，有人组织了反苏集会，美国外交官相信这是CC派操纵的，亲共产党的《新华日报》和民主同盟的《民主日报》的办公室被洗劫一空。这些流氓行径激起共产党愤怒的宣传攻势。梅尔比在他的日记中写道：

暴力迹象越来越多，自从政治协商会议召开以来，每天晚上都有大规模群众集会，公开讨论问题。每次一开会，戴笠的警察就会成群结队地来起哄，并投掷石块，一次比一次多。有关政治犯的话题得到越来越多的特别关注。上周一，政府答应七天后释放全部政治犯，但是有关很多人被杀的传言在四处流传。而在此地肆虐的疟疾，被当作死亡的原因。[7]

"马歇尔，"梅尔比着重提到，因这些无法调解的行动而"变得非常生气——也许还有些泄气"。

发生在1946年最初几个月里的镇压和右派的流氓行为往往被引证为蒋介石国内地位衰落的里程碑。但是，并非所有这些事件，当然也不是其中最大的事件，即发生在全国城市里的反苏示威游行，是流氓行为。相反，这些事件似乎是针对苏联在东北的行为的爱国反应。苏联人曾答应在1946年2月1日前撤离中国东北，但他们没有这样做。2月11日，在雅尔塔会谈一周年之际，全世界的报纸透露出斯大林和罗斯福之间达成的秘密协议的细节，根据这项协议，苏联人在中国东北获得特殊的新殖民主义特权。这无疑激起了许多逐渐相信外国夺走中国主权的时代已经结束了的中国人的极大愤怒。三十一年前的1915年，愤怒的、被唤起爱国激情的中国学生举行了大规模的示威游行，抗议日本对中国提出的"二十一条"。这些要求包括的内容有对南满铁路的控制权和大连港及旅顺港的租期延长——几乎与雅尔塔会议上给苏联的特权完全相等。"二十一条"中包括了在东北建立日本的"主导地位"这个措辞；在《雅尔塔协定》里，苏联的"突出利益"得到了保证。这并不奇怪，特别是鉴于这种比较，非共产党中国人会做出如此强烈和不利的反应。

独立的《大公报》的一篇社论宣称，"既然中国已经付出了代价"，这里指的是中国被要求为东北付出的代价，"我们希望她不会被要求付出更多的代价"。[8]《纽约时报》从重庆报道称，全市各家报纸，除共产党的《新华日报》之外，"还包括许多过去同情过共产党的报纸，都不仅加入了对苏联政策的尖锐批评，而且还参与了一项迫使中国政府公开在东北事件背后隐藏的真相的运动"。[9]2 月 22 日，1 万名学生在重庆走上街头举行大规模示威游行。同时，在汉口、北京、成都、南京和青岛也都举行了示威游行。也许正如有些人所怀疑的，是 CC 派号召学生采取行动的，但完全没有理由去怀疑游行参加者的诚意，就像完全没有理由去怀疑 1915 年示威者的爱国主义一样。重庆学生游行时扛着的标语牌上写着"苏联＝德国＋日本"和"斯大林＝希特勒＋裕仁"。[10]上海的学生在苏联领事馆前面高喊"滚出满洲"。至少有一名示威者扛着一幅很大的斯大林画像，画像上横着用中文写了一个大字——"蛇"。就是在这些示威活动中，《新华日报》和《民主日报》的办公室受到冲击。

共产党指责国民党秘密警察攻击这些报纸和自由派知识分子，但《解放日报》和延安广播电台对于学生要求苏联离开东北以及停止从东北掠夺工厂和发电厂却没有表现出同情。当学生们在游行示威的时候，《新华日报》否认中国共产党曾经从苏联那里得到过任何帮助，声称共产党的"地下战士"十四年来在东北一直很活跃。[11]张嘉璈的日记中记述了他在长春时参观溥仪的康德皇宫的见闻，在这座雄伟的宫殿里日本人安置了中国最后一位皇帝溥仪作为伪满洲国的皇帝，而康德就是这位傀儡皇帝在位的年号。整个宫殿遭到苏军的抢劫，几乎所有的东西都被俄国士兵洗劫一空，甚至连灯泡都没放过。张嘉璈写道，宫里的图书馆"散落着装书和绘画的箱子。……抢劫者抢走了卷轴、绘画和书法作品"，[12]固定在中国画卷轴底部可以便利画作更好悬挂的圆柱形木棍都被撕扯出来，乱扔在地上。

大约在张嘉璈参观前皇帝的家的同一时间，一位名叫张莘夫的中国技术专家，国民政府的一个工矿处副处长，去视察抚顺市附近的一个煤矿。他的目的是要重新恢复这座矿山的中国所有权，陪同他的有一个苏联同行，以及去接管煤矿的七名中国工程师和一小队铁路警察。当一行人到达时，苏军缴了铁路警察的枪。他们告诉张莘夫，不会允许他的代表团接管这座煤矿，他们应该立即离开抚顺。于是，中国人就登上一列火车返回长春。有一个排的苏联警卫坐在另一节车厢里。当火车到达离抚顺25公里的李石寨站时，张莘夫和随行的七名工程师被人拖下火车，剥光衣服，最后被刺刀刺死了。[13]

当这个事件的消息传回到国民政府后，中国的副参谋长向负责长春地区的苏联将军叶菲姆·特罗岑科（Yefim Trotsenko）中将表达抗议抱怨，后者回答说，这个事件是中方的错误，因为中方没有在张莘夫到来之前通知苏联军队总司令部。中国军官对他在这个问题上回避责任的态度明显感到震惊，便指出张莘夫是在一个苏联官员陪同下前往的，而且坐在火车上的那一个排的苏联警卫在攻击发生时也并没有采取任何行动来加以阻止。特罗岑科将军的答复没有被记录下来，但张嘉璈很清楚这个事件的含义。这表明在"经济合作问题被解决"[14]之前，苏联是不会允许中国恢复对抚顺煤矿的主权的。而且张嘉璈明白，"经济合作"就意味着中国默许苏联的要求，几乎就是把东北所有的大型工业都交由苏联和中国共同经营。

中共拒绝抗议苏联人在东北的存在、他们的经济要求，以及他们在撤军上一而再再而三的不加解释的拖延或从康德皇宫盗窃绘画和书法作品的行为，这也许并不奇怪。毛泽东并不想冒犯斯大林。相反，共产党人代之以将他们的愤怒集中在蒋介石和国民党右派身上，并最终集中在援助国民政府的美国"帝国主义"身上——却完全忽视了美国在1943年就放弃了它在中国的治外法权，并且与英国夺回香港一样，在中国最引人注目的"帝国主义"行为是苏联的行为。

但是，正如我们所知，毛泽东的行动是在一个更大背景之下展开的。1946年2月可能是马歇尔在华调停的最佳时机，但恰好此时冷战也在形成，苏联与西方国家之间的冲突已日趋明显。2月11日，丘吉尔在美国密苏里州富尔顿发表了他的著名演说，认定"铁幕"已在欧洲降落了下来。斯大林也发表了自己的演讲予以回应，他宣称苏联和西方国家之间的战争是"不可避免的"。同一个月晚些时候，仍然还在莫斯科美国大使馆的乔治·凯南，给国务院发出了他著名的"长电报"，为后来形成的遏制政策奠定了基础。

3月，莫斯科让中共领导人知道他们将从几个东北大城市撤出，同时又告诉说根据中苏条约，他们将不得不把这些地方转交给国民政府的军队，但是中共应该准备采取行动。所以，八路军立刻推进到东北的南部地区，占领了那里的一些中小型城市。

就在同一时间，在华美国外交官开始注意到共产人的态度发生了变化。在提交给马歇尔的一篇很长的备忘录中，曾在1944年作为迪克西使团成员访问共产党地区并报告了他们在当地大受欢迎的雷蒙德·卢登说，中国共产党人比以往任何时候都更加接近苏联。例如，他们的报纸一直在重复苏联的官方立场，第二次世界大战欧洲和亚洲两个战场上的胜利主要是苏联的功劳，而美国和英国的贡献甚至不再被提及。他接着说道，中国共产党已经开始在宣传中使用"法西斯"这个词了，"法西斯在完全的俄国人的意义中指的是任何反对俄国的人，现在中国共产党也有同样的愿望"。[15]卢登尚不知道这些文字姿态是不是一种迹象，表明中国共产党已不再主要是"民族主义的改革者"，而是成了"苏联在亚洲扩张的卫星势力"。

卢登在他的怀疑中对形势的变化跟得太紧以至于尚未固化成既成事实，但后来的历史学家，尤其是盛慕真，发现1946年3月20日时中国共产党的一个新战略已经问世。这个战略就是寻求将东北划分为南北两个区域，以长春市为分界点。"我党方针是全力控制长哈两市及中长铁路全线，"毛泽东说，"不惜任何牺牲反对蒋军进占长哈及中长铁路。"[16]

与此同时，周恩来继续愤恨地向马歇尔在华盛顿期间负责调解使命的阿尔万·C.吉列姆（Alvan C. Gillem）中将抱怨美国给国民政府的援助。3月30日，他警告说，如果"美国军方继续运送政府军进入东北，我们将认为这样的行动是美国对中国政策的变化，并且在政府方面是缺乏诚意去实现在满洲的真正停火"。[17]

早在3月18日，毛泽东在给周恩来的电报中就表达了他对蒋介石目前的行动的看法。毛泽东写道："最近时期的一切事实证明，蒋介石反苏反共反民主的反动方针一时不会改变。"[18]两天后，毛泽东又给周恩来发了电报，告知他共产党将不会再参加起草中国新宪法的国民大会。他已断定，中国的革命只能在战场上取得胜利。

在他那失望的表述中，毛泽东可能是真心的，但他似乎对冷战加剧做出的反应远比对蒋介石的反民主行为更加强烈。3月20日，在报告中国迅速变化的政治发展时，美国驻重庆大使馆参赞罗伯特·史密斯告诉伯恩斯称："委员长已经表现出……一种值得称赞的合作精神和妥协意愿。"史密斯继续说道，蒋介石"希望落实政治协商会议的方案，但不能有对他的权力的实质性挑战"。同时，史密斯说："共产党人似乎在借助目前对国民党的猛烈抨击从而为自己准备这样的意外事件而提前推卸责任。"[19]

这并不意味着就没有以下的可能性，即国民党强硬派在向一个更加民主的中国前进的道路上已经出轨了，但也并不意味着他们不想这样做。原定5月召开的国民大会将起草宪法，国民党想要控制这个大会。但是，在中国已经开始了一个获得广泛支持的政治进程，而国民党已经失去了它在战争期间行使的那种不受约束的权力。通过由延安正在加强的宣传攻势所反映出的毛泽东的观点，除了作为他迫不及待想实现自己权力的产物之外很难做出其他解释。这些宣传以非常压抑的措辞提到了秘密警察的恐吓，对持不同政见者的监禁，对学生抗议活动的镇压，以及对记者的骚扰。毛泽东在1946年的前几个月可以坚持选择由马歇尔使命所绘制的蓝图——选出国民大会，起草一部新宪法，并最终在选举中竞争权力。这就是当他告诉马歇尔"在中国启动的民主应遵循美国模式"时，他向马歇尔表明的意图。

4月初，直到此时还一直隐忍未对蒋介石进行人身批评的《解放日报》，发表了一篇对蒋介石进行辱骂攻击的文章，这篇文章在重庆的《新华日报》上被正式转载。[20]文章指责这位中国领导人煽动内战，完全违背了他在政治协商会议上做出的所有四项承诺——允许公民自由、所有政党合法化、举行地方选举和释放政治犯。

这种势不两立之中蕴藏着什么阴谋呢？在历史记录中很难找到一个更加僵硬、短视自私、愤世嫉俗和腐败的政治派别。如果说驱使毛泽东去夺权的是某种难以抑制的欲望的话，那么对失去权力的恐惧就是与之水火不容的另一种动机。[21]1946年7月，最糟糕的时刻出现了，民主同盟的两个重要成员，李公朴和闻一多被昆明驻军暗杀。也许是因为最近的学生示威，昆明驻军发出了一道笼统的命令，必要时应处决那些倾向于在政治协商会议内支持共产党的民盟成员。没有证据表明是蒋介石批准了这些暗杀行动，确实，如陶涵所指出的那样，鉴于这类镇压行动在公共关系上的代价，蒋介石几乎没有理由听任这样的暗杀行为发生。美国新任驻华大使司徒雷登在给华盛顿的报告中引述了他称为"盖世太保"的攻击，指出"无情的恐怖主义在昆明甚嚣尘上"。[22]继暗杀之后，另有几个民盟成员，包括人类学家费孝通，他也许是最具国际知名度的知识分子，都到美国领事馆躲避了一阵。在一次会晤中，司徒雷登就这些暗杀事件向蒋介石提出抗议，并警告他知识分子总体上正对他越来越不满。蒋介石答应采取一些措施。

此后，在昆明或其他地方再没有持异见的知识分子遭到暗杀的报道，所以也许是蒋介石确实下指令制止了这类镇压活动。著名的知识分子，如费孝通和我们之前在评论战争结束后的气氛时提到的储安平，继续开展着他们的活动；同样，马寅初和其他一些杰出人物也毫不掩饰他们对国民党的幻灭。国民党的右翼势力，在陈氏兄弟的指挥下，可能一直在施加压力通过一部一旦被采纳就会赋予总统近乎独裁权力的宪法，但他们的这一努力没有获得成功，看来——至少在美国人眼里——他们没有得到蒋介石的支持。同时，尽管蒋介石的秘密警察仍然活动频繁，共产党的《新华日报》还继续在重庆出现，转载着《解放日报》斥责蒋介石的社论。周恩来和其他共产党代表被国民党秘密警察密切盯梢，但相对而言，他们还是未受干扰地住在他们那狭窄的小巷子里。

在整个冬季和 1946 年的春季，马歇尔为恢复停火并建立一个民主政府而始终坚持不懈地努力着。他主持了几百次会议，所有会议的记录加起来长达成百上千页，如今全都完整地保存在国务院的档案室里。但这些谈判无非都只是代表着一种虚幻世界，仿佛是置身于一个与国家现实隔绝的蚕茧之中。所有这些会议的记录无非都是些枯燥沉闷的、令人厌烦的、再三反复的照本宣科，充满相互指责和言不由衷的对己方和平意图的宣称，还有马歇尔为结束争斗而提出的具体的、详细的、可行的建议，所有这些都变得越来越像是各吹各的调。各方都仔细钻研着拟议中的协议的微小细节，似乎这些协议都将生效并具有实际效力。然而实际上从未有过。

破坏国民党和共产党之间达成一项协议的可能性的，不是 CC 派或任何其他党派，而是内战的恢复。国民党和共产党互相指责对方。没有一方会愿意被看作毁掉和平机会的一方，但双方在他们的行动中都有过错。"双方都一直对对方的不当行为和邪恶目的进行了大量指责。"马歇尔对周恩来说道，并且"在观点上完全相反"，[23]他继续说道。他的目的并不是要裁定主要过错与次要过错之别。他只是希望使双方都能越过相互指责的阶段，朝恢复过去已经达成的协议而努力，但双方都是一旦情况对自己有利，就开始攻击对方。

马歇尔的努力原本会持续到1947年，但实际上在1946年3月7日这一天就戛然而止。那天，在没有给中国中央政府任何通知的情况下，大约装满了四十列火车的苏联军队撤离了沈阳，同行的还有一支坦克、卡车和大炮车队，以及自上年8月起就一直悬挂在红军司令部的斯大林的巨幅画像。苏联的撤军促发了抢占地盘的争夺战，而这场争夺战要一直到四年后以共产党获胜的内战本身结束之后才告终。

在苏联军队撤退的时候，根据美国的估计，大约有10万人的共产党军队聚集在沈阳附近，但国民党最精锐的部队已经从秦皇岛沿铁路线北上，赶在共产党前面，把共产党的小部队驱离出郊区并潮水般涌入市内。国民党司令赵公武中将宣称对共产党取得了"决定性的胜利"，[24]他声称已经将共产党军队逐出沈阳城外十几英里。

这种踌躇满志是有原因的。国民党第52军进入沈阳标志着自1931年日本侵华以来中央政府军队第一次进入东北的最大城市。除此之外，由美国训练并装备的政府军表现不错，如此有效地赶跑了共产党，使得蒋介石颇有底气地认为，如果他坚定地采取行动，他就可以用武力摧毁毛泽东的军队。但这完全与马歇尔的迫切恳求背道而驰，马歇尔警告他，他的部队会因战线拉得太长而变得过度分散。在这个世界上能有谁比乔治·C. 马歇尔懂得更多战术和后勤物资供应的重要性呢？

虽然蒋介石占领了沈阳，但其他地方的局势对他来说就很糟糕了。4月，当马歇尔仍然在华盛顿因他的出色工作而得到赞誉时，苏军撤出了他们在东北的司令部所在地长春，他们提前通知了共产党人撤离日期，并和以前一样告诉他们要准备好采取行动。国民政府在市内有一支约7000人的部队。俄国人撤出后的第二天——国民党宣传声称是半小时之后——2万人的共产党军队发起了攻击。[25]《纽约时报》的亨利·利伯曼同其他六七个美国记者一起在场，他报道了残酷的逐街逐巷的争夺战和重大的人员伤亡。共产党的八路军支队，像往常一样换了个名字叫"民主联军"，是一部"纪律严明、训练有素、组织良好、精心指挥的作战机器"，利伯曼说他们的武器配备令人印象深刻，拥有日军的火炮、机枪和步枪。利伯曼特别指出，共产党否认是从俄国人手中得到这些武器的。大部分攻击部队是六个月前乘船从烟台港到达东北的，就在前一年秋天，共产党成功地阻止了美国人运送政府军在烟台登陆。

决定性的战斗发生在位于长春市中心的一栋五层高的银行大楼内，那里是政府军总部。大约有1500人的国民党军队驻守在楼里，用利伯曼的话说，进行一场"阿拉莫般的防卫战"①抗击着优势兵力，猛烈的炮火把大楼变成了一个"地狱"。当政府军最终试图逃跑时，他们被火力封锁在银行旋转门前，数百人被射杀在大楼前的广场上。

---

① 阿拉莫为美国的一个城市，1836年得克萨斯独立战中经顽强抵抗后被墨西哥人占领。——译者注

到目前为止，攻占长春是共产党针对国民政府所取得的最大的军事成功，它使得马歇尔的斡旋、1 月 10 日的停火协议、政治协商会议的决议，以及所有计划中的军队整编全都前功尽弃。"马歇尔的努力功亏一篑"成了 4 月 30 日《纽约时报》的头版标题。共产党人为他们重新发动攻击给出的正当理由是基于国民政府对停火协议的违反，特别是在热河省向赤峰调动部队。延安广播电台、《解放日报》和在重庆的《新华日报》源源不断地发表了这方面的指责文字，不仅谴责国民党违反停战协定，而且指控右翼势力破坏政治解决的图谋。周恩来在与马歇尔的长时间会谈中也重复了这些指控，虽然战火重燃，他仍继续激烈抗议美国帮助运送国民政府部队到东北之举以及其他事项。

占领长春正好发生在马歇尔结束他的华盛顿逗留准备返回中国时，所以在逻辑上自然成为他与周恩来和国民政府代表恢复谈判时的第一项议程，但奇怪的是，在他与周恩来 4 月 23 日举行的第一次会谈时，他对此缄口不提。与周恩来会谈时他只是就新的停火给出了一项提议。[26] 相比之下，当他同一天晚些时候与国民政府代表，代替了张群的徐永昌将军会谈时，马歇尔几乎没有隐瞒他对国民党的恼怒，他说他们已在不经意间"教共产党掌握了新的力量意识"。他列举了国民政府的许多缺陷，从不提交部队调动报告，到搜查共产党人在北京的住宅，尽管在马歇尔心目中最重要的是国民政府军队对赤峰的进攻。马歇尔告诉徐永昌，"共产党人现在所处的地位使得他们可以对政府提出过度的要求"，[27] 其意思是，本来凭借更明智的政府政策是可以避免共产党人占领长春的，但现在他们似乎取得了以前从未有过的军事优势。

　　几天后，马歇尔给杜鲁门写了一篇很长的报告，在报告中他更加公正地评价了各方的责任。共产党人在为他们夺取了长春而"兴高采烈"，他写道，"毫无疑问，他们的将军们在主宰着谈判桌上的代表"。在他们所获得胜利的鼓舞下，他说，共产党开始了一个反对美国运送政府军到东北的宣传攻势。他说，周恩来"敦促我撤销运输支持来迫使蒋委员长住手"，但委员长自己的顾问和将军却告诉他要采取"一项他们没有能力执行的武力政策，哪怕是有我们提供后勤保障，有海军陆战队驻扎在华北港口青岛、天津并沿铁路线直达秦皇岛港"。换句话说，马歇尔得出的结论是："前景不容乐观，在我看来，除非达成一项妥协安排，否则剩下的唯一选择就是华北局势一片混乱，战火不可避免地四处蔓延。"

　　确实，前景不容乐观，尽管在蒋介石走向失败的道路上和共产党走向胜利的道路上还注定有着一些重大的起伏和波折。蒋介石听从了他的将军们的建议，确实在长春失陷后采取了一些主动行为。他最强的第 1 军从沈阳沿铁路到达四平街并于 5 月 24 日收复长春，随后继续向北朝还在共产党手中的东北北部大城市哈尔滨挺进。6 月初，马歇尔拒绝了蒋介石运送更多国民党部队加入战场的新请求，在他执着的恳求下，蒋介石同意了新的停火协议，这次停火持续了关键的三个星期。

　　是否因为就在蒋介石的部队似乎刚好掌握了主动权的那一刻却同意了停战，从而导致蒋介石失去了他所有的可以一劳永逸地在战场上打败共产党人的最佳时机，这始终只能是个猜测。马歇尔并不这么认为，而且有关这个争论的砝码似乎也偏向他这边。共产党的武器装备远不如拥有美式装备的国民政府军队，尽管如此，如果战线一拉长，时间就对他们有利，过去的情况始终印证了这一点。共产党人享有与苏联之间的漫长的边界，通过这条边界斯大林可以给毛泽东提供武器并且在必要时给予庇护。而政府军如马歇尔所说的那样，战线拉得过长并过度分散，他们的补给线长得似乎无边无际，动辄就会遭到陕西、河北两省的共产党游击队的骚扰。此外，当政府军在东北展开攻击时，共产党也能够在长城以南发动进攻赢取更大收益，尤其在山东，他们的队伍就在青岛郊外。

蒋介石似乎有过多次把共产党人攥在手心的机会。二十世纪三十年代初在江西"围剿"战役之后，蒋介石曾迫使他们进行长征。然后，在1936年，他似乎马上要彻底消灭长征后剩下的衣衫褴褛的红军时，日本的侵略和中华民族的需求阻止了他，为了抗拒外敌保卫祖国，他与自己国内的宿敌结盟。而此刻，再一次战胜毛泽东的机会似乎又离他远去了。

美国会在相当程度上从资金和武器两方面帮助他，但这种帮助绝不会是无止境的。继长春于4月暂时失陷后，蒋介石要求美国再帮助运送另外两个军的兵力到东北战场。马歇尔拒绝了，他在给杜鲁门的解释中说，美国已经运送了22.8万名政府军士兵，如运送更多军队"就等同于是在目前局势下支持一场内战"。[28]马歇尔不想这样做，正如他所说的，"让（中国政府）陷入困境"，但他也不想鼓励蒋介石全力征服东北，他认为这会是一笔蚀本生意。与此同时，马歇尔详细介绍了他减少海军陆战队兵力的计划，截至这年夏天计划从几个北方港口和北京将5.5万人的总兵力减少到2.8万人，即使海军陆战队还需要被用在给北京的行政总部以及给继续派到华北各地的停战监督小组提供交通和安全支持。马歇尔还与周恩来商谈了由美国来训练共产党军队的安排，这是打算在军事整编计划生效后予以实施的。

总之，马歇尔仍在坚持他的努力，在中国内战中维持一定程度上的公平公正，这是一种有偏向性的中立，美国以此来履行其对中国中央政府的义务，也不给评论蒋介石的美国评论家留下开空头支票的口实。谈判还在继续，但主要是作为一种策略，国共双方都借此来竭力证明自己是和平的政党，即使战争已再次吞噬了他们的国家。

同时，共产党人的宣传也可用于对他们所做出的决定进行追根溯源，这个决定就是放弃了对美国的友好意图，并确定美国为中国的头号敌人。

这种情况来得极快。1946年2月延安电台还广播了中美合作的感人故事，如来自山东潍县有关为一个前一年5月被日本防空火力击落的一架美国飞机的飞行员举行追悼会的报道。[29]广播里描绘了一幅动人的画面，追悼会场摆满了花圈，"解放区各界"都发出了唁电和悼词。广播中报道，潍县的地方官员主持了追悼会，"并公开致辞，希望中美友谊万古长青"。

3月初，就在马歇尔访问延安之前，《解放日报》称赞了他的"辉煌成就"，说他"受到中国人民热情欢迎的原因在于他的努力方向与中国人民的根本利益相符，也和美国人民的根本利益以及世界和平相符"。然后，当然还有毛泽东那广为人知的赞誉之词，他发誓要"全心全意遵守所有的协议"，他还提到了"蒋介石总司令的领导"和"美国朋友"。

四个星期后传来了更新后的对美国的言语攻击，伴随着的是一种更新后的不满和困惑的语气，这种语气将成为此后共产党宣传的特征——用"更新"这个词是因为在许多方面，这些新的攻击反映了共产党人对上一年秋天海军陆战队到达华北时的极力反对。1946年4月4日，中共报纸登载了愤怒的报道，说美国战机在长春以南重要的铁路枢纽四平扫射了共产党人的阵地。中共媒体报道称，其中一架飞机被击落，在飞机残骸里发现了一名美国飞行员，这就证明了"美国飞机和军官已公开参与了国民党军队的肆无忌惮的行径"。[30]马歇尔下令就这些指控进行调查，结果发现从来没有美国飞机在四平附近出现过。当这一结果被提交给周恩来时，共产党报纸登出了一份撤稿声明，承认死去的飞行员是一个穿着美国制服的中国人，他的脸部毁损得太厉害，以至于搞错了他的身份。

尽管如此，共产党人就美国正在参与的反对共产党的军事行动所展开的初步指责是有效果的，并且，无论如何，这些批评的鼓点还在继续敲着。共产党的报纸连续报道了属于中国各民主党派的知识分子的呼吁，要求美国停止运送国民党军队并反对拟议中的给中国政府的美国贷款，理由是这些贷款将"给中国人民带来灾难"。[31]5月，延安的广播包括了一个不同的观点，即美国对蒋介石政府的援助破坏了马歇尔作为一个公正的调解员的作用，这本身可能是真实的，但美国对国民政府的援助是为毛泽东曾发誓要"全心全意"遵循的协议所允许的。随着战火的重新加剧，延安广播电台坚持认为，"美国的援助是加剧目前东北内战的重要因素之一，这是一个不容抵赖的事实"。[32]

6月5日，延安广播电台广播称：

美国军队还为中国内战煽动者组织了空军和海军力量。美国为他们提供了大量的飞机、军舰、火箭炮、大炮、坦克、汽油和所有必要的战争物资……再明显不过了，如果没有这样庞大的援助，中国的反动派绝不可能有能力进行大规模的内战。……美国的这种军事干预少不了帝国主义的策划。（国民党反动派）会发现，美国要求中国提供军事基地及在华的政治和经济权利，从而使中国沦为美国的保护国或殖民地，这样的一天迟早会到来。

同样在 6 月，曾经得以豁免共产党批评的马歇尔，也遭到了人身攻击，这一趋势后来导致了使用"杜鲁门马歇尔集团"这样的样板措辞，来指意图在中国建立帝国主义统治的美国境内的所谓反动派。报纸报道说，马歇尔原本可以阻止国民政府调动新的部队加入争夺东北的战斗，但他没有去做。事实上，如我们所知，马歇尔拒绝了蒋介石运送更多政府军去东北的请求，他还下令缩小海军陆战队部署的规模。

6 月 7 日，《解放日报》上载文称："在过去百年的中国历史上，中国的内政遭受帝国主义干预的程度，以及中国要求自由和民主的运动遭受赤裸裸镇压的程度，从来没有达到现在的规模。"[33]

从当时美国的角度来看，最重要的是这种愤怒语气的加剧说明共产党已经转而怀有坚定的反美敌意，对此美国无法加以改变。8 月时，共产党宣传再次指责马歇尔未能阻止延安广播电台所称的"中国内战的加剧"。[34]在这一年走向结束之前，马歇尔开始向杜鲁门建议，已经没有任何理由再继续他的调解努力了。

马歇尔明白，这些愤愤不平的仇恨表述，尽管"全是不准确的说法"，但标志着中国共产党人最终结束了他们真诚地避免内战的努力。出于公共关系的原因，他们会继续谈判，但他们也将继续战斗。他们对美国的公开敌意和把国民政府描述为帝国主义外国势力的"走狗"是他们的战略的组成部分，他们意图凭借此战略来赢取胜利。

尾 声

当警察半夜来到的时候，梅志和她的丈夫，中国最知名的文学评论家胡风，不忍心告诉他们的三个孩子他们两人即将被捕。[1]于是，他们说客人已经到了；他们把自己的两个男孩和一个女孩安顿上床，和他们亲吻互道晚安。然后，他们就被带走了。

梅志，散文、诗歌和儿童文学作家，六年后才被从监狱里释放出来。即便获释了，她仍被戴上了一顶"右派帽子"，这是中国的一种说法，意思是感染上了资产阶级思想，于是她被迫在政治上接受再教育以便清除这种资产阶级思想。胡风，二十世纪三十年代初期上海左翼作家联盟的创始人之一和抗日爱国运动的一位领导者，其后整整二十五年几乎都被湮没在中国监狱系统里。在此期间他拒绝承认自己的"罪行"，理由是，他后来说道，他根本就没有犯过什么罪。胡风的罪行是撰写并传播了一篇一面世即刻就变得臭名昭著的长文，文中他批评了中国的新领导者强加给艺术和文化的限制。这种冒犯行为导致毛泽东宣布他为"反革命集团"的领袖，毛泽东还下指令称："反革命是废物，是害虫。"[2]1979年，毛泽东逝世三年后，胡风被释放出狱，又过了三年，他被正式平反。但他因长期遭受身体和精神上的双重摧残，最终陷入受折磨过度的精神失常，于1985年去世。

胡风是本书提到的几个中国著名的学者、作家和专家之一，是中国知识分子的榜样，他们对蒋介石和国民党的公开醒悟帮助了将公众舆论的潮流扭转为反对蒋介石并支持还不那么知名的共产党。他们分属不同的信念派别。有些人，像胡风一样，是坚定的马克思主义者，另外一些则是受过西方教育的自由主义者。他们中的所有人，就像世界各地的其他知识分子一样，都受到了共产主义的影响，接受其令人满意的必然性，及其体现了除资本主义/帝国主义敌人之外全人类进步渴望的主张。中国同其他地方——从古巴到捷克斯洛伐克--——一样，共产主义的吸引力都因其中央政府的腐败、肮脏及无能而得到增强。很多中国知识分子对共产主义的实际运作并不怎么了解，但也在1949年共产党人上台执政时给予他们热烈欢迎。

去做他们所做的事是有风险的。像左翼作家联盟一样，属于一个亲共的组织，或者只不过批评几句蒋介石和国民党，就要冒坐牢和酷刑的危险。然而，除了他们中少数几个确实痛苦地遭受过苦难，以及在某些情况下为自己的信仰献身之外，大多数反对国民党的持不同政见者都能够保住自己的饭碗并做好自己的工作：出版小说、诗歌和散文，教学，以及如我们所知道的马寅初的例子，在公开聚会上表达他们的意见。

正如我们所知，在1946年7月时，民主同盟的几名成员因害怕刺杀了两位民盟成员的右翼暴徒而到美国驻昆明领事馆寻求临时避难。其中就有费孝通，中国人类学的开拓者和农村研究的先驱，国内外都享有盛誉的著名学者。自燕京大学（后称北京大学）毕业后，他在伦敦经济学院师从人类学先驱布罗尼斯拉夫·马林诺夫斯基。同他的很多同事一样，他是通常与共产党结盟的民主同盟的一个成员。在战争期间，他生活在流亡昆明的一所大学里，在云南省的乡村从事研究。他甚至还到美国去生活了一年。他在中国的出版物上发表了许多文章，并享有相当的知名度。

1949年之后的几年里，毛泽东总体来说对非共产党知识分子还是执行了一项他在战争年代和夺取权力的长期斗争中所采取的温和政策。许多批评过国民党的知识分子在新社会中被赋予了重要的职务。费孝通被任命为中央民族学院副院长以及享有声望的全国人民代表大会的一个成员。

1956年，在后来被称为"百花齐放、百家争鸣"的运动中，费孝通提出了一些批评意见。结果他被迫站在狂呼乱叫的人群面前承认自己的"反人民罪行"。后来，在被称为"文化大革命"的运动中，他被红卫兵小将殴打，并被迫去打扫厕所。不同于许多其他受害者的是，费孝通活了下来，后来在北京大学任教，但他说自己已经失去了原本是最能出成果和最有用的二十三年。

其他人有着相似的遭遇。马寅初，这位在1944年曾把蒋介石比喻为"真空管"的受过美国教育的经济学家，当上了北京大学的校长。储安平，他在《客观》杂志上发表的文章使得他在日本投降后的那些日子里成为一个突出的人物，当上了《光明日报》的编辑。《光明日报》是一份主要读者为知识分子的报纸。当马寅初提出中国要实施人口控制规划后，他失去了信任，因为当时毛泽东认为人口控制是帝国主义列强妄图使第三世界保持软弱可欺的一个阴谋。

马寅初被清除出公共生活，受到了一系列荒谬的政治罪的指控，并承受着一种非人待遇；毛泽东逝世后，像费孝通一样，他也被恢复了名誉，并能够重新恢复他的学术生命。

马寅初至少还避免了实际上的牢狱之灾，其他许多人则难逃厄运。1957 年，成千上万的人被划为"右派"，包括众多受过西方教育并从国外回国帮助建设新中国的人。他们中许多人被送往劳教所去"改造"思想。许多人就死在了那里。1958 年，储安平被打成一个"反党、反社会主义的资产阶级右派分子"。

就在毛泽东于 1949 年 10 月 1 日宣布中华人民共和国成立两个月前，美国国务院公布了一本长达 1054 页的文件汇编，其目的是要捍卫美国政府，回应有关美国须为现在是很明确的，即中国会"丧失"在共产党手中而承担责任的指控。这本著名卷宗的正式名称是《美国与中国的关系：特别着重 1944 年到 1949 年时期》，但被普遍称为《对华关系白皮书》（也简称《白皮书》）。1949 年 1 月任国务卿的迪安·艾奇逊为此书写了序言，他指出：中国落入共产主义阵营并不是因为美国的任何过错；中国是被蒋介石政府"丢失"的，这个政府已经变得"意志消沉，失去民心"，无法挽救，尽管如《白皮书》上所表明的，美国多年来一直做出巨大的努力来防止这种情况发生。

然而，与杜鲁门政府的希望和期待相反，《白皮书》并没有解决争端。最重要的是，它未能阻止错误和邪恶的指控的重演，这是赫尔利在 1945 年年末辞去驻华大使一职后发起的，其坚持认为是国务院中的一群亲共产党中国的专家破坏了美国的对华政策，损害了中国那合法的亲美政府。这是毛泽东在中国的胜利对美国国内所产生影响的关键特征，从蒋介石的失败所带来的打击中涌现出来一些右翼煽动者，他们策划了可耻的迫害，把失败归咎于政府内部一些"阴谋者"的叛逆行为。

　　并非所有战争期间在中国服务的美国人都受到了指控并要承担责任，但其中许多人确实惨遭厄运。曾作为中国战区司令而指挥若定甚至颇为明智的魏德迈，也加入了对外交部门的中国问题专家横加指责的行列，草率地怪罪他们破坏了美国的利益。魏德迈姗姗来迟的指控是很奇怪的。当他在中国期间，包括1945年年底和1946年年初国民党和共产党之间夺取东北控制权的竞争正如火如荼展开的那几个决定性的月份里，他写了很多紧急报告发往华盛顿，但其中没有一次他所持的立场是国务院的中国通涉嫌不忠。他后来才提出这些指控；里根总统在1985年给他颁发了总统自由勋章。

　　赫尔利在他突然辞去大使一职后回到他在俄克拉荷马的家中并三次竞选美国参议员，但都没有成功。一直到他于1963年去世，他都对任何一个愿意听他说话的人坚持认为是中国通们对美国不忠才导致了灾难。但主要挑起指控任务重担的是来自威斯康星州的共和党参议员约瑟夫·麦卡锡，他指责美国国务院的所谓共产党人要对失去中国负责，要对其他方面给美国造成的损失负责，这竟然成就了他的一番事业。

　　即使是乔治·马歇尔这样备受推崇的风云人物，人人都认为他是远离任何怀疑的可能性的，竟然也承受了麦卡锡的指责。马歇尔在中国始终坚持他徒劳无功的努力去调解国民党和共产党之间的冲突，直到他于1947年最终离开中国，取代詹姆斯·伯恩斯出任国务卿为止。就在那个时候，他制订了帮助欧洲的大规模经济援助计划，其后来被称为马歇尔计划。1951年，麦卡锡出版了一本书，指责马歇尔要为共产党在中国接管政权负责。在一份从发表起就因荒谬夸张而一直臭名昭著的声明中，他指控马歇尔参与了"一个如此巨大的阴谋集团，犯下了如此黑暗的恶行，使得人类历史上任何先前的冒险行为都相形见绌"。

马歇尔幸运地经受了麦卡锡风暴而基本上毫发无损。1953年，他被授予诺贝尔和平奖。但是，那些级别较低的中国问题专家就没有这么幸运了。他们中的大多数人都能够在战争结束后恢复了自己的职业生涯，但最终因中国的"丧失"而几乎全都在劫难逃。

约翰·帕顿·戴维斯后来分别在苏联、德国和秘鲁任职。在1948年时，他因1943年一架载着他和另外一群人的飞机坠毁在缅甸时所表现出来的勇敢和领导能力而被授予自由勋章。但在1954年，国务院忠诚审查委员会虽然没有掌握具有说服力的证据，仍裁定他缺乏"判断力、审慎，以及责任心"。他被国务院解雇，他的安保审核也被剥夺。他去了秘鲁首都利马并成为当地一个成功的家具制造商，后于1999年去世。

谢伟思，在同盟国军事占领日本期间担任道格拉斯·麦克阿瑟将军的助手，后来在1952年同样遭到解雇。1957年，联邦最高法院为他恢复原职，不过，由于美亚事件中对他的指控仍然阴影缠身，他无法继续做一名外交官。他辞了职，去了加利福尼亚，在加州大学伯克利分校担任中国问题研究中心的图书馆馆长和编辑。

范宣德被派到瑞士工作了几年，后来又去了摩洛哥，但他在麦卡锡政治迫害中也受到攻击，仅凭捕风捉影且显然站不住脚的证据就指责他为共产党员。他被迫于1952年从国务院辞职。费正清也被麦卡锡之流指责为不忠，并经历了一段极其紧张而艰难的时期，当时他和其他中国问题专家，其中最知名的有欧文·拉铁摩尔，都经受了美国国会的调查。但是，与美国国务院官员不同的是，费正清因他在哈佛大学拥有历史学教授职位而受到保护，在那里他培育了几代学者、记者和外交官，包括本书的作者，给他们传授了有关中国的知识。

毫无疑问，不论是在谁的手上失去，中国崛起成为一个共产主义国家，与苏联密切结盟并帮助亚洲其他地区的革命运动，是美国的一个巨大失败。毛泽东本人因美国的失败而几乎欣喜若狂。在 1949 年 8 月《白皮书》发布后仅一天，毛泽东在他的一次著名演说中，引用了艾奇逊自己的话来讽刺美国的立场。他指出，艾奇逊承认蒋介石无法挽救，是因为他的政府"意志消沉，失去民心"。毛泽东问道，那么，既然美国明白中国人不再需要他，为什么还要给国民党提供帮助？唯一可能的答案就是，毛泽东称，美国是一个帝国主义国家，它的目标之一就是"把中国变成美国的殖民地"。蒋介石和一场"屠杀中国人民"的战争就是实现这一目标的工具。但美国失败了，毛泽东说，因为"中国人民的觉悟，中国共产党领导的武装力量和民众组织力量已经空前地强大起来了"。[3]毛泽东还强调了他称为的"苏联这个空前强大的和平堡垒耸立在欧亚两洲之间"，他说，这就阻止了美国"大规模地直接地武装进攻中国"。

毛泽东那充满胜利欢欣的讲话可以用两种方式来解读。其一是把它看作一个声明，共产党中国和帝国主义美国因它们的敌对本性决定了必须是死敌。其二是把它作为一种变相的希望，希望美国在中国做出更明智的选择，希望美国拒绝在内战中支持国民党，因为如果美国这样做的话，正常的或至少非对抗性的关系本来是有可能的。但是，事实上，在做出敌视共产党这个抉择后，美国使得毛泽东别无选择，就像他在 1949 年另一次讲话中所说的那样，只能向苏联方面"一边倒"，这就导致了长达二十五年的互不信任和敌意。

是否有可能存在不同结果呢？对于这个困难问题，半个多世纪以来作家、政治家和学者给出了激烈的、相互冲突的答案。在辩论的一侧始终有一方辩称，如果美国行动更坚定，更加有先见之明，美国是可以从共产党人的猛烈攻击中挽救蒋介石的，中国也就会慢慢地朝亲西方的民主方向演变。假如美国提供给国民党更多的帮助；假如美国当时在中国的战略目标更加明晰；假如美国不给国民政府施加压力要它停止在日本占领期间消灭共产党的战斗；假如美国在 1946 年年初蒋介石初步取得了几乎是成功的攻势期间运送更多的国民党师团去东北；假如史迪威和中国通们没有在蒋介石遭受毛泽东和共产党重拳打击之际去玷污他的声誉——那么共产党的胜利是有可能被防止的。

抗日战争期间曾经有几个人提出了这种观点，最突出的也许是与罗斯福总统关系紧密的表兄弟约瑟夫·艾尔索普，战后他成为一个非常有影响力的报纸专栏作家。正如我们所知，艾尔索普告诉每一个愿意听他说话的人，只有"白痴"[4]才看不到共产党会成为苏联的马前卒，反对蒋介石集中力量于未来同共产党的斗争的愿望是一个灾难性的错误。艾尔索普认为，美国应该做好准备在战后调遣大批自己的军队到中国去，从而确保国民党能够建立其统治。

艾尔索普还认为，美国人民一旦明白了所涉及的战略利益，就将支持在中国对共产党发动战争。然而，战争一结束就要求美国军队返回家园的大量呼声表明艾尔索普完全错了。极有可能的是，假如听从了他的建议，美国会发现自己陷入像二十年之后在越南所经历的那种困境——把自己束缚在亚洲大陆上无法打赢的一场代价高昂的消耗战之中。共产党太根深蒂固、太强大，获得的苏联支持太稳定，随着冷战正在世界各地展开，苏联人将非常高兴地看到美国人在中国流血和死亡。而且，正如艾奇逊所正确地表述的那样，在克服国民党政府的缺陷这个问题上，美国根本就无法有所作为。中国人民做出了自己的选择。

与此相反的选项是要求美国不再支持国民党，从而不会招致毛泽东的愤怒。这就是中国通们的观点，而且这个观点要比艾尔索普的观点更好。不幸的是，像戴维斯和谢伟思这样的人物，尽管都是很聪明、很敬业的公职人员，但他们 1944 年和 1945 年在延安与毛泽东和他的支持者频繁接触时，对共产党太过天真以至于目眩神迷。他们对毛泽东的偏爱并没有改变美国的政策方向。尽管对国民党的幻灭和对共产党的英雄描绘大量出现在书籍和文章中，美国在介入中国的"自相残杀的冲突"中时仍然站在蒋介石，而不是共产党一边。

如果美国更早抛弃蒋介石并在中国国内斗争中保持中立，就像毛泽东在 1949 年 8 月的讲话中似乎模棱两可地暗示的那样，这么多年的对立是否能够被避免呢？多年来，对于这个问题舆论的洪潮给出了答复："是的"。特别是在随之而来的越南战争中，许多学者、记者、外交政策专家和普通百姓一直认为，美国不仅反对亚洲的革命力量，而且还去支持右翼独裁者，从蒋介石开始，从而犯下了一个历史性的错误，正是这个根本性的错误导致了革命政党在世界范围内风生水起——无论是中国共产党还是越南共产党或者，之后伊朗的伊斯兰主义者——并都把美国视为敌人。从这种观点来看，中美对抗是被误导的美国决策的产物，其本身也反映出在美国的辩论中未能聆听那些更明智的声音。

这个观点应用到世界其他地区时可能是正确的，但用在中国这个特定情况中，就很难具有说服力了。一方面，在中国实行严格的不干涉政策就如同一项庞大的军事干预一样，在政治上是不可能的。在容易产生强烈意见分歧的事件中，民主国家往往会采取一种中间立场。大规模的干预将会遭到数以百万计的美国人的反对，因为做出巨大的努力去拯救一个遥远的且并不怎么民主的政权显然难以使他们相信是正当的。

然而，同样是这些数以百万计的美国人也会确信，当一个长期存在的盟友面临着可怕的挑战时完全听任其自生自灭，这将是可耻的，过于狭隘利己的，也是与一个超级大国的地位不相称的。到 1945 年年末，很明显，斯大林公然违背了他与国民政府之间的条约义务，把东北交付于毛泽东手中，此时如果袖手旁观、不出手相助就会违背美国人的公平感。现在回想起来，很容易看出，当时所做的努力是远远不够的，而蒋介石也因此失去了中国大陆。但是，当时这一切都是很不明朗的。当华盛顿做出帮助蒋介石的决定时，他似乎有足够的资源可以在中国打一场胜仗，如果不是在东北的话，在长城以南也会是稳操胜券的。

塑造中国和中国未来关系的主导力量不是美国的选择，而是苏联和毛泽东的本质和行动。那些年里的转折点不是在华盛顿做出的一些决定，或是赫尔利的新闻发布会，或是把美国海军陆战队派到北京、天津和上海，而是苏联在 1945 年 8 月出兵中国东北。这一事件的发生，使得毛泽东和中国共产党勉强接受与国民党的政治交易的进一步的可能性完全丧失，尽管美国为调解双方做出了不懈的共同努力。一旦斯大林派出100多万士兵占领东北，中国的内战就在所难免，因为毛泽东明白，国民政府不再具有消灭他的军事能力。当然，极具讽刺意味的是，正是美国总统在雅尔塔与斯大林会晤时，恳请苏联派兵进攻中国东北，而且苏联的进攻也得到了美国根据租借法案提供的物资支持。但是，正如埃夫里尔·哈里曼和乔治·凯南当时就看穿的那样，不论美国是否要求他出兵，斯大林肯定要派出他十一个军的兵力，由无情的罗季翁·马利诺夫斯基率领。在这个意义上，中国可能是"丧失"在蒋介石手中，但更主要的是斯大林和毛泽东赢得了胜利。

决定未来中美关系的不是美国对蒋介石的支持，而是毛泽东与斯大林在意识形态上的亲近以及他对苏联帮助的需求。毛泽东所需要的来自强大的和更近的俄国人的支持和善意，远远超过了他所需要的来自矛盾的和遥远的美国的支持和善意。冷战已经开始了。苏美之间的敌意也已是一个既成事实，即使毛泽东不想这么做，他也不能忽视斯大林的要求而只能"倒向一边"，在以斯大林为主的世界里中立是不被允许的。

但毛泽东并不想采取一个中间立场。毛泽东不是塔列朗，总是在寻求权力平衡。他是一个有远见的革命家，在布尔什维克革命所带来的冲击波式的影响下，他也深深地浸透在这种以激进和暴力的方式改造世界的全球文化中。毛泽东的性格、信仰和抱负以及他领导的运动，而绝不是在华盛顿所做出的一些决定，在引导着中国的历史。如果换一个人物，情况也许会不同。一个不那么注重意识形态的人物，会与地球上最富有、最强大的国家争取早日和解。这样的一个人物可能会一直努力，就像当时刚刚独立的印度那样，从与两个超级大国的关系中受益。他可以像多年以后的纳尔逊·曼德拉那样，选择与以前的敌人"一笑泯恩仇"。但斯大林主义为毛泽东提供了他拥有领导权的路径，而且阶级斗争也一直是他的信条。"骑墙是不行的，"毛泽东在 1949 年夏说道，当时国民党正在节节败退而他正准备接管政权，"中国人不是倒向帝国主义一边，就是倒向社会主义一边，绝无例外。"[5]

致　谢

　　我的感谢一如既往地献给我的编辑乔恩·西格尔，感谢他忠诚的支持、出色的判断力、建设性的针砭，以及他的友谊；当然，还要感谢桑尼·梅塔以及克诺夫出版社的专业团队中促成此书问世的其他人，此处要特别提到梅根·豪泽。当然，我还要感谢凯西·罗宾斯，我那坚定的代理人，以及罗宾斯办公室中的她的助手们，他们的善意、理解和鼓励同以往一样是不可或缺的。

　　还有些人以各种方式提供了帮助。我很感谢我的两位从读研究生开始的朋友，黎安友（Andrew J. Nathan）和史蒂芬·I.莱文，他俩现在都是研究中国历史和政治的最好和最知情的专家，感谢他们在我写作的过程中提出的许多重要的建议、批评和指正。毋庸讳言，如果本书中的事实或判断仍有错误的话，那责任都在我。我还要感谢周文奕，我那非常聪明、有天赋，而且资源丰富的哥伦比亚大学的研究员；她的工作是卓越的，在应对我那许多急迫的问题时沉稳有气度。我还要感谢艾丽丝·苏，在我这项研究的初期阶段，她在中文资源上给我提供了非常有价值的帮助；感谢纽约公共图书馆的杰伊·巴克斯代尔，感谢哥伦比亚大学东亚图书馆的王成志；感谢南希·赫斯特、卡蒂·马顿、戴维·马戈里克、爱德华·杰伊·爱泼斯坦、盛慕真、马克斯·黑斯廷斯、本·格尔森、道格和南希·斯佩尔曼夫妇，以及凯瑟琳·塔利斯，在本书的写作过程中他们都提供了帮助。

　　当然，我还要感谢我所工作的两个姊妹中心，中美中心和伊莱亚斯中心，它们忍受了我的缺席，我在布鲁克林楼上的书房里长时间的闭门谢客，还有我对七十年前所发生事件的好奇痴迷。

注 释

引 言

1. *New York Times*, Dec. 14 and 17, 2013.
2. *Global Times*, Dec. 21, 2013.

第一章 一场罕见的胜仗

1. Donovan Webster, *The Burma Road: The Epic Story of the China-Burma-India Theater in World War II* (New York: Farrar, Straus and Giroux, 2003), p. 45.
2. Charles F. Romanus and Riley Sunderland, *The United States Army in World War II: Stilwell's Command Problems* (Washington, DC: Office of the Chief of Military History, Department of the Army, 1956), p. 34.
3. Ibid., pp. 340 – 49.
4. Ibid., p. 346.
5. Theodore H. White, *In Search of History: A Personal Adventure* (New York: Harper and Row, 1978), p. 222.
6. Charles F. Romanus and Riley Sutherland, *United States Army in World War II: Time Runs Out in CBI* (Washington, D. C. : Office of the Chief of Military History, Department of the Army, 1959), p. 370.
7. Ibid., p. 135.
8. *New York Times*, Jan. 4, 1945.
9. *New York Times*, Jan. 24, 1945.
10. Webster, p. 60.
11. *New York Times*, Feb. 9, 1945.
12. Romanus and Sutherland, *Time Runs Out in CBI*, p. 332.
13. William Jones, "Correspondence Sheds Light on FDR Post-War Vision," *Executive Intelligence Review*, July 6, 2007.
14. Cornelius Ryan, *The Last Battle: The Classic Battle for Berlin* (New York:

Simon & Schuster, 1966), p. 162.

15. David D. Barrett, *Dixie Mission: The United States Army Observer Group in Yenan, 1944* (Berkeley: Center for Chinese Studies, University of California, 1970), p. 73.

第二章　委员长与美国人

1. Jay Taylor, *The Generalissimo: Chiang Kai-shek and the Struggle for Modern China* (Cambridge, MA: Harvard University Press, 2009), pp. 257 – 58.

2. Ibid. , p. 258; Frank Dorn, *Walkout: With Stilwell in Burma* (New York: T. Y. Crowell, 1971), pp. 77 – 79.

3. Taylor, pp. 247 – 48.

4. Ibid. , p. 258.

5. Ibid. , p. 125. Taylor cites Zhang Guotao, *Rise of the Chinese Communist Party* (Lawrence: University Press of Kansas, 1972), pp. 478 – 79, and Yang Kuisong, *Xianshibian xintao* [*A New Study of the Xian Incident*].

6. Taylor, p. 126.

7. Ibid. , p. 134.

8. Ibid. , p. 135.

9. F. F. Liu, *A Military History of Modern China, 1934 – 1949* (Westport, CT: Greenwood Press, 1981), p. 99.

10. Owen Lattimore, *China Memoir: Chiang Kai-shek and the War Against Japan* (Tokyo: University of Tokyo Press, 1990), p. 149.

11. Han Suyin, *Destination Chungking* (Boston: Little, Brown, 1942), p. 17.

12. Ibid. , p. 131.

13. Albert C. Wedemeyer, *Wedemeyer Reports!* (New York: Henry Holt, 1958), p. 279.

14. Ibid.

15. Ibid. , p. 280.

16. Ibid.

17. Ibid.

18. Taylor, p. 136.

19. Barbara W. Tuchman, *Stilwell and the American Experience in China, 1911 –*

1945 (New York：Grove Press, 1970), p. 371.

20. Ibid. , pp. 250 – 51.

21. Ibid. , p. 320.

22. Ibid. , p. 378.

23. United States Department of State, *Foreign Relations of the United States* (hereinafter *FRUS*), 1944, vol. 6, pp. 6 – 7.

24. Wedemeyer, p. 205.

25. Taylor, p. 243.

26. Oliver Caldwell, *A Secret War：Americans in China, 1944 – 1945* (Carbondale：Southern Illinois University Press, 1972), pp. 8 – 9.

27. Taylor, p. 226.

28. Tuchman, p. 153.

29. Ibid. , p. 273.

30. Tuchman, p. 274.

31. Lattimore, p. 190.

32. Alan K. Lathrop, "The Employment of Chinese Nationalist Troops in the First Burma Campaign," *Journal of Southeast Asian Studies* 12, no. 2 (Sept. 1981)：405.

33. Tuchman, p. 214.

34. Ibid. , p. 225.

35. Lathrop, p. 410.

36. Tuchman, p. 279.

37. Taylor, p. 201.

38. Tuchman, p. 284.

39. Taylor, p. 205.

40. Ibid. , p. 208.

41. Ibid. , p. 207.

42. Don Lohbeck, *Patrick J. Hurley* (Washington, DC：Henry Regnery, 1956), p. 308.

43. Taylor, p. 285.

44. Ibid. , p. 286.

45. Ibid.

46. Ibid.

47. Ibid. , p. 287.

48. Ibid. , pp. 287 – 88.

49. Ibid. , p. 289.

50. Ibid.

51. Ibid. , p. 291.

52. Ibid. , p. 289.

53. Ibid. , pp. 291 – 92.

54. Ibid. , p. 292.

55. *FRUS*, 1944, p. 170; Taylor, p. 294.

56. Peter Rand, *China Hands: The Adventures and Ordeals of the American Journalists Who Joined Forces with the Great Chinese Revolution* (New York: Simon & Schuster, 1995), p. 246.

57. *New York Times*, Oct. 31, 1944.

58. Lohbeck, p. 305.

59. Wedemeyer, p. 277.

60. Ibid.

61. Ibid. , p. 278.

62. Ibid.

63. Romanus and Sutherland, *Time Runs Out*, p. 52.

64. Ibid. , p. 65.

65. *FRUS*, 1945, vol. 7, p. 7.

第三章　满目疮痍的国家

1. Peter Harmsen, *Shanghai 1937: Stalingrad on the Yangtze* (Philadelphia: Casemate, 2013), p. 20.

2. Michael Schaller, *The U. S. Crusade in China, 1938 – 1945* (New York: Columbia University Press, 1979), p. 42.

3. Arthur Waldron, " China's New Remembering: The Case of Zhang Zhizhong," *Modern Asian Studies* 30, no. 4 (Oct. 1996): 948.

4. Graham Peck, *Two Kinds of Time: Life in Provincial China During the Crucial Years 1940 – 1941* (Boston: Houghton Mifflin, Sentry Edition, 1967), p. 298.

5. Ibid. , p. 298.

6. Ibid. , p. 241.

7. Ibid. , pp. 244 – 45.

8. Ibid. , p. 252.

9. Ibid. , p. 256.

10. Ibid. , p. 27.

11. John K. Fairbank, introduction to Peck, p. 3.

12. John F. Melby, *Mandate of Heaven: Records of a Civil War, China, 1945 – 1949* (Toronto: University of Toronto Press, 1968), p. 21.

13. Ruth Altman Greene, *Hsiang-ya Journal* (Hamden, CT: Archon Press, 1977), p. 6.

14. Edward Gulick, *Teaching in Wartime China: A Photo Memoir, 1937 – 1939* (Amherst: University of Massachusetts Press, 1995), pp. 72 – 73.

15. Ibid. , p. 74.

16. Nora B. Stirling, *Pearl Buck: A Woman in Conflict* (Piscataway, NJ: New Century Publishing, 1983), p. 57.

17. Greene, p. 111.

18. Ibid.

19. Diane Lary, *The Chinese People at War: Human Suffering and Social Transformation, 1937 – 1945* (Cambridge: Cambridge University Press, 2010), p. 63.

20. Greene, p. 112.

21. Ibid. , p. 113.

22. Ibid. , p. 114.

23. *New York Times*, Nov. 21, 1938.

24. Greene, p. 114.

25. Lary, pp. 63 – 64.

26. Gulick, pp. 238 – 39.

27. Greene, p. 115.

28. Tuchman, p. 144.

29. Martha Gellhorn, *The Face of War* (New York: Atlantic Monthly Press, 1988), p. 77.

30. Cecil Beaton, *Chinese Diary & Album* (Hong Kong: Oxford University Press, 1991), p. 12.

31. Theodore H. White and Annalee Jacoby, *Thunder Out of China* (New York: William Sloan Associates, 1946), p. xiii.

32. Nancy F. Riley, "China's Population: New Trends and Challenges," *Population Bulletin* 59, no. 2 (June 2004): 6.

33. Richard Tawney, *Land and Labor in China* (New York: Farrar, Straus, and Giroux, 1972), p. 73.

34. John K. Fairbank, "The New China and the American Connection," *Foreign Affairs* 51, no. 1 (Oct. 1972).

35. Stephen R. MacKinnon, Diana Lary, and Ezra F. Vogel, eds., *China at War: Regions of China, 1937 - 1945* (Palo Alto, CA: Stanford University Press, 2007), p. 178.

36. White and Jacoby, p. 169.

37. Ibid., p. 170.

38. Peck, p. 30.

39. MacKinnon, p. 178.

40. Lary, p. 64.

41. Gellhorn, pp. 99 - 100.

42. *New York Times*, Sept. 25, 1937.

43. Frederic Wakeman Jr., *The Shanghai Badlands: Wartime Terrorism and Urban Crime, 1937 - 1941* (Cambridge: Cambridge University Press, 1996), p. 7.

44. Harmsen, p. 246.

45. Ibid., p. 245.

46. Diana Lary and Stephen R. MacKinnon, eds., *Scars of War: The Impact of Warfare on Modern China* (Vancouver: UBC Press, 2001), p. 57.

47. Harmsen, p. 247.

48. White and Jacoby, p. 52.

49. Lary, p. 50.

50. Ibid., p. 98.

51. MacKinnon, p. 103.

52. Gellhorn, pp. 85 - 86.

53. Hans J. van de Ven, *War and Nationalism in China, 1925 - 1945* (London: Routledge Curzon, 2003), p. 233.

54. Ibid. , p. 243.

55. Edward Dreyer, *China at War*, *1901 – 1949* (London: Longman, 1995),
    p. 258.

56. Van de Ven, p. 246.

57. Herbert P. Bix, *Hirohito and the Making of Modern Japan* (New York:
    HarperCollins, 1990), p. 367.

58. Harmsen, pp. 246 – 47.

59. Wakeman, p. 271.

60. Emily Hahn, "Black and White," *The New Yorker*, May 5, 1945, pp. 21 – 23.

61. Wakeman, p. 273.

62. Ibid.

63. Ibid.

64. Ibid.

65. Ibid. , p. 275.

66. Max Hastings, *Inferno: The World at War*, *1939 – 1945* (New York:
    Alfred A. Knopf, 2011), p. 416.

67. Yang Chengyi, ed. , *Fenghuo mengyue zhong di jipin: Zhejiang kangri
    zhanzheng kousu fangtan* [Memories in the Blaze of Wartime: Oral
    Interviews on the Japanese Occupation in Zhejiang] (Beijing: Beijing
    Library Publishing, 2007), pp. 10 – 11.

68. Ibid. , p. 76.

69. *FRUS*, 1944, pp. 191 – 92.

70. Romanus and Sutherland, *Time Runs Out*, p. 66.

71. *FRUS*, 1944, p. 211.

72. Lary, p. 9.

73. Danke Li, *Echoes of Chungking: Women in Wartime China* (Urbana:
    University of Illinois Press, 2010), p. 56.

74. *Time*, Dec. 26, 1938.

75. Lary and MacKinnon, p. 105.

76. Jack Belden, *Still Time to Die* (New York: Harper & Brothers,
    1944), p. 84.

77. Li, p. 57.

78. Beaton, p. 63.

79. Ibid.

80. Wedemeyer, p. 278.

81. Taylo1, p. 194.

82. Wedemeyer, p. 278.

83. Li, p. 87.

84. Ibid. , p. 58.

85. Ibid. , p. 60.

86. Ba Jin, *Guilin di shou-nan* [Hard Times in Guilin], available online at http: //www. xiexingcun. com.

第四章　毛、周和美国人

1. John Paton Davies, *China Hand: An Autobiography* (Philadelphia: University of Pennsylvania Press, 2012), p. 217.

2. Barrett, p. 14.

3. Cromley's and Stelle's backgrounds are discussed in Maochun Yu, *OSS in China: Prelude to Cold War* (New Haven, CT: Yale University Press, 1996), p. 163.

4. Brooke Dolan II, *Road to the Edge of the World* (Philadelphia: Proceedings of the Academy of Natural Sciences, 1937) .

5. Davies, p. 214.

6. *FRUS*, 1944, p. 489.

7. Ibid. , p. 400.

8. Ibid. , pp. 401 – 405.

9. Ibid. , p. 406.

10. Harrison Forman, *Report from Red China* (New York: Henry Holt, 1945), p. 1.

11. Taylor, p. 265.

12. Warren Tozer, "The Foreign Correspondents' Visit to Yenan in 1944: A Reassessment," *Pacific Historical Review* 14, no. 2 (May 1972) .

13. *FRUS*, 1944, p. 408.

14. Barrett, p. 30.

15. Harry Harding and Yuan Ming, *Sino-American Relations, 1945 – 1955: A Joint Reassessment of a Critical Decade* (Wilmington, DE: R Books,

1989），p. 21.

16. Carolle J. Carter, *Mission to Yanan: American Liaison with the Chinese Communists, 1944 – 1947* (Lexington: University Press of Kentucky, 1997），p. 37.

17. Forman, p. 46.

18. *FRUS*, 1944, pp. 517 – 20.

19. Davies, pp. 215 – 16.

20. Ibid. , p. 160.

21. Ibid. , p. 183.

22. Ibid. , p. 196.

23. Ibid. , p. 139.

24. Ibid. , p. 225.

25. Ibid. , p. 221.

26. Ibid. , p. 224.

27. Barrett, p. 46.

28. Davies, p. 224.

29. *FRUS*, 1944, pp. 38 – 39.

30. Ibid. , pp. 100 – 101.

31. Fraser J. Harbutt, *Yalta 1945: Europe and America at the Crossroads* (Cambridge: Cambridge University Press, 2010), p. 55.

32. *FRUS*, 1944, p. 39.

33. *New York Times*, July 20, 1943.

34. *New York Times*, Jan. 9, 1938.

35. Alexander V. Pantsov and Stephen I. Levine, *Mao: The Real Story* (New York: Simon & Schuster, 2007), pp. 1 – 2.

36. Rand, pp. 148 – 51.

37. Ibid. , pp. 155 – 56.

38. Ibid. , p. 157.

39. Ibid. , pp. 157 – 58.

40. Ibid. , p. 159.

41. Ibid. , p. 166.

42. Ibid. , p. 167.

43. Ibid. , p. 165.

44. Davies, *China Hand*, pp. 25 – 30.

45. Ibid. , p. 25.

46. Stephen R. MacKinnon, *Wuhan, 1938: War, Refugees, and the Making of Modern China* (Berkeley: Uni47. versity of California Press, 2008), p. 104.

47. Steven R. MacKinnon and Oris Friesen, *China Reporting: An Oral History of American Journalism in the 1930s and 1940s* (Berkeley: University of California Press, 1987), pp. 37 – 47.

48. Nathanial Peffer, "The China at War and the China Behind the Lines," *The New York Times Book Review*, Dec. 24, 1939.

49. Taylor, p. 192.

50. *FRUS*, 1945, vol. 7, p. 2.

51. Ibid. , p. 8.

52. Ibid. , p. 12.

53. Michael Sheng, *Battling Western Imperialism: Mao, Stalin, and the United States* (Princeton, NJ: Princeton University Press, 1997), p. 76.

54. Theodore H. White, *In Search of History: A Personal Adventure* (New York: Harper & Row, 1978), p. 117.

55. Ibid. , p. 118.

56. Ibid. , p. 120.

57. Ibid.

58. Ibid. , p. 121.

59. John K. Fairbank, *Chinabound: A Fifty-Year Memoir* (New York: Harper & Row, 1982), p. 268.

60. Qiao Songdu, *Qiaoguanhua yu Gong Peng: we di fuqin muqin* [Qiao Guanhua and Gong Peng: My Father and Mother], trans. Wenyi Zhou and Richard Bernstein (Beijing: Zhonghua Shu Ju, 2008), p. 23.

61. Fairbank, *Chinabound*, p. 272.

62. Ibid. , p. 268.

63. Ibid. , p. 273.

64. Eric Severeid, *Not So Wild a Dream* (New York: Alfred A. Knopf, 1947), pp. 327 – 38; Rand, p. 237.

65. Fairbank, *Chinabound*, p. 270.

66. Ibid. , p. 268.

67. Ibid. , p. 267.

68. Severeid, p. 329.

69. Ibid. , p. 328.

70. E. J. Kahn Jr. , *The China Hands: America's Foreign Service Officers and What Befell Them* (New York: Viking Press, 1972), p. 107.

71. Rand, p. 276.

72. Qiao, p. 70.

73. Rand, p. 310.

74. William Stevenson, *Past to Present: A Reporter's Story of War, Spies, People, and Politics* (Guilford, CT: Lyons Press, 2012), p. 240.

75. Godfrey Blunden, "The Two Faces of Chou En-lai," *Life*, June 28, 1954.

76. Quoted in Freda Utley, *The China Story* (Washington, DC: Regnery, 1951), p. 143.

77. Ibid.

78. Israel Epstein, *My China Eye: Memoirs of a Jew and a Journalist* (San Francisco: Long River Press, 2005), p. 174.

79. Ibid. , p. 175.

80. Forman, p. 4.

81. Ibid. , pp. 5 – 7.

82. Epstein, p. 179.

83. Ibid. , p. 180.

84. Ibid. , p. 183.

85. For photographs of this and other rituals of obeisance to Mao, see Liu Heung Shing, ed. , *China: Portrait of a Country* (Cologne: Taschen, 2009), pp. 178 – 83.

86. *New York Herald Tribune*, June 23, 1944, cited in Tozer.

87. *Christian Science Monitor*, June 23, 1944, cited in Tozer.

88. Taylor, p. 220.

89. *FRUS*, 1944, p. 103.

90. Dieter Heinzig, *The Soviet Union and Communist China, 1945 – 1950: The Arduous Road to the Alliance* (Armonk, NY: M. E. Sharpe, 2004), p. 22.

91. Carter, p. 42.

92. Barrett, pp. 50 – 51.

93. Forman, pp. 88 – 89.

94. Ibid. , p. 177.

95. Ibid. , p. 178.

96. Ibid. , p. 179.

97. Davies, *China Hand*, p. 218.

98. Barrett, p. 33.

99. Davies, *China Hand*, pp. 18 – 219.

100. Henry Kissinger, *White House Years* (New York: Little, Brown, 1979) , p. 1058.

101. Davies, *China Hand*, p. 222.

102. "Report of Capt. Varoff Crew Rescue," Mar. 22, 1945, 40th Bomb Group Association, available online at http: //www. 40thbombgroup. org. For news coverage of rescue, see *New York Times*, Jan. 17, 1945.

103. Barrett, p. 37.

104. Ibid.

第五章　错误的人选

1. *Honorable Survivor: Mao's China, McCarthy's America, and the Persecution of John S. Service* (Annapolis, MD: Naval Institute Press, 2009) , p. 330.

2. Ibid. , p. 331.

3. Barrett, p. 57.

4. Davies, p. 226.

5. *Time*, Jan. 1, 1945.

6. Barrett, p. 57.

7. Herbert Feis, *The China Tangle: The American Effort in China from Pearl Harbor to the Marshall Mission* (Princeton, NJ: Princeton University Press, 1953) , p. 214.

8. Barrett, p. 57.

9. Arthur R. Ringwalt, "Oral History Interview with Arthur R. Ringwalt," Truman Memorial Library, online at http: //www. trumanlibrary. org/ oralhist/ringwalt. htm.

10. Quoted in Kahn, p. 136.

11. Davies, *China Hand*, p. 227.

12. Barrett, p. 57.

13. Lohbeck, passim. Russell D. Buhite, *Patrick J. Hurley and American Foreign Policy* (Ithaca, NY: Cornell University Press, 1973), passim.

14. Lohbeck, p. 49.

15. Ibid. , p. 148.

16. Ibid. , p. 153.

17. Ibid.

18. Ibid.

19. *FRUS*, 1944, p. 201.

20. Ibid. , p. 199.

21. Ibid. p. 159.

22. Ibid. , pp. 157 – 58.

23. *FRUS*, 1944, p. 287.

24. Ibid. , p. 159.

25. Barrett, p. 60.

26. Ibid.

27. Ibid.

28. Ibid. , p. 61.

29. Mao – Hurley dialogue is from Barrett, pp. 60 – 62.

30. Ibid. , p. 63.

31. Barrett, p. 63.

32. Ibid. , p. 64.

33. Davies, *China Hand*, pp. 228 – 29.

34. Barrett, p. 65.

35. Tang Tsou, *America's Failure in China, 1941 – 1950* (Chicago: University of Chicago Press, 1968), p. 91.

36. Ibid. , p. 112.

37. Yu, p. 156. Davies, *China Hand*, p. 287.

38. Yu, p. 144.

39. Fairbank, *Chinabound*, p. 215.

40. Yu, p. 138.

41. Ibid. , p. 99.

42. National Archives and Records Administration, College Park, Maryland (hereafter NARA), RG 38, Office of the Chief of Naval Operations, Records of the U. S. Naval Group, Box 39b.

43. Yu, p. 44.

44. Davies, *China Hand*, p. 288.

45. Yu, p. 102.

46. NARA, RG 38, Box 39.

47. Quoted in Davies, p. 289.

48. NARA, RG 38, Box 39b.

49. Taylor, pp. 104 – 105.

50. Ibid. , p. 273.

51. Ibid. , p. 105.

52. NARA, RG 38, Box 39.

53. Ibid.

54. Yu, p. 199.

55. Davies, p. 229.

56. Tsou, p. 93.

57. Romanus and Sunderland, *Stilwell's Mission*, p. 270.

58. Davies, p. 228.

59. Kahn, pp. 145 – 46.

60. *FRUS*, 1944, vol. 6, p. 748.

61. Mao's conversation with Barrett is from Barrett, pp. 70 – 75.

62. Feis, p. 219.

63. Davies, p. 235.

64. Ringwalt, oral history.

65. Davies, *China Hand*, p. 235.

66. Ibid. , p. 236.

67. Kahn, pp. 122 – 23. 68. Ibid.

69. Melby, p. 23.

70. Davies, *China Hand*, p. 238.

71. Ibid.

72. Davies, p. 239.

73. Wedemeyer, p. 319.

第六章 特使的愤怒

1. Barbara Tuchman, "If Mao Had Come to Washington," *Foreign Affairs* 51 (Oct. 1972).

2. *FRUS*, 1945, vol. 7, p. 168.

3. Ibid. , p. 176.

4. Ibid.

5. John Paton Davies, *Dragon by the Tail: American, British, Japanese, and Russian Encounters with China and One Another* (New York: W. W. Norton, 1972), p. 385.

6. Yu, p. 166.

7. Ibid. , p. 167.

8. Davies, *Dragon by the Tail*, p. 361.

9. Ibid, p. 362.

10. Ibid.

11. Ibid.

12. Ibid. , p. 363.

13. Memo from Willis Bird to chief of staff, subject: Yenan trip, 24 Jan. 1945, RG 38, Entry 148, Box 7, Folder 103, "Dixie." Cited in Yu, p. 187.

14. Wedemeyer, p. 313.

15. Yu, p. 93.

16. *New York Times*, Feb. 15, 1945.

第七章 道德妥协

1. Sheng, pp. 93, 211.

2. Ibid. , p. 93.

3. Zhou Enlai, *Zhou Enlai nianpu* [Chronological Record of Zhou Enlai] (Beijing: Peoples' Publishing Co. , 1991), pp. 600 – 603.

4. *New York Times*, Nov. 17, 1944.

5. *FRUS*, 1945, vol. 5, pp. 817 – 20.

6. Walter Isaacson and Evan Thomas, *The Wise Men: Six Friends and the*

World They Made (New York: Simon & Schuster, 1986), p. 249.

7. *FRUS*, 1945, vol. 5, p. 843.

8. S. M. Plokhy, *Yalta: The Price of Peace* (New York: Viking, 2010), p. 131.

9. Rudy Abrahamson, *Spanning the Century: The Life of W. Averill Harriman, 1891 – 1986* (New York: William Morrow, 1992), p. 370.

10. Plokhy, pp. 166 – 67.

11. James Reardon-Anderson, *Yenan and the Great Power: The Origins of Chinese Communist Foreign Policy* (New York: Columbia University Press, 1980), p. 74.

12. Isaacson and Thomas, p. 246.

13. Davies, *China Hand*, p. 248.

14. Ibid. , p. 250.

15. Tsou, p. 71.

16. Plokhy, pp. 223 – 24.

17. Ibid. , pp. 224 – 25.

18. Abrahamson, p. 390.

19. Davies, *China Hand*, p. 247.

20. John Lewis Gaddis, *George F. Kennan: An American Life* (New York: Penguin Press, 2011), p. 188.

21. Abrahamson, p. 345.

22. *Life*, Sept. 10, 1945.

23. Gaddis, p. 189.

24. Sheng, p. 82.

第八章 "笑里藏刀"

1. Lynne Joiner, *Honorable Survivor: Mao's China, McCarthy's America, and the Persecution of John S. Service* (Anna polis, MD: Naval Institute Press, 2009), pp. 130 – 31.

2. Joseph W. Esherick, ed. , *Lost Chance in China: The World War II Dispatches of John S. Service* (New York: Random House, 1974), pp. 372 – 73.

3. Ibid. , p. 383.

4. Ibid. , p. 308.

5. *FRUS*, 1945, vol. 7, pp. 337 – 38.

6. Pantsov and Levine, p. 346.

7. Ibid. , p. 326.

8. *Time*, June 18, 1945.

9. Esherick, pp. 350 – 53.

10. Davies, *China Hand*, p. 232.

11. Pantsov and Levine, p. 343.

12. Mao Zedong, "On the People's Democratic Dictatorship," *Selected Works of Mao Zedong*, vol. 4 (Beijing: Foreign Languages Press), online edition, http: //www. marxists. org/reference/archive/mao/selected – works/ volume – 4/mswv4_ 65. htm.

13. Pantsov and Levine, p. 343.

14. Robert Carson North, *Moscow and Chinese Communists* (Stanford, CA: Standford University Press, 1963), p. 96.

15. Mao, "On the People's Democratic Dictatorship. "

16. Pantsov and Levine, p. 250.

17. Sin – Lin, *Shattered Families, Broken Dreams: Little – Known Episodes from the History of the Persecution of Chinese Revolutionaries in Stalin's Gulag*, trans. Steven I. Levine (Portland, ME: Merwin Asia, 2012), pp. 86 – 89.

18. Ibid. , p. 91.

19. Ibid. , p. 118.

20. Pantsov and Levine, p. 329.

21. Sheng, p. 58.

22. White, *In Search*, p. 73.

23. Sheng, p. 31.

24. Sheng, pp. 22 – 23.

25. Pantsov and Levine, p. 334.

26. Mao, "Interview With New China Daily correspondents on the New International Situation," Sept. 1, 1939, in *Collected Works*, vol. 2, online at https: //www. marxists. org/reference/archive/mao/selected – works/volume – 2/mswv2_ 17. html, p. 70.

27. Ibid. , p. 72.

28. Mao, "On the People's Democratic Dictatorship. "

29. Sheng, p. 49.

30. Ibid. , p. 71.

31. Ibid. , p. 73.

32. Taylor, p. 188.

33. Lyman P. Van Slyke ed. , *The Chinese Communist Movement: A Report of the United States War Department, July 1945* (Palo Alto, CA: Stanford University Press, 1968) , p. 220.

34. Sheng, p. 90.

第九章 中国政策之战

1. Buhite, p. 191.

2. *FRUS*, 1945, vol. 7, p. 115.

3. Ringwalt, oral history.

4. Ibid.

5. Feis, p. 222.

6. Kahn, p. 149.

7. *FRUS*, 1945, vol. 7, p. 201.

8. Ibid. , p. 158.

9. Ibid. , p. 157.

10. Ibid. , p. 218.

11. Gary May, *China Scapegoat: The Diplomatic Ordeal of John Carter Vincent* (Washington, DC: New Republic Books, 1979) , p. 120.

12. Ibid.

13. Ibid. , p. 124.

14. Romanus and Sutherland, *Time Runs Out*, p. 337.

15. Taylor, p. 302.

16. Ibid.

17. *FRUS*, 1945, vol. 7, pp. 239 – 40.

18. Kahn, p. 152.

19. Ibid.

20. Feis, p. 268.

21. *FRUS*, 1945, vol. 7, pp. 87 – 92.

22. Feis, p. 271.

23. Lohbeck, p. 381.

24. Feis, p. 272.

25. May, p. 126.

26. *New York Times*, Apr. 3, 1945.

27. Buhite, p. 203.

28. Ibid. , pp. 203 – 205.

29. Kahn, p. 158.

30. Romanus and Sutherland, *Time Runs Out*, p. 49.

31. Bix, p. 362.

32. Ibid. , p. 366.

33. *New York Times*, Feb. 9, 1945.

34. Severeid, pp. 337 – 38.

35. Romanus and Sutherland, *Time Runs Out*, pp. 53 – 54.

36. Ibid. , p. 62.

37. Ibid. , pp. 174 – 75.

38. Ibid. , p. 176.

39. Ibid. , p. 179.

40. Ibid. , p. 282.

41. Ibid.

42. Ibid. , p. 285.

43. Ibid. , pp. 285 – 86.

44. Ibid. , p. 287.

45. Ibid. , p. 290.

第十章　不同的命运

1. Pantsov and Levine, p. 342.

2. Short, p. 395.

3. Panstov and Levine, p. 338.

4. Ibid.

5. Ibid. , p. 339.

6. Mao, "On Coalition Government," *Selected Works*, vol. 3.

7. *Liberation Daily*, July 11, 1945.

8. Yang Kuisong, *Mao Zedong yu Mosike di Ennen-yuanyuan* [The Love-Hate Relationship Between Mao Zedong and Moscow] (Nanchang: Jiangxi Renmin Chuban [Jiangxi People's Publishing Co.], 1999), pp. 519 – 20.

9. Yang Kuisong, *Zhonggong yu Mosike di Guanxi* [Relations Between the Chinese Communists and Moscow] (Nanchang: Jiangxi Renmin Chuban She [Jiangxi People's Publishing Co.], 1997), pp. 519 – 20.

10. May, p. 169. Harvey Klehr and Ronald Radosh, *The Amerasia Spy Case: Prelude to McCarthyism* (Chapel Hill: University of North Carolina Press, 1996), p. 54.

11. *Time*, June 18, 1945.

12. *New York Times*, June 2, 1945.

13. Klehr and Radosh, p. 26.

14. Kahn, p. 169.

15. Klehr and Radosh, p. 20.

16. Ibid. , p. 62.

17. Ibid. , p. 31.

18. Kahn, p. 168.

19. Klehr and Radosh, p. 100.

20. Ibid. , p. 98.

21. Kahn, p. 170.

22. *Liberation Daily*, June 25, 1945.

23. Ibid. , July 11 and July 20, 1945.

24. NARA, RG 226, Box 148, Folder 9.

25. Ibid.

26. Yu, pp. 220 – 21.

27. Ibid.

28. Ibid.

29. Ibid. , p. 223. NARA, minutes of Wedemeyer meeting with Mao, Aug. 30, 1945.

30. NARA, Minutes.

31. Yu, pp. 222 – 23.

第十一章　民心

1. Yang Jianye, *Ma Yingchu* (Shijiazhuang: Huashan Wenyi Shuban She [Huashan Arts and Literature Publishing House], 1997), p. 87; Deng Jiarong, *Ma Yinchu Zhuang* [The Biography of Ma Yinchu] (Shanghai: Wenyi Chuban She [Arts and Literature Publishing House], 1986), p. 98.

2. Peng Hua, *A Biography of Ma Yinchu* (Beijing: Dangdai Zhongguo Chuban She [Contemporary China Publishing House], 2008), p. 52.

3. Ma Yinchu, *Complete Works*, vol. 12 (Hangzhou: Zhejiang Renmin Chuban She [Zhejiang People's Publishing House], 1999), p. 263.

4. Peng, pp. 52 – 53.

5. *Supplement to the Collected Works of Ma Yinchu* (Shanghai: Sanlian Shudian Press, 2007), p. 328.

6. Jonathan Spence, *The Gate of Heavenly Peace: The Chinese and Their Revolution, 1859 – 1980* (New York: Viking Press, 1981), pp. 207 – 36.

7. *FRUS*, 1944, p. 472.

8. Shi Zhe, *Feng yu Gu: Shi Zhe hui-yi-lu* [Peaks and Valleys: The Memoirs of Shi Zhe] (Beijing: Hungxi Publishing Co, 1992), p. 17.

9. Chu Anping, *Keguan* [Objectivity], Nov. 11, 1945 in *Chu Anping Wenyi* [Collected Essays of Chu Anping] (Shanghai: Dongfang Chuban Zhungxin [Eastern Publishing Center], 1998), pp. 3 – 8.

10. Lu Ling, *Qiu Ai* [Night of the Chinese Victory] (Haiyan Bookstore, 1946), pp. 194 – 202.

11. White, *In Search*, pp. 235 – 36.

12. Xia Yan, *Xia Yan Zejuan* [Autobiography of Xia Yan] (Nanjing: Jiangsu Wenyi Chuban She [Jiangsu Literature and Arts Publishing House], 1996), p. 172.

13. *Time*, Sept. 3, 1945.

14. John Hart Caughey, *The Marshall Mission to China, 1945 – 1947* (Lanham, MD: Rowman & Littlefield, 2011), p. 53.

15. Taylor, p. 320.

16. Ibid.

17. Hu Feng, *Hu Feng Zizhuan* [Autobiography of Hu Feng] (Nanjing:

Jiangsu Wenyi Shuban She ［Jiangsu Literature and Arts Publishing House］, 1993）, pp. 343 – 44.

18. *Kcguun*, Nov. 11, 1945.

19. Ibid.

20. *Da Gong Bao*, Dec. 22 – 25, 1945.

21. Ibid.

22. Lattimore, p. 206.

23. Rand, p. 275.

24. Caughey, p. 53.

25. Ibid. , p. 61.

26. Ibid. , p. 207.

27. *Da Gong Bao*, Dec. 24, 1945.

28. Ibid.

第十二章　斯大林的欲望

1. David M. Glantz, *Soviet Operational and Tactical Combat in Manchuria, 1945, "August Storm"* (Portland, OR: Frank Cass Publishers, 2003), pp. 1 – 2 and passim.

2. *Survey of the Mukden Area Situation as It Has Developed from 16 August 1945 to 10 September 1945*, NARA, RG 226 (Records of the OSS）, Entry 148, Box 6.

3. Ibid.

4. Lisle Abbott Rose, *Dubious Victory: The United States and the End of World War II* (Kent, OH: Kent State University Press, 1973), p. 132.

5. Davies, *Dragon*, pp. 406 – 407.

6. *FRUS*, 1945, vol. 7, p. 348.

7. *FRUS*, 1945, vol. 7, p. 433.

8. Sergei N. Goncharov, *John W. Lewis, and Xue Litai, Uncertain Partners: Stalin, Mao, and the Korean War* (Stanford, CA: Sanford University Press, 1993), p. 3.

9. Ibid. , p. 5.

10. Lohbeck, p. 405.

11. *Time*, Sept. 3, 1945.

12. *Time*, Sept. 3, 1945.

13. *New York Times*, Oct. 14, 1945.

14. Pantsov and Levine, p. 346.

15. Goncharov et al. , pp. 8 – 9.

16. Sheng, p. 102.

17. Shi Zhe, p. 215.

18. Mao, *Collected Works*, vol. 4.

19. Goncharov et al. , p. 7.

20. Sheng, p. 100.

21. Mao, "The Situation and our Policy After the Victory in the War of Resistance Against Japan," Aug. 13, 1945, in *Collected Works*, online at http：//www. marxists. org/reference/archive/mao/selected – works/volume – 4/mswv4_ 012. html.

22. *FRUS*, 1945, vol. 7, p. 325.

23. Sheng, pp. 98 – 99.

24. *Time*, Sept. 10, 1945.

25. Shi Zhe, p. 21.

26. *Time*, Sept. 10, 1945.

27. *Time*, Sept. 10, 1945.

28. Ibid.

29. *Time*, Oct. 8, 1945.

30. *Time*, Sept. 24, 1945.

31. Taylor, p. 321.

32. Ibid.

33. Ibid. , p. 319.

34. Feis, p. 361.

35. Mao, "On the Chungking Negotiations," *Collected Works*, vol. 4, online.

第十三章　既成事实

1. *FRUS*, 1945, vol. 7, pp. 519 – 20.

2. Feis, pp. 340 – 41.

3. Davies, *Dragon*, p. 406.

4. Feis, p. 346.

5. Schaller, p. 256.

6. David McCullough, *Truman* (New York: Simon & Schuster, 1992), p. 424.

7. Melby, p. 26.

8. Schaller, p. 214.

9. Taylor, p. 315.

10. Goncharov et al. , p. 9.

11. Taylor, p. 318.

12. Sheng, p. 106, citing Zhu Yuanshi, "Liu Shaoqi yu Kangzhan Jiesu Hou zhengduo Donbei di Zheng Dou" [Liu Shaoqi and the Struggle for Power in the Northeast After the End of the War of Resistance], *Jindaishi yanjiu* [Modern History], no. 5 (1988): pp. 124 – 45.

13. Yang Kuisong, *Mao Zedong*, p. 223.

14. Ibid.

15. Zeng Kelin, " Dadi Chongguang: Youguan Dongbei Jingun Huiyi," [Recover the Land: Recollections of Marching into the Northeast], *Renwu* [Figures] 184, no. 5 (1984): 77 – 78.

16. Ivan D. Yeaton, *Memoirs of Ivan D. Yeaton* (Stanford, CA: Hoover Institution on War, Revolution, and Peace, 1976), p. 116.

17. Sheng, pp. 106 – 107.

18. Taylor, p. 317.

19. Goncharov et al. , pp. 10 – 11.

20. *New York Times*, Oct. 30, 1945.

21. Yang Kuisong, *Mao Zedong*, p. 228.

22. Yu, p. 231.

23. Ibid. , p. 226.

24. Yu, p. 232.

25. Ibid. , pp. 232 – 33.

26. OSS Records, NARA, RG226, Entry 148, Box 7.

27. OSS " Survey of the Mukden Area," NARA, Entry 148, Box 6, Folder 87.

28. Ibid.

29. Ibid.

30. Ibid.

31. Schaller, p. 266.

32. Benis M. Frank and Henry I. Shaw, *The History of U. S. Marine Corps Operations in World War II*, vol. 5, *Victory and Occupation* (Washington, DC: Headquarters, U. S. Marine Corps, 1968), pp. 547 – 48.

33. Henri I. Shaw, *The United States Marines in North China, 1945 – 1949* (Washington, DC: Historical Branch, G – 3, U. S. Marine Corps, 1968), p. 1.

34. Schaller, p. 265.

35. Shaw, pp. 3 – 4.

36. McCullough, p. 474.

37. *FRUS*, 1945, vol. 7, pp. 570 – 71.

38. Shaw, p. 10.

39. *FRUS*, 1945, vol. 7, p. 571.

40. Ibid. , pp. 559 – 62. Feis, pp. 371 – 73.

41. Yu, p. 235.

42. Paul Fillmann and Graham Peck, *China: The Remembered Life* (Boston: Houghton Mifflin, 1968), p. 186.

43. W. J. Miller, "Account of the Death of Captain John Birch," OSS Headquarters, Central Command, Sept. 14, 1945, NARA retained file. Yu, pp. 235 – 41.

44. Yu, p. 241.

45. Steven I. Levine, *Anvil of Victory: The Communist Revolution in Manchuria* (New York: Columbia University Press, 1987), p. 26.

46. Goncharov et al. , p. 9.

47. Sheng, p. 116.

48. Ibid.

49. Shaw, p. 2.

50. *New York Times*, Oct. 8, 1945.

51. Feis, p. 365. Sheng, pp. 116 – 17.

52. Ronald H. Spector, *The Ruins of Empire: The Japanese Surrender and the Battle for Postwar Asia* (New York: Random House, 2007), p. 54.

53. Frank and Shaw, p. 559.

54. *New York Times*, Oct. 9, 1945.

55. *FRUS*, 1945, vol. 7, p. 646.

56. Shaw, p. 8.

57. Ibid. , p. 6.

58. Ibid. , p. 7.

59. Ibid. , p. 9.

60. *Time*, May 30, 1960.

61. Donald G. Gillin and Ramon H. Myers, eds. , *Last Chance in Manchuria*: *The Diary of Chang Kia-Ngau* (Stanford, CA: Hoover Institution on War, Revolution, and Peace, 1989), pp. 88 – 89.

62. Ibid. , p. 72.

63. Ibid. , p. 73.

64. Ibid. , p. 75.

65. Ibid. , p. 76.

66. Feis, pp. 384 – 85.

67. Gillen and Myers, p. 104.

68. Feis, pp. 390 – 95.

69. *FRUS*, 1945, vol. 7, pp. 476 – 79.

70. Taylor, pp. 305 – 306.

71. Ibid. , p. 324.

第十四章　从何下手？

1. *FRUS*, 1945, vol. 7, pp. 578 – 79.

2. Nancy Bernkopf Tucker, *China Confidential*: *American Diplomats and Sino – American Relations*, *1945 – 1996* (New York: Columbia University Press, 1996), p. 91.

3. *FRUS*, 1945, vol. 7, p. 601.

4. Ibid. , p. 602.

5. Ibid. , pp. 603 – 604.

6. Ibid. , pp. 611 – 12.

7. Ibid. , p. 613.

8. Ibid. , p. 618.

9. Ibid. , p. 687.

10. Ibid. , p. 691.

11. Ibid. , p. 664.

12. Ibid. , p. 652.

13. Ibid. , p. 653.

14. Ibid. , p. 629.

15. Ibid. , p. 632.

16. Davies, *Dragon*, p. 418.

17. *FRUS*, 1945, vol. 7, p. 642.

18. *Life*, Nov. 19, 1945.

19. Cited in Utley, p. 143.

20. *New York Times*, Feb. 25, 1945.

21. *Time*, Sept. 3, 1945.

22. White, *In Search*, p. 241.

23. *Life*, Nov. 19, 1945.

24. *FRUS*, 1945, vol. 7, p. 673.

25. Ibid. , p. 680.

26. Ibid. , p. 684.

27. Ibid. , p. 686.

28. James Forrestal, *The Forrestal Diaries*, ed. Walter Millis (New York: Viking, 1951), p. 111.

29. *New York Times*, Nov. 29, 1945.

30. *New York Times*, Nov. 28, 1945.

31. Melby, p. 39.

32. Radio Yenan, Foreign Broadcast Information Service (FBIS), Nov. 28, 1945.

33. *Time*, Dec. 17, 1945.

34. John Robinson Beal, *Marshall in China* (Garden City, NY: Doubleday, 1970), pp. 1 – 2.

35. Gillin and Myers, p. 126.

36. Sheng, p. 113.

37. Goncharov et al. , p. 15.

38. Sheng, p. 114.

39. Gillin and Myers, p. 127.

40. Ibid. , p. 135.

41. Sheng, p. 114.

42. Ibid.

43. Taylor, p. 329.

44. Ibid.

45. Ibid.

46. *FRUS*, 1945, vol. 7, pp. 694 – 95.

47. Ibid. , p. 700.

第十五章 马歇尔来了

1. Melby, p. 51.

2. Beal, p. 68.

3. Forrest C. Pogue, *George C. Marshall: Statesman, 1945 – 1949*, vol. 4 (New York: Viking Press, 1987), p. 27.

4. Melby, p. 69.

5. Caughey, p. 62.

6. Melby, p. 44.

7. May, pp. 139 – 41.

8. *FRUS*, 1945, vol. 7, p. 768.

9. Feis, p. 419.

10. Henry Byroade, "Oral History Interview with Henry Byroade," Harry S. Truman Library; online at http: //www. trumanlibrary. org/oralhist/ byroade. htm.

11. Pogue, p. 29.

12. Wedemeyer, p. 363.

13. Ibid.

14. Lyman P. Van Slyke, ed. , *Marshall's Mission to China: The Report and Appended Document*, vol. 1 (Arlington, VA: University Publications of America, 1976), p. 6.

15. Ibid. , p. 11.

16. Van Slyke, *Marshall's Mission*, p. 7.

17. Melby, p. 53.

18. Sheng, p. 123.

19. *FRUS*, 1946, vol. 9, p. 18.

20. Ibid. , pp. 116 – 18.

21. Ibid. , pp. 41 – 42.

22. Sheng, pp. 121 – 22.

23. *FRUS*, 1946, vol. 9, pp. 73 – 104.

24. Ibid. , p. 104.

25. Ibid.

26. Ibid.

27. Ibid. , p. 105.

28. Ibid. , p. 40.

29. *Liberation Daily*, monitored by FBIS, Jan. 12, 1946.

30. *FRUS*, 1946, vol. 9, pp. 151 – 52.

31. Ibid. , p. 152.

32. Ibid. , p. 351.

33. Byroade, oral history.

34. *FRUS*, 1946, vol. 9, p. 347.

35. Ibid. , pp. 362 – 63.

36. Ibid. , p. 373.

37. *New York Times*, Jan. 21, 1946.

38. Byroade, oral history.

39. *New York Times*, Feb. 2, 1946.

40. A full set of carbon copies of Marshall's letters to Truman are in NARA, Joint Chiefs of Staff, records of Admiral Leahy, RG38, Entry 117, Box 2.

41. Radio Yenan, monitored by FBIS, Mar. 6, 1945.

42. NARA, Leahy records, RG38, Entry 117, Box 2.

43. Ibid.

44. Sheng, p. 126.

45. Gillin and Myers, p. 231.

46. Sheng, p. 126.

47. *New York Times*, Mar. 17, 1946.

48. Ibid.

第十六章 从希望到对抗

1. NARA, Leahy records, RG38, Entry 117, Box 2.

2. Ibid.

3. NARA, Leahy records, RG 218, Entry 117, Box 2.

4. Ibid.

5. Taylor, p. 25.

6. Fairbank, p. 131.

7. Melby, p. 83.

8. *New York Times*, Feb. 15, 1946.

9. *New York Times*, Feb. 20, 1946.

10. *NewYork Times*, Feb. 21, 1946.

11. Ibid.

12. Gillin and Myers, p. 195.

13. Ibid. , p. 223.

14. Ibid. , p. 222.

15. *FRUS*, 1946, vol. 9, pp. 513 – 16.

16. Sheng, pp. 133 – 34.

17. Ibid. , p. 136.

18. Ibid. , p. 127.

19. *FRUS*, 1946, vol. 9, p. 157.

20. Ibid. , p. 167.

21. Ibid. , pp. 160 – 61.

22. Ibid. , pp. 1380, 1400.

23. *FRUS*, 1946, vol. 10, p. 77.

24. *New York Times*, Mar. 21, 1946.

25. *New York Times*, Apr. 30, 1946.

26. *FRUS*, 1946, vol. 9, pp. 791 – 93.

27. Ibid.

28. Ibid.

29. Radio Yenan, monitored by FBIS, February 10, 1946.

30. Ibid. , Apr. 2, 1946.

31. Ibid. , Apr. 21, 1946.

32. Ibid. , May 20, 1946.

33. Ibid, June 7, 1946.

34. Pogue, p. 125.

尾　声

1. Mei Zhi, *F*: *Hu Feng's Prison Years*, ed. and trans. Gregor Benton (London: Verso, 2013), p. 18.

2. Ibid. , back cover.

3. Mao Zedong, "Farewell, Leighton Stuart," in *Selected Works*, vol. 4, online edition, http: //www. marxists. org.

4. Joseph Alsop, cited in Klehr and Radosh, p. 20.

5. Short, p. 421.

参考文献

Abrahamson, Rudy. *Spanning the Century: The Life of W. Averell Harriman.* New York: William Morrow, 1992.

Ba Jin. *Guilin di shou-nan* [Hard Times in Guilin]. Available online at www.xiexingcun.com.

Barrett, David D. *Dixie Mission: The United States Army Observer Group in Yenan, 1944.* Berkeley: Center for Chinese Studies, University of California, 1970.

Beal, John Robinson. *Marshall in China.* Garden City, NY: Doubleday, 1970.

Beaton, Cecil. *Chinese Diary & Album.* Hong Kong: Oxford University Press, 1991.

Belden, Jack. *Still Time to Die.* New York: Harper & Brothers, 1944.

Bix, Herbert P. *Hirohito and the Making of Modern Japan.* New York: HarperCollins, 1990.

Buhite, Russell D. *Patrick J. Hurley and American Foreign Policy.* Ithaca, NY: Cornell University Press, 1973.

Byroade, Henry. "Oral History Interview with Henry Byroade." Harry S. Truman Library. Online at trumanlibrary.org/oralhist/byroade.htm.

Byron, John. *The Claws of the Dragon: Kang Sheng—the Evil Genius Behind Mao—and His Legacy of Terror in People's China.* New York; Simon & Schuster, 1992.

Caldwell, Oliver. *A Secret War: Americans in China, 1944–45.* Carbondale: Southern Illinois University Press, 1972.

Carter, Carolle J. *Mission to Yanan: American Liaison with the Chinese Communists, 1944–1947.* Lexington: University Press of Kentucky, 1997.

Caughey, John Hart. *The Marshall Mission to China, 1945–1947.* Lanham, MD: Rowman & Littlefield, 2011.

Chang, Jung, and Jon Halliday. *Mao: The Unknown Story.* New York: Alfred A. Knopf, 2005.

Chu Anping. *Chu Anping Wenyi* [Collected Essays of Chu Anping]. Shanghai: Dongfang Chuban Zhungxin [Eastern Publishing Center], 1998.

Dai Qing. *Wang Shiwei and "Wild Lilies": Rectification and Purges in the Chinese Communist Party, 1942–1944.* Armonk, NY: M. E. Sharpe, 1994.

Davies, John Paton. *China Hand: An Autobiography.* Philadelphia: University of Pennsylvania Press, 2012.

———. *Dragon by the Tail: American, British, Japanese, and Russian Encounters with China and One Another.* New York: W. W. Norton, 1972.

Deng Jiarong. *Ma Yinchu Zhuang* [The Biography of Ma Yinchu]. Shanghai: Arts and Literature Publishing House, 1986.

Dorn, Frank. *Walkout: With Stilwell in Burma.* New York: T. Y. Crowell, 1971.

Dreyer, Edward. *China at War, 1901–1949.* London: Longman, 1995.

Epstein, Israel. *My China Eye: Memoirs of a Jew and a Journalist.* San Francisco: Long River Press, 2005.

Esherick, Joseph W., ed. *Lost Chance in China: The World War II Dispatches of John S. Service.* New York: Random House, 1974.

Fairbank, John K. *Chinabound: A Fifty-Year Memoir.* New York: Harper & Row, 1982).

———. "The New China and the American Connection." *Foreign Affairs* 51, no. 1 (Oct. 1972).

Feis, Herbert. *The China Tangle: The American Effort in China from Pearl Harbor to the Marshall Mission.* Princeton, NJ: Princeton University Press, 1953.

Fillmann, Paul, and Graham Peck. *China: The Remembered Life.* Boston: Houghton Mifflin, 1968.

Forman, Harrison. *Report from Red China.* New York: Henry Holt, 1945.

Forrestal, James. *The Forrestal Diaries.* Edited by Walter Millis. New York: Viking, 1951.

Frank, Benis M., and Henry I. Shaw. *The History of U.S. Marine Corps Operations in World War II.* Vol. 5, *Victory and Occupation.* Washington, DC: Headquarters, U.S. Marine Corps, 1968.

Gaddis, John Lewis. *George F. Kennan: An American Life.* New York: Penguin Press, 2011.

Gao Hua. *Hong taiyang she tsenyang shengqi de: Yenan zhengfeng yundong de lai long qumai* [How Did the Red Sun Rise: A History of the Yenan Rectification Movement]. Hong Kong: Chinese University Press, 2000.

Gellhorn, Martha. *The Face of War.* New York: Atlantic Monthly Press, 1988.

Gillin, Donald G., and Ramon H. Myers, eds. *Last Chance in Manchuria: The Diary of Chang Kia-Ngau.* Stanford, CA: Hoover Institution on War, Revolution, and Peace, 1989.

Glantz, David M. *Soviet Operational and Tactical Combat in Manchuria, 1945, "August Storm."* Portland, OR: Frank Cass Publishers, 2003.

Goldman, Merle, *Literary Dissent in Communist China.* Cambridge, MA: Harvard University Press, 1967.

———. *China's Intellectuals: Advise and Dissent.* Cambridge, MA: Harvard University Press, 1988.

Goncharov, Sergei N., John W. Lewis, and Xue Litai. *Uncertain Partners: Sta-

lin, Mao, and the Korean War. Stanford, CA: Stanford University Press, 1993.

Greene, Ruth Altman. *Hsiang-ya Journal.* Hamden, CT: Archon Press, 1977.

Gulick, Edward. *Teaching in Wartime China: A Photo Memoir, 1937–1939.* Amherst: University of Massachusetts Press, 1995.

Hahn, Emily. "Black and White." *The New Yorker,* May 5, 1945.

Han Suyin. *Destination Chungking.* Boston: Little, Brown, 1942.

Harbutt, Fraser J. *Yalta 1945: Europe and America at the Crossroads.* Cambridge: Cambridge University Press, 2010.

Harding, Harry, and Yuan Ming. *Sino-American Relations, 1945–1955: A Joint Reassessment of a Critical Decade.* Wilmington, DE: SR Books, 1989.

Heinzig, Dieter. *The Soviet Union and Communist China, 1945–1950: The Arduous Road to the Alliance.* Armonk, NY: M. E. Sharpe, 2004.

Hu Feng. *Hu Feng Zizhuan* [Memoirs of Hu Feng]. Beijing: People's Literary Publishing House, 1993.

Isaacson, Walter, and Evan Thomas. *The Wise Men: Six Friends and the World They Made.* New York: Simon & Schuster, 1986.

Jeans, Roger B., ed. *The Marshall Mission to China, 1945–1947: The Letters and Diary of Colonel John Hart Caughey.* New York: Rowman & Littlefield, 2011.

Joiner, Lynne. *Honorable Survivor: Mao's China, McCarthy's America, and the Persecution of John S. Service.* Annapolis, MD: Naval Institute Press, 2009.

Kahn, E. J., Jr. *The China Hands: America's Foreign Service Officers and What Befell Them.* New York: Viking Press, 1972.

Kissinger, Henry. *White House Years.* New York: Little, Brown, 1979.

Klehr, Harvey, and Ronald Radosh. *The Amerasia Spy Case: Prelude to McCarthyism.* Chapel Hill: University of North Carolina Press, 1996.

Lathrop, Alan K. "The Employment of Chinese Nationalist Troops in the First Burma Campaign." *Journal of Southeast Asian Studies* 12, no. 2 (Sept. 1981).

Lary, Diana. *The Chinese People at War: Human Suffering and Social Transformation, 1937–1945.* Cambridge: Cambridge University Press, 2010.

Lary, Diana, and Stephen R. MacKinnon, eds. *Scars of War: The Impact of Warfare on Modern China.* Vancouver: UBC Press, 2001.

Lattimore, Owen. *China Memoir: Chiang Kai-shek and the War Against Japan.* Tokyo: University of Tokyo Press, 1990.

Li, Danke. *Echoes of Chungking: Women in Wartime China.* Urbana: University of Illinois Press, 2010.

Liu, F. F. *A Military History of Modern China, 1934–1949.* Westport, CT: Greenwood Press, 1981.

Liu Heung Shing, ed. *China: Portrait of a Country.* Cologne: Taschen, 2009.

Lohbeck, Don. *Patrick J. Hurley.* Washington, DC: Henry Regnery, 1956.

Lu Ling. *Qiu Ai* [Night of the Chinese Victory]. Beijing: Haiyan Bookstore, 1946.

Ma Yinchu. *Complete Works*. Vol. 12. Hangzhou: Zhejiang People's Publishing House, 1999.

MacKinnon, Stephen R. *Wuhan, 1938: War, Refugees, and the Making of Modern China*. Berkeley, CA: University of California Press, 2008.

MacKinnon, Stephen R., Diana Lary, and Ezra F. Vogel, eds. *China at War: Regions of China, 1937–1945*. Palo Alto, CA: Stanford University Press, 2007.

Mackinnon, Stephen R., and Oris Friesen. *China Reporting: An Oral History of American Journalism in the 1930s and 1940s*. Berkeley: University of California Press, 1987.

May, Gary. *China Scapegoat: The Diplomatic Ordeal of John Carter Vincent*. Washington, DC: New Republic Books, 1979.

Melby, John F. *Mandate of Heaven: Records of a Civil War, China, 1945–1949*. Toronto: University of Toronto Press, 1968.

Pantsov, Alexander V., and Steven I. Levine. *Mao: The Real Story*. New York: Simon & Schuster, 2012.

Peck, Graham. *Two Kinds of Time: Life in Provincial China During the Crucial Years 1940–1941*. Boston: Houghton Mifflin, Sentry Edition, 1950.

Peng Hua. *A Biography of Ma Yinchu*. Beijing: Dangdai Zhongguo Chuban She [Contemporary China Publishing House], 2008.

Plokhy, S. M. *Yalta: The Price of Peace*. New York: Viking, 2010.

Qiao Songdu. *Qiaoguanhua yu Gong Peng: wo di fuqin muqin* [Qiao Guanhua and Gong Peng: My Father and Mother]. Beijing: Zhonghua Shu Ju, 2008.

Rand, Peter. *China Hands: The Adventures and Ordeals of the American Journalists Who Joined Forces with the Great Chinese Revolution*. New York: Simon & Schuster, 1995.

Riley, Nancy E. "China's Population: New Trends and Challenges." *Population Bulletin* 59, no. 2 (June 2004).

Romanus, Charles F., and Riley Sutherland. *United States Army in World War II: Time Runs Out in CBI*. Washington, DC: Office of the Chief of Military History, Department of the Army, 1959.

——. *The United States Army in World War II: Stilwell's Command Problems*. Washington, DC: Office of the Chief of Military History, Department of the Army, 1956.

Rose, Lisle Abbott. *Dubious Victory: The United States and the End of World War II*. Kent, OH: Kent State University Press, 1973.

Schaller, Michael. *The U.S. Crusade in China, 1938–1945*. New York: Columbia University Press, 1979.

Severeid, Eric. *Not So Wild a Dream*. New York: Alfred A. Knopf, 1947.

Shaw, Henry I. *The United States Marines in North China, 1945–1949*. Washington, DC: Historical Branch, G-3, U.S. Marine Corps, 1968.

Sheng, Michael. *Battling Western Imperialism: Mao, Stalin, and the United States*. Princeton, NJ: Princeton University Press, 1997.

Short, Philip. *Mao: A Life*. New York: Henry Holt, 1999.

Sin-Lin. *Shattered Families, Broken Dreams: Little-Known Episodes from the History of the Persecution of Chinese Revolutionaries in Stalin's Gulag*. Translated by Steven I. Levine. Portland, ME: Merwin Asia. 2012.

Spector, Ronald H. *The Ruins of Empire: The Japanese Surrender and the Battle for Postwar Asia*. New York: Random House, 2007.

Stirling, Nora B. *Pearl Buck: A Woman in Conflict*. Piscataway, NJ: New Century Publishing, 1983.

Tawney, Richard. *Land and Labor in China*. New York: Farrar, Straus, and Giroux, 1972.

Taylor, Jay. *The Generalissimo: Chiang Kai-shek and the Struggle for Modern China*. Cambridge, MA: Harvard University Press, 2009.

Tozer, Warren. "The Foreign Correspondents' Visit to Yenan in 1944: A Reassessment." *Pacific Historical Review* 14, no. 2 (May 1972).

Tsou, Tang. *America's Failure in China, 1941–1950*. Chicago: University of Chicago Press, 1968.

Tuchman, Barbara W. "If Mao Had Come to Washington," *Foreign Affairs* 51 (Oct. 1972).

——. *Stilwell and the American Experience in China, 1911–1945*. New York: Grove Press, 1970.

Tucker, Nancy Bernkopf. *China Confidential: American Diplomats and Sino-American Relations, 1945–1996*. New York: Columbia University Press, 1996.

Utley, Freda. *The China Story*. Washington, DC: Regnery, 1951.

van de Ven, Hans J. *War and Nationalism in China, 1925–1945*. London: Routledge Curzon, 2003.

Van Slyke, Lyman P., ed. *The Chinese Communist Movement: A Report of the United States War Department, July 1945*. Palo Alto, CA: Stanford University Press, 1968.

——, ed. *Marshall's Mission to China: The Report and Appended Documents*. 2 vols. Arlington, VA: University Publications of America, 1976.

Vladimirov, Pyotr. *The Vladimirov Diaries, Yenan, China, 1942–1945*. New York: Doubleday, 1975.

Wakeman, Frederic, Jr. *The Shanghai Badlands: Wartime Terrorism and Urban Crime, 1937–1941*. Cambridge: Cambridge University Press, 1996.

Waldron, Arthur. "China's New Remembering: The Case of Zhang Zhizhong." *Modern Asian Studies* 30, no. 4 (Oct. 1996): 945–978.

Wang Ruowang. *The Hunger Trilogy*. Translated by Kyna Rubin. Armonk, NY: M. E. Sharpe, 1991.

Wedemeyer, Albert C. *Wedemeyer Reports!* New York: Henry Holt, 1958.

Webster, Donovan. *The Burma Road: The Epic Story of the China-Burma-India Theater in World War II*. New York: Farrar, Straus and Giroux. 2003.

White, Theodore H. *In Search of History: A Personal Adventure*. New York: Harper & Row, 1978.

White, Theodore H., and Annalee Jacoby. *Thunder Out of China*. New York: William Sloan Associates, 1946.

Xu Zhucheng. *Xu Zhucheng Huiyi Lu* [Memoirs of Xu Zhucheng]. Beijing: Sanlian Shudian [Sanlian Bookstore], 1998.

Yang Chengyi, ed. *Feng-huo meng-yue-zhong di ji-pin: Zhejiang kangri zhan-zheng kousu fangtan* [Memories in the Blaze of Wartime: Oral Interviews on the Japanese Occupation in Zhejiang]. Beijing: Beijing Library Publishing, 2007.

Yang Jianye. *Ma Yingchu*. Shijiazhuang: Huashan Wenyi Chuban She [Huashan Arts and Literature Publishing House], 1997.

Yang Kuisong. *Mao Zedong yu Mosike de enen yuanyuan* [The Love-Hate Relationship Between Mao Zedong and Moscow]. Nanchang: Jiangxi Ren-min Chuban She [Jiangxi People's Publishing Co.], 1999.

———. *Zhonggong yu Mosike di Guanxi* [Relations Between the Chinese Communists and Moscow]. Nanchang: Jiangxi Renmin Chuban She [Jiangxi People's Publishing Co.], 1997.

Yeaton, Ivan D. *Memoirs of Ivan D. Yeaton*. Stanford, CA: Hoover Institution on War, Revolution, and Peace, 1976.

Yu, Maochun. *OSS in China: Prelude to Cold War*. New Haven, CT: Yale University Press, 1996.

Zhang Guotao. *Rise of the Chinese Communist Party*. Lawrence: University Press of Kansas, 1972.

Zhou Enlai. *Zhou Enlai nianpu* [Chronological Record of Zhou Enlai]. Beijing: People's Publishing Co., 1991.

Zhu Yuanshi. "Liu Shaoqi yu kangjan Jiesu Hou Zheng-duo Dongbei di Dou-zheng" [Liu Shaoqi and the Struggle for Power in the Northeast After the End of the War of Resistance]. *Jindaishi yanjiu* (Modern History Research), no. 5 (1988).

图书在版编目（CIP）数据

中国 1945：中国革命与美国的抉择／（美）理查德
·伯恩斯坦（Richard Bernstein）著；季大方译. －－
北京：社会科学文献出版社，2017.3（2021.12 重印）
书名原文：China 1945：Mao's Revolution and
America's Fateful Choice
ISBN 978 - 7 - 5097 - 9672 - 6

Ⅰ.①中… Ⅱ.①理…②季… Ⅲ.①第二次国内革
命战争 - 研究②中美关系 - 国际关系史 - 研究 - 1945
Ⅳ.①K263.07②D829.712

中国版本图书馆 CIP 数据核字（2016）第 212878 号

中国1945：中国革命与美国的抉择

著　　者／〔美〕理查德·伯恩斯坦（Richard Bernstein）
译　　者／季大方

出 版 人／王利民
项目统筹／段其刚　董风云
责任编辑／张金勇
责任印制／王京美

出　　版／社会科学文献出版社·甲骨文工作室（分社）（010）59366527
　　　　　　地址：北京市北三环中路甲 29 号院华龙大厦　邮编：100029
　　　　　　网址：www. ssap. com. cn
发　　行／市场营销中心（010）59367081　59367083
印　　装／北京盛通印刷股份有限公司

规　　格／开本：889mm × 1194mm　1/32
　　　　　　印　张：15.625　插　页：0.625　字　数：352 千字
版　　次／2017 年 3 月第 1 版　2021 年 12 月第 9 次印刷
书　　号／ISBN 978 - 7 - 5097 - 9672 - 6
著作权合同
登 记 号／图字 01 - 2015 - 2884 号
定　　价／76.00 元